AMERICAN VERTIGO

DU MÊME AUTEUR

Essais

BANGLA-DESH : NATIONALISME DANS LA RÉVOLUTION, Maspero, 1973.
  Réédité au Livre de Poche sous le titre : Les Indes rouges, 1985.
LA BARBARIE À VISAGE HUMAIN, Grasset, 1977.
LE TESTAMENT DE DIEU, Grasset, 1979.
L'IDÉOLOGIE FRANÇAISE, Grasset, 1981.
IMPRESSIONS D'ASIE, Le Chêne-Grasset, 1985.
ÉLOGE DES INTELLECTUELS, Grasset, 1987.
LES AVENTURES DE LA LIBERTÉ, UNE HISTOIRE SUBJECTIVE DES IN-
  TELLECTUELS, Grasset, 1991.
LES HOMMES ET LES FEMMES *(avec Françoise Giroud)*, Orban, 1993.
LA PURETÉ DANGEREUSE, Grasset, 1994.
LE SIÈCLE DE SARTRE, Grasset, 2000.
RÉFLEXIONS SUR LA GUERRE, LE MAL ET LA FIN DE L'HISTOIRE, précédé
  des DAMNÉS DE LA GUERRE, Grasset, 2001.
RAPPORT AU PRÉSIDENT DE LA RÉPUBLIQUE ET AU PREMIER MINISTRE
  SUR LA PARTICIPATION DE LA FRANCE À LA RECONSTRUCTION
  DE L'AFGHANISTAN, Grasset/La Documentation française, 2002.
QUI A TUÉ DANIEL PEARL ?, Grasset, 2003.

Romans

LE DIABLE EN TÊTE, Grasset, 1984.
LES DERNIERS JOURS DE CHARLES BAUDELAIRE, Grasset, 1988.

Théâtre

LE JUGEMENT DERNIER, Grasset, 1992.

Beaux-Arts

FRANK STELLA, La Différence, 1989.
CÉSAR, La Différence, 1990.
PIERO DELLA FRANCESCA, La Différence, 1992.
PIET MONDRIAN, La Différence, 1992.

Questions de principe

QUESTIONS DE PRINCIPE I, Denoël, 1983.
QUESTIONS DE PRINCIPE II, Le Livre de Poche, 1986.
QUESTIONS DE PRINCIPE III, *La suite dans les idées*, Le Livre de Poche, 1990.
QUESTIONS DE PRINCIPE IV, *Idées fixes*, Le Livre de Poche, 1992.
QUESTIONS DE PRINCIPE V, *Bloc-notes*, Le Livre de Poche, 1995.
QUESTIONS DE PRINCIPE VI, *avec Salman Rushdie*, Le Livre de Poche, 1998.
QUESTIONS DE PRINCIPE VII, *Mémoire vive*, Le Livre de Poche, 2001.
QUESTIONS DE PRINCIPE VIII, *Jours de colère*, Le Livre de Poche, 2004.
QUESTIONS DE PRINCIPE IX, *Récidives*, Grasset, 2004.

Chroniques

LE LYS ET LA CENDRE, Grasset, 1996.
COMÉDIE, Grasset, 1997.

BERNARD-HENRI LÉVY

AMERICAN VERTIGO

BERNARD GRASSET
PARIS

A Cullen Murphy

En route!

Alexis de Tocqueville, la vérité m'oblige à dire que, comme de nombreux intellectuels français, je l'ai rencontré tard.

Raymond Aron déjà, en ouverture au texte fameux où il évoquait l'état, dans sa jeunesse, des études tocquevilliennes en France, avouait qu'on ne le « lisait guère », alors, « à l'Ecole Normale Supérieure ou à la section de philosophie de la Sorbonne ».

Mais pour ma génération, pour un normalien venu à la philosophie, à la fin des années 60, dans une conjoncture idéologique encore plus fortement dominée que la sienne par le marxisme et le léninisme, pour quelqu'un qui, comme moi, a eu vingt ans dans une France où le fin mot de la pensée était la pensée Mao Tsé Toung et où l'esprit nouveau, l'audace, le prestige intellectuel et politique, l'intransigeance, avaient le visage d'une compagnie de penseurs qui conjuguaient révolte et théoricisme, liberté de pensée et antihumanisme théorique, pour les témoins de ce moment structural, à la fois enragé et glacé, qui fut le parfum de notre jeunesse, la méconnaissance de ce modéré, à cheval sur l'ancien monde et le nouveau, les Orléans et les Bourbons, la résignation à la démocratie et la peur de la Révolution, a été, je le crains, plus profonde encore.

Les temps changeront, bien entendu.

Avec l'écroulement des grands récits, avec le déclin des visions matérialistes du monde et de leurs machineries implacables et simples, avec la nécessité, surtout, de réfléchir à l'échec du socialisme et aux illusions du progressisme, à la désirabilité de l'idée de révolution et aux conditions de possibilité de l'invention démocratique, les mentalités évolueront et nous rapprocheront d'un mode de pensée qui avait pour premier mérite de conjurer le face-à-face des héritiers de Comte et de Marx.

Mais la situation, pour l'heure, était celle-là.

Longtemps, très longtemps, Alexis de Tocqueville a été perçu, chez nous, comme un auteur de second rayon.

Longtemps, très longtemps, cet apôtre de la pensée libre, cet annonciateur des courants antitotalitaires de la fin du XXe siècle, ce précurseur d'Hannah Arendt qui nous aurait, si nous nous étions, comme François Furet et quelques autres, avisés plus tôt de son importance, fait gagner un temps précieux et évité bien des faux débats, cet éclaireur, ne nous a pas été beaucoup plus familier qu'un Guizot, un Royer-Collard, un Prévost-Paradol, un Augustin Cochin.

Et le fait est que j'ai passé la première moitié de ma vie à voir cet écrivain de haut vol doublé d'un théoricien de grande puissance comme la plupart de mes contemporains et comme, d'ailleurs, les siens (Barbey d'Aurevilly, Sainte-Beuve, Custine...) n'ont finalement cessé de le voir : un aristocrate vieillot et maladif, adepte de la pensée tiède et du juste milieu, raisonneur et timoré, belle âme, dilettante, publiciste ennuyeux et faussement moderne, actionniste pompeux, homme de conversation jouant à l'écrivain, politicien manqué, pâle imitateur de Montesquieu, version grise d'un oncle Chateaubriand qui aurait préempté les rôles avantageux, auteur de *Souvenirs* que l'on ne savait lire que comme le témoignage d'une époque heureusement révolue et auteur, avant cela, d'un long récit de voyage tombé, presque aussitôt, dans la désuétude propre aux textes de circonstance.

Tout ceci pour dire que, lorsque l'*Atlantic Monthly* est venu me proposer l'idée de ce nouveau voyage en Amérique, lorsque ce vénérable magazine m'a offert de remettre mes pas, 173 ans après, dans ceux de mon compatriote, j'en savais moins, sur lui, que les Américains moyennement cultivés et habitués, depuis un siècle, à voir dans *De la démocratie en Amérique,* non seulement un monument, non seulement un manuel ou un bréviaire, mais une sorte de miroir où, comme dans les westerns, comme dans *Naissance d'une nation* de Griffith, comme à Rushmore, ils contemplent l'image anticipée de leurs vertus, de leurs vices, des heureuses ou fâcheuses tentations qui les guettent, de leur naissance providentielle, de leur destin.

Et ceci aussi pour avertir que, même si je me suis évidemment, et aussitôt, plongé dans ses textes,

même si j'ai pris le temps, avant de me mettre en
route, de refaire par la pensée l'itinéraire de cet aîné,
même si ma passion neuve, ma volonté de rattraper
le temps perdu ainsi que mon désir de voir ce grand
esprit à l'œuvre, m'ont conduit à reprendre, outre le
livre, ses notes, ses correspondances, les relations de
ses voyages en Algérie, en Angleterre, en Suisse ainsi
que les écrits de son compagnon d'équipée Gustave
de Beaumont, il ne faut pas s'attendre à voir ce livre
honorer le bel et ambitieux programme proposé par
l'*Atlantic* – ceci pour prévenir que les temps ont trop
changé, que le périmètre du pays est devenu trop
différent de ce qu'il était à l'époque où l'Amérique
s'arrêtait aux rives du Mississippi et que je suis moi-
même, encore une fois, un tocquevillien trop récent
pour que le récit que je tire de l'aventure, le journal
de voyage tenu au jour le jour et dont on trouvera ici
la substance, puissent être lus comme la réplique, le
prolongement, voire la reprise, auxquels devaient
songer les initiateurs de ce périple.

Tout au plus ai-je repris, lorsque ce fut possible,
certaines des étapes et des figures imposées du
modèle : je pense – c'est un exemple – à cette enquête sur les prisons qui était le prétexte officiel du
voyage de Tocqueville et Beaumont et que je me
suis, celle-là, employé à réactualiser. Beaucoup de
prisons dans ce texte. Cinq, exactement. Et une
sixième, Guantanamo, dont on verra qu'elle n'est
pas sans lien avec les autres et que ses traits les plus
révoltants s'expliquent par le régime général de
détention que j'ai pu observer ailleurs et qui en dit

12

long, hélas, sur l'Amérique contemporaine. Alors, je sais que l'idée d'interroger un système pénitentiaire et d'attendre qu'il vous réponde sur la nature de la société où il s'inscrit, le réflexe qui consiste, pour en savoir plus sur les ressorts secrets d'un monde, à scruter, non seulement ce qu'il cache, mais la façon dont il le cache et, une fois qu'il l'a caché, l'exclut, je sais que tout cela relève d'une vision des choses moderne et, en l'occurrence, foucaldienne et nietzschéenne qui n'avait nul besoin de Tocqueville pour être mise en œuvre. Mais enfin... Je crois, tout de même, que ceci est lié à cela. Je ne pense pas que je me serais attardé dans les quartiers haute sécurité de la prison de New York, dans les ruines d'Alcatraz ou les couloirs de la mort du Nevada et de Louisiane, si je n'avais eu en tête, aussi, le précédent tocquevillien ; je ne pense pas que j'aurais passé ce temps à explorer, depuis le pénitencier d'inspiration quaker de Pennsylvanie jusqu'aux camps de Guantanamo Bay, l'envers du décor américain sans cette contrainte, finalement assez formelle, mais qui, comme toutes les contraintes formelles, aura été un bon opérateur de vérité et de sens.

Tout au plus me suis-je armé, chaque fois que je l'ai pu, de certaines de ses intuitions, si extraordinairement prémonitoires, et dont je n'ai cessé, livre en main, de vérifier avec quel talent la réalité américaine s'ingénie à les valider. Le triomphe qui, à son époque, n'était pas joué de l'égalité sur la liberté. La dictature, qu'il est le premier à avoir pointée, de ce nouveau maître, non moins féroce que l'autre, qu'est la « majorité » ou l'« opinion ». La « pression », pour le dire en d'autres mots et pour le dire, je m'en aperçois, dans des mots qui pourraient être ceux de l'Amérique communautariste d'aujourd'hui, « de l'esprit de tous sur l'intelligence de chacun », de l'esprit du groupe ou de l'ethnie sur le libre procès des sujets. Les avatars d'un « individualisme » qui, lorsqu'il va au bout de lui-même, lorsqu'il laisse les sujets s'enivrer, non de leur autonomie, mais de leur indépendance, lorsqu'il leur fait trancher les liens qui les attachent les uns aux autres et tous à la chose politique, lorsqu'il les réduit à cette « foule innombrable d'hommes semblables et égaux qui tournent sans repos sur eux-mêmes pour se procurer de petits et vulgaires plaisirs » qu'avait entrevue la fin de la *Deuxième Démocratie* et que j'ai retrouvée dans les Supermarchés, les Megachurches et les ligues de vertu de l'Ouest profond, risque de se résoudre en une tyrannie dont le « pouvoir immense et tuté-laire », aussi « absolu » que « détaillé », aussi « inflexible » que « prévoyant et doux », les « fixe dans l'enfance » et finit par leur ôter jusqu'au « trouble de penser ». Le pressentiment, autrement dit, d'un écartèlement dans la personne du Souve-rain qui, parce qu'il démembre ses deux corps, parce qu'il disjoint sa tête politique de son corps d'associations mais aussi, à l'intérieur de ce tissu d'associations, les sujets les uns des autres, témoigne d'une émancipation apparente – mais qui, à d'autres égards, parce que la passion dont il procède demeure celle, non du duel, mais de l'unité et, au fond, de l'indifférencié, réassigne les individus à un sol de servitude qui n'a rien à envier à celui de l'étatisme jacobin des Français. Bref, toutes ces thèses dont la présence sensible dans l'Amérique contemporaine est parfois si aveuglante que l'on croirait ces fictions dont la réalité s'inspire et non l'inverse – toutes ces thèses, il faudrait dire ces fables, qui annoncent moins l'Amérique qu'elles ne l'ont façonnée et dont j'aurais mauvaise grâce à ne pas dire que je les ai eues, sans cesse, présentes à l'esprit.

Et puis, bien sûr, un style. Une façon, tocquevillienne encore, de mêler les choses vues à la pensée, la chair visible des choses à leur chiffre secret, le texte manifeste que donnent à lire une coutume ou une institution au principe qui, comme chez Aristote ou Montesquieu, en constitue la trame. Une façon, pour cela, de se dessaisir méthodiquement de soi sans renoncer à plaider pour sa vision du monde. Une façon d'aller d'une matière à l'autre, de n'écarter, a priori, aucun incident ni prétexte à observation et de trouver dans un fait de la vie quotidienne comme dans un débat d'idées, dans la morne poésie d'une autoroute comme dans la rencontre avec un écrivain ou un haut personnage de l'Administration ou du Spectacle, la substance non moins féconde d'une réflexion sur l'Idée. La détermination, si l'on préfère, à écrire un livre ondoyant, divers et, en même temps, obsessionnel dont je m'aperçois qu'elle ne me ressemble pas tant que cela mais que je la dois, derechef, à celui qui, dans sa Lettre à Molé, décrivait son Amérique comme « une forêt aux mille routes » convergeant vers « un même point » et qui, lors même qu'il paraissait s'égarer, musarder ou céder au bon démon de la curiosité et du hasard, ne cessait de plier ce qu'il voyait à la discrète logique de la conséquence et du sens. L'auteur des deux *Démocraties* n'est-il pas l'inventeur, après tout, de cette forme moderne de reportage où l'attention au détail, le goût de la rencontre et de la circonstance, n'interdisent pas, bien au contraire, la fidélité à une idée fixe? N'est-il pas, n'en déplaise à Custine qui ne lui pardonna jamais d'avoir, à quelques années près, fondé le genre avant lui, le prototype de ces « voyageurs philosophes » qu'appelle Jean-Jacques Rousseau dans une note fameuse de l'*Essai sur l'origine de l'inégalité* et dont tout l'art consiste à former les bonnes inductions reliant l'inflexion la plus ténue d'un parcours dans un pays inconnu aux lois éternelles, ou nouvelles, de ce qui ne s'appelait pas encore la pensée sociologique? Y avait-il meilleur guide, en un mot, pour, en Amérique comme ailleurs, me conduire sur le chemin de cette autre « époché » phénoménologique qui, lorsqu'elle se confronte aux choses mêmes, les met moins entre parenthèses qu'en examen et, de leur évidence muette, déduit les principes générateurs de la vie en société?

Mais les questions, pour l'essentiel, sont les miennes.

De même que lui, Tocqueville, prenait la route des Etats-Unis pour essayer de répondre à des questions posées par la conjoncture française de son temps, de même qu'il s'y rendait pour retrouver et expliquer l'« inexplicable vertige » qui était, pour son contemporain Benjamin Constant, le propre de la

16

Terreur, de même que l'enjeu était, pour lui, d'aller chercher dans les colonies de Nouvelle-Angleterre la forme chimiquement pure de cette « révolution démocratique » dont il avait le sentiment de vivre, en Grande-Bretagne et en France, l'irrésistible triomphe et de même, enfin, que sa grande affaire restait, une fois cette forme identifiée, de distinguer entre les deux voies susceptibles de conduire un peuple « à la servitude ou à la liberté, aux lumières ou à la barbarie, à la prospérité ou aux misères » – de même j'y suis allé pour répondre à des interrogations qui sont celles, non de son temps, mais du mien et prendre des nouvelles, non seulement de vous, amis américains, mais de nous, européens notamment français.

D'abord l'anti-américanisme. D'abord, oui, cette sinistre et ancienne passion qui s'appelle l'anti-américanisme et qui était en train, au moment où j'entreprenais ce voyage, de déferler comme jamais sur les opinions publiques de nos pays. Or c'est une chose de dire cela. C'est une chose de dénoncer l'absurdité d'un discours qui fait des Etats-Unis une figure de rhétorique en même temps que le bouc émissaire des erreurs, insuffisances, inconséquences des autres nations. C'est une chose de rire – car il faut bien, aussi, en rire – des monomaniaques qui, quand la guerre ravage le Darfour, quand des centaines de milliers d'hommes, femmes et enfants meurent de faim au Sri Lanka ou au Niger, quand les néotalibans humilient les femmes de leurs villages afghans alors que les islamistes pakistanais préfèrent, eux, les brûler vives et appellent ça un crime

17

d'honneur, quand les élites incompétentes et corrompues des pays les plus pauvres saignent leurs propres peuples et les sacrifient sur l'autel de leurs intérêts, ne savent que répéter, tels des automates déréglés : « la faute aux Etats-Unis! c'est une fois de plus, et comme toujours, la faute aux Etats-Unis! ». C'est une chose – la même chose – de faire, comme je l'ai maintes fois fait, l'archéologie d'un virus qui, avant de passer dans le sang, c'est-à-dire dans la langue, des peuples du monde, a commencé par une longue, très longue, opération de distillation idéologique qui l'a vu transiter par le laboratoire des savants (Buffon liant la corruption des âmes et des corps du Nouveau Monde à l'excessive humidité de son climat), le cabinet des écrivains (Drieu la Rochelle, Céline, Bernanos, contempteurs d'une « Amérique intérieure », qui, des années 30 à nos jours, aura été l'un des lieux communs les plus fréquentés de la droite et extrême droite littéraires), la bibliothèque des philosophes (Heidegger fustigeant, en même temps qu'il adhère au nazisme, cette « émergence » de la « monstruosité » dans les « temps modernes » qu'est, selon lui, la naissance des Etats-Unis). C'est une chose, en d'autres termes, de montrer que l'anti-américanisme a toujours eu, en Europe, partie liée avec nos mauvais penchants et qu'il devient, en ce début de XXIᵉ siècle, le plus formidable attracteur du pire dont disposent, depuis que les méga-récits totalitaires ont déclaré forfait, tous ces thèmes orphelins, tous ces petits astres chus des galaxies doctrinaires d'autrefois, tous ces débris épars, cette limaille affolée et en quête de l'aimant qui va lui permettre de se remettre en ordre et mouvement, c'est une chose de montrer, oui, que l'anti-américanisme *est* devenu l'aimant qui manquait et qui remagnétise, en Europe, dans le monde arabe, dans toute une part de l'Asie, en Amérique latine, le chauvinisme, le souverainisme, la volonté de pureté, l'ethnicisme, le racisme et l'antisémitisme, l'intégrisme. C'en est une autre d'aller, sur le terrain, juger sur pièces – c'en est une autre d'opposer à la chimère le corps et le visage de l'Amérique concrète d'aujourd'hui. Tantôt ce visage sera flatteur. Tantôt il sera plus ingrat et, pour les amis de l'Amérique, décevant ou désespérant. Mais au moins aura-t-il le mérite de n'être plus imaginaire. Au moins rompra-t-il, ou tentera-t-il de rompre, avec le manichéisme, l'essentialisme et le règne des clichés. C'est, de mon point de vue, la première, la plus honnête et, surtout, la plus efficace des réponses à la fantasmagorie anti-américaine.

La question, ensuite, de l'Europe. La question, non plus de l'image de l'Amérique en Europe ni, d'ailleurs, de l'Europe en Amérique, mais celle, ontologique, de la part réservée à l'Europe, à sa culture, à ses valeurs, dans la constitution de l'Amérique d'aujourd'hui. On sait avec quelle force les Pères fondateurs ont tenu à se détacher de leur continent d'origine. On sait – Tocqueville, dès l'introduction de son livre, y insiste – que toute l'idée des pionniers qui avaient échoué, en Angleterre, puis en Hollande, à créer la Cité selon leurs rêves, était de dégager « en quelque façon le principe de la démocratie de tous ceux contre lesquels il luttait dans le sein des vieilles sociétés de l'Europe », de le « transplanter » sur les lieux supposés vierges du « nouveau monde » et, là, dans ce laboratoire, cette serre, cette terre neuve et inentamée par les corruptions de l'Histoire, de lui permettre de « grandir en liberté ». Mais on sait aussi que l'Amérique, depuis, n'a cessé d'osciller entre les deux pôles, les deux projets et, au fond, les deux identités. Tantôt : « nous sommes les inventeurs d'une civilisation qui ne doit rien à aucune autre et sera une anti-Europe ». Tantôt : « comme Rome dont Polybe disait qu'elle restait une puissance hellénique, nous fûmes Européens et n'avons d'autre choix, nous le savons, que de le rester ». Tantôt même, au lendemain de la Seconde Guerre mondiale, quand il fallait faire pièce à l'offensive de l'empire soviétique : « Europe, enjeu pour l'Amérique ; Europe, idée américaine ; nous sommes, nous, les Américains de l'époque du Plan Marshall, les vrais Pères fondateurs d'une Europe sauvée du naufrage et de l'abjection. » Alors ? Où en est-on, aujourd'hui, de ce débat qui a l'âge des Etats-Unis ? Que dit de sa part européenne un pays dont l'immigration est devenue, pour l'essentiel, hispanique et asiatique ? L'idée d'Occident (qui n'est rien d'autre, en fin de compte, que la synthèse des deux entités, j'allais dire des deux Europe) conserve-t-elle un sens, maintenant que la guerre froide est terminée et que, face aux nouvelles menaces, face à la nouvelle guerre déclarée par le terrorisme, les deux alliés semblent camper sur des stratégies distinctes et même, parfois, divergentes ? Et que penser des anathèmes jetés contre la « vieille

Europe » (le mot est de Hegel dans un passage de *La Raison dans l'Histoire* où il évoque le fameux « cette vieille Europe m'ennuie » de Napoléon ainsi que « ceux que lasse le bric-à-brac historique de la vieille Europe ») par ces intellectuels « néoconservateurs » qui ont pris tant de place, on le verra, dans le débat public et les organes de gouvernement – et tant de place, on le verra aussi, dans le bestiaire français et européen ? Quand ils appellent à se dissocier d'une Europe féminine et veule, immorale et corrompue, fille de Vénus et sœur des plus abominables dictatures, quand ils instruisent le procès de son interminable compromission, avant-hier avec les Soviétiques, hier avec les Baasistes de Saddam Hussein, aujourd'hui avec les proconsuls de l'empire du Mal, s'agit-il d'un mouvement d'humeur, d'une querelle de circonstance ou est-ce la traduction d'un divorce plus profond ? Pour qui croit en l'universalité du message européen, pour qui considère l'Europe comme le théâtre des plus effroyables hécatombes en même temps que comme la source des discours qui ont permis de penser ces hécatombes et qui peut-être, demain, permettront d'en empêcher le retour, pour les tenants d'une Europe entendue comme figure de l'esprit née, comme disait Husserl, de l'idée de raison et de l'esprit de philosophie, cette question est essentielle. Elle l'est pour l'Amérique qui, si elle devait tourner définitivement ou même durablement le dos à sa source européenne, perdrait un peu de sa mémoire et de son âme. Mais elle l'est également pour l'Europe qui, si elle perdait sa ressource américaine, si elle voyait mourir cette chance, chantée par

Goethe dans *Den vereinigten Staaten*, de voir sa propre Histoire recommencer dans l'Amérique de la liberté, si elle perdait de vue ce modèle américain qui est, dans ses moments de doute, la seule preuve tangible que son propre rêve supranational n'est ni une billevesée ni un idéal inatteignable, perdrait un peu de ses raisons de croire et donc de son moteur : son fameux patriotisme constitutionnel, son projet d'ajouter à l'appartenance nationale de chacun l'allégeance libératrice à une Idée, quel autre gage ont-ils, dans le réel, que la possibilité vivante de l'Amérique ?

Et puis une dernière question, enfin. Peut-être, compte tenu du moment choisi pour ce voyage, la principale. Celle de savoir ce qu'il en est, aujourd'hui, de cette démocratie dont les Américains sont, à juste titre, si fiers et dont ils ont toujours voulu qu'elle soit un exemple pour le reste du monde. Des voix s'élèvent, dans le pays, pour fustiger les atteintes aux droits constitutionnels qu'implique la lutte contre le terrorisme et dont l'opinion, dopée au patriotisme, tétanisée par les attentats, s'accommode de plus en plus aisément. D'autres – ou les mêmes – s'inquiètent de la série de micro-dérèglements qui, avant même le 11 septembre, ont commencé d'affecter le fragile équilibre des pouvoirs exécutif, législatif et judiciaire (ici, un abus de pouvoir... là, l'excès de zèle d'un service secret... là, l'inquiétante et douteuse croisade d'un procureur indépendant lâché aux trousses d'un Président libertin...). D'autres disent assister à la mise en place, sournoise mais sans répit, de minutieuses machines de surveillance dont le triomphe, s'il venait à se confirmer, donnerait raison, pour le coup, tant à Tocqueville qu'à Foucault ou même au Nietzsche qui, dans la prolifération des règlements transformant en délit tout écart par rapport à la règle communautaire, voyait le signe, soit d'une société émasculée, soit d'une subjectivité déliquescente, soit des deux. Cela ne serait rien, ajoutent les plus pessimistes, si ceux dont le métier est de rendre compte de ces dérives et d'exercer, contre elles, les ressources de leur pensée critique n'étaient eux-mêmes l'objet d'une mise au pas disciplinaire sans précédent – cela ne serait rien si la presse américaine, ce modèle, ce phare, ne traversait une crise où l'on ne sait ce qui pèse le plus lourd de la soumission aux lobbies et, notamment, au lobby de l'argent, de la tentation de l'autocensure face aux puissances de la propagande, du risque pour leur propre liberté que prennent celles et ceux qui, en protégeant leurs sources, tiennent bon sur le respect des règles de leur métier ou bien encore du consentement, quand elle se fait trop complaisamment l'écho des pratiques d'une politique réduite à la délation et aux affaires, à ce que l'époque peut, dans le genre, produire de plus vil. Et je ne parle pas, enfin, de ce tiers-monde intérieur, de ce cancer de la pauvreté qui ravage tant de villes américaines et que le gouvernement fédéral ne semble avoir ni les moyens ni la volonté d'affronter. Et je ne parle pas non plus de cette offensive des valeurs morales, de cette vague néopuritaine, voire de cette obsession de l'appartenance et de la transparence, qui deviendraient, selon certains, le premier et le dernier mot du civisme nouveau – je ne parle pas de ces activistes de la bonne pensée, de ces milices de la Vertu et de l'Ordre, de ces sorcières d'un nouveau Salem aux frontières de l'Amérique qui viennent prêcher la fin, non de l'Histoire, mais du monde et, dans la perspective de cette fin, la mobilisation générale, l'alignement des esprits et, en somme, la guerre sainte intérieure. Alors, là encore, qu'en est-il? De ce débat-ci, que faut-il penser? Le modèle est-il en panne? La démocratie est-elle malade? L'Amérique serait-elle, comme à l'époque de la guerre de Sécession, comme avec la Grande Dépression et le New Deal, à un tournant de son histoire? Est-ce la dictature de la majorité qui menace? Celle des minorités? N'est-ce pas d'ailleurs la même chose? Le même modèle miniaturisé? Quand les secondes reprennent le langage des premières, quand leur style, leurs semonces, leur manière d'imposer leurs canons et de mettre les récalcitrants au pas s'inspirent du modèle majoritaire et se contentent de le démarquer, n'est-ce pas, au fond, le même danger? Qu'advient-il de l'exceptionnalisme américain, dans ce cas? Qu'est-il arrivé au rêve fou, et qui nous a fait rêver, de construire une République exemplaire, conforme à la destinée manifeste d'un peuple lui-même admirable? Bref, sommes-nous revenus aux sombres temps où cet ami de Huston et de Dos Passos qu'était Sartre, cet amoureux de Manhattan et de ses gratte-ciel, cet admirateur de l'American way of life et de son arrachement programmé au mauvais démon des sources et des racines, pouvait s'exclamer, en plein maccarthysme : « l'Amérique a

24

la rage » ? De même qu'un autre écrivain, Thomas Mann, lançait, quelques années plus tôt, dans un contexte historique qui n'est, évidemment, pas comparable, son fameux « Prends garde à toi, Europe », faut-il, aujourd'hui, recommander à nos amis américains de prendre garde à cette Amérique qui a fait l'admiration du monde, qui a terrassé le fascisme et le communisme, qui a fait que l'Europe elle-même a pu en triompher mais qui commence, de leur aveu même, à donner des signes de lassitude ? Faut-il se souvenir — et, si besoin, leur rappeler — qu'il n'y a pas de civilisation qui ait survécu à son entrée dans ce que Walt Whitman nommait le « Sahara de l'âme » ?

Telles sont les questions.

Tel fut le cahier des charges implicite d'un voyage dont le hasard a d'ailleurs voulu qu'il dure, presque au jour près mais avec, il est vrai, des retours en France et des coupures, le temps de celui de Tocqueville et Beaumont.

A quoi la vérité impose d'ajouter quelques autres arrière-pensées, moins américaines mais non moins tocquevilliennes, comme l'insistante défaveur qui, au même moment, en France, semblait affecter l'idée et jusqu'au mot de « libéralisme ». L'affaire venait de loin, sans doute. Cette haine du libéralisme comme tel, cet étrange retournement sémantique, la transformation en marque d'infamie de ce beau mot qui fut celui des carbonari et des révolutionnaires français et italiens du temps de Tocqueville, est une vieille et sombre histoire dont l'archéologie remonte aux riches heures de la droite révolutionnaire, c'est-à-dire de l'antidreyfusisme et du premier fascisme français. Mais enfin... Constater la migration vers l'autre bord du spectre politique de ce thème patrimonial de l'extrême droite, entendre une bonne moitié de la gauche française reprendre une rengaine dont il suffisait d'un minimum d'oreille pour percevoir les douteux accents, la voir, cette part de la gauche, liquider ainsi, sans vergogne, toute la densité de mémoire populaire, voire révolutionnaire, dont ce libéralisme – le mot, la chose – tirait sa vraie substance, bref, assister une fois de plus, comme avec l'anti-américanisme, comme avec l'antisémitisme, à l'un de ces chassés-croisés dont l'idéologie française est coutumière mais dont l'impudence surprend toujours, était terriblement troublant. Et ce trouble, vu d'Amérique, c'est-à-dire d'un pays où le mot comme la chose ont poursuivi leur carrière sémantique et conceptuelle, se sont bonifiés, enrichis et, au bout du compte, métamorphosés, m'était à la fois plus navrant et plus intelligible.

La méthode, elle, sera aussi simple que les questions, les arrière-pensées, le propos, étaient complexes.

La route, pour l'essentiel.

Oui, d'Est en Ouest, du Nord au Sud, puis, encore, du Sud au Sud puis au Nord, à travers le Texas, l'Arkansas, les villes mythiques du Tennessee, les deux Caroline, la Virginie, les Etats de Nouvelle-Angleterre, cette route, en grec cette *ode*, littéralement cette *méthode*, dont un autre écrivain, mais américain celui-là, et contemporain, a montré comment, à condition de la parcourir comme lui, à condition de se placer dans la même disposition spirituelle et physique que lui, à condition de bien se tenir, par exemple, à la droite du conducteur et de s'appliquer à adhérer charnellement, presque sensuellement, à ce ruban de kilomètres qui défile sous vos roues (manger des kilomètres comme les prophètes bibliques recommandaient de manger la langue : route et langue ne sont-elles pas, après tout, sœurs en humanité ? ne sont-elles pas, toutes deux, synonymes de commerce, de médiation et même – Michel Serres nous l'enseignait naguère dans ses « Hermès » – de mathésis, de métaphysique, d'accès au sens, de civilisation ?), cette ode donc, cette méthode, qui sont, encore une fois, le nom originaire de la route et dont cet autre écrivain, Jack Kerouac, a définitivement montré que ce n'est pas la pire voie d'accès à la réalité du pays.

Non que, bien entendu, je prétende comparer un « gros » voyage comme celui-ci, adossé à un grand magazine et suivi, depuis Washington, par de vigilants assistants, avec les dérives présituationnistes des clochards célestes, des quasi-réprouvés, des anges de la désolation de la Beat Generation.

Et l'honnêteté oblige d'ailleurs à dire que j'ai fait des exceptions, notables, à cette règle de la route : le survol de la frontière mexicaine ; celui des déserts du Nevada ; un autre encore, au-dessus du delta du Mississippi, puis des plates-formes pétrolières du golfe du Mexique ; telle rencontre, à laquelle je tenais, mais qui m'obligeait à revenir sur mes pas ou à brûler, au contraire, une étape ; les trois jours à Guantanamo ; ou les rendez-vous d'une campagne électorale qui se trouva coïncider avec cette plongée dans l'Amérique profonde et qui, même si elle n'était, d'aucune façon, mon souci principal, m'a parfois imposé son calendrier.

Mais enfin c'est tout de même bien ainsi que, pour l'essentiel, les choses se sont passées.

C'est par la route que se sont faits ces vingt-cinq mille kilomètres de course lente à travers ce pays-monde dont j'ai vite compris que, comme souvent, d'ailleurs, les Américains, je ne savais finalement pas grand-chose : routes grandes et petites ; routes mythiques et routes oubliées ; Route 101, de la frontière de l'Oregon à celle du Mexique ; Route 1, celle de Robert Kramer, mais à l'envers, en remontant depuis la Floride ; Route 49, le long de la Sierra Nevada ; Route 61, du Nord au Sud ; Route 66 ou, du moins ce qu'il en reste, à l'Ouest du Grand Canyon, où rôdent les ombres des *Raisins de la colère* ; routes numéros ; routes matricules ; routes balisées, calculées, normalisées et routes qui, en même temps, selon qu'elles longent le Mississippi ou le Pacifique, selon qu'elles traversent les hauts reliefs du Nebraska, les forêts de pins et les gorges du Colorado ou encore les jardins de pierres, les tumulus de granit sculpté et les brusques rafales de poussière des déserts du Sud Dakota, réinventent leurs paysages, redessinent leurs bas-côtés et redeviennent exotiques ; tout ce maillage de routes dont on a dit que c'est lui qui, avec le chemin de fer, a fait les Etats-Unis et les a faits unis – et que c'est lui qui, en même temps, aux yeux de qui sait lire la langue de la route, contribue à préserver leur intraitable diversité...

Et si je cite Kerouac (mais j'aurais aussi bien pu citer des cinéastes ; j'aurais pu citer Wenders, ou le Hitchcock de *La Mort aux trousses*, ou *Easy Rider*, ou *Vanishing Point*, ou encore, mais plus longuement, le film de Kramer le long de la Route numéro 1 ; j'aurais pu citer, en fait, n'importe lequel de ces road movies qui, bien plus que Tocqueville, ont façonné mon imaginaire américain ; et j'aurais pu citer, encore, le Thoreau des « vieilles routes qui mènent hors des villes » ou le Whitman qui, « à pied, le cœur léger, part sur la grand-route », ou même le Nabokov prétendant que la voiture est « le seul lieu, en Amérique, où il n'y a ni bruit ni courant d'air » et que c'est la raison pour laquelle il aime tant y travailler), si je cite Kerouac donc, si j'ai immédiatement pensé à Kerouac au moment d'arriver, par exemple, à San Francisco, si *On the Road* de Kerouac m'a été, d'un bout à l'autre, un bréviaire annexe et plus secret, c'est que procéder ainsi, prendre le temps, comme lui, de traverser ce pays par la terre, suivre ce réseau à double entrée, ces lignes de chance et de vie du paysage, épouser ces sillons d'asphalte et, dans le désert, de feu que sont les routes américaines, choisir, autrement dit, ces chemins qui semblent d'abord les plus longs et les plus indéterminés présente une série d'avantages, décisifs pour un écrivain.

C'est la possibilité, déjà, de la rêverie.

C'est un exercice de lenteur et de patience.

C'est une façon de se placer dans cet état second,

cette vigilante et alerte léthargie, que connaissent les amateurs de vitesse et qui rend d'autant plus réceptif au surgissement de l'inopiné.

Alors que le voyage en avion écrase temps et distances, alors qu'il fait se compénétrer points de départ et d'arrivée, alors que le train lui-même est, au dire de Proust, ce véhicule « magique » qui vous transporte par enchantement de Paris à Florence ou ailleurs, ce voyage-ci, ce long et endurant voyage en voiture, ce voyage qui ne vous épargne rien des accidents de l'espace et donc du temps, renvoie le voyageur à une finitude qui, seule, le met à l'unisson de celle des paysages et des visages.

Mieux : en lui rendant ce sens de la distance et de la gravité des lieux, en y ajoutant celui d'une immensité à laquelle il est très vite confronté, en le lançant à la poursuite d'une frontière qui, à mesure qu'il s'en approche, et jusqu'au Pacifique, se dérobe tel un horizon, en faisant alterner déserts, montagnes, plaines inhabitées et sauvages, villes énormes et bourgs bivouacs, déserts encore, réserves indiennes, parcs, en jouant enfin, jusqu'à la lassitude et au-delà, sur ce goût de la liberté qui n'existe plus, dans les déplacements modernes, qu'à titre d'improbable souvenir, ce type de voyage a le mérite supplémentaire d'offrir une réminiscence vécue des mythes fondateurs de la nation américaine : terre promise et refusée, lignes de fuite, mémoire tremblée, Mur du Pacifique, American dream – la dernière chance, en ce monde, d'avoir ne serait-ce que le parfum de cette expérience initiatique que fut, pendant des siècles, la découverte, par chacun, de l'Amérique.

Et puis, enfin, prendre le parti de la route contre celui du vol d'oiseau, choisir le savoir des chemins contre la frivolité de la pensée des surplombs, « chevaucher la ligne blanche en route – Kerouac encore – vers une destination inexistante », rouler, ne se laisser décourager ni par les supermarchés du sommeil que sont devenus les motels d'antan ni par ces villages potemkinisés qui, de temps en temps, entre deux machines à nourrir franchisées, sont supposés réinjecter un peu d'humanité dans un espace sans qualités, dépersonnalisé, neutralisé, rouler encore, rouler toujours, n'est-ce pas voyager de la seule façon qui convienne à un écrivain : en flânant, en s'attardant, en allant à la fois quelque part et nulle part, en hésitant, en prenant le vent, en laissant venir à soi le hasard comme un petit enfant, en improvisant ?

Car peu de préparation, finalement, dans ce voyage.

A l'exception d'un itinéraire général vu, lui, avant de partir et auquel je ne suis même pas certain de m'être scrupuleusement tenu, peu d'agencement ; peu de préméditation ; pas tellement de grandes rencontres, organisées de loin et par avance ; ou alors oui ; mais elles étaient un début, pas un but ; un point d'entrée, jamais d'arrivée ; une ruse pour apprivoiser le lieu et, ensuite, s'y perdre un peu.

Un jour, le choc d'un visage anonyme.

Un autre, la « hâte dévorante » d'un paysage urbain devenu banlieue.

Un autre, un incident ; un accident d'abord dénué

de sens ; un policier tocquevillien me signifiant que la route américaine est aussi devenue le lieu d'un « keep moving » devenu fou ; l'inquiétante étrangeté d'un lieu commun ; une séquence de vie ordinaire ou infra-ordinaire – un pauvre et dérisoire comice dans ce que Flaubert appelait la litière du quotidien.

Un autre encore, la rencontre avec un chef indien antisémite ; un Président américain démagogue et puéril ; une possible future Présidente ; une star hollywoodienne parlant comme une politique ; un écrivain se prenant pour un Indien ; un cinéaste clarinettiste ; une serveuse de bar chantant, à voix très basse, le soleil noir de sa malédiction ; un tycoon ; un « Blanc ethnique » à New Orleans ; un journaliste de Louisiane prédisant un Déluge imminent ; un fou de Dieu évangéliste ; un responsable de l'Eglise mormone illuminé et sévère – premiers rôles de la prodigieuse comédie humaine qu'est aussi cette Amérique, personnages hauts en couleur de ce grand spectacle permanent qu'elle a toujours offert et qui semble, moins que jamais, décidé à faire relâche.

Et, un autre encore, rien ; une sensation ; une impression ; la vision, telle une torchère flottant dans un ciel rose, de la pointe du premier gratte-ciel de Seattle ; les fantômes amicaux de Savannah ; la sensualité rêveuse d'une jeune fille à San Diego ; la lumière neuve, sans limites, de la route de Los Angeles ; une conversation dans un bordel de campagne, aux abords de la Vallée de la Mort ; l'ombre d'un chercheur d'or ; celle, impalpable, presque introuvable, mais d'autant plus passionnément traquée, de Fitzgerald ou d'Hemingway ; un air de

jazz à New Orleans ; un orage en Floride ; la bonne
et joyeuse présence d'un compagnon de toujours,
mué en preneur d'images ; les pleurs d'enfant d'un
prêtre de Birmingham se souvenant des luttes pour
les droits civiques ; le tumulte d'un chant montant à
l'assaut des voûtes d'une autre église, à Memphis ;
une phrase laissée en suspens ; un signe indéchiffré ;
tous ces riens miraculeux ou malicieux, parfois ces
moments de bonheur, que j'ai juste tenté de capter
avec des mots et qui font l'autre prix de ce voyage.

Est-ce la route qui fait le trafic ou le trafic qui fait
la route demande, dans *Ulysses*, Leopold Bloom à
Dedalus. C'est la route qui a fait le livre. C'est l'ode
qui a fait la méthode qui a, elle-même, inspiré ce
work in progress d'un impossible portrait de
l'Amérique. Allons.

Le voyage en Amérique

1

PREMIÈRES CHIMÈRES

(DE NEWPORT À DES MOINES)

Un peuple et son drapeau

C'est ici, à Newport, un peu au sud de Boston, dans l'Etat de Rhode Island, sur cette côte Est qui porte encore si clairement la marque de l'Europe, qu'a débarqué Alexis de Tocqueville. Cette plage cossue de Easton's Beach. Ces bateaux de plaisance. Ces palais palladiens et ces maisons de bois peint qui me font penser aux villes balnéaires de Normandie. Un musée naval. Une Atheneum Library. Des auberges avec portrait de la patronne à la place de l'enseigne. De beaux arbres. Des courts de tennis. La synagogue de style géorgien que l'on me présente comme la plus ancienne des Etats-Unis mais qui, avec ses bois gris bien briqués, ses piliers torsadés, ses chaises de rotin noir impeccable, ses gros bougeoirs, sa plaque incrustée de lettres nettes à la mémoire d'Isaac Touro et des six ou sept grands rabbins qui lui ont succédé, son drapeau US disposé à côté du rouleau de la Torah sous verre, me semble étrangement moderne.

Et puis, justement, les drapeaux, une débauche de drapeaux américains, aux carrefours, aux façades, sur les capots des voitures, les téléphones, les meubles dans les vitrines de Thames Street, les bateaux à quai et les anneaux sans bateau, les parapluies, les parasols, les porte-bagages des bicyclettes, bref, partout, sous toutes les formes, claquant au vent ou en autocollants, une épidémie de drapeaux qui s'est répandue sur la ville et lui donne un bizarre air de fête. Il y a aussi, pour être franc, une foultitude de drapeaux japonais. C'est l'ouverture du festival de culture japonaise avec expositions d'estampes, dégustation de sushis sur le port, combats de sumos dans les rues, aboyeurs hélant le chaland pour qu'il vienne affronter ces prodiges, ces monstres, « mais si! regardez-les! tout blancs! tout poudrés! trois cents livres! des jambes comme des jambons! si gros qu'ils ne peuvent plus marcher! il leur a fallu trois places chacun dans l'avion! profitez-en! » – et, donc, drapeaux blancs à pois orange, symboles de l'empire du Milieu, accrochés aux balcons de cette rue des bijoutiers, près du port, où je cherche un restaurant pour déjeuner. Mais enfin, ce qui domine c'est quand même les drapeaux US. Ce qui frappe c'est, jusque sur les t-shirts des gamins venant affronter les sumos sous les vivats de la foule, l'omniprésence de l'étendard étoilé...

C'est le drapeau de la cavalerie américaine dans les westerns. C'est le drapeau des films de Capra. C'est l'objet fétiche qui est là, dans le cadre, chaque fois que paraît le Président américain. C'est ce drapeau chéri, presque un être vivant, dont je lis, dans la documentation fournie par l'*Atlantic*, que l'usage est soumis à des règles, que dis-je? une étiquette, d'une précision extrême – ne pas salir, ne pas singer, ne pas tatouer sur les corps, ne jamais laisser tomber à terre ni suspendre à l'envers, ne pas insulter, ne pas brûler ou, s'il est trop vieux, hors d'usage, et n'est plus en état de flotter, le brûler au contraire, ne pas le jeter, ne pas le chiffonner, mieux vaut encore le brûler, oui, que l'abandonner dans une décharge. C'est le drapeau outragé de Janet Jackson au Super Bowl et c'est le drapeau de Michael W. Smith, dans son *There she Stands*, écrit au lendemain du 11 septembre, où « elle » n'est autre que « lui », le drapeau, l'emblème américain visé, défié, atteint, bafoué par les barbares, mais toujours fièrement déployé.

C'est étrange, cette obsession du drapeau. C'est incompréhensible pour quelqu'un qui, comme moi, vient d'un pays sans drapeau, où le drapeau a pour ainsi dire disparu, où l'on ne le voit plus flotter qu'au fronton des bâtiments officiels et où sa nostalgie, son souci, son évocation même, sont signe d'un passéisme devenu ridicule. Effet du 11 septembre? Réponse à ce traumatisme dont nous nous obstinons, nous, Européens, à sous-estimer la violence mais qui, trois ans après, hanterait plus que jamais les esprits? Faudrait-il déjà, dans Tocqueville, relire les pages sur la chance d'être, du fait de la géographie, à l'abri d'une violation de l'espace territorial national et voir dans ce retour de l'étendard une abréaction névrotique à la stupeur du viol néanmoins advenu? Ou bien, autre chose? Un rapport plus ancien, et plus conflictuel, de l'Amérique à elle-même et à son être national? Une difficulté d'être nation, plus grande que dans les pays sans drapeau de la vieille Europe et qui produirait l'effet inverse?

Parcouru les premières pages de *One Nation after All* que m'a passé, hier soir, le sociologue Alan Wolfe. Peut-être le secret est-il dans cet « after all ». Peut-être le patriotisme américain est-il plus complexe, plus douloureux, qu'il n'y paraît de prime abord et la surenchère vient-elle de là. Ou peut-être s'agit-il au contraire, comme l'avait également vu Tocqueville dans la section « De l'esprit public aux Etats-Unis » de sa *Démocratie en Amérique*, d'un de ces « patriotismes réfléchis » qui, ne devant rien à l'« amour instinctif » en vigueur dans les vieilles nations, serait forcé d'en rajouter côté emblèmes et symboles. A suivre... Mais bonne question à se poser à l'orée de ce voyage qui va me conduire, presque une année durant, d'un bout à l'autre de ce pays dont je m'aperçois tout à coup que je le connais si mal. Dieu sait si j'y suis venu. Dieu sait si je l'ai aimé et si, depuis ma jeunesse, sa littérature, son cinéma, sa culture, m'ont façonné. Mais voilà. Quelques drapeaux de plus aux fenêtres, un air de parade patriotique – et j'ai le sentiment d'aborder à une terra incognita...

Dis-moi ce que sont tes prisons...

Le premier propos de Tocqueville était donc une enquête sur le système pénitentiaire américain. Il est allé au-delà. Il s'est intéressé au système politique dans son entier. Mais enfin, ses notes, son journal, ses lettres à Kergorlay, le texte même de *De la démocratie en Amérique*, l'article du *Mercantile Advertiser* annonçant, le 12 mai, l'arrivée, à bord du « paquebot *Havre* », des « deux magistrats de Beaumont et de Tonqueville *[sic]* », en attestent : c'est par cette histoire de « mission d'information » pour le compte du ministre de l'Intérieur français que tout a commencé. Et c'est pourquoi j'ai, moi aussi, depuis Newport, demandé à entrer dans la terrible et mystérieuse prison de New York, Rikers Island : cette ville dans la ville, cette île, qui n'est pas indiquée sur toutes les cartes et dont les New-Yorkais, je m'en aperçois, ne connaissent pas toujours l'existence.

Rendez-vous avec Mark J. Cranston, du New York City Correction Department, ce mardi matin, 5 heures, dans le Queens, à l'entrée d'un pont qui, ne menant officiellement nulle part, n'a, logiquement, pas de nom. Paysage de lagunes désolées dans la lumière brouillée du matin. Barbelés électrifiés. Hauts murs. Un check-point, comme à l'orée d'une zone de guerre, où se croisent les matons, presque tous noirs, qui viennent prendre leur service et, en sens inverse, entassés dans des bus grillagés qui ressemblent à des autocars scolaires, les prisonniers, majoritairement noirs aussi, ou hispaniques, que l'on va conduire, fers aux pieds, vers les tribunaux du Bronx et du Queens. Un badge de sécurité avec ma photo. Fouille. De l'autre côté de l'East River, dans la brume, un bateau blanc, genre vaisseau fantôme, où l'on enferme, faute de place, les criminels les moins dangereux. Et, très vite, collés, finalement, à New York (l'aéroport La Guardia est si proche qu'il y a des moments, quand le vent souffle dans le mauvais sens, où le bruit des avions oblige à hausser le ton ou à interrompre les conversations) les dix bâtiments de briques rouges qui composent cette forteresse, cette enclave coupée de tout, cette anti-île d'Utopie, cette réserve.

La salle commune, gris sale, où l'on rassemble, assis sur de vagues bancs, les prévenus de la nuit. Une cellule plus petite, la 14, où l'on a isolé deux prisonniers (blancs – est-ce un hasard?). Un dortoir plus soigné, aux draps nets, où un écriteau indique, comme dans les bars de Manhattan, que la zone est « smoke free ». Un homme, étrangement hagard, qui, me prenant pour un « health inspector », un « inspecteur de santé », se précipite pour se plaindre des moustiques. Et, avant d'arriver au quartier de détention proprement dit, avant l'enfilade des cellules, toutes identiques, et semblables à des boxes de chevaux, un labyrinthe de couloirs coupés de grilles et ouverts sur une série de « lieux de vie » que l'on me montre avec insistance : une chapelle ; une mosquée; un stade de volley-ball d'où monte un chant d'oiseaux lointain; une bibliothèque où chacun peut, me dit-on, venir consulter des manuels de droit; une autre pièce, enfin, où l'on a ouvert trois boîtes aux lettres marquées, l'une « réclamations », l'autre « aide légale », et la troisième « services sociaux »... A première vue, l'on croirait un hôpital vétuste mais à l'hygiénisme obsessionnel : l'énorme matonne noire, au ceinturon bardé de clefs, qui me guide à travers ce dédale, ne m'explique-t-elle pas que la première chose à faire, quand on accueille un délinquant, est de le passer sous la douche pour le désinfecter? ne me dira-t-elle pas, plus tard, de sa bonne grosse voix de surveillante finissant par les aimer, à force, ses délinquants qui la hèlent au passage, l'insultent parce qu'on les a privés de parloir ou de cantine, simulent un bruit de pétard qui devrait la faire sursauter mais ne la fait pas ciller, l'arrêtent pour lui confier leur désir de vivre ou de mourir, leurs colères et leurs prières, leur envie de se briser la tête contre les murs ou leur résignation nouvelle – ne me dira-t-elle pas, donc, que la seconde urgence est de faire leur radiographie psychologique afin d'identifier, tout de suite, les tempéraments suicidaires? C'est quand on y regarde de près que les choses se compliquent...

Cet homme aux pieds entravés. Cet autre, menottes aux poignets, plus gants sur les menottes, depuis qu'il s'est, la semaine dernière, caché huit lames de rasoir dans le cul avant de se jeter sur un maton pour l'égorger. Ces regards de bêtes fauves, difficiles à soutenir. Ces détenus pour lesquels il a fallu inventer un système de passe-plats sécurisé car ils profitaient du moment où on leur glissait leur pitance pour mordre au sang la main du gardien. Le petit Hispanique, main sur l'oreille, pissant le sang, vociférant, que l'on conduit à l'infirmerie sous les huées de ses codétenus blacks – le « Rikers cut », m'explique la matonne, l'entaille rituelle faite à l'oreille des bizuths par les caïds des « Latin Kings » et des « Bloods », les gangs qui tiennent la prison. Les hurlements. Les « fuck you ». Les coups de poing enragés contre les portes métalliques, dans le Quartier Haute Sécurité. Plus loin, au bout du Quartier, dans l'une des trois « cellules douches », ouvertes sur la coursive, le spectacle de ce colosse barbu et nu en train de se branler en face d'une autre matonne, impassible, à qui il hurle d'une voix de dément : « viens me chercher, salope ! viens ! » Et puis le cri d'effroi qui échappe à mon guide lorsque, après deux heures de visite, mort de soif, j'approche mes lèvres d'un robinet, dans le couloir : « non ! pas là ! ne buvez surtout pas là ! » Voyant ma surprise, elle se ressaisit. S'excuse. Bredouille que non, ça va, c'est juste le robinet des détenus, j'aurais pu y boire finalement, cela n'aurait pas été un tel problème. Mais le réflexe est là, qui en dit long sur l'état sanitaire de la prison. Rikers Island est une « jail », pas une « prison ». Elle accueille, en d'autres termes, soit des prévenus en attente de jugement, soit des condamnés à des peines inférieures à un an. Que serait-ce si c'était une vraie « prison » ? Comment les traiterait-on s'il s'agissait de criminels endurcis ?

Au retour, reprenant, avec Mark J. Cranston, le

pont qui me ramène dans le monde normal et constatant ce dont je ne m'étais pas avisé en arrivant, à savoir que, de là où je me trouve et donc, très probablement, depuis le terrain de volley, l'espace de promenade ou même certaines cellules, on voit, comme si on le touchait, le « skyline » de Manhattan, je ne peux esquiver cette dernière question : île ou ville ? au bout du monde, ou en son cœur ? l'impression d'avoir frôlé l'enfer vient-elle de ce que Rikers est coupée ou, au contraire, proche de tout ? Et puis cette autre encore, connexe, qui me vient quand Cranston, soucieux de l'impression que m'a faite sa « Maison » et désireux de ne rien laisser ignorer de sa contribution à la civilisation américaine, m'explique qu'il y a progrès car l'île était, autrefois, la grande décharge de New York où se déversaient toutes ses ordures : prison ou dépotoir ? sens de cette substitution, sur le même lieu, des laissés-pour-compte de la société à ses déchets ? Et comment l'idée n'effleurerait-elle pas que l'on transforme, ce faisant, les humains en nouveaux rebuts ? Première impression du système. Première information.

De la religion en général et du base-ball en particulier

Quitter la ville. Oui, quitter très vite New York que je connais trop bien et, sous une pluie battante, partir vers Cooperstown, cette ville naine, à l'extrémité sud de l'Etat, qui a réalisé le tour de force de se trouver, trois fois au moins, au cœur des zones de haute tension de l'histoire américaine : la ville de Fenimore Cooper et, donc, de la prise en charge symbolique du massacre des Indiens ; la cité carrefour où, avant la guerre de Sécession, transitaient les esclaves en fuite et leurs passeurs ; et puis, last but not least puisque c'est le titre de gloire auquel elle semble tenir le plus, la capitale mondiale du baseball.

Je passe la nuit dans un chalet de bois, sur la route, transformé en « bed and breakfast », avec lapins en céramique dans le jardin et, dans les chambres, un magazine où l'on vous explique comment « vivre confortable à 30 ans », avoir « plus de 70 ans et s'aimer toujours » ou « les six façons d'accommoder son verre de lait quotidien ». La maison est tenue par deux maîtresses femmes, mère et fille, qui portent le même tablier de toile rouge sang et semblent des sosies de Margaret Thatcher aux deux âges de sa vie. Je prends le temps, au réveil, d'écouter ces dames me conter l'histoire de la maison. Je feins de croire que le bâtiment, de construction manifestement récente, aurait été créé, il y a un siècle, par un officier de la guerre de Sécession. Je m'intéresse au « business du bed and breakfast » qui est la passion de leur existence : « c'est votre première expérience ? vous avez aimé ? vous me faites plaisir ; car il y a autant de bed and breakfast que de propriétaires ; chacune y met sa marque ; c'est un art ; une religion ; non, d'ailleurs ; pas le mot, religion ; on ne fait pas la différence, nous, entre les religions ; pas plus que nous ne la faisons entre

46

Yankees et Red Sox; qui a gagné, au fait (elle s'est tournée vers un client, en short et maillot de corps, qui s'est attablé à côté de moi et fait "je ne sais pas" de la tête tandis qu'il enfourne un morceau de jambon bigger than life)? vous voyez, il ne sait pas; ça veut dire que ça ne compte pas; et vous, au fait? ah! juif... oh! athée... ça ne fait rien... chacun fait ce qu'il veut... dans ce business, il faut aimer 99 % des clients... » Bref, le petit déjeuner a un peu duré. Mais me voici dans le musée immense, totalement disproportionné par rapport au côté maisons de poupée du reste de la ville, où l'on célèbre ce grand sport national, constitutif de l'identité, de l'imaginaire, presque de la religion civique et patriotique américaine, qu'est le base-ball – n'y a-t-il pas, dans le Hall of Fame attenant au musée, une plaque spécialement consacrée aux champions qui auraient mérité d'être là mais que les années de guerre, et leur patriotisme, en ont empêchés?

Ce n'est pas un musée, c'est une église. Ce ne sont pas des salles, ce sont des chapelles. Les visiteurs ne sont pas vraiment des visiteurs mais des fidèles, recueillis, fervents – j'en entends un qui, à voix basse, demande s'il est vrai que les plus grands champions sont enterrés là, sous nos pieds, comme à Westminster Abbey ou dans la Crypte des Capucins, à Vienne. Et tout est fait, surtout, pour sanctifier Cooperstown elle-même, ce berceau de la religion nationale, cette nouvelle Nazareth, cette ville toute simple que rien ne prédestinait à l'élection et qui assista, cependant, à la naissance de la chose – édifiante histoire, racontée à longueur de salles et de dépliants, de cette commission scientifique créée, au début du siècle, par un ancien joueur devenu milliardaire et qui, après avoir lancé, à travers le pays, un grand concours sur le thème : « adressez-nous votre plus ancien souvenir de base-ball », recueillit le témoignage d'un vieil ingénieur de Denver qui, en 1839, à Cooperstown, derrière la boutique du tailleur, vit Abner Doubleday, le général nordiste, futur héros de la guerre de Sécession, l'homme qui tirera le premier coup de canon contre les Sudistes, expliquer le jeu à des passants, en poser les règles et le baptiser.

C'est en l'honneur de cette histoire que l'on a choisi l'an 1939 pour, très exactement un siècle après, ouvrir le musée. C'est en pensant à elle que l'on a pu y voir dans le passé – comme le raconte, dans un article de *Natural History*, le paléontologue et fan de base-ball Stephen Jay Gould – telle grande exposition expliquant que, « dans le cœur des amoureux du base-ball », le général nordiste reste « le berger du pâturage où ce sport fut inventé ». C'est à cause, toujours, de cette scène inaugurale que le grand stade, tout proche, où se disputent, dit-on, les plus beaux matchs du pays s'appelle « Stade Abner Doubleday » et porte sur son fronton la fière inscription « berceau du base-ball ». Et que dire enfin de ce patron de la ligue de base-ball américain, Bud Selig, qui, il y a quatre ans, de passage à Arlington pour un hommage au soldat inconnu, tint à déposer une gerbe sur la tombe du même Doubleday, ce fils de Cooperstown, officiellement présenté, aux yeux de l'Amérique et du monde, comme le pape de la religion nationale? C'est, non seulement la ville, mais l'ensemble des Etats-Unis qui, ce jour-là, communient dans une célébration qui a le double mérite d'associer le sport le plus populaire du pays avec les valeurs traditionnelles et rurales qu'incarne la ville de Fenimore Cooper et avec les grandeurs patriotiques que porte le nom de Doubleday.

Le seul problème, me dira, un peu gêné, le conservateur, Timothy J. Wiles, c'est qu'Abner Doubleday, cette fameuse année 1839, n'est pas à Cooperstown mais à West Point; que le vieil ingénieur supposé avoir disputé cette première partie avec lui est à peine né; que le mot est déjà apparu, en 1815, dans un roman de Jane Austen et, en 1748, dans une lettre retrouvée dans un grenier anglais; qu'un « base-ball scholar », membre éminent de la « Society for American Base-Ball Studies », vient d'en découvrir, à Pittsfield, Massachusetts, une trace plus ancienne encore; que les Egyptiens en ont connu une forme assez achevée; le seul problème c'est que l'on a toujours su, dès 1939 en fait, que le base-ball est un vieux sport populaire et que, même si, comme tous les sports populaires, il souffre d'un déficit d'archive écrite, son origine est immémoriale; le seul problème c'est que cette histoire est un mythe et que des millions d'hommes et de femmes viennent, chaque année, comme moi, visiter un musée tout entier voué à la célébration de ce mythe.

Le faux comme volonté et représentation

Deux hypothèses, à partir de là. Soit ces visiteurs sont des ignorants qui croient, de bonne foi, que tout cela est vrai. Soit ils sont au courant ; ils savent que l'histoire ne tient pas debout ; ils sont assez passionnés par l'affaire pour se tenir informés des découvertes des milliers de « base-ball scholars » qui composent l'une des sociétés savantes les plus curieuses, mais aussi les plus sérieuses, du pays et qui tous abondent dans le sens de la destitution de la légende ; ils célèbrent un mythe, un faux, dont ils n'ignorent pas qu'il s'agit d'un mythe et d'un faux.

Voici, alors, une nouvelle scène qui finit de me faire pencher vers la seconde hypothèse. C'est, dans Cooperstown toujours, le « musée de la ferme » censé commémorer les arts et traditions de la vie pastorale américaine. Ces costumes du XVIIᵉ siècle tout neufs. Cette pirogue qui sent le bois vert et près de laquelle on a laissé traîner une copie de couteau indien. Une hache, avec son manche de bois fraîchement taillé. Des vaches en carton-pâte, certifiées conformes aux vaches d'époque. La salle des calèches, avec leurs coussins percés – un instant d'inattention et l'on croirait que c'est une déchirure due à l'usure ; mais non ; il en sort des bouts de mousse synthétique. La « maison du docteur Jackson », sa trousse médicale, son broc d'eau, son stéthoscope, sa bassine. Le jardin de l'herboriste où ont été réinventées les plantes qu'il devait, à l'époque, cultiver. Un cimetière aux stèles illisibles, et sans nul corps enseveli. Des femmes enfin qui, avec leurs coiffes, leurs grands tabliers, leurs robes de toile écrue, jouent les vraies paysannes tenant de vrais commerces alors que tout, là encore, est faux. Que faites-vous dans la vie ? Je fais tisseuse du XIXe siècle au Musée de la Ferme de Cooperstown ; j'enfile, chaque jour, mon déguisement et vais jouer mon rôle d'herboriste ou de boulangère traditionnelle... Il y a là, j'en suis sûr, des vrais objets d'époque, des reliques, des vestiges. Mais non. On a préféré le faux. On a voulu du neuf simulant le vieux. Toute l'idée a été, non de conserver, mais de reconstituer du vrai faux et de le célébrer comme tel. Défaite de l'archive. Triomphe du kitsch.

Et puis voici cet autre cas, plus extravagant encore, et qui va dans le même sens. De loin, au milieu du village reconstitué, j'aperçois une tente où s'est fait un attroupement plus nombreux que devant la maison du docteur Jackson ou le jardin de l'herboriste. M'approchant, je vois, sous la tente, comme dans les musées, un périmètre vide, délimité par de grosses cordes tressées. Et, dans le périmètre, au sol, une statue de gypse, trois ou quatre mètres, allongée, côtes saillantes, une main sur le ventre, momifiée, que l'on appelle le géant de Cardiff et dont l'histoire est la suivante. La scène se passe, à Cardiff, Etat de New York, en 1869. D'humbles terrassiers, creusant dans le jardin d'un certain

51

William C. « Stub » Newell, y déterrent ce géant momifié. Emoi à Syracuse. Discussion, dans le comté, sur la question de savoir s'il s'agit d'un fossile ou d'une œuvre de l'art. Création d'un consortium qui, penchant pour la thèse du fossile et estimant qu'il tient là les restes d'un homme préhistorique, expose dans la ville puis, de ville en ville, dans tout l'Etat, la prodigieuse découverte. Seulement voilà. L'objet a quand même une allure étrange. Certains détails, les orteils, le pénis, sont excessivement bien conservés. Des paysans, de surcroît, commencent de se vanter d'avoir vu une charrette transporter un bloc de gypse chez un marbrier de Chicago, puis la même charrette revenir chargée d'une statue couverte d'un drap. En sorte que l'idée s'insinue, puis s'impose, que toute cette affaire est un bluff, que les pores de la peau, par exemple, ont été faits en frictionnant le gypse avec un morceau de bois planté de clous et que c'est le cousin de Newell, George Hull, fabricant de cigares à Binghamton, qui a enterré ce faux dans le jardin de Newell. Or comment le monde réagit-il à la nouvelle ? Eh bien l'on continue, comme si de rien n'était, à exposer le faux. Barnum, le grand Barnum, l'homme du cirque, essaie de le racheter et, furieux de n'y pas parvenir, s'en fait modeler une copie qu'il expose à New York. Le premier faux, pendant ce temps, file à la Pan American Exhibition. Il est acheté, au début des années 30, par un riche éditeur de l'Iowa. Puis, en 1939, par la Iowa Historical Association. Puis, presque aussitôt, par la New York State Historical Association. En 1948 enfin, il est transporté jusqu'ici, au Musée de la Ferme de Cooperstown, où il est l'objet de funérailles proprement nationales. En sorte que l'on vient aujourd'hui, de tous les coins des Etats-Unis, admirer le plus grand, le plus célèbre, le plus officiel des faux.

Révérer un faux comme si c'était un vrai. Préférer, dans un musée, et alors même que l'on aurait le choix, des artefacts à des vestiges. Réécrire l'histoire d'une pratique immémoriale comme si c'était un sport national. On voit bien le trait commun à ces trois symptômes. On voit comment ce qui est en jeu c'est, chaque fois, la relation au temps et, en particulier, au passé. Comme si, chez ce peuple si éminemment tendu vers son présent et, surtout, son avenir, le regret d'avoir un passé ne passait qu'à la condition de se le réapproprier par mots et gestes calculés. Comme s'il lui fallait à toutes forces, jusques et y compris les forces et prestiges du mythe et du faux, réaffirmer les pouvoirs du présent sur le passé, l'état présent du passé. Ou bien – l'inverse, mais qui revient au même – comme si c'était la douleur d'avoir, non pas trop, mais pas assez de passé, comme si c'était la déception de n'être, par définition, et parce que nation trop récente, pas à l'origine de soi ni de son propre passé dépossédé, qui poussait à se rattraper en renchérissant sur le thème : « nous n'étions pas là à l'heure du premier matin, eh bien soyons-y d'autant plus pour celle de sa résurrection. » Je repense au Hall of Fame du Musée du Base-ball. Et je m'aperçois que le vrai non-dit, le vrai blanc, tenaient peut-être, finalement, à l'absence d'un mot (le cricket) et d'un fait (l'origine, somme

53

toute anglaise, puisque venue avec les premiers colons, d'un sport américain). Drop the debt. Forclusion du nom du père. Autogénération d'une culture qui se voudrait fille de ses œuvres et réécrit, en conséquence, ses grandes et petites généalogies. Névrose américaine ?

On achève bien les grandes villes

Qu'une ville puisse mourir, voilà, pour un Européen, une chose difficilement concevable – et pourtant...

Buffalo, cette ville qui fut la gloire de l'Amérique, sa vitrine, le berceau de trois Présidents et qui, en cette fin d'après-midi de juillet, jour anniversaire du passage de Tocqueville, m'offre ce paysage de désolation : longues avenues sans voitures qui s'étirent à l'infini ; pas un restaurant où dîner ; peu d'hôtels ; des faux jardins à la place des immeubles ; des terrains vagues à la place des jardins ; des arbres morts ou malades ; des gratte-ciel fermés, délabrés ou en passe d'être détruits ; oui, la ville qui a inventé les gratte-ciel et où l'on trouve, aujourd'hui encore, quelques-uns des plus beaux spécimens du genre en est réduite à les abattre car un gratte-ciel inoccupé est un gratte-ciel qui se décompose et qui, un jour ou l'autre, vous tombe sur la tête ; la bibliothèque qui va fermer l'une de ses ailes ; le journal local qui périclite ; l'histoire, que me raconte l'un de ses journalistes, de ces maisons que leurs propriétaires, parce qu'ils ne pouvaient ni les payer ni les revendre, ont préféré brûler pour toucher au moins l'assurance ; des rues sans eau ni courrier ; jusqu'à la gare centrale qui fut, du temps des aciéries, le cœur de la région et dont il ne reste qu'une ruine, énorme pain de sucre à l'abandon, panneaux métalliques rouillés, bruit du vent, vol de corbeaux et, en grandes lettres du début du siècle, The New York Central Railroad déjà à demi effacé.

Lackawanna, vingt kilomètres à l'ouest de Buffalo. Le pire, là, c'est l'usine. Il était une fois une usine moderne qui fut le poumon de la région. Il n'en reste que des cônes de déchets de charbon ou de fer où pousse le chiendent. Des cheminées éteintes. Des wagons arrêtés et noircis. Des hangars aux vitres brisées. Et, à l'intérieur de l'un des hangars où j'entre à pas de loup, des fauteuils défoncés ; des rayonnages de métal tordu où l'on a laissé des dossiers ; des planches de photos jaunies montrant de bons employés souriants et sûrs de l'éternelle grandeur de leur usine ; des *Buffalo News* racornis ; des masques à gaz en plastique à demi calciné ; une panoplie, sur un mur, de manomètres, baromètres, mesures de vapeur, thermomètres en caoutchouc mangé par l'humidité ; des horloges, j'en compte quatre, toutes arrêtées à la même heure, à quelques minutes d'intervalle. Si je ne connaissais pas l'histoire de la US Steel and Ford, si je ne savais pas qu'elle a fermé l'usine, il y a vingt ans, pour cause de tragique mais banale délocalisation, si je ne savais pas que la ville elle-même vit toujours, d'une vie infime soit, mais enfin qu'elle vit toujours et si je n'avais pas lu, par exemple, l'histoire des six Arabes américains qui s'y étaient cachés après le 11 septembre et que le FBI a arrêtés, je pourrais presque croire à une catastrophe naturelle, un cataclysme – le décor pétrifié des villes qu'il a fallu évacuer, dans l'urgence, sans avoir le temps de rien emporter, parce que tremblement de terre, tsunami, Pompéi...

Cleveland. Moins triste. Moins cassée. Une vraie volonté, surtout, de revitaliser les quartiers détruits. Et cette réunion, à l'heure du petit déjeuner, dans une église, autour de Mort Mandell et de la Neighborhood Progress Inc., où une quinzaine de fils de famille vieillis, costumes gris perle légèrement démodés, cheveux blancs, beaux visages austères, héritiers des Gund, Van Sweringen, Jacobs, ces philanthropes protestants ou juifs de l'époque de la grandeur de la ville, réfléchissent, diapos et diagrammes à l'appui, aux moyens de réhabiliter le cœur de cette cité qui, même s'ils l'ont délaissée, même s'ils sont partis faire leur fortune et leur vie ailleurs, demeure leur « petite patrie ». Des quartiers déserts, là aussi. Des parkings vides. Des Oldsmobile, Dodge, Lincoln ou Plymouth des années 60 en maraude sur Euclid et Prospect, entre la 5e et la 6e Avenue. Des clochards dans les bâtiments officiels. Des églises vides, ou murées, alors que l'on ne me parle que du renouveau, en Amérique, de la foi évangélique et de la morale. Une caserne de pompiers où l'on lit : « les coupes dans les budgets, c'est du suicide ». Un rond-point de fleurs que des femmes arrosent avec piété car plus aucune voiture n'y passe. Ce détail qui ne m'avait pas frappé à

56

Buffalo : l'absence de panneaux publicitaires sur certaines artères. Cet autre : sur le mur d'un immeuble dont l'immeuble mitoyen a été rasé, une inscription, en capitales du siècle dernier réapparue comme remonte une épave – « attorney of law » ; et, plus loin, dans un terrain vague, sur le dernier mur resté debout d'un building disparu, un placard d'un autre temps, témoin saugrenu d'une vie antérieure, « the hottest jeans on two legs ».

Et puis enfin Detroit, la sublime Detroit, la ville qui, pendant la guerre, à cause de ses usines d'automobile et d'acier, s'enorgueillissait d'être « l'arsenal de la démocratie » et qui, aujourd'hui, dans la zone de Brush Park, au nord, ou, pire, dans East Detroit, paraît une Babylone immense et désertée, une cité du futur que ses habitants auraient fuie et qui finirait d'agoniser : maisons à nouveau brûlées ou rasées ; façades et toits défoncés que la prochaine pluie emportera ; dépôts d'ordures dans les anciens jardins ; rôdeurs ; pilleurs d'épaves ; la nature qui reprend ses droits ; des renards, certaines nuits ; des crack houses ; des écoles fermées ; un magasin de liqueurs clôturé de barbelés ; le cinéma Fox intact, avec ses lions ailés de briques à l'entrée ; idem pour les maisons de Frank L. Wright ou pour le Orchestra Hall où l'on arrive en smoking dans un environnement de fin du monde ; mais le Book Cadillac Hotel ou le Statler-Hilton, ces merveilles architecturales dont les encorbellements sont des pièces de musée, sont vides, eux, et cadenassés ; parfois, on dirait une lèpre ; parfois, Dresde ou Sarajevo ; un observateur qui ne saurait rien de l'histoire de la ville et des émeutes raciales qui ont précipité, il y a trente ans, l'exode de la population blanche vers les banlieues, pourrait penser, cette fois, qu'il est dans une ville bombardée ; mais non ; c'est juste Detroit ; c'est juste une ville américaine dont les habitants sont partis en oubliant de fermer la porte ; c'est juste cette expérience, unique au monde, d'une ville que l'on quitte comme l'on quitte un partenaire désaimé et qui, petit à petit, retourne au chaos.

Mystère de ces ruines modernes. Enigme d'une Amérique dont je découvre qu'il y a un vieux sentiment, essentiel à la civilité européenne, consubstantiel à son urbanité, qui lui est, sinon étranger, du moins problématique : l'amour des villes.

La revanche du petit homme

Il n'arrive pas à dire « stem cells », cellules souches, sans se tromper. Il bute sur les chiffres et les sigles, à commencer par celui de la National Urban League, l'organisation noire de défense des droits civiques dont il est l'hôte. Il se prend les pieds dans les taux de chômage ou le nombre d'enseignants dans l'Ohio. Il a, dans le regard, dans l'excessive proximité des yeux, ce quelque chose d'imperceptiblement affolé qu'ont les enfants dyslexiques qui sentent qu'ils vont se tromper, qu'ils se feront gronder pour cela, mais que le train est lancé et qu'ils n'ont plus le moyen de l'arrêter. Il fronce les sourcils d'un air soucieux quand il parle des quar-

tiers pauvres de Detroit. Se donne une mine de faux
dur quand il aborde le sujet de l'Irak. Quand il
prononce le mot « Amérique » ou « Armée », il
sursaute ou, plutôt, se raidit comme au son d'un
invisible clairon. Je pense à tout ce que l'on a pu dire
sur l'ambivalence de ses relations avec le premier
Président Bush. Je pense à la discussion que nous
avons eue, l'autre soir, avec Alan Wolfe, sur la
question de savoir s'il a fait la guerre en Irak pour le
venger (Saddam l'a humilié, j'humilierai Saddam)
ou pour lui adresser un gros défi œdipien (faire ce
qu'il n'a pas su faire – obéir à un autre père, plus
haut que son propre père, et qui lui soufflerait les
gestes qu'il n'a pas su inspirer à son père). La vérité
c'est que cet homme est un enfant. Qu'il soit dans la
dépendance de son père, de sa mère, de sa femme,
du bon Dieu, il me fait vraiment l'effet, ce matin, de
l'un de ces enfants humiliés dont Bernanos a bien
montré comment leur méchanceté est fille de leur
timidité et leur timidité de leur peur. Cela dit,
attention. Cet apeuré est un malin. Cet enfant est un
enfant roué. Il a l'habileté d'appeler Marc Morial, le
président de la League, par son prénom et de commencer son discours, juste après la prière, par un
salut aux Detroit Pistons, l'équipe locale de basket-
ball qui, comme la plupart des équipes américaines
de basket-ball, se trouve être composée d'un grand
nombre de joueurs blacks. Il a le talent d'enchaîner
plaisanterie sur plaisanterie et, tel un comédien
chauffant une salle réticente, d'être le premier à rire,
bruyamment, de ses propres blagues. Il a l'intelligence, en les interpellant, eux aussi, par leur pré-

nom et en lançant au premier qu'il « n'a pas besoin de hocher la tête comme ça pendant qu'il parle » et, au second, dont chacun se rappelle, dans la salle, les trois batailles perdues pour l'investiture du parti démocrate, que « c'est dur, vous en savez quelque chose, d'être candidat à la Présidence », il a l'intelligence de désamorcer donc, au premier rang, l'hostilité de ces deux leaders noirs que sont les Révérends Jesse Jackson et Al Sharpton. La National Urban League est une organisation plutôt radicale. Detroit est une ville où il a, et il le sait, « un gros boulot à faire » pour gagner les cœurs d'une communauté qui a voté à 94 %, il y a quatre ans, pour Al Gore. Il est en terrain ennemi. Les deux mille personnes présentes sont venues voir la bête mais n'ont pas de sympathie pour lui. Et pourtant, les choses marchent. Ses couplets sur l'« American dream » et sur le « small business », le culot avec lequel il s'en prend, comme s'il n'était pas à la Maison-Blanche depuis quatre ans, au pouvoir des bureaux et de Washington, sa vision de l'Amérique comme une entreprise dont les Américains seraient tous les actionnaires et qui n'enjoindrait à chacun que de s'enrichir encore et toujours, son dégagement sur le Soudan enfin et sur le génocide, oui, il ne craint pas de dire génocide et il fera ce qu'il peut, s'il est élu, pour faire traiter les génocideurs de Khartoum comme l'exige la loi américaine, tout cela finit par fonctionner. Culot et naïveté. Habileté tactique en même temps qu'une certaine candeur. Un délégué, à la sortie, dans la cohue des radios et télévisions qui recueillent les impressions des militants :

« le fils de pute... il nous a eus... » Un autre : « très fort, le coup du Soudan ! » Ce qui me frappe, moi, c'est cela. Mais c'est aussi, bien plus étrange, cet air de bon garçon débrouillard, un peu coquin, obligé de forcer le ton pour faire candidat et Président. Je l'imagine, dans son Texas natal, petit garçon à problèmes, élève moyen, chahuteur, donnant du souci à ses parents. Je l'imagine à la Philips Academy, puis à Yale, tel que me le décrivait, l'autre jour, non sans férocité, l'ancien conseiller à la Maison-Blanche, auteur de *The Clinton Wars*, Sydney Blumenthal – je l'imagine traînant sa vilaine réputation de pistonné, snobé par les fils d'aristos de la côte Est qui le trouvent serviable mais un peu plouc. Je le vois ensuite, je le vois si bien, narcisse de province et dilettante contrarié, mauvais homme d'affaires, fils à papa prolongé que la famille, à chacune de ses faillites, vient sauver in extremis. Quand la mécanique s'est-elle inversée ? Comment ? Sous l'influence de qui, ou de quoi, la métamorphose s'est-elle opérée et l'amateur d'autos pétaradantes et de beuveries entre copains, le raté, le brave type, l'homme à qui l'on n'aurait, pendant longtemps, donné aucune espèce de chance d'échapper à sa formidable médiocrité, s'est-il transformé en cette machine, capable de remporter une fois, puis deux, la compétition la plus difficile d'Amérique et de la planète ? Il y a des hommes – Clinton – dont on a le sentiment qu'ils sont nés pour être Présidents. D'autres – Kennedy – qui ont été formés, dressés, pour le devenir. Lui c'est le contraire. Né pour perdre. Dressé à ne pas gagner. Et de ce retournement, de cette grâce tardive qui n'a pas eu le temps de s'imprimer sur son visage, personne n'a, au fond, l'explication. Sauf lui. Lorsqu'il parle de grâce, justement. Et de renaissance. Qui sait ?

Le modèle juif des Arabes américains

Comment peut-on être arabe ? Je veux dire : arabe et américain ? Comment peut-on, dans l'Amérique de l'après-11 septembre, être fidèle à sa foi musulmane et ne pas passer pour mauvais citoyen ? Pour les habitants de Dearborne, Michigan, quelques kilomètres à l'ouest de Detroit, la question ne se pose pas. La ville est un peu spéciale, bien sûr. Le McDonald's est hallal. Le marché s'appelle Al Jezeera. Le True Gentlemen's Club, autrement dit la boîte de strip-tease située à l'entrée du quartier, entre l'Adonis Restaurant et la mosquée, se veut spécifiquement musulmane. Je vois une vieille Ford avec l'une de ces plaques d'immatriculation personnalisées dont raffolent les Américains et dont les premières lettres sont « Taliban ». Et je m'aperçois vite que, autour de Fort Rouge, l'ancienne usine Ford dont l'essentiel est réduit, comme à Lackawana, à des carcasses d'acier rouillé, des tubulures inutiles, des silos vides et des hangars semi-détruits au milieu desquels poussent des arbres, le red neck de base parle indifféremment arabe et américain. Mais tous ceux que je rencontre, tous les commerçants, politiques, responsables communautaires que j'interroge sur la façon dont se combinent, au temps d'Al Qaïda, ces deux identités nouées et vues comme contradictoires par les plus radicaux des Républicains, me répondent que, non, nullement, tout est pour le mieux dans le meilleur des mondes, la question de la double allégeance qui empoisonne, en France, le débat sur les appartenances ne se pose, ici, en aucune façon. Ahmed, enturbanné comme un Sikh et vendant, sur Warren Avenue, des sodas tout ce qu'il y a de plus américains : « bien sûr, il y a eu des problèmes ; bien sûr, il y a eu un contrecoup ; bien sûr, les agents du FBI sont venus, pleins de suspicion, chercher des terroristes ; mais ils ne les ont pas trouvés ; nous sommes de bons citoyens américains et ils ne pouvaient donc pas les trouver. » Nasser M. Beydoun, jeune et fringant businessman, marié à une Française, et dont je tarde à m'aviser que, lorsqu'il dit « nous », ce n'est pas « nous les Arabes » mais « nous les Américains » qu'il veut dire : « j'étais contre la guerre d'Irak, m'explique-t-il, dans la grande salle de conférences de l'Arab American Chamber of Commerce dont il est le président ; mais moins pour eux, les Arabes, que pour nous, les Américains, grand peuple, belle culture, démocratie exemplaire qui est en train de se préparer un destin de puissance occupante. » Et puis Abed Hammoud enfin, président de l'Arab American Politic Act Committee, cette petite institution dont le rôle est, m'explique-t-il, d'auditionner et, éventuellement, « endosser » les candidats à tous les postes de pouvoir locaux ou nationaux : « quand Bush m'écrit, en 2000, une belle lettre personnelle d'une page et demie commençant par "Dear Abed", quand Kerry demande quelle est la procédure à suivre pour solliciter le soutien des Arabes de Detroit et que je lui envoie, pour qu'il s'en inspire, copie de ladite lettre, quand, en janvier dernier, j'organise une série d'auditions téléphoniques pour lui, Kerry, ainsi que pour Wesley Clark et un représentant de Howard Dean, quand je fais en sorte que l'une de nos équipes colle à tel candidat au Congrès de l'Illinois, assiste aux moindres de ses déplacements et à chacune de ses conférences de presse, quand je boucle enfin, ce matin, la "Lettre d'information" que j'envoie à tous nos adhérents et que voici, savez-vous quel est mon modèle ? les juifs, évidemment ; cette incroyable success story américaine que sont la constitution et le triomphe du lobby juif ; ce qu'ils ont réussi à créer, les juifs, ce pouvoir qu'ils ont su acheter, gagner à la sueur de leur front, ce chemin qu'ils ont tracé et qui les a menés au nœud de toutes les influences, comment ne pas s'en inspirer ? nous avons cinquante ans de retard, c'est vrai ; ils sont dix fois plus forts que nous, d'accord ; mais vous verrez, nous y arriverons ; un jour, nous serons leurs égaux. » Je ne dis pas que ce discours soit exempt d'éléments troubles. Peut-être la modération du propos est-elle purement tactique et l'idée reste-t-elle de faire, à l'arrivée, non pas aussi bien, mais mieux, qu'une communauté juive toujours identifiée à la figure de l'ennemi. J'ai d'ailleurs bien senti, chez Beydoun, la forte réticence à l'endroit d'un Israël dont il prend bien soin de ne pas remettre en cause l'existence mais où il est « hors de question » qu'il se rende tant que la « résistance palestinienne » n'aura pas eu, Hezbollah compris, raison de « l'occupation ». Mais enfin le fait est là. On est loin d'Islamberg, ce phalanstère fondamentaliste que j'avais découvert au moment de mon enquête sur la mort de Daniel Pearl et où l'on célébrait, au cœur des Catskills, l'idéologue terroriste Gilani. Et l'on est plus loin encore de ces banlieues françaises où l'on conchie le drapeau, hue l'hymne national et où la haine du pays d'accueil n'a d'égale qu'un antisémitisme qui ne demande qu'à passer à l'acte. Grande leçon américaine. Beau spectacle de démocratie vécue, c'est-à-dire d'intégration et de compromis. Il y a cent quinze mille Arabes dans un rayon de quinze kilomètres autour de Dearborne. Il y en a un peu plus d'un million, répartis entre le Michigan, l'Ohio et l'Illinois, dans l'ensemble de l'Amérique. Et ce qui domine ce sont, malgré l'Irak, malgré Bush, malgré les incendiaires de la prétendue guerre des civilisations, ces deux traits : le rêve américain, ni plus ni moins vivant que dans toutes les générations d'Irlandais, Polonais, Allemands, Italiens, qui les ont précédés ; et, ceci étant lié à cela, cette étrange passion juive, presque cette obsession, cette rivalité mimétique avec une communauté qui, une fois n'est pas coutume, fait figure, non d'ennemi, mais de modèle, d'obscur objet du désir – cette volonté d'être, si j'ose dire, en parodiant la devise fameuse des juifs français avant l'affaire Dreyfus, *heureux comme juifs en Amérique.*

La file de gauche

La route encore. L'autoroute. La grande Inter-state 94 qui mène à Chicago où je dois être avant ce soir. Distance. Espace. Ces centimètres, sur la carte, si traîtres pour un Européen. Ce sens de l'espace et, donc, de la durée qui est le vrai sixième sens à acquérir quand on voyage en Amérique. Et puis ce légalisme, ce sens de la règle et de la loi, qui modè-lent les conduites en général et celle des automobilis-tes en particulier. Pas d'excès de vitesse. Pas d'engueulade de voiture à voiture comme nous faisons, nous, en France. Pas moyen non plus, même aux abords de Battle Creek où la circulation est complètement bloquée, d'essayer de gagner un peu de temps en empruntant les bandes de sécurité. Ou bien un autre détail, plus troublant, et qui en dit encore plus long sur l'anthropologie des mœurs automobiles américaines. L'intérêt, en Europe, d'une route à plusieurs voies c'est qu'il y en a une pour les véhicules lents et que les rapides, les pressés, lesquels se trouvent être aussi, assez souvent, les véhicules les plus beaux et les plus chers, se réservent la file de gauche où ils peuvent filer aussi vite qu'ils le désirent. Ici, non. Les deux voies à égale vitesse. Rapides et lents, gros et petits, et donc riches et pauvres, puissants et faibles, dans la file de leur choix. Et avisez-vous, si vous êtes en retard, de klaxonner le gros cul qui vous bloque le passage et qui, en France, obtempérerait, amusez-vous à lui faire le coup du « pousse-toi de là que je m'y mette, minus » qui, chez nous, suffirait à ce qu'il se rabatte : non seulement il ne se rabattra pas, non seulement il continuera d'aller son train de gros cul imperturbable et sûr de son droit, mais vous verrez à travers la vitre, si vous parvenez quand même à le doubler, son air indigné, effaré, incrédule – « hi guy ! tout le monde à la même vitesse ! grands et minus, même combat ! de la démocratie automobile en Amérique ! »... Vraie leçon, sur le terrain, d'égalité des conditions là où nous affichons, nous, nos distinctions sociales, nos privilèges. Et vrai exemple, à nouveau, de la perspicacité de Tocqueville qui, bien avant la naissance des highways, en ouverture de la « Section » qu'il consacrait aux « sentiments des Américains », notait que « la première et la plus vive des passions que l'égalité des conditions fait naître » c'est « l'amour de cette même égalité ». Nous y sommes.

Cet autre incident, non moins tocquevillien, à la mi-journée. Pris d'une forte envie de pisser et fatigué des Starbucks, McDonald's et autres Pizza Hut où l'on vous affiche presque systématiquement le nom de l'employé modèle qui « a eu la fierté de nettoyer ces toilettes » et celui du « superviseur » qu'il est recommandé d'appeler « pour les commentaires et les compliments », j'ai décidé de m'arrêter au bord d'un champ tranquille et baigné de soleil. A peine ai-je commencé que j'entends, derrière moi, un vrombissement de moteur suivi d'un crissement de freins.

Je me retourne. C'est une voiture de police. « Que faites-vous ? – Je prends le soleil. – On n'a pas le droit de prendre le soleil. – Bon, je pisse. – On n'a pas le droit de pisser. – On a le droit de quoi, alors ? – De rien ; il est interdit, sur les autoroutes, de s'arrêter, de flâner, de traîner, alors de pisser, vous pensez. – Je ne savais pas.... – Je me fous de ce que vous saviez, keep moving. – Je suis français... – Me fous que vous soyez français, la loi vaut pour tout le monde, keep moving. – J'ai écrit un livre sur Daniel Pearl. – Daniel qui ? – Sur les guerres oubliées. – Les guerres quoi ? – Je fais un livre sur les traces de Tocqueville... » Et là, en revanche, à l'énoncé de ce nom de Tocqueville, un miracle se produit ! Le visage du flic devient méfiant, puis curieux, puis amène. « Tocqueville, vraiment ? Alexis de Tocqueville ? » Et comme je lui dis que, oui, Alexis, je suis sur les traces de ce grand compatriote qui, voici cent soixante-dix ans, a dû passer exactement par ici, voilà que ce mauvais coucheur, cramoisi de colère, et qui s'apprêtait à me verbaliser pour conduite inappropriée, exhibition sur la voie publique et flânerie avec préméditation, me considère avec une affabilité soudaine et m'interroge sur ce qui, à mon avis, continue d'être valable dans le diagnostic de Tocqueville...

Trois leçons. La « flânerie avec préméditation » qui dit combien la société américaine d'après le 11 septembre est devenue paranoïaque (ne lisais-je pas, l'autre jour, l'histoire de ce Pakistanais de 27 ans, Ansar Mahmood, qui a été surpris, à l'automne 2001, en train de s'attarder auprès d'une usine de traitement des eaux sur l'Hudson et qui a fait, pour cela, trois ans de prison préventive?). Cet impératif du « keep moving » – « circulez! circulez! ne vous arrêtez jamais de circuler! » – que j'avais déjà noté à l'aéroport, puis au bureau de presse de Washington lorsque je suis allé chercher mes accréditations, puis devant mon hôtel qui avait lui-même le malheur d'être vis-à-vis de la Maison-Blanche, puis, encore, à New York, devant les barrières de Ground Zero où je traînais un peu trop (paranoïa encore? obsession sécuritaire? ou angoisse, bien plus profonde, constitutive de l'ethos américain, face à l'idée même du mouvement qui s'arrête?). Et puis, quand même, l'extraordinaire image de ce flic de l'Illinois, banal, un peu buté, dont le visage s'est éclairé au seul énoncé du nom de ce Français ami de son pays (quelle meilleure réponse à ceux qui nous répètent que l'Amérique est un pays de cow-boys arriérés et incultes? et quel défi à ceux qui voudraient voir dans la francophobie de l'administration Bush le dernier mot, ces temps-ci, des relations transatlantiques!)

Chicago Transfer

« Ah non », m'a lancé, hier soir, à l'inauguration du « Millenium Park » qui sera la fierté de sa ville, Richard Daley, le maire! « Ah non, vous n'allez pas nous refaire, vous aussi, comme les visiteurs pressés et avides de sensationnel, le coup des gangs de

Chicago. » Et Daley, debout, un peu ivre, très rouge
dans son smoking trop petit, de me vanter l'autre
Chicago, le vrai, celui qui, par la volonté de son père
puis la sienne, par le talent d'Edward H. Bennett,
puis de Daniel H. Burnham, les architectes de la
ville, ses paysagistes, ses Haussmann, grâce, encore, à
la décision toute simple d'ouvrir la ville sur le lac et
d'en laisser entrer la lumière plutôt que de lui
tourner le dos et de la murer comme firent Buffalo
ou Cleveland, est devenue cette ville magique, si
belle, peut-être la plus belle des Etats-Unis, dont il
est en train, avec ses deux mille invités, de célébrer
l'apothéose. Il a raison, sans doute, Daley. Et j'aime
la passion qu'il met à dire son goût de l'urbanisme
propre, son obsession de l'écologie et de l'art, sa
croisade pour les toits de verdure, les jardins suspendus, les tours lacustres, en même temps que pour
Frank Lloyd Wright ou Mies van der Rohe ; j'aime
l'idée de ces autres artistes (Anish Kapoor et Frank
Gehry, Jaume Plensa et Kathryn Gustafson) qu'il a,
cette fois encore, pour ce parc, réussi à attirer ; j'aime
qu'il ait, pour les financer, rameuté, comme à la
grande époque, les héritiers des rois de l'acier, du
chewing-gum et de la saucisse qui ont fait la première prospérité de la ville ; j'aime le talent – car il y
a fallu, forcément, du talent ! – avec lequel il a dû
convaincre ces nouveaux philanthropes qui paradent
à ses côtés, ce soir, dans leurs robes du soir, leurs
smokings, leurs liftings. Sauf... Oui sauf qu'il y a la
ville, aussi, d'Otto Preminger et de James T. Farrell.
Il y a, quoi qu'il en dise, le Chicago des camés, des
paumés, des putes, des freaks et des voyous peints

70

par Nelson Algren. Il y a, concernant Algren, l'incroyable histoire, et qui en dit long sur la volonté des habitants de la ville d'ensevelir sa part d'ombre, de cette Evergreen Street où l'on peut encore voir la maison à un étage où il a, en 1947, habité avec Simone de Beauvoir et que l'on a, après sa mort, baptisée rue Nelson-Algren avant, très vite, presque aussitôt, sur protestation expresse des riverains qui ne voulaient pas être associés à ce romancier des abattoirs et des bas-fonds, de la rebaptiser Evergreen Street. Il y a tout cet « uptown » en fait, toute cette partie haute de la ville, dont personne ne veut entendre parler mais que j'ai pris le temps, ce matin, de parcourir un peu : Chinatown... le quartier des fous, sortis en masse des asiles dans les années Reagan... les taudis de Sacramento Avenue... séparés par la petite Lawndale Street opérant comme une presque infranchissable frontière, les deux zones ennemies, black pour l'une, hispanique pour l'autre, de North et South Lawndale... Il y a cette autre ville, en fait, où les publicités sont en espagnol, où l'on ne mange que des « tortas » et des « tacos », où le supermarché s'appelle « La Ilusion » et la boucherie « Aguas calientes » – il y a cette tout autre ville où le gang des Latin Kings n'en finit pas, depuis trente ans, de livrer sa guerre de longue durée contre celui des Two Sixers. « Two Sixers, articule, non sans mépris, le jeune Latino qui me conduit, sur Broadway, jusqu'au fameux Green Mill où Al Capone avait ses habitudes et qui est devenu une sorte de club de jazz touristique et familial. Juste Two Sixers. Two and Six. Deux et Six, comme la 26ᵉ Rue. Est-ce que ce n'est pas nul de s'appeler comme la rue où on est nés? Nous, on s'en fout. On est le gang le plus important de la ville, avec des antennes dans tout le pays. Le seul problème, c'est quand ces salauds viennent nous narguer ou nous draguer une de nos filles. Là, on supporte pas et il peut y avoir de la bagarre. » Il y en a eu, ces derniers temps, de la bagarre. Une fusillade sur Pilsen. Une expédition punitive contre deux Blacks qui avaient, huit jours plus tôt, chahuté un mariage chez les Latin Kings. Un autre membre des Kings qui a découvert qu'on s'était moqué, sur internet, de la couronne, emblème du gang. Un membre du groupe adverse qui a vu, lui, de ses yeux vu, un King mimer le signe de la victoire qui est, en principe, le signe de ralliement des Sixers. Un autre règlement de comptes, encore, lié à une affaire de loyer non payé. Le résultat c'est, au Palais de Justice de California Boulevard où j'ai rendez-vous, en fin de matinée, avec le juge Paul B. Biebel, un embouteillage monstre – rien que pour la dernière nuit, 45 hommes, noirs pour la plupart et quelques-uns hispaniques. C'est beaucoup, 45. C'est trop pour les belles salles d'audience dont les plafonds à caissons furent témoins des plaidoiries historiques des chefs de la Mafia. Et c'est tellement trop qu'il a fallu les regrouper ailleurs, dans un sous-sol, et les juger par vidéoconférence. « Nom... Age... Profession... Parlez-vous anglais... ? » Et le défilé, en vidéo, de ces visages hirsutes et incrédules, la plupart du temps sans métier ni domicile, qui semblent sortis d'un roman noir du grand écrivain de la ville, Studs Terkel : un écran pour les familles, parquées

72

elles aussi, mais dans des salles d'attente aux vitres blindées ; un autre écran pour les juges qui écoutent en bâillant ces récits intimidés où reviennent toujours les mêmes histoires de toxicomanie, de chômage, de handicapés mentaux qui n'auraient jamais dû quitter l'asile, de petits récidivistes. Les gros bonnets du crime, eux, sont tranquilles. Estimant que la ville est devenue dangereuse pour leurs enfants chéris, ils ont émigré dans les banlieues chics où ils vivent une vie de parfaits bourgeois : élégants, respectables, adeptes de la loi et de l'ordre et même, qui sait ? présents, pour quelques-uns d'entre eux, à l'inauguration, hier soir, du Parc du Millenium.

Le Dieu de Willow Creek

Les banques américaines, dit Baudrillard, ressemblent à des églises. Eh bien voilà une église qui ressemble à une banque. Elle en a la froideur. L'architecture futuriste et solennelle. On n'y trouve ni croix, ni vitraux, ni aucun symbole religieux. Il est dix heures. Les fidèles commencent à affluer. Il vaudrait mieux dire le public. Car des écrans s'allument un peu partout. Un rideau se lève, en fond de décor, découvrant une baie vitrée ouvrant elle-même sur un trompe-l'œil de lacs et de verdure. Et la banque, alors, se met à ressembler à un centre de Congrès.

Sur la scène, un homme et un enfant en short, sous une tente, discutant de l'origine du monde en mangeant des pop-corns.

Une rockeuse, applaudie à tout rompre, qui hurle, reprise en chœur par les 5 000 présents : « Je suis venue à ta rencontre... Viens donc à ma rencontre... Prends-moi vite dans tes bras... »

Un autre homme, en jeans et baskets de couleur, qui bondit à son tour sur la scène : « parlons à notre Créateur » puis, vers le ciel, les mains en porte-voix, la salle toujours reprenant : « oui, Créateur, parle-nous ! »

Et puis le même homme, revenant vers l'assistance, sa voix ne parvenant plus à couvrir le bruit des guitares et des batteries : « Lee Strobel ! je vous demande, mesdames et messieurs, d'accueillir Lee Strobel qui nous revient de Californie avec son nouveau livre ! numéro 1 sur la liste des best-sellers du *New York Times* ! TV celebrity ! applaudissez-le bien fort, mesdames et messieurs ! »

Sur quoi arrive Lee Strobel, la cinquantaine prospère, sourire de VRP dans une bouille dodue, jeans et baskets lui aussi, anorak – et, entre les deux hommes, dans ce lieu supposé de foi et de prière, ce début de dialogue :

« Mais notre prêtre a changé de coiffure, ma parole !

— Bingo ! Vous avez vu juste ! C'est Barbra Streisand qui m'a refilé son coiffeur !

— Et vous êtes venu nous parler de quoi ?

— J'ai hésité entre *Sauver son mariage*, ou *Retrouver l'estime de soi*, ou le programme *Mince pour Lui* qui dit comment maigrir par la foi. Je me suis finalement décidé pour le sujet de mon dernier livre : *Dieu prouvé par la science et les savants*. »

74

Quelques gags. Une citation de l'épître aux Romains que l'assistance reçoit en agitant les mains, tous ensemble, au-dessus de la tête, sur l'air de « ainsi font, font, font, ainsi font les petites marionnettes ». Puis les lumières s'éteignent. Et commence, sur l'écran central, dans un vacarme d'effets spéciaux, la projection d'un clip intitulé « dans le cœur de l'ADN » qui montre une caméra pénétrant dans la cellule, l'explorant, s'y perdant, rencontrant mille obstacles, avançant encore, triomphant – et des interviews d'« anciens athées », bardés de titres universitaires, expliquant comment, au bout de ce dédale façon *Aventuriers de l'Arche perdue*, il y a Dieu.

« Le problème c'est Darwin, commente Lee Strobel sur un ton qui tient plus de la réclame que de la prédication. C'est la thèse de mon livre : si Darwin a raison, c'est que la vie se développe seule et Dieu est, alors, out of job – voulez-vous d'un Dieu out of job ? »

Puis, tandis que les fidèles, se prenant la tête dans les mains, murmurent que non, ils ne veulent pas d'un Dieu out of job : « c'est comme le miracle de la bactérie ; enlevez un atome à la bactérie, ce n'est plus la bactérie ; n'est-ce pas la preuve que Dieu existe ? n'est-ce pas la preuve que la Bible dit vrai ? ça aussi, c'est montré dans mon livre ».

Cet ancien journaliste qui a raconté, dans un autre livre, comment c'est en faisant un procès à sa femme qui venait de le quitter parce qu'elle était devenue chrétienne, qu'il a fini par se convertir lui aussi, trouvera le moyen, en une heure, de citer huit fois son « number one best seller ». En sorte que lorsque vient, à la fin, la séance de signatures, nous sommes plusieurs centaines à faire sagement la queue, dans la cafétéria, entre des piquets de sécurité comme dans les aéroports, pour avoir le droit de se voir griffonner un « hi, Matt ! », ou « hi ! Doug », accompagné d'un sourire publicitaire.

« Français ? me demande-t-il, la mine imperceptiblement dégoûtée, quand vient mon tour de lui tendre un exemplaire.

— Français, oui. Et athée. »

Cette réponse, alors, comme s'il se ravisait :

« Oh ! It's ok... Faites, dans ce cas, la prière de l'athée, ça marche aussi pour les Français... »

Et le voilà qui ferme les yeux, puis se met la main gauche sur le cœur tout en continuant, de la droite, de gribouiller un « Hi Bernie ! » presque illisible : « Dieu, si tu es là, manifeste-toi, voilà la prière de l'athée. »

Lee Strobel n'est pas exactement le prédicateur de Willow Creek. Le titulaire étant en vacances, il fait juste un remplacement. « Mais le scénario, me dit le couple Hansel, mes voisins de queue, est toujours celui-là. Les autres Eglises meurent parce que ce sont des Eglises de "yes men" qui viennent là sans savoir pourquoi. Nous, non. On est une Eglise vivante. Nos prêtres sont de leur temps comme Christ était du sien. Et nous mettons notre point d'honneur à avoir une religion *utile* : chaînes de prières... mise en commun et évaluation des visions... organisation de messes par téléphone à destination des frères dans la détresse.... couper le gazon des personnes âgées, nourrir le chien des voisins pendant les congés, nettoyer les toilettes du Starbucks... il y a de quoi faire pour un chrétien ! »

Fondée en 1975 par un ancien de l'Eglise baptiste de l'Avenue du Maine, à Paris, délibérément « non confessionnelle » et recourant, de ce fait, à toutes les techniques du marketing pour cibler un maximum de clients, pardon, de fidèles potentiels, la « Willow Creek Community Church » de South Barrington, Illinois, attire 17 500 fidèles chaque week-end et est forte de 10 000 succursales quadrillant le pays. Pouvoir ? Influence et rôle politiques ? Rapport avec les « born again » type George Bush ? Faudra voir. Ce qui est tout vu, c'est la puissance d'une religion dont le secret est peut-être, tout simplement, d'en finir avec l'écart, la transcendance, la distance du divin, qui sont au cœur des théologies européennes et aussi, me semble-t-il, de la Révélation mono-théiste elle-même : un Dieu présent au lieu du Dieu absent, caché, souvent silencieux, des vrais chrétiens ; un Dieu idole ; un Dieu quasi païen ; un Dieu qui se montre tout le temps ; un Dieu qui ne s'arrête jamais de parler ; un Dieu qui est là, der-rière la porte ou le rideau, et ne demande qu'à se manifester ; un Dieu sans mystère ; un Dieu good guy ; un presque humain, un bon Américain, un qui vous aime un à un, vous entend si vous lui parlez, vous répond si vous le lui demandez – Dieu, l'ami qui vous veut du bien.

Le sens du tragique, façon Knoxville

On m'a donné, à l'Hotel Fort Des Moines, la chambre réservée, dans huit jours, pour John Kerry.

Je note le détail car c'est la première chose que me dit, au moment de l'enregistrement, le réceptionniste de l'hôtel.

Mieux, on a pris soin d'exposer, sur ma table de nuit, outre une photo encadrée du candidat jouant à la guitare, l'assiette de fromages sous cellophane qui lui sera servie le soir de son arrivée ainsi que, dans un autre cadre, la copie du fax envoyé par son service de presse pour dire ses préférences en matière de mini-bar : « mixed nuts; chocolate chip cookies; diet soda (preferably diet coke in the can); bottled water; plain M&Ms (no peanuts); regular doritos ».

Folie de la relique. Stade suprême de la conservation et du musée. Non plus, comme à Cooperstown : l'artefact contre l'authentique. Pas davantage, comme à Cleveland où j'ai visité, l'autre jour, le musée des Americanas de Henry Ford : tout ce qui a été finira, un jour ou l'autre, par entrer dans un musée, fût-ce sous le chef du Faux; donc autant faire, tout de suite, musée de tout. Mais, plus fort, plus extravagant : devenir relique, oui, de tout; devenir musée de la moindre assiette de fromage; mais devenir musée, surtout, de l'assiette de fromage en tant qu'elle n'a pas encore été, ni mangée, ni

78

même servie – ante-musée en quelque sorte, relique anticipée, extension du domaine de la mémoire à ce qui n'est pas encore advenu.

Tour de Des Moines, cette ville au nom bizarre, perdue au milieu de nulle part, sans charme, qui a dû être, du temps des Français, la grande ville étape sur la route de New York à San Francisco.

Coup d'œil à l'Iowa Historical Farms qui, dans le droit-fil de la muséification de toutes choses, « expose » des fermes reconstituées, au détail des outils près, selon ce qu'elles ont dû être aux différentes époques de l'histoire américaine.

Rapide visite de la Foire de l'Iowa, ouverte ce matin, et qui, avec sa vache de beurre grandeur nature, son prix du plus gros pigeon, ses batailles de cochons et de lamas, ses hot dogs géants, m'apparaît comme le festival du kitsch américain.

Mais mon véritable objectif, ce pour quoi je suis venu, c'est Knoxville, trente kilomètres plus à l'ouest, où s'ouvre la 43ᵉ édition de ce que le *Des Moines Register* – qui ne lésine pas non plus sur les adjectifs pour qualifier la Foire de l'Iowa – appelle « la plus grande course de voitures au monde ».

Welcome to Knoxville, dit une pancarte. Juste à côté, sur une autre pancarte, plus grande, sont écrits les noms de toutes les Eglises, notamment évangéliques, qui sponsorisent l'événement. Puis, à l'extrémité du complexe de hangars qui abrite les stands des champions ainsi que les pizzerias, les marchands de hamburgers, de t-shirts et de « french fries » dégoulinantes où font la queue les supporters, un autre Hall of Fame, donc une autre Eglise, où sont célébrés les noms des plus grands coureurs, A.J. Foyt Jr, Mario Andretti, Karl Kinser. Et puis l'ovale de la piste enfin, cerné de gradins pleins à craquer mais étonnamment silencieux : il y a là cinq ou six mille hommes, Blancs pour la plupart, shorts, chapeaux de cow-boy ou toques de trappeur, chemises à carreaux, beaucoup d'obèses – je mets un peu de temps à comprendre que, s'ils sont tellement silencieux, s'ils sont si loin de l'image européenne des foules de fanatiques en délire, c'est qu'ils sont... en train de prier.

En regardant mieux, je vois que les pilotes aussi prient. Ils sont une centaine, dans la partie centrale de la boucle, rassemblés par groupes où l'on devine, malgré la distance, une hiérarchie subtile d'inféodations et de mérites. Ils ont embrassé leurs familles. Echangé un dernier mot avec leurs managers. Remercié les « dirtcrews », littéralement les « préposés à la boue », ces chauffeurs de camions bénévoles qui sont venus de tout le pays pour avoir l'honneur, plusieurs heures avant l'épreuve, de tourner autour de la piste et, avec une piété extrême, de tasser la sainte terre et en refaire la gluance. Ils s'apprêtent à s'introduire dans leurs petits bolides, construits à leur taille et presque sur eux, surmontés de leurs deux ailerons supposés les maintenir collés au sol, tête casquée, casque fixé au siège, de sorte qu'ils pourront faire autant de tonneaux qu'ils le voudront sans cesser de faire corps avec la machine. Peut-être, à cet instant, les plus superstitieux d'entre eux ont-ils une pensée ultime pour ce martyr, Boone McLaughlin, que l'on mit, en mai dernier, lors de la Quincy Raceway Sunday, plus d'une heure à extraire de sa voiture accidentée ou encore pour Mark Wilson qui mourut, lui, ici même, en 2001. Et, donc, ils prient.

Quand, après la dernière parade, la compétition commence vraiment, quand, après avoir tourné et tourné encore autour de la piste comme les guerriers achéens devant les remparts de Troie, les héros s'élancent pour de bon, par grappes de huit ou de dix, dans un vrombissement assourdissant et sacré, quand les vrais champions se détachent et, la foule retenant son souffle, s'affrontent dans un duel rapide et violent qui ne durera jamais plus de quelques dizaines de secondes, le match prend l'allure d'une joute, d'une ordalie, d'un tournoi épique et sans merci. Et l'on sent bien, alors, que c'est la mort qui mène le bal – l'on sent bien que les coureurs prennent tous les risques et que les spectateurs, excités mais toujours silencieux, ne redoutent et n'espèrent que l'accident. Théâtre de la cruauté. Attente, comme dans les duels ou les exécutions en public dans les prisons, du moment du premier sang. Cette férocité, cette violence, qui ont longtemps été la loi de l'Amérique ; dont elle a su, au fil des siècles, réduire le terrible empire ; et qui survivent, ici, dans des cérémonies comme celle-ci qui en sont comme le vivant, vibrant et fervent souvenir. Knoxville, ou un peu de la part maudite de la société américaine.

2

MOVING WEST

(DE KALONA À LIVINGSTONE, MONTANA)

Un Clinton noir ?

« Bernard-Henri Lévy, répète-t-il en se moquant parce que j'ai dû, en me présentant, détacher trop les syllabes... Avec un nom pareil, vous auriez fait un malheur à la Convention. » Et moi, du tac au tac, dans la salle à manger d'hôtel où nous l'attendons, à quelques-uns, depuis une heure : « et Barack Obama, donc ! avec un nom comme ça, et avec le tabac que vous avez fait, vous, hier soir, on devient Président des Etats-Unis en cinq minutes. » Il rit. Esquisse un faux pas de danse devant les autres convives éberlués. Me donne une bourrade, s'éloigne comme s'il prenait son élan pour mieux ajuster un coup de poing, me fait une accolade, rit encore, et répète comme une comptine : « Barack Obama, Bernard-Henri Lévy ; Barack Obama... »

Voilà l'homme qui a incendié, hier, l'amphithéâtre du Fleet Center. Voilà l'auteur du seul authentique événement d'une soirée dont les attractions furent, avant lui, la First Lady de l'Iowa ; le maire de Trenton ; le sénateur du Sud Dakota, Tom Daschle ; ou les chapeaux haut de forme à bannière étoilée, lapins, gratte-ciel, World Trade Centers en pain de sucre, des délégués de l'Arizona, de l'Oklahoma ou du Nevada. Il n'a pas dit grand-chose, d'accord. Et il y avait dans son insistance à se réclamer des Pères fondateurs, à dire et répéter que l'Amérique est « un pays religieux » et qu'il est lui-même « un tempérament religieux », il y avait dans la foi avec laquelle il s'est exclamé : « oubliez l'Amérique noire, l'Amérique blanche et l'Amérique hispanique : n'existent que les Etats-Unis d'Amérique », il y avait dans sa façon de dire que le problème n'est pas « un autre Président pour une autre politique » mais « un nouveau Président pour la même politique que l'ancien n'a plus assez de crédit pour mener », il y avait, dans tout cela, quelque chose de désespérément consensuel pour un Français habitué aux grandes querelles. Mais enfin... Son aisance... Sa gouaille de Clinton noir... Sa beauté de mauvais garçon passé par Harvard... Sa mère blanche née à Kansas City, son père black né au Kenya... Ce double métissage, autrement dit... Ce métissage au carré... Ce désaveu vivant de toutes les identités — y compris, et c'est le plus nouveau, cette identité afro-américaine, sudiste, qui fonctionne comme une prison pour tant de Noirs... Son adversaire, dans l'Illinois, ne vient-il pas de lui reprocher de n'être « pas assez noir »? Qui est ce nègre blanc qui n'est même pas le descendant d'un esclave de La Nouvelle-Orléans? Son éloquence... Cette parole qui, comme toutes les paroles dites depuis deux jours, a été calibrée à l'intonation près, mais dont il donnait le sentiment, lui, d'improviser le moindre soupir... La salle a vibré. Elle a senti, dès qu'il a surgi, que quelque chose d'important se produisait. Et le premier à le sentir fut d'ailleurs, comme il se doit, celui dont il ravissait le rôle : le Révérend Al Sharpton; l'éternel candidat noir à toutes les investitures; l'homme de la National Urban League, l'autre matin, à Dearborne, face à Bush; le provocateur patenté; l'homme de toutes les insolences; l'auteur, aussi, du seul discours hors normes de toute la Convention; le seul à avoir osé quitter les rails des « speech writers » du Parti pour citer Ray Charles et hurler, poing levé, que les sans-logis de Louisiane et de Virginie attendaient toujours les vingt hectares promis, il y a un siècle et demi, aux esclaves affranchis; sauf que là, soudain, rien ne va plus; ses colères tombent à plat; ses anathèmes sonnent faux; Obama est passé, et c'est comme si la grâce avait quitté la vieille star désavouée.

Barack Obama... Il faudra se souvenir de ce nom. Il faudra ne pas oublier cette image de lui, quand, à 23 heures précises, il a bondi sur la scène de son pas légèrement dansant, s'est projeté sous les sunlights et a offert à l'assistance médusée son étrange visage de « Brown American ». Et il ne faudra pas oublier non plus cette image de lui, aujourd'hui : très gai, facétieux, et puis, soudain, las, un peu lent, drogué par son succès de la nuit, presque ennuyeux quand il entreprend de m'expliquer, voix traînante, s'inventant un bégaiement comme s'il voulait traîner encore davantage, la fragilité de tout ceci ; il ne faudra pas oublier ce moment de suspens et presque d'incertitude où il me dit qu'il ne faut pas rêver, pas aller plus vite que la musique, l'Amérique est le pays des météores, « next month, somebody else will be the story », encore un mois et c'est quelqu'un d'autre qui fera l'événement, rappelez-vous le représentant du Tennessee, Harold E. Ford Jr, 30 ans, noir aussi, à qui l'on avait, en 2000, pareillement demandé un discours – quatre ans après, qui s'en souvient ? Je regarde Obama. J'observe ses gestes de voyou magnifique mâtiné de King of America. Je repense à cet article où j'ai lu que Barack, en swahili, veut dire « béni ». Et je sens que quelque chose, quoi qu'il en dise, se joue dans cet écart assumé par rapport à toutes les communautés. Le premier Noir à avoir compris qu'il ne fallait plus jouer sur la culpabilité mais sur la séduction ? Le premier à vouloir être, au lieu du reproche de l'Amérique, sa promesse ? Le passage du Black en guerre au Black qui rassure et rassemble ? Un futur Président métis ? Un ticket, un jour, avec Hillary ? Ou le commencement de la fin des religions identitaires ?

Hillary et la tache

Savait-elle? Tolérait-elle? A-t-elle, maintenant, pardonné? Est-elle vraie, cette histoire de divan où il raconte, dans ses *Mémoires*, qu'elle l'a consigné avant de passer l'éponge? Est-ce possible que l'on fonctionne ainsi, chez les Clinton, comme chez n'importe quel couple de petits-bourgeois? Degré de complicité, dans ce cas? Parts respectives de la solidarité et de la rancune? Comment vit-on quand le pays, la planète, sont entrés dans votre chambre à coucher pour vous épier? Et la Maison-Blanche? Quid, dans ce contexte, du désir qui lui est prêté d'entrer un jour à la Maison-Blanche? L'Affaire y a-t-elle sa part? Comment, plus exactement, pourrait-elle ne pas l'avoir? Comment une femme bafouée pourrait-elle, sans y penser au moins un peu, envisager d'entrer, de travailler, de venir et revenir, tous les matins et les soirs de la vie, dans le lieu de son humiliation? Pourquoi, dans ce cas, le fait-elle? Pourquoi envisage-t-elle de s'asseoir, à son tour, sur le fauteuil de l'infamie? Pour l'amour du bien public, soit. For the sake of America, ok. Parce qu'elle est une femme moderne et qu'une femme moderne a sa carrière personnelle, très bien. Mais après? Qui jurera que, dans sa tête, la nuit, ne tournent pas d'autres raisons? Ira-t-elle pour se venger ou le venger? Pour occuper le terrain, signer sa victoire, montrer, et au monde, et à lui, ce que peut être une Présidence Clinton sans tache ? Ou ira-t-elle, au contraire, pour l'aider, effacer définitivement la souillure et permettre que l'on tourne la page ? Et serait-elle, alors, comme ces héroïnes de films noirs dont le mari a commis un crime et qui, après avoir caché le cadavre, retournent sur les lieux pour faire disparaître les indices ?

Voilà à quoi je pense pendant que parle le sénateur Hillary Rodham Clinton, très droite, très belle, dans ce restaurant branché de Boston où nous a conviés Tina Brown.

Voilà à quoi pensent, forcément, de cette façon ou d'une autre, les Michael Moore, les Carolyn Kennedy, le vieux sénateur McGovern, tous les autres invités qui s'appliquent à l'interroger sur le terrorisme, l'Irak, les failles du système de santé, les déficits.

Car on a beau dire. On a beau faire comme si Hillary était un personnage à part entière, qui ne doit rien à son retraité de mari. On a beau répéter qu'elle a été élue, seule, sénateur de l'Etat de New York et qu'il en ira de même si, un jour, elle est candidate à la magistrature suprême. L'équation est si singulière, le raz de marée moral a été si dévastateur, les traces, surtout, qu'il a laissées sont si vivaces, qu'on ne peut pas, quand on l'écoute, ne pas avoir une oreille pour ce qu'elle dit et une seconde, voire une troisième, pour l'autre texte, encore muet – celui de l'extravagante, abracadabrante et inédite situation où elle se trouve.

Car bientôt, oui, elle se déclarera.

Elle dira, ou non, qu'elle est candidate.

Et, la Maison-Blanche n'étant pas l'Etat de New York, je prétends que ces questions prendront, ce jour-là, une importance plus grande encore – je prétends qu'il n'y aura pas de question politique plus sérieuse, soudain, que de savoir : primo, ce que le sénateur a dans la tête en projetant d'entrer, à son tour, dans ce bureau associé aux frasques de son mari ; secundo, ce qu'électeurs et électrices auront eux-mêmes à l'esprit en voyant rebondir ainsi le vaudeville le plus fou de l'histoire contemporaine.

J'imagine les femmes bafouées d'Amérique se sentant vengées par cette femme admirable et digne, si droite sous les crachats, si pudique, si intègre, Tocqueville aurait dit si « chaste » et aurait vu dans cette « chasteté » (Livre II, Troisième Partie, Chapitre XI) l'apanage d'un « état social démocratique » – j'imagine tout le politiquement correct américain se rangeant derrière cette sainte qui a épousé un voyou, qui a souffert mille morts et qui lui fait le cadeau, pourtant, de laver l'honneur familial : jamais n'aura semblé si vrai le mot fameux, et si bête, sur la femme avenir de l'homme...

J'imagine les Républicaines les plus militantes hurlant que non ! le contraire ! aucune moralité ! aucun respect de rien ! ces Clinton n'ont-ils donc aucun principe ? cette femme manque-t-elle à ce point de classe et de fierté ? moi, si mon mari me trompait, et, de surcroît, avec une pouffiasse, j'exigerais de déménager ! le lieu où la chose s'est passée serait irrévocablement maudit ! alors la Maison-Blanche, vous pensez ! J'imagine, oui, le chœur des Erinyes criant qu'il y aurait là, dans la situation même, un outrage aux bonnes mœurs et à la raison : voulez-vous d'une Présidente qui, au lieu d'avoir la tête aux affaires, ne serait obsédée, du soir au matin, que par ce qui s'est passé là, non, ici, sous ce bureau, sur ce coin de moquette – vertige des signes et mémoire des lieux, mauvais venin de la jalousie, est-ce ainsi qu'on conduit un Etat ?

Et puis j'essaie d'imaginer, enfin, la réaction du gros de l'opinion à cette perspective en effet insolite d'une Présidente Clinton succédant à un Président Clinton dans ce bureau oral, pardon ovale, qui n'est pas un bureau tout à fait normal dans l'histoire de l'Amérique : ah! si seulement l'Amérique était la France ! pas de bureau ovale, en France ! pas de symbolique du bureau ! les Présidents changent et ils changent, s'ils le veulent, de bureau ! alors qu'en Amérique, non ! pas de fait du prince ni de caprice ! l'Amérique étant une vraie démocratie, c'est le lieu qui l'emporte, une fois pour toutes, sur le tenant lieu ! dans les « bibliothèques » que bâtissent les anciens Présidents et qui sont censées témoigner, après eux, de l'excellence de leur gestion, le bureau ovale n'occupe-t-il pas, chaque fois, la place de roi ? comment, alors, dans les journaux, les télévisions, l'esprit des gens en général, y aurait-il place, ce jour-là, pour autre chose que pour la scène folle, inimaginable, et, en même temps, passionnante, de la vertueuse Hillary revenant pour la première fois sur les lieux du vice de son mari ?

L'Amérique étant ce qu'elle est, c'est-à-dire un pays où Hollywood a définitivement pris le pas sur Hegel et où, par conséquent, le « tout ce qui est réel est rationnel, tout ce qui est rationnel est réel » du maître d'Iéna a cédé la place au « tout ce qui est réel doit être spectacle, tout ce qui est spectacle doit, d'une manière ou d'une autre, apprendre à devenir réel » des producteurs de reality shows, les Etats-Unis étant, si l'on préfère, un pays où l'on ne résiste jamais, non pas, comme en France, à un bon mot, mais à la joie d'une bonne image, je prends le pari que, rien que pour cette raison et cet instant, rien que pour le plaisir de voir la scène tournée ou, en tout cas, enregistrée par les opérateurs du grand spectacle médiatique qui est la version nouvelle de l'Histoire universelle, on verra Hillary Rodham Clinton entrer un jour à la Maison-Blanche.

La place des fanatiques

Je connaissais *Witness*, le film de Peter Weir, avec Harrison Ford.

Je savais que c'était une secte étrange, vaguement anabaptiste, vivant dans le dépouillement, au rythme de la nature et des moissons.

Alors voilà. De retour à Des Moines, et en attendant de reprendre ma route en direction de la côte californienne, je me mets en quête de ces fameux « Amish », les « plain people », les « hommes simples », dont nul ne sait me dire avec précision où je les trouverai.

Commencer par Pella, ce « village historique », garanti 100 % faux et ouvert de 9 heures à

18 heures : « non, nous ne sommes pas Amish, me dit, un peu vexé, le responsable de la vingtaine de maisonnettes du XVIIIe rebâties à l'identique, du Vermeer Mill certifié conforme à un moulin hollandais de 1850 et du bureau du père fondateur, plus ancien encore, où l'on a poussé le souci de la reconstitution jusqu'à poser une canne contre la table à l'endroit exact où il la posait ; nous ne sommes pas Amish, on vous a mal orientés... »

Continuer avec les Amana et leurs sept villages fondés, à l'est de Des Moines, au milieu du XIXe siècle, par une secte de « True Inspirationists » allemands persécutés par les luthériens classiques : « nous ne sommes pas Amish, me répète Meg Merckens, l'actrice qui, tous les après-midi, en robe bleue et coiffe blanche, joue *Home in Iowa*, un long monologue contant les histoires du bon vieux temps des Amana ; les gens font souvent la confusion, mais nous n'avons, malgré la proximité des noms, rien à voir avec les Amish que vous trouverez plus loin, à soixante kilomètres, à Kalona. »

Pousser donc jusqu'à Kalona, autre village Potemkine, vide à nouveau, avec sa poste d'époque, son saloon, son magasin général, toujours le même trompe-l'œil, encore le même décor : sauf que le décor, cette fois, n'est pas juste un décor et qu'il y a bien, dans les fermes avoisinantes, cachés aux regards, coupés du monde, des hommes et des femmes vivant selon l'ancestrale loi des Amish.

Amish, ces paysans que je vois, de loin, travaillant avec des charrues d'il y a cinq cents ans.

Amish, ces routes à dessein non goudronnées où

les carrioles – car les Amish ne roulent qu'en carriole – soulèvent, devant ma voiture, d'aveuglants nuages de poussière.

Amish, ces hommes en pantalon marron et larges bretelles qui semblent sortis d'un tableau de Le Nain – et Amish ces femmes en robe de bure et coiffe blanche qui ne se coupent jamais les cheveux.

Amish, le refus de l'électricité, sinon pour les grands malades.

Amish, le refus des études secondaires et, en fait, des études en général – tout, pour les « plain people », est dans la Bible ; l'existence doit pouvoir être, d'un bout à l'autre, rythmée par la lecture de la Bible.

Amish, ces autres paysans, retour des champs, qui fuient devant ma caméra : Dieu a dit tu ne feras ni idoles ni images ; à plus forte raison, n'est-ce pas, des images du visage et du regard ?

Amish, enfin, le Community County Store où l'on vend des pains Amish, des sucres d'orge Amish, des canettes Amish (inoxydables), des emballages Amish (artisanaux).

« Vous vous servez d'une machine à calculer, dis-je à la vieille Amish bossue qui tient la caisse ?

— Oui, lâche-t-elle d'une voix étonnamment vive et flûtée ; car elle est à piles, elle n'a pas besoin d'électricité. »

Et quand j'essaie d'en savoir plus long sur la difficulté d'être Amish dans l'Amérique contemporaine, quand j'entreprends de l'interroger sur l'espèce de citoyen qu'on est lorsqu'on est Amish, si on vote et pour qui, si on lit les journaux et lesquels, comment

93

on a vécu l'attaque du 11 septembre, si on se sent concerné, et comment, par la menace terroriste, une brève conversation s'engage, trop vite interrompue, hélas, par son neveu qui, lui, se méfie : non, les Amish ne votent pas ; oui, les Amish sont mauvais patriotes et mauvais citoyens ; un Amish ne sert ni dans la fonction publique ni dans l'armée ; être Amish c'est se foutre du 11 septembre, d'Al Qaïda, de la sécurité des Américains et du reste.

La vieille dame, d'ailleurs, ne dit pas « les Américains » mais « les Anglais ».

Pour les Amish, les Etats-Unis ne sont pas un pays mais une abstraction, une fiction.

Qui sont les Amish, alors ? Qui sont ces hommes et ces femmes qui vivent en autarcie économique, l'œil fixé sur l'éternité ?

Une contre-société ? Une anti-Amérique en Amérique ? Le cas, unique en Occident, d'une communauté a-communautaire, appliquant le précepte biblique de camper à part, séparée ? Des Chouans non exterminés ? Des sécessionnistes définitifs ? Je me souviens comment, dans les années 60, l'on disait des hippies qu'ils s'étaient modelés sur les Indiens : peut-être pas, au fond ; peut-être le modèle était-il les Amish...

A moins qu'il ne faille prendre la chose encore autrement. A moins qu'il ne faille mettre l'entêtement des « Hommes Simples » en regard de cette philosophie politique, disons « exceptionnaliste », dont je sais qu'elle n'est pas moins présente, dans les têtes américaines, qu'à l'époque de Tocqueville. Un supplément au pacte social. Une pièce additionnelle au contrat. Cette clause de plus, cet article de trop, que n'avaient pas prévus les Pères fondateurs mais qui entrent dans leur intention : le premier logicien venu sait que telle est la condition pour qu'un Tout ne soit pas saturé et qu'une société, ayant du jeu, réalise mieux son concept et ses desseins.

Ou bien l'inverse, encore. Les témoins, non de Dieu, mais de l'Amérique. Ses vrais et ses derniers pionniers. Les seuls à n'avoir pas cédé et à ne pas résumer leur religion au « in God we trust » des billets de banque. Les sourciers de la pureté perdue. Les héritiers du *Mayflower*. Les témoins muets, mais vraiment muets, car, contrairement aux Indiens, ou aux Noirs, eux ne disent rien, ne réclament rien et n'ont aucun grief vis-à-vis de quiconque, les témoins muets, donc, des valeurs qui furent celles de l'Amérique mais auxquelles celle-ci tourne le dos depuis qu'elle s'est vendue à la religion de la marchandise.

Non plus l'anti-Amérique, mais l'hyper-Amérique. Son conservatoire. Son Reste au sens de la Bible. Sa mauvaise conscience vivante mais, encore une fois, silencieuse. Vous avez trahi l'idéal des Pères fondateurs ? Tourné le dos à vos principes ? L'Amérique est un pays raté ? Une utopie non réalisée ? Eh bien voilà. Nous sommes là. Juste là. Nous ne vous reprochons rien. Mais nous sommes les Amish. La vérité profonde, enfouie, oubliée, déniée, mais vivante en nous, de l'Amérique.

Mystère – et grandeur – d'un pays qui tolère cela. J'imagine les Amish en France. J'imagine ces deux cent mille hommes et femmes, leur démographie positive, leur persévérance, leur témoignage, leur irrédentisme définitif, dans mon vieux pays jacobin, si sourcilleux sur les rites de sa propre religion nationale.

Tocqueville à Minneapolis

C'est un centre commercial. Le plus grand des Etats-Unis. Le deuxième au monde après celui d'Edmonton, au Canada. C'est un bloc de cinq cents magasins, posé à l'entrée de la ville et où j'ai vu, soit dit en passant, des battes de base-ball « made in Honduras », des t-shirts « made in Peru », des nains de jardin et des articles de plage « made in Bangladesh », des poupées « made in Mexico » à l'effigie de Reagan, Kennedy et Clinton, toutes sortes d'« Americanas » faits au Sri Lanka, en Egypte, en Jamaïque, aux Philippines, au Chili, en Inde, en Corée, en Indonésie, mais aucun produit, ou quasiment aucun, « made in America ». C'est un temple de la consommation new age. C'est une église – une autre! – à la gloire du capitalisme triomphant et de l'être-pour-le-commerce du néo-Américain. Sauf – et c'est là que les choses deviennent intéressantes! – que c'est un lieu qui se veut aussi de convivialité et de vie. C'est, m'expliquent John Wheeler et Anna Lewicki, respectivement vice-président et chargée des relations publiques de ce Mall of America, le lieu de Minneapolis, et presque du Minnesota, où les humains esseulés, désocialisés, drogués à internet et aux prestiges du virtuel, viennent tâter du réel et se refaire une piqûre de communauté. On y trouve des crèches. Des restaurants. Des salles de cinéma projetant le meilleur de Hollywood. Une banque où l'on dépose son argent avant de le dépenser. Des lieux de culte. Un parc d'attractions, Camp Snoopy, avec des dinosaures en Lego, des bacs à sable, des rocades artificielles et une fausse odeur de piscine censée ravir le cortex des enfants sans danger de tomber dans le bassin. Une école de commerce, la National American University, pour les adolescents travailleurs. Des espaces verts. Une clinique. Une bibliothèque qui ressemble à un Lunapark. Une entreprise de pompes funèbres. A quoi les concepteurs du Mall n'ont-ils pas pensé? Quelle est la circonstance de l'existence qui ne trouve un cadre possible dans cette bulle, ce Metropolis rose, cette Megachurch de la marchandise, où l'on pourrait, en droit, passer sa vie?

On y vient le matin, avant l'ouverture, pour le plaisir. Le midi, au lieu de déjeuner, pour marcher. Il y a des « Mall walkers », des marcheurs du Mall, deux cents par jour environ, qui viennent là, sans acheter, juste pour jogguer, parce que c'est gratuit, qu'il y fait bon, jamais trop chaud, jamais trop froid, et que, surtout, c'est safe, sans danger, surveillé vingt-quatre heures sur vingt-quatre, on a même fini par y interdire, les vendredi et samedi soir, après six heures, les mineurs non accompagnés car le bruit avait couru que des bandes d'enfants sauvages se préparaient, tels des loups, à y semer la terreur. De là, les patrouilles de « Mighty Moms » et de « Dedicated Dads », de « sacrées mamans » et de

« dévoués papas », volontaires pour, les week-ends, surveiller et chaperonner les enfants méchants. De là qu'il faille attendre le jour de ses 15 ans pour avoir le privilège d'accéder au saint des saints et d'être, vraiment, « de Mall ». L'idéal est de les fêter là ses 18 ans. Il y a toute une population, dans les villes jumelles de Minneapolis et Saint Paul, dont le rêve est, pour les grandes occasions de la vie, d'être ici, dans ces longs boyaux sans fenêtres, sans air pur, pleins de chiens espions, truffés de caméras de surveillance, bruyants, étouffants. On y vient pour draguer. Flirter. Se remonter le moral quand ça ne va pas. Passer le temps. S'offrir une lune de miel festive. Se marier. Très important, oui, le mariage. Il y a un endroit, au dernier étage, où une femme toute ronde, au débit de mitraillette, vous offre le choix, dans sa chapelle minuscule mais attenante à un magasin de robes et accessoires de mariée, entre un « wedding Premiere » (cérémonie d'une heure, musique, champagne, consultation prénuptiale, le tout pour 669 dollars les lundi et mardi, 699 les autres jours, 799 le samedi), un « Petite Plus wedding » (une demi-heure ; cinquante invités au lieu de soixante-dix ; 569, 599, 699 dollars), un « Petite wedding » (trente invités ; 469, 499, 599 dollars) un « Dream wedding » (vingt minutes ; deux invités ; 269, 299, 399 dollars) ou un « Dream Plus wedding » (même chose, mais douze invités et prix qui, du coup, remontent à 369, 399 et 499 dollars).

C'est une aventure, le Mall ! Une grande aventure urbaine, moderne, totale ! C'est, si j'en juge par l'affluence aux abords de la boutique de souvenirs où l'on vend des tasses, des verres, des chopes de bière, des t-shirts et autres fanfreluches marqués aux armes et couleurs du Mall lui-même, une expérience en soi et, pour ceux qui la découvrent, un moment exceptionnel! Ce qu'elle dit, cette expérience? Ce que nous raconte de la civilisation américaine ce tombeau de la marchandise, cette accumulation pyramidale de faux biens et de non-désirs dans un décor de fin du monde? Effet, sur les humains américains d'aujourd'hui, de cet espace confiné, de cette serre, où semble ne subsister qu'un ersatz de vie? On songe au visage grégaire, presque animalisé, dont Kojève disait qu'il serait celui de l'humanité au temps, selon lui imminent, de la venue de la fin de l'Histoire. On songe à ce pouvoir « absolu, détaillé, régulier, prévoyant et doux » annoncé par Tocqueville et dont le trait dominant devait être un état de « perpétuelle enfance » où le maître serait « parfaitement content que les gens puissent se réjouir pourvu qu'ils ne pensent qu'à se réjouir ». Et l'on est, dans les deux cas, saisi d'une épouvante obscure. Comme si l'on découvrait, soudain, le vrai visage de Big Brother : enveloppant et séduisant, pur amour – et d'autant plus menaçant, dangereux.

Qui a tué Ernest Hemingway?

Cent cinquante kilomètres plus au sud. A Rochester, Minnesota, cette ville ingrate, infestée de moustiques l'été et, j'imagine, glacée l'hiver, équidistante de Boston et de Los Angeles et, donc, centrale pour le voyageur « coast to coast », c'est à Ernest Hemingway que je pense tout de suite. N'est-ce pas ici, juste au-dessus de la ville, qu'en 1959, en pleine dépression maniaque, il manque se jeter de son avion-taxi ? Et n'est-ce pas à Mayo même, dans cette clinique de pointe qui est le but de ma visite, qu'il est admis le 30 novembre 1960 puis, à nouveau, en mai 1961 : officiellement pour diabète sucré et hypertension, en réalité pour y subir, sous le nom d'emprunt de George Saviers, dans le service dit des « suicide watch », des malades suicidaires et à surveiller de près, la double série d'électrochocs dont nombre d'hemingwayens croient, aujourd'hui encore, qu'elle a précipité sa perte ? La clinique, je m'en aperçois vite, a le choix entre deux mémoires. Cette mémoire littéraire qu'elle ne semble pas particulièrement chérir : pas de trace du docteur Howard Rome qui fut à l'origine de la double décision, d'abord de traiter psychiatriquement, puis de laisser sortir, l'auteur de *Paris est une fête* ; pas de portrait de lui dans le Plummer Building où sont les photos de tous les médecins qui ont marqué l'établissement ; pas de photo non plus du suicidé de Ketchum, Idaho ; pas de document de tout cela quand tout, d'habitude, fait document ; embarras quand j'évoque le sujet ; grands yeux incrédules de Jessica, l'attachée de presse de la clinique, quand je lui cite le mot de Martha Gelhorn, l'une de ses ex-femmes, murmurant, après la mort de « Papa », que « la clinique Mayo a fait des erreurs terribles » et que la première de ces erreurs fut de laisser filtrer l'identité réelle du faux George Saviers; stupeur, apparemment non feinte, quand j'évoque les soupçons récurrents, chez les hemingwayens les plus dévots, d'une possible connivence entre le bon docteur Howard Rome et le FBI d'Edgar Hoover qui a longtemps passé pour acharné, dans ces années, à la perte du vieux Rouge, ancien de la guerre d'Espagne et ami de Fidel Castro; dossier inaccessible, de toute façon, finit-on par me répondre; vieille histoire; affaire classée; rideau. Et puis l'autre légende, plus heureuse, de William Worrall Mayo, ce médecin recruteur de la guerre de Sécession qui, seul d'abord, puis avec William James et Charles Horace, ses fils, pose, il y a un siècle et demi, la première pierre d'une clinique qui reste, jusqu'à aujourd'hui, pour toutes les cliniques du pays, un modèle de technicité, de transversalité en même temps que d'humanité dans la relation avec les malades : traitement de pointe pour certains cancers du poumon; nouveau médicament, le Donepezil, pour certains cas de maladie d'Alzheimer; systèmes de check-up sophistiqués, « benchmarqués », mathématisés, qui attirent une clientèle venue du monde entier et séjournant dans les suites du Kahler Grand Hotel, relié à la clinique, comme les autres hôtels de la ville, par un système de galeries aériennes et de souterrains qui font de tout Rochester un gigantesque complexe hospitalier; constitution, avec IBM, d'une banque de données génomique riche de six millions de noms; archives de la maladie; cellules souches; recherche sur les cellules souches; bien sûr que Bush est contre; bien sûr qu'elles sont au cœur, ces cellules souches, de la campagne électorale et

101

qu'il y a bataille autour de l'allocation ou non de fonds fédéraux à une recherche dont Ron Reagan semblait dire, l'autre soir, à Boston, qu'elle aurait pu sauver son père ; mais Mayo est une clinique privée ; Mayo est une institution académique, donc privée, qui met un point d'honneur à ne compter que sur elle-même et à ne pas demander un sou au pouvoir fédéral ou régional ; Mayo est un lieu exemplaire ; Mayo est une clinique éthique ; Mayo est un établissement où les médecins sont payés comme dans un kibboutz et où la volonté de guérir n'a égal que le désir de savoir ; et non, par conséquent, on n'a pas attendu, à Mayo, l'issue de la bataille politique pour se porter en première ligne de cette recherche sur les cellules souches... Bon. Vu l'état de délabrement du système de santé américain, vu tout ce que j'entends, depuis que je suis ici, sur les médecins paralysés par la peur des procès ou sur les cliniques qui dégraissent faute de profits suffisants, vu, ce matin, l'article du *Spokesman Review* racontant comment le Sacred Heart Medical Center de Spokane vient de licencier 174 personnes, dont nombre de ses infirmières les plus qualifiées, parce qu'il n'était pas sûr d'atteindre les 3 % de croissance des résultats promis par le management aux actionnaires, vu qu'il y a là l'un des problèmes majeurs du pays, l'une de ses plaies ouvertes et ouvertement purulentes, vu que la réforme de la santé publique est l'un des défis les plus redoutables qu'il devra relever dans les prochaines années, je choisis, légende pour légende, d'oublier exceptionnellement la légende littéraire et de m'intéresser à la légende médicale. Vive Mayo.

Vive ses toubibs consultants. Vive sa philosophie de l'éternel salariat et ses buts si fièrement non lucratifs. Vive sa culture de l'excellence et son culte de la performance. Vive ses chercheurs de génie qui semblent le portrait des savants tocquevilliens mettant la même « énergie sans pareil » (Livre II, Première Partie, Chapitre X) à la « pratique des sciences » que les savants d'une « nation aristocratique » à leur « théorie ». Vive la douce folie de ces hommes des Lumières qui ont déclaré la guerre à la maladie et qui, l'œil rivé sur leur ordinateur, leur capital d'observations et de malades, leurs protocoles chaque jour plus affinés, savent qu'ils sont les plus forts, qu'ils ne laissent aucune chance à l'ennemi et que, pour cela, ils gagneront. Puisse Mayo faire école. Puisse le modèle Mayo l'emporter sur l'anti-modèle dominant. Face à leur système de santé en ruines, et où semblent se cumuler les vices, en principe incompatibles, du néolibéralisme déchaîné et de l'irresponsabilité des médecines assistées, puissent les Etats-Unis se donner les moyens de créer deux, trois, dix nouveaux Mayo.

Danse avec un loup

Je suis, depuis Sioux Falls, entré dans le Sud Dakota. La plaine. Les motards. Des bandes de « Hell's Angels » filant vers Rapid City avec leurs blousons, leurs cuissardes lacées, leurs écussons de métal dans le dos, leurs bandanas dans les cheveux, leurs lunettes d'aviateurs. Mitchell et son musée du maïs. Chamberlain et sa St Joseph Indian School où l'on a longtemps « rééduqué » les enfants indiens. La plaine encore. Le désert. Nuages longs et nets. Descente, en fin de journée, après dix heures de route, vers la réserve de Lower Brule. Végétation de ronces et d'arbustes. Route mal carrossée. Guimbardes. Ecriteaux indiquant le nombre d'accidents mortels survenus au virage. Bêtes étiques dans des enclos de fortune. Troupeau de bisons dans le lointain. Ivrognes écroulés sur le bas-côté. Petits lacs. Et puis Lower Brule enfin. Lower Brule proprement dite. J'attendais un village. Mais non. Maisons éparses. Roulottes fixes. Un côté campement militaire ou camp de réfugiés qui fait plus Sud Soudan que Sud Dakota. Une dernière mare, infestée de moustiques. Un pauvre casino, le Golden Buffalo. Rien à voir avec les temples kitsch dont les tribus indiennes ont, paraît-il, le monopole. Juste des machines à sous crasseuses dans un décor de saloon. Juste une poignée de petits Blancs alcoolisés et tristes qui errent entre les tables en serrant bien fort leurs jetons. Et puis, quelques kilomètres plus loin, en plein champ, après une sorte de check-point où le numéro d'immatriculation de notre voiture a été visiblement annoncé, un cercle balisé comme pour un rodéo, des tentes, des chaises de plastique et des gradins de bois sous les tentes : c'est là que doit avoir lieu le powwow, la danse sacrée, où l'on a, honneur insigne, admis aujourd'hui deux groupes de Blancs – outre mon équipe, le sénateur du Sud Dakota, Tom Daschle, accompagné de sa famille.

Conversation avec John Yellowbird Steele, le président de l'« agence tribale », petit homme bedonnant et prospère, casquette et blouson de supporter d'équipe de base-ball, ray-bans, à qui je demande pourquoi les Indiens d'Amérique ne songent pas à un Mémorial sur le modèle de ce qu'ont fait les juifs : « la mémoire est ici, me répond-il en se frappant la poitrine ; ici ; au-dedans de nous ; un Mémorial ne ferait que durcir les choses, braquer et énerver les Blancs, alors qu'il est tellement plus astucieux d'instrumentaliser la souffrance indienne, oui, j'ai bien dit instrumentaliser, attendez le sénateur, vous verrez. »

Réponse de Linda Vargas, travailleur social à Lower Brule, taille de danseuse, sexy, joli chignon gris sous le chapeau de cow-boy, très Bardot dans *Viva Maria*, qui a écouté la fin de la conversation et explose : « corruption ; trahison ; maudits soient ceux qui bradent, ainsi, le malheur indien ; il y a une raison de refuser votre idée de Mémorial mais elle n'a rien à voir avec ce que vous dit ce vendu ; on fait un Mémorial pour signifier que la guerre est finie ; or, cette guerre n'est pas finie ; regardez les expropriations qui continuent, les traités rompus, le génocide qui se poursuit ; la guerre n'est pas finie, et le Mémorial n'a pas lieu d'être. »

Remplissage, pendant ce temps, des gradins et des rangées de chaises en plastique ; centaines de pauvres gens, venus de toute la réserve, qui se mettent sagement en rond ; enfants trop maigres et chafouins ; femmes prématurément vieillies ; hommes en jeans et blousons que seuls leurs cheveux tirés en catogan ainsi, hélas, que leurs gueules cassées, dévastées par l'alcool et la misère, distinguent du fermier américain moyen ; il y a là le bureau des affaires indiennes au grand complet, les employés de la Wells Fargo et de l'usine de pop-corn, les gens des Services indiens de santé et du casino, les chômeurs, les clodos ; il y a, à Lower Brule, 1 362 Indiens recensés, dont un bon tiers de nécessiteux ; à vue de nez, tout le monde est là.

Et puis frémissement de la foule enfin : c'est le sénateur Tom Daschle qui est arrivé, bien coiffé, propre sur lui, pantalon beige un peu court, chemise à carreaux rouges sans veste, sosie démocrate de George W. Bush, accompagné de sa femme, sa fille, son fils – photos, autographes, légère imposition des mains aux malades et aux paralytiques, embrassade avec Yellowbird, baisers aux jeunes Indiennes en polo jaune, pas trop typées, qui brandissent les pancartes « Tom Daschle, une voix forte pour le pays indien », la mascarade peut commencer.

Je ne pense évidemment pas, quand je dis mascarade, à la danse elle-même, très belle, très émouvante, avec sa centaine de femmes couvertes de bijoux, ses guerriers au visage peint et empreint de béatitude, ses sorciers nus et portant dans le dos des grandes ailes d'ange, ses anciens en tête de cortège frappant le sol en cadence avec leur lance, ses flûtes emplumées, ses tambours, ses mélopées suaves et graves aux aigus montant soudain très haut, « Je suis un Lakota, je souffre pour mon peuple » – c'est le chant de Crazy Horse, me souffle mon voisin, ému aux larmes, c'est aussi celui de Kills Enemy et de Burgess Red Cloud...

106

Non. Je pense à la famille Daschle. Je pense à l'image pitoyable de Linda, sa femme, pull noué sur les épaules comme pour un week-end à Newport, très First Lady de province se trémoussant à contre-rythme. Je pense à son dadais de fils, Nathan, la tête ailleurs, raide, tapant mollement du pied, sans se donner la peine de suivre la cadence. Je pense à Lindsay, sa fille, tout sourire à mon cameraman, agitant gracieusement la main entre deux Indiennes en transe. Et je pense à lui, Daschle, se poussant, pour la photo, entre les danseurs de tête : ballet étrange, un peu macabre, mais qui, sans lui, eût été beau, d'un guerrier lakota brandissant le drapeau US et d'un autre, en uniforme de l'armée de Custer, portant une bannière lakota – longs pas glissants, génuflexions, cris modulés, puis tête rejetée vers le ciel en signe d'extase ou de désespoir, et lui, Daschle, content de lui, oh! si manifestement content de son pauvre coup politique!

Comment ne pas songer, là, à ce qu'ont signifié ces danses et que, peut-être, elles signifient encore? Comment ne pas se dire que ce sont les mêmes danses des spectres qui suscitaient, il y a un siècle, chez les ancêtres de Daschle, une terreur si vive qu'ils les interdisaient sous peine de mort? Comment ne pas songer à Wounded Knee et à la fin de Sitting Bull? Comment ne pas avoir à l'esprit ces milliers d'Indiens massacrés parce qu'ils s'adonnaient à ces danses que singent aujourd'hui Tom Daschle et sa famille? Quand je dis mascarade, je pense aussi aux Indiens qui consentent à cette singerie; je pense au Chef qui, ensuite, debout aux côtés du sénateur, pérorera que le peuple lakota a pris le drapeau des mains de Custer et que, maintenant, le drapeau est à lui ; je pense à la distribution de soupe, par les majorettes du sénateur, en t-shirt et casquette orange, à la fin de la cérémonie.

Déception de Tocqueville lorsqu'il arrive à Buffalo et que, au lieu de ces « sauvages sur la figure desquels la nature aurait laissé la trace de quelques-unes de ces vertus hautaines qu'enfante l'esprit de liberté », il rencontre des hommes à la « petite stature », aux membres « grêles et un peu nerveux », à la « figure ignoble et méchante », marqués des « vices » et « dépravations » conjoints de leur civilisation et de la nôtre. Mélancolie de Chateaubriand, puis de Fenimore Cooper, face aux « derniers des Mohicans » qu'ils décrivent en des termes à peine plus flatteurs. Qu'auraient-ils dit, les uns et les autres, de cette cérémonie sacrée qui, à Lower Brule, tourne à la distribution de jeux et de pain ?

Rushmore comme un mythe

Trois faits dont je ne suis pas sûr que soient conscients les innombrables touristes qui viennent, chaque année, en pèlerinage au mont Rushmore et que, moi, en tout cas, j'ignorais.

L'architecte d'abord. Ce fameux Gutzon de la Motte Borglum à qui l'on doit la conception, puis l'essentiel de la construction, des quatre figures de pierre qui sont, dans le monde entier et, plus encore, depuis Hitchcock, le symbole de la démocratie américaine. Je découvre à Wounded Knee, de la bouche d'une vieille Indienne rencontrée au seuil du monument construit sur l'emplacement du massacre de 1890, qu'il fut un membre éminent du Ku Klux Klan ; que son premier grand projet fut, en Géorgie, à l'initiative du Klan, un mémorial confédéré à la gloire des trois héros sudistes Robert E. Lee, Jefferson Davis et Stonewall Jackson ; et que ce n'est qu'après l'échec de ce premier projet, après sa rupture donc avec les très douteuses United Daughters of Confederacy, qu'il se rabattit sur Rushmore.

Le site ensuite. Ce site magnifique sans doute, choisi pour la direction de sa lumière, la profondeur de sa roche granitique et sa faible érosion à travers les âges, mais dont l'autre caractéristique est d'être placé au cœur de ces Black Hills qui sont un lieu saint pour les Indiens et, en particulier, pour la nation lakota à qui il avait été garanti aux termes du Traité de Fort Laramie. Il y avait d'autres options possibles. Les Rocheuses, et même les Appalaches, ne manquaient pas de lieux superbes où le disciple de Rodin eût pu donner corps à son rêve. Or il a choisi celui-ci. Lui et ses commanditaires, à commencer par le patron de la South Dakota Historical Society, Doane Robinson, n'ont rien trouvé de mieux à faire que de ficher leur monument dans cette zone éminemment disputée, au cœur de ce que la nation indienne a de plus sacré. Etrange.

Et puis le nom enfin. Ce nom de mont Rushmore qui semble aller de soi et dont j'ai toujours pensé, comme tout le monde, qu'il était immémorial. Eh bien justement non. Rien de moins immémorial que ce nom de mont Rushmore. Car voici le plus énorme, que je vais découvrir, plus tard, en surfant sur les sites internet consacrés au tourisme dans la région. C'est le nom de Charles E. Rushmore, un avocat qui, en 1885, en pleine ruée vers l'or, au moment où l'on cherchait tous les moyens militaires et légaux d'exproprier les derniers Indiens, sillonnait les Black Hills pour le compte de compagnies aurifères américaines. Comment s'appelle cette belle et riche montagne? aurait-il demandé à son guide. Pas de nom, lui aurait répondu celui-ci. C'est une vieille montagne indienne sans nom. Donnez-lui donc le vôtre et cet acte de nomination vaudra expropriation.

S'ajoute à cela le caractère pathétique du Mémorial de Wounded Knee, planté au milieu de nulle part, à l'intersection des deux routes, là où se dressait jadis le village du même nom et où j'ai rencontré ma vieille Indienne : un simple bloc de ciment, tout rond, très sommaire, atmosphère de pénombre et de chapelle ardente, où il n'y avait, le jour de mon passage, que deux jeunes du voisinage venus acheter des calicots « Vote for Russel Means ».

S'y ajoute l'impression de malaise que laisse, un peu plus loin, sur la même route, l'autre Mémorial indien, le vrai, dédié à Crazy Horse, et qui, dans l'esprit de ses promoteurs, dans celui, en tout cas, de Chief Henry Standing Bear, le leader lakota qui, en 1947, en passa commande au sculpteur polonais Korczak Ziolkowski, était supposé faire pièce à Rushmore (Ziolkowski fut lui-même assistant de

110

Borglum, donc passé par le chantier Rushmore) : monumental, certes, cet hommage à Crazy Horse ; lyrique ; soutenant donc, en principe, la comparaison ; mais sous-financé ; inachevé ; le corps glorieux du héros indien, celui de son cheval ailé, encore pris dans la pierre non taillée ; et l'absurdité, enfin, du musée, attenant à la statue équestre, et dont le clou, l'attraction la plus courue, celle qui, cet après-midi, suscitait le seul attroupement, est une vieille maquette de carton jauni, non pas du monument lui-même, ni même de ce qu'il sera au jour de son achèvement, mais de ce que l'on pensait, il y a vingt ans, qu'il finirait par devenir lorsqu'il serait un jour achevé – nouvelle variante dans le délire muséographique américain ! autre version du syndrome de l'assiette de fromage de John Kerry ! et pathétique aveu, surtout, de la virtualité définitive où, à l'inverse de Rushmore, l'Amérique a installé son mémorial indien ! D'un côté un monument fini, une cathédrale de pierre. De l'autre cette ébauche, ce travail bâclé, ce haut-relief en souffrance dont tout le dispositif ambiant est fait pour nous accoutumer à l'idée que la souffrance, qui dure depuis vingt ans, pourrait durer jusqu'à la fin des temps.

Le moins que l'on puisse dire est que tout cela est bien gênant. Bien triste, bien gênant et, pour la mise en scène de la mémoire américaine, finalement embarrassant. Pour en revenir à Rushmore, une chose, au moins, est sûre. Ce temple de l'Idée, ce quasi-sanctuaire où viennent en pèlerinage des millions d'Américains croyant y trouver l'expression même de la destinée manifeste de leur pays, ce symbole, dans le monde entier, de la démocratie, ce bouquet d'icônes que sculpta, sur une terre volée aux Indiens et baptisée par un chercheur d'or, un ancien du Ku Klux Klan dont j'ai découvert, depuis, qu'il n'a, après sa rupture, jamais complètement renoncé ni à son antisémitisme ni à ses idées sur la suprématie de la race blanche, tout cela est un *outrage* en même temps qu'un *mémorial*. Les Américains le savent-ils ? Sentent-ils, ne serait-ce qu'obscurément, que leurs Pères fondateurs sont, ici, des pères profanateurs ? Et est-ce la raison pour laquelle le mémorial qui avait, à l'origine, vocation à s'étendre, à sculpter et honorer d'autres figures, à aller, par exemple, jusqu'à l'autre Roosevelt ou jusqu'à Kennedy, en est, finalement, resté là ? Tout ce que je peux dire c'est que l'Idée américaine est une idée trop sérieuse, trop belle et trop indispensable, aussi, à l'économie symbolique du monde, pour être laissée à la garde des fétichistes de Rushmore.

Un héros indien frappé par l'antisémitisme

Question de cours : le statut de victime, ou de porte-parole de victimes, donne-t-il tous les droits ?

Travaux pratiques : rencontre avec Russel Means, l'activiste fameux, vétéran de Wounded Knee, ami de Marlon Brando, avocat infatigable de la cause et du malheur indiens, icône, héros, figure haute en couleur et légendaire, que je suis heureux et fier de rencontrer.

Lieu de l'action : au cœur de la réserve de Pine Ridge, au milieu d'un terrain vague entre Potatoe Creek et Porcupine, une roulotte montée sur pilotis, à laquelle on accède par un sentier d'herbes folles, puis de planches délabrées, qui enjambent un ruisseau d'eaux usées – sa maison ? sa maison.

Décor : cuisine en désordre ; longue table autour de laquelle nous prendrons place lorsque commencera l'interview ; livres par terre ; gros fax d'il y a vingt ans ; aquarelles que je prends d'abord pour des vitraux mais dont il m'expliquera qu'elles sont de lui ; photos des films où, comme jadis Chief Big Tree ou Chief Thundercloud, il a tourné ; affiche « ne m'en veuillez pas, je vote pour Russel Means » ; tracts de la campagne en cours, pour la présidence de l'agence tribale, contre le chef sortant, l'homme du powwow d'hier, John Yellowbird Steele ; tracts de soutien à George W. Bush auquel je savais qu'il s'était, en effet, rallié.

Première phrase, debout encore, sur le seuil de la roulotte, très grand dans la lumière raide de plein midi, très imposant, cheveux noirs et longs noués en queue de cheval jusqu'au milieu du dos, short et maillot de corps bleu pétrole, baskets, biceps puissants sous la peau nue, énergie, charisme, bagues à tous les doigts, bracelets et colliers de corne – phrase, donc, de bienvenue accompagnée d'un éclat de rire : « vous ici, monsieur Lévy ? pas encore en Israël ? j'ai pourtant entendu à la radio que Sharon avait demandé à tous les juifs de France d'émigrer à Tel-Aviv ! – ah ! ah ! ah ! »

Et comme je sursaute, comme je lui signifie que je

113

n'ai pas fait toute cette route pour écouter ce genre de mauvaises blagues et comme je lui signale aussi qu'il tombe mal, que je suis un juif, non seulement universaliste, humaniste, etc., mais solidaire de la cause indienne et venu l'interroger sur l'opportunité de créer, au lieu de ces casinos qui ne veulent rien dire et sont un venin à effet lent, un Yad Vashem de la douleur indienne, cette réponse, terrible, dont chaque mot est pesé, martelé, sur un ton de colère contenue : « je n'ai pas de leçon à recevoir des sionistes ; vous m'entendez, pas de leçon ; quand j'ai eu besoin d'eux, ils n'étaient pas là ; je suis allé les voir, je suis allé chercher les juifs de Cleveland, et j'ai attendu, oh ! tellement attendu, et personne, vous m'entendez personne, n'a répondu ; alors pas de leçon, hein ! un peu de décence, pas de leçon ! quoi ? la secte Moon ? mais oui, monsieur, la secte Moon ; ce n'est pas une rumeur, c'est la vérité ; il est exact que j'ai fait une tournée de conférences sous l'égide de la secte Moon ; ils m'ont fait moins de mal que les catholiques ; contrairement à vous, les juifs, ils m'ont, eux, tendu la main ; quand on est dans notre situation, monsieur Lévy, quand on a le monde entier contre nous, on ne fait pas de détail, on prend ce qui vient... »

La suite de l'entretien restera baroque, véhémente, parfois loufoque, mais, tout de même, plus maîtrisée. Russel Means, à qui je raconterai l'épisode du powwow, me répondra que « Tom Daschle est un serpent », le « pire être humain de toute l'Amérique » et que c'est la raison pour laquelle il est « un leader du parti démocrate ». Il m'expliquera que la

« politique indienne » telle qu'elle s'est formalisée dans le Indian Reorganization Act de 1934, a réalisé le tour de force d'être le « modèle secret d'Hitler » dans son traitement des « indésirables », la « photocopie », avec soixante ans d'avance, du Bantu Development Act d'Afrique du Sud et, aujourd'hui, début du XXIᵉ siècle, le dernier cas au monde de « pur et simple communisme ». Il m'avertira, œil de feu, voix de stentor, que « chaque officiel indien que je rencontrerai dans ce pays » est un corrompu, un collabo, vous entendez, un collabo (il dit exactement, en forçant sur l'accent français, « un Vichy »), un « apple Indian, rouge dehors et blanc dedans ». Il évoquera, non sans éloquence, ces Indiens, son peuple, qui sont assis sur « 40 % des ressources naturelles du pays » mais restent « les plus pauvres d'entre les pauvres », dotés de « l'espérance de vie » la plus faible d'Amérique, « le peuple le plus abîmé, le plus détruit, de toute la part occidentale de la planète ». J'aurai droit à un développement cocasse, mais sincère, sur la nécessité de « jeter l'homme blanc dehors », autrement dit de faire sécession, et, en même temps, sans que la contradiction semble le moins du monde lui apparaître, sur le fait que l'on pourrait, pour y attirer les entreprises, profiter de ce que les réserves indiennes ont un statut privilégié qui fait qu'elles « n'ont pas à se soucier de salaire minimum », qu'elles n'ont pas le problème des « systèmes de sécurité sociale et de santé » et, surtout, que l'on n'y connaît guère les syndicats. Il me dira de belles choses sur les langues indiennes oubliées, de moins en moins parlées et, pourtant, magnifiques. Il me

115

chantera la grandeur de cette culture qui, comme celle des anciens Grecs, mettait et met encore l'héroïsme au poste de commande : ne pas parler des Indiens au passé, tonnera-t-il; ne pas tenir pour acquise la mort de leur monde et de leurs valeurs; ce fut la grande erreur de calcul des Blancs; ils partaient, les Blancs, du principe que la nature prendrait le relais et que cette sale race d'Indiens allait s'éteindre doucement; eh non; c'est la surprise; « nous sommes la communauté d'Amérique qui a le plus fort taux de croissance; nous étions 250 000 il y a un siècle, nous sommes plus de deux millions aujourd'hui; voilà notre réponse, monsieur, à la politique génocidaire... » Rien, pourtant, ne me fera oublier ses phrases terribles du début. Rien, aucune belle parole ni émotion, n'effacera, à mes yeux, la brutalité fétide de son accueil.

A qui la palme du martyre? Qui dans le rôle terrible du roi de la souffrance? Et est-ce que les juifs, avec leur Shoah, leur mémoire obsessionnelle, leurs lobbys, ne nous font pas un tort irrémédiable? C'est, en gros, ce qu'il m'a dit. Et tant qu'il y aura des leaders indiens pour tenir, comme lui, ce type de langage, tant qu'ils n'auront pas clairement rompu avec la logique de la concurrence victimaire et de la guerre des mémoires et des souffrances, tant que, par conséquent, ils céderont à un antisémitisme qui a toujours trouvé dans cette guerre ses arguments les plus faciles, il y aura comme une ombre sur la légitimité de la cause qu'ils défendent.

Rencontre avec Jim Harrison

En voilà un que la réaction de Russel Means n'a pas l'air de beaucoup surprendre.

La rencontre a lieu le lendemain, au Chathman's Livingstone Bar and Grill, à Livingstone, au cœur de ce Montana où il s'est installé parce qu'il en avait assez de voir son Michigan envahi par les Républicains et les gens de Bourse.

Dieu sait s'il les a aimés, les Indiens... Dieu sait s'il les aime encore quand ils ont le visage de Louis Owens, Ron Querry, Sherman Alexie, ses écrivains amis. Mais Russel Means... Il ne connaît pas Russel Means. Mais il devine. Il sait les ravages que fait la culture blanche quand elle va au bout de sa logique de corruption des âmes et des cœurs. Il sait comme elle peut transformer les meilleurs en clowns, pantins, fantômes d'eux-mêmes. Un mémorial? Bon, un mémorial. On peut même, si j'y tiens, lancer un Comité international pour le Mémorial. Mais ce n'est pas un mémorial qui rendra son âme à Crazy Horse et à ses guerriers mystiques. Ce n'est pas un mémorial qui sauvera l'héritage sublime de Sitting Bull et de Dava. Est-ce que j'ai lu, au fait, le livre de James Welch sur la bataille de Little Big Horn? Et est-ce que j'ai senti, puisque j'en arrive, l'atmosphère étrange, électrique, encore magique, qui règne à Wounded Knee? Non, bien sûr, je n'ai rien senti. La cause est perdue, on ne sent plus rien. Restent les écrivains, ces gardiens des morts – mais bye bye les âmes vives, adieu la culture indienne.

Big Jim est triste. Il me regarde de son œil unique, puis regarde la bouteille de côtes-du-rhône déjà vide que son ami Chathman, selon un rituel sans parole mais bien réglé, lui remplace illico, et il est triste. Il retrouve un peu d'éloquence lorsqu'il me parle de sa maison, dans la montagne, où il entend le chant de la nature. Ou quand il évoque le retour des loups dans le Montana et le fait que jamais, vous m'entendez, jamais, l'on n'a enregistré un cas de loup qui s'en soit pris à un humain. Ou quand il dit son goût pour Faulkner qu'il préfère à Hemingway : c'est agaçant, à la fin, cette façon qu'ont les journalistes pressés de toujours le comparer à Hemingway alors que c'est Faulkner le vrai frère, Faulkner le vrai écrivain – n'est-ce pas votre Tocqueville qui dit que l'Amérique n'a pas de poètes ? et n'est-ce pas la raison pour laquelle on a si souvent tendance, chez vous, à sous-estimer Faulkner ? Il retrouve de l'enthousiasme, aussi, lorsqu'il parle de la France qui lui a tant donné à l'époque où l'Amérique le traitait comme un vaurien. Il s'échauffe quand il se met à faire l'éloge du décalage horaire, cet état délicieux où l'on est, non seulement entre deux espaces, mais entre deux temps, plus tôt ou plus tard, crépuscule ou matin du monde – il faudrait un poème pour dire, quand on est à Paris, Hôtel de Suède, ou chez l'ami Bourgois, ou chez Michel Le Bris, la grâce de cet entre-deux ! Mais il suffit que la conversation revienne vers l'Amérique, non seulement les Indiens, mais l'Amérique en général, cette Amérique qui, dit-il, n'a jamais été si pauvre, ni si vulgaire, ni si liberticide depuis Nixon, il suffit que l'on revienne à ça pour que, sur sa trogne de vieux flibustier, marbrée, à mesure qu'il boit, de plaques rouges ou tirant sur le mauve, achève de s'imprimer un air de lassitude accablée.

Bien, je lui dis. Mais l'Amérique de Nixon ce fut aussi, n'est-ce pas, celle de la révolte des sixties. Est-ce qu'on ne peut pas imaginer la même chose ? Est-ce qu'il ne sent pas, dans les tréfonds de son pays, un sursaut de liberté de la même espèce ? Et est-ce qu'il ne devrait pas mettre sa gloire, sa légende, au service de... ?

Il me regarde, là, comme si je me fichais de lui. M'intime, du geste, l'ordre de ne pas en dire davantage. Vide son verre. Redemande une autre bouteille. Regarde le plafond de l'air d'un aveugle qui voudrait se souvenir de la lumière. Puis part d'un rire énorme, et complètement inattendu, qui fait se retourner, dans l'autre pièce, les clients du restaurant.

Arrêtez avec la légende, il me dit. C'est ce qui n'était pas supportable, justement, chez Hemingway. Et c'est ce qui a fini par le tuer. Alors que moi... Je mourrai de quelque chose, forcément... Peut-être de ça (il montre la nouvelle bouteille, déjà bien entamée)... Ou d'autre chose (il regarde Anika, mon assistante)... Mais sûrement pas de cette foutue légende qui m'est complètement étrangère !

Et puis rien de comparable, il me dit aussi. Car la situation, il insiste, est bien pire que sous Nixon. Il y a les Républicains à droite, les politiquement corrects à gauche. Les affamés des marchés financiers, d'un côté ; les crétins qui, de l'autre, veulent nous empêcher, mon pote Nicholson et moi, de fumer, de boire et (nouveau regard à mon assistante) d'apprécier la beauté du monde. Le problème, je vais vous dire, c'est Yale. Oui, Yale. L'école de Bush et de Kerry. L'école aussi, notez-le, de mon David Burkett III. Je savais bien qu'un jour Yale prendrait le pouvoir. Eh bien voilà. On y est. Ce n'est plus le « grand forestier » mais le « grand prédateur ». Et ce triomphe du grand prédateur, cette victoire des goinfres, des avides, sur les hommes de progrès, c'est la vraie vérité de l'Amérique. Savez-vous que j'ai envoyé Hollywood se faire foutre le jour où j'ai estimé que le système devenait fou et, en me payant trop cher, allait me transformer, moi aussi, en un salaud insatiable et goulu ? Reste à refuser, oui. Et à rire. Et à faire de la littérature. Et, comme les Indiens, à sauver les morts. Et, puisqu'on en est aux Indiens, reste à sauver, chacun, la part d'Indien qui est en soi.

L'Indien, catégorie de l'âme ? Région de l'être et de l'esprit ? Harrison, à cet instant, parle comme Bohumil Hrabal, dans son appartement de Prague, en 1989. Il parle, toutes proportions gardées, comme mes amis dissidents, dans la Russie des années de granit, qui ne voulaient plus croire qu'en une résistance morale, nichée au cœur de chacun. Il se veut écrivain et dissident. Ecrivain, donc dissident. L'histoire qu'il me raconte est celle d'un homme, découragé mais intraitable, sans illusions mais offensif, qui, tant qu'il y aura des hommes libres, c'est-à-dire des écrivains et des Indiens, fussent-ils, comme lui, des Indiens blancs, ne désespérera ni de la vie ni de l'Amérique. Je ne suis plus très sûr, à cet instant, de le suivre. Je suis même certain de ne pas trop aimer cette idée d'une Amérique comparée à un pays totalitaire qui ne laisserait d'autre issue aux âmes que le retrait. Mais voilà. Je suis trop passionné pour l'interrompre. Trop captivé pour polémiquer. Et, donc, je le laisse dire – je l'écoute et je le laisse dire.

Pauvre Israël

C'est la journée à laquelle j'aurais préféré pouvoir échapper.

Je suis revenu à Washington, puis à New York, pour la Convention républicaine. Et, ayant un peu de temps, j'ai décidé de le passer à Brooklyn, quatrième ville des Etats-Unis – oui, c'est une chose que l'on a tendance à oublier en Europe et que, moi, en tout cas, j'oublie toujours : la ville d'Arthur et Henry Miller, Barbra Streisand, Mel Brooks, Hubert Selby Jr, Spike Lee, la ville qui symbolise, vue de France, la vitalité du judaïsme américain, est, avec ses deux millions et demi d'habitants, la quatrième ville des Etats-Unis.

Enseignes en yiddish. Paysage de garages et entrepôts jouxtant des restaurants kasher. Hommes en noir. Tefilin. Lourd appareillage, malgré la chaleur de l'été, de la kippa, du chapeau, de la redingote et, pour les femmes, de la jupe longue et du fichu. Temps immobile. Recueillement. Seule note d'affairement dans ce monde inhabituellement silencieux et dont je ne connais d'autre équivalent que le quartier de Mea Shearim à Jérusalem, le passage, toutes sirènes dehors, de la nouvelle ambulance des Hazdaleh, ce service de volontaires juifs qui consacrent un tiers ou une moitié de leur semaine à secourir les laissés-pour-compte du système de santé public. Et les deux événements, enfin, pour lesquels je suis venu. Une réunion du bureau de l'Ohel Children's Home and Family Services où tout, depuis les lambris de bois écaillé, les photos en noir et blanc de l'époque des pionniers d'Israël, les casquettes style ghetto de Varsovie de la plupart des hommes, les chapeaux-cloches des femmes, leur maquillage démodé, leur air de sortir d'un plan d'*Exodus*, jusqu'aux silhouettes et aux gestes, semble témoigner d'un temps révolu mais, ici, en plein New York, mystérieusement retrouvé. Et puis, à la yeshiva voisine, au coin de la 47ᵉ Rue et de la 6ᵉ Avenue, dans un décor plus austère encore et qui rappelle les salles d'études de Lituanie, la réunion du Conseil des Sages de la Torah : assis autour d'une longue table où trône un maître à barbe blanche, Rabbi Yaakov Perlow, Rebbe de Novominsk et chef spirituel de l'Agudath Israel of America, une assemblée de rabbins, très belle, très poétique, je ne crois pas en avoir jamais vu de semblable, qui semble surgie, cette fois, d'un roman de Isaac Bashevis Singer et où débarquent deux étranges personnages venus, disons le mot, négocier le soutien des juifs orthodoxes à Bush et à son camp.

L'un, Norm Coleman, candidat républicain – et juif – au siège de sénateur du Minnesota, est un yuppie blond aux dents trop blanches et au sourire de loup.

L'autre, Rick Santorum, sénateur républicain et catholique de Pennsylvanie, je l'interviewerai, plus tard, en marge de la Convention et il m'expliquera que c'est en tant que catholique, parce que juifs et catholiques révèrent le même Dieu, parce qu'ils voient le monde et la société d'une façon similaire et, aussi, parce que les catholiques ont besoin d'un Israël paisible, fidèle et, surtout, juif pour le jour du Jugement, qu'il soutient l'Etat hébreu.

Merci, commence en substance le premier, sous l'œil méfiant et imperceptiblement amusé des rabbins... Merci, non d'être là, mais d'être tout court et d'exister... Je suis né pas loin d'ici et vous incarnez pourtant un autre monde... Ce monde est un exemple... Votre monde est un modèle... Votez pour moi.

Votre foi, renchérit le second, plus mielleux encore, plus flatteur, cherchant désespérément à croiser le regard du rabbin Perlow qui, dans son grand manteau noir satiné qu'il ne quittera pas de la séance, visage fermé, œil dans le vague, semble définitivement absent... Votre foi et la mienne... L'image de votre foi et de votre appartenance est ce qui m'aide à vivre et à croire.... Demain, je dois m'adresser à une assemblée de chrétiens très pieux; eh bien sachez que, quand je leur parlerai de la foi, des pouvoirs et de la grandeur de l'espérance, c'est à vous que je penserai, c'est votre exemple que j'aurai à l'esprit.

Et les rabbins, méfiants donc, ironiques, air d'insondable dédain, écoute flottante de ceux qui ont tout vu, tout entendu et qui observent ce ballet du boniment depuis leurs millénaires d'histoire et de sagesse, s'ennuient en silence, posent quelques questions, se consultent du regard et finissent par dire, mais comme ça, sans insister, sans se départir de leur ostensible détachement à l'endroit de tout ce qui n'est pas, directement ou indirectement, lié à leur souci du ciel : « voilà, puisque vous y tenez, les besoins de notre communauté... voilà ce qu'il nous faut en matière d'écoles, de synagogues, de services de santé et de soutien à Israël dans sa lutte contre le terrorisme. »

De cette scène, de ce face-à-face pénible entre la foi et l'appétit, la plus haute exigence de l'esprit et l'indifférence carnassière des pêcheurs de voix, je ne sais qui il faut blâmer le plus ; et peut-être n'y a-t-il lieu, d'ailleurs, de ne blâmer personne et suis-je juste en présence de l'une de ces opérations de marchandage ou de lobbying qui sont l'ordinaire du « pragmatisme civique » dont parle Tocqueville et qui ont au moins le mérite, par rapport à l'hypocrisie européenne, de jouer cartes sur table. Mais d'une chose, néanmoins, je suis sûr. J'ai mes propres radars. J'ai mon tableau de bord personnel où clignotent, sur les sujets sensibles, les signes annonciateurs du meilleur et du pire. Eh bien je n'ai pas senti, en Rick Santorum et Norm Coleman, les amis sincères qu'ils prétendent être et qui sont supposés

faire de ce pays l'indéfectible soutien d'Israël. Je les
ai entendus. Observés. J'ai vu, chez l'un comme chez
l'autre, la considération obligée pour une communauté puissante, soudée, et qui tenait, pour partie,
leur destin politique entre ses mains. Mais
qu'adviendrait-il d'une situation où ladite communauté se trouverait soudain moins puissante ? Que se
passera-t-il le jour (dont nul ne peut exclure qu'il
finisse par arriver) où une autre communauté, qui
fera de la haine des juifs le cœur de son programme,
acquerra une puissance supérieure ? Et quant à la
brillante idée, chez Santorum, d'un Etat juif qui doit
rester juif pour mieux devenir, un jour, catholique,
quant à l'argument (que l'on trouve plutôt,
d'habitude, chez les nouveaux Evangélistes) selon
lequel il est capital que la Palestine soit juive au
moment où auront lieu la bataille de l'Armageddon
et le retour triomphal du Christ, comment ne pas
sentir que c'est le type de raisonnement qui dure ce
que durent les malentendus ? Je me trompe peut-
être. Mais je ne donnerais pas cher du soutien
américain aux rescapés de la Shoah s'il venait à
dépendre, vraiment, de personnages de cet acabit.

Retour de l'idéologie

Qu'est-ce qu'un Républicain ? Qu'est-ce qui, dans
l'Amérique d'aujourd'hui, le distingue d'un Démocrate ? Existe-t-il, ce partage des deux Amériques, la
bleue et la rouge, la progressiste et la conservatrice,

que récusait Barack Obama mais auquel Jim Harrison, lui, semble croire ?

D'un côté, il est vrai, je ne cesse de rencontrer des Démocrates qui pensent comme des Républicains et vont, sans état d'âme, sans songer une seule seconde à quitter leur parti d'origine, voter pour George Bush (l'ancien maire de New York Ed Koch ; l'ancien directeur de la CIA James Woolsley).

De la même façon, je ne cesse de voir des Républicains qui, sans état d'âme non plus et sans même comprendre le sens de mon étonnement, s'apprêtent soit à voter Kerry (Ron Reagan, fils du Président Reagan et apôtre du soutien fédéral à la recherche sur les cellules souches), soit à s'abstenir (cette association d'homosexuels conservateurs dont j'ai interviewé, à Washington, l'un des animateurs, Chris Barron, et qui ne peut ni ne veut soutenir la prise de position du candidat Bush en faveur d'un amendement constitutionnel proscrivant les mariages gays).

D'un côté, donc, un régime d'appartenance original, sans comparaison avec ce que nous connaissons, nous, en Europe, et où le lien avec le parti est à la fois très fort et très flou, terriblement tenace et, en fin de compte, assez vide : un lien essentiel, si l'on veut (Koch, par exemple, n'y renoncerait à aucun prix et c'est avec fierté qu'il me montre, dans son bureau de la 5e Avenue surplombant sa chère New York, tout près des images sacrées de Sadate, Dizzie Gillespie, Teddy Kollek ou Mère Teresa, ses photos avec Hillary), mais dénué de toute espèce de contenu et même de prescription (quand je lui demande ce que cela veut encore dire, quand on vote républicain, de se déclarer démocrate, il hésite, se trouble un peu, regarde la photo d'Hillary comme si elle allait lui souffler la réponse et finit par lâcher : « entêtement et nostalgie – un mélange d'entêtement et de mémoire, d'habitude et de fidélité, c'est tout »...).

Mais de l'autre côté, en revanche, j'ai suivi, depuis trois jours, la Convention républicaine de New York. J'ai écouté les discours de Giuliani et du gouverneur Pataki. J'ai écouté Bush. J'ai vu Arnold Schwarzenegger raconter, avec une émotion qui ne m'a pas semblé entièrement jouée, son expérience d'immigrant venu – *sic* – d'un pays communiste pour découvrir cette Amérique qui lui a ouvert les bras. J'ai interviewé, surtout, des foultitudes de délégués du Wyoming, de l'Idaho, du Nevada, du Kansas ou de l'Arkansas à qui j'ai, chaque fois, posé la même question de ce que signifiait, pour eux, le fait d'être républicains et d'être là. Et la surprise, la très très grande surprise, c'est que les réponses qui m'ont été données n'ont rien à voir avec le cliché français mais aussi américain d'une politique spectacle réduite à sa pure dimension festive, joueuse, carnavalesque et, donc, sans enjeux.

Les uns m'ont parlé avortement et mariage gay... D'autres m'ont expliqué que rien ne leur semblait plus important que de renforcer le rôle des Eglises ou de réduire celui des élites urbaines... D'autres, que le retour à Main Street contre Wall Street, la réhabilitation des valeurs de l'Amérique rurale contre celles de l'Amérique interventionniste et cosmopolite, la défense d'une conception des droits de l'homme allant jusqu'au droit de posséder une arme de guerre pour défendre sa liberté et ses biens, étaient les seuls combats qui vaillent... Pour d'autres, la haine des Clinton tenait lieu de programme... Et, pour d'autres encore, c'était le procès d'une France assimilée à un mélange instable de « féminité », d'« immoralité décadente », d'« intellectualisme snob » et de « radicalisme chic » dont le sénateur du Massachusetts et Teresa, sa ploutocrate de femme, seraient l'incarnation...

On peut penser ce que l'on veut de ces thèmes. On peut les juger naïfs, rétrogrades, insupportables, contradictoires. On peut trouver plaisant d'entendre les mêmes vertueux conspuer les milliards de Teresa pour défendre, finalement, les hedge funds contre le welfare State. La seule chose que l'on ne puisse pas dire c'est qu'il s'agisse d'un discours faible. Ou mou. Ou purement pragmatique, et réduisant le gouvernement des Etats-Unis à un conseil d'administration amélioré. La seule chose que l'on ne puisse pas prétendre c'est que l'on ait assisté là à une autre kermesse, une autre étape d'un identique Barnum, un second sommet du même nihilisme ayant décliné, des Démocrates aux Républicains, ses deux versions symétriquement ordinaires – la seule chose que l'on ne puisse, sans mauvaise foi, soutenir c'est qu'entre le discours de ces gens et celui des délégués qui, à Boston, ovationnaient Michael Moore ou le sénateur Ted Kennedy, il n'y ait pas de différence de contenu et d'idéologie.

Car on peut prendre le mot dans le sens que l'on

voudra. On peut l'entendre au sens banal de représentation du monde. On peut l'entendre au sens
d'illusion masquant aux acteurs sociaux la réalité de
leur condition. On peut penser aux « systèmes » et
autres « utopies » dont Tocqueville, au chapitre X,
déjà cité, sur « la pratique des sciences », estimait
que les Américains « se défient ». Ou on peut encore
prendre, à l'inverse, cette manie des « causes générales » dont il redoute, au chapitre XX de la même
section, que les historiens des nations démocratiques
n'inoculent le goût à leurs lecteurs car cela ne peut,
prévient-il, que « paralyser le mouvement des sociétés nouvelles » et transformer leurs membres « en
Turcs ». Eh bien voilà. Nous y sommes. Ces gens
qui disent « l'essentiel, c'est les valeurs », ces militants pour qui la lutte contre Darwin est une cause
sacrée qui devrait être plaidée dans les écoles, ce col-
blanc de Buffalo à qui j'explique que l'engagement
du Président sortant à réduire les impôts fédéraux
aura pour effet mécanique d'appauvrir encore sa ville
et qui me répond qu'il s'en fiche car ce qui compte,
pour lui, c'est le problème posé par l'inflation d'un
Etat devenu quasi soviétique, ces hommes et femmes
qui sont prêts, en un mot, à faire passer les questions
qui les touchent directement après des questions de
principe qui, dans le cas, par exemple, de la légalisa-
tion du mariage gay dans le Vermont, n'ont et
n'auront jamais aucune espèce d'incidence sur leur
existence concrète, est-ce qu'ils ne réagissent pas en
idéologues et en fonction de critères qu'il faut bien
appeler idéologiques ?

Drôle d'histoire. Et étrange renversement. Il me

surprend, moi, Français, venu d'un pays qui a vécu plus qu'aucun autre sous l'empire de la passion idéologique chauffée à blanc et qui en est revenu. Mais je vois bien qu'il déconcerte tout autant, ici, les analystes les plus fins de l'évolution d'une société où l'appréciation, par chacun, des justes dividendes qu'il peut tirer du contrat social semblait être le premier et dernier mot de la politique. What's the matter with Kansas? Qu'est-ce qui se passe avec l'Amérique profonde? Depuis quand la politique n'obéit-elle plus au franc calcul des intérêts et, à la rigueur, des ambitions? Comment des hommes éclairés, raisonnables, pragmatiques, peuvent-ils travailler à leur servitude en croyant lutter pour leur liberté? Eh oui, Thomas Frank. Cela s'appelle l'idéologie. C'est très exactement le mécanisme qu'ont décrit, en Europe, un La Boétie, un Karl Marx, et dont nous n'avons, nous, hélas, que trop souvent fait l'expérience. A votre tour, amis. Et, comme nous disons, en France : à votre santé.

3

LE MUR DU PACIFIQUE

(DE SEATTLE À SAN DIEGO)

Seattle mon amour

Le plus beau, à Seattle, c'est l'arrivée.

J'ai aimé la ville, bien entendu.

J'ai aimé cette impression d'ouverture évasive sur la baie et ce courant d'air vif qui, malgré l'été, la traverse.

J'ai aimé ses docks fragiles et ensoleillés. Ses halles trépidantes, bigarrées, où les librairies les plus pointues, les boutiques d'affiches de collection, les bars, sont coincés entre deux poissonniers. J'ai aimé, le jour, la brise qui monte depuis les fjords comme pour dilater les rues et, le soir, la brume d'été, cotonneuse, un peu grise, qui s'arrête, elle, mystérieusement, à la hauteur du Waterfront. J'ai aimé ses

131

collines et ses interminables escaliers, le pont flottant au-dessus du lac Washington, les bateaux en partance pour l'Alaska ou Panama. J'ai aimé ces « boulevards sans mouvement ni commerce » où, autour de First Avenue, rôdent les fantômes de London, Kerouac, Ginsberg et j'ai aimé « l'ivresse de grande capitale » qui plane sur Capitol Hill et ses trottoirs incrustés de pas de danse en bronze. J'ai aimé le Musée Jimi Hendrix, ou Paul Allen, ou Frank Gehry, je ne sais comment l'appeler – car comment dire quand le plus généreux des mécènes donne la main au plus grand des architectes pour édifier le plus extraordinaire des musées du rock and roll ? J'ai aimé le climat de liberté, de non-conformisme, qui règne sur la capitale économique de cet Etat dont on disait jadis, au temps des grandes grèves de l'après-Première Guerre mondiale : « il y a quarante-sept Etats aux Etats-Unis, plus le soviet de Washington. » Et j'ai aimé que cette ville presque canadienne et déjà asiatique, cette ville chinoise, cette ville qui a connu, dans un lointain passé, les émeutes anti-Asiatiques les plus dures de l'histoire des Etats-Unis et qui accueille, aujourd'hui encore, le plus grand nombre de cerveaux venus de Taïwan, Hong-Kong, Séoul ou Pékin, j'ai aimé que cette métropole postaméricaine, celle où, si elle doit s'inventer quelque part, s'invente la civilisation US de demain, demeure, envers et contre tout, si obstinément européenne.

J'ai aimé Frank Blethel, jeune homme à barbe blanche, faux Hemingway et vrai patron du *Seattle Times*, qui se bat, contre l'empire Hearst, pour le contrôle de son journal et, à travers son journal, pour la survie de la presse familiale dont le destin se confond, selon lui, avec celui de la démocratie.

J'ai visité, à Redmond, dans un décor de pins, de pelouses, de petits lacs, cette ville dans la ville qu'est le siège de Microsoft ; j'ai rencontré, venus du Mexique, de France, d'Inde, quelques-uns des ingénieurs qui sont en train d'inventer la langue et la sociabilité de demain ; et j'ai aimé l'impression de fantaisie, de jeunesse, de bohème chic et atypique, d'irrévérence, de cosmopolitisme, de civilisation, d'intelligence, que dégageait cette faune étrange – toutes ces nouvelles recherches, par exemple, sur la reconnaissance graphique ! cet enthousiasme quand vint l'hypothèse d'appliquer la méthode aux manuscrits de Joyce, Dickens, Dostoïevski et, via la même méthode, via, donc, les techniques informatiques les plus pointues, d'inciter les écrivains d'aujourd'hui à revenir à l'écriture traditionnelle ! le bon vent d'allégresse qui souffla alors dans la pièce, vide et blanche, aseptisée et pourtant chaleureuse, à la seule idée d'avoir entre les mains, eux, les fils de Bill Gates, ces monstres de science et de culture, les moyens de marier ainsi la modernité la plus échevelée et le symbole de l'archaïsme !

J'ai visité les usines Boeing ; j'ai passé une demi-journée dans le paysage de poutrelles et de treuils géants dignes d'un Fernand Léger, de mini-immeubles sous hangars, de murs d'écrans de contrôle, de tubulures monstres et de chenilles chromées, de passerelles immenses, d'échafaudages colossaux, de ventres ouverts et de boyaux d'acier, de fuselages et de blindages, où s'opère ce miracle de haute technologie qu'est l'assemblage d'un nouvel avion ; et j'ai aimé que les officiants de ce miracle, ces hommes sur les épaules desquels repose une responsabilité encore redoublée par les questions de sécurité et le poids des menaces terroristes, aient cette dégaine de hippies à catogan en train de travailler, cool, sur un air des Rolling Stones.

J'ai aimé, au coin de la Ire Avenue et de Virginia Street, ce bistro, « Le Pichet », dont l'enseigne dit, en français, que l'on y fait « Bar le jour et café la nuit » et « Spécialités régionales à toute heure ». J'y ai revu Ron Reagan, le fils de Ronald et de Nancy, dont le discours sur les cellules souches fut, avec celui de Barack Obama, l'autre événement de la Convention de Boston et j'ai aimé le revoir comme cela, veste en jean, t-shirt kaki, air hirsute et mal réveillé, improvisant, lui aussi, dans le soleil du matin, un pas de danse (car il est danseur, me dit-il ! contrairement à Obama il est, lui, vraiment danseur ! le fils du Président Reagan est, comme celui du Prince Sihanouk, danseur de ballet professionnel !). J'ai aimé le revoir, ce matin-là, décontracté et rigolard, en train de me mimer la balourdise de Bush le jour des obsèques de son père : « allons, George, lui a susurré Nancy tandis qu'elle le voyait, effarouché, bras ballants, aussi peu Président que possible face au cercle de famille Reagan qui l'impressionnait tellement ! allons, George, vous allez bien nous dire quelque chose ! » – et lui, pétrifié de timidité, la glotte montant et descendant très vite, les mains moites, ne trouvant rien de plus à dire qu'un petit « ça va ? » étranglé. Et j'ai aimé, aussi, l'entendre me raconter les dessous de son discours de Boston et comment, le matin encore, les speech writers du parti essayaient de lui fourguer un texte clefs en main, bourré de clichés et de formules pour les journaux, non merci, peux pas dire ça, ce sera mon texte ou rien, et, si c'est rien, tant pis, je rentre à Seattle où je suis si bien...

Bref, j'ai tout aimé de Seattle.

Si j'avais à choisir une ville américaine pour y vivre, si je devais élire un lieu, et un seul, où j'aie le sentiment, en Amérique, de retrouver mes marques perdues, ce serait là, à Seattle.

Mais voilà. Si j'avais à choisir un instant dans cette découverte, si j'avais à dire le moment où tout s'est joué et qui, en un coup d'œil, m'a révélé le génie du lieu, ce serait celui-ci, oui, le premier – ce serait celui où, arrivant de Spokane par la highway 90, m'étant arrêté dans un motel de Moses Lake pour un sandwich de fin d'après-midi, ayant traversé les forêts de pins de l'Etat de Washington puis les vergers de Wanatchee, ayant passé Mercer Island, puis le Homer M. Hadley Bridge, j'ai vu, flottant, telle une torchère, entre deux nuages immobiles, dans un ciel rose foncé que je ne connaissais pas, la pointe d'un gratte-ciel, le Space Needle, déjà complètement éclairé et qui, dans mon imaginaire, a brusquement condensé tout ce qui m'a toujours fait rêver en Amérique : poésie et modernité, précarité et défi technique, légèreté des formes en même temps que syndrome de Babel, lumières de la ville, hantise de l'obscurité, futaie de pierre – j'ai toujours, depuis l'enfance, tellement aimé dire « les gratte-ciel ».

Un soir à Gayland

A l'entrée du « Power Exchange », le club échangiste de San Francisco, angle d'Otis et Gough, cet écriteau qui ne plaisante pas : « pas d'alcool ; pas de drogue ; interdiction de dormir ; interdiction de pouffer et de rire fort ; capote obligatoire ; éteindre les portables ; si quelqu'un vous dit non, prière de ne pas insister. » L'intérieur est à l'avenant. Libertin et convenu. Dépravé et bienséant. Des labyrinthes gore, d'un côté ; des cellules tout en grillages et toiles d'araignée peintes où sont installés des dispositifs de torture que l'on dirait tirés, soit des *120 journées de Sodome*, soit du *Sex around the clock* de Reichenbach, le film qui a tant fait, dans les années 60, pour populariser l'image d'une Amérique libre, audacieuse, jetant ses dernières conventions aux orties et repoussant toujours plus loin les limites de ses dérèglements. Et, de l'autre, dans ce décor qui semble fait pour les débauches les plus folles, des clientes et clients décalés, bon enfant, presque sages et, au demeurant, étonnamment âgés... Cordialité balbutiante des rencontres. Saluts courtois. La grosse Japonaise aux cheveux rouges et au fouet qui demande à un Monsieur s'il lui serait agréable de se laisser tourmenter. Le Monsieur qui répond « oui, mais pas trop fort s'il vous plaît, attention à ne pas faire mal et, aussi, à ne pas mordre ». Les vêtements

136

des dames bourgeoisement repliés à l'entrée des tentes de plaisir. Une atmosphère, dans les vestiaires, qui est celle d'une salle de gym ou d'une piscine. Et, sous la fausse pyramide de Toutankhamon dont on vous a suggéré, à l'entrée, avec des airs entendus qui laissaient tout imaginer, que s'y produisent les mises en scène les plus infâmes, une femme en porte-jarretelles qui s'est pelotonnée dans un coin et endormie – et deux vieux gays en discussion, à voix basse pour ne pas la réveiller, une serviette nouée autour des reins, une autre sur les épaules car ils ont froid. C'est comme les boîtes homos de Castro. Quelle bizarrerie, par parenthèse, que ce nom de Castro! Quelle ironie que le quartier gay de la ville, l'un des seuls d'Amérique où deux hommes puissent marcher dans la rue en se tenant la main et en s'embrassant à pleine bouche, l'un des seuls où, à la nuit tombée, tous les bars, restaurants, boîtes de nuit, cinémas, sont gays et où c'est le fait de ne pas l'être qui vous met mal à l'aise, quelle ironie que cette Cage aux Folles à ciel ouvert, ce carnaval de l'homosexualité libérée et affirmée, cette Gay Pride permanente, ce Gayland, porte le nom du plus homophobe des caudillos continentaux! C'est comme le Castro, donc. Les spectacles y ont une certaine hardiesse. Ce soir, par exemple, on y ap-plaudit un travelo déguisé en Rita Hayworth et chantant, telle Gilda, mais à propos, non du « Cisco quake » de 1906, mais de l'autre, le vrai, l'énorme « Big One » de la libération des mœurs des sixties et de la désintégration, bénie soit-elle, des interdits pseudo-naturels : « they said that old mother nature was up to her old tricks; that's the story that went around; but here's the real lowdown: put the blame on mame, boys; put the blame on mame, boys. » Plus loin, dans un cabaret new age ouvert sur la rue et aux murs tapissés de photos d'hommes nus, ce sont deux drag queens déchaînées : l'une en robe moulante, bas noirs, seins énormes et siliconés, perruque blonde, qui chante et mime des chansons où il est question de Michael Jackson qui « a secoué son bébé par la fenêtre; pour quoi faire? pour faire disparaître le sperme » – l'autre, blonde aussi, mais filiforme, plate, faux boa autour du cou, qui se précipite sur les clients, va les chercher jusque sur le trottoir, se jette à leurs pieds, feint de les branler entre ses seins imaginaires, pousse des petits cris, se pâme. On y trouve des magasins de farces et attrapes vendant des badges « sucez Bush », des t-shirts « enculez Bush », des cartes postales montrant le même Bush déguisé en folle avec perruque, bas, porte-jarretelles et la légende « Bush lied, thousands died » (Bush a menti – des milliers d'hommes sont morts). Sauf qu'il n'y a, pour s'amuser de ces hardiesses, que des vieux homos bien coiffés, jambes blanches dépassant du short repassé, socquettes de soie dans les knickers, chemise marquée « Votez Kerry » ou « La pauvreté est, aussi, une arme de destruction massive » – un air déguisé en fait, presque plus déguisé que les drag queens qu'ils sont venus applaudir; rire sage; maintien convenable de gentils bourgeois en goguette, juste la pointe du knicker qui, dans les moments de grande émotion, vient frotter contre le haut de la socquette; moyenne d'âge 60 ans ; peur du sida ; peur du sexe ; on a réchappé des folies de notre jeunesse, ce n'est pas pour succomber, aujourd'hui, au vertige d'un remake – Reichenbach d'accord, et même le dernier Foucault, mais à blanc, pour la forme, et en veillant bien à neutraliser ce que les pratiques gays ont pu avoir de libérateur mais de périlleux. San Francisco et ses fantômes. San Francisco et sa révolution glacée. Il était une fois San Francisco, la ville de tous les excès et des orgies les plus déraisonnables – la ville aussi où naquit, en une nuit, dans un ancien garage à l'intersection de Union et de Fillmore, la génération littéraire qui, de Kerouac à Lamantia, de Michael McClure à Philip Whalen, Allen Ginsberg et Gary Snyder, a le plus transformé l'Amérique, donc le monde, depuis un demi-siècle. La voici devenue, cette ville, un conservatoire de l'audace, un musée des libérations réussies, un tombeau pour trois cent mille militants, rescapés de l'apocalypse joyeuse des sixties – la preuve aussi qu'il est temps, en Amérique, de choisir entre le réel et la commémoration, la position du vivant et celle du survivant.

Ordre moral chez les gauchistes

Une maison, sur les hauteurs de Berkeley. Un salon d'étudiants attardés. Un piano. La partition de la « Lettre à Elise » ouverte sur le piano. Des photos de famille noir et blanc. Une bibliothèque où je repère une histoire de la révolution russe, un livre d'Eleanor Roosevelt, un manuel anti-vieillissement. Des jouets qui traînent. Un chien qui n'en finit pas de surgir du jardin et dont il faut avoir l'air, chaque fois, de se préoccuper. Et une femme, jolie mais ingrate, bras et épaules trop maigres, chasuble pour cacher les formes, lunettes, pas de maquillage, le prototype de l'écolo californienne qui met son point d'honneur à la jouer 100 % nature. Je suis chez Joan Blades, l'avocate ou, plus exactement, la « médiatrice », spécialiste, à l'origine, des affaires de divorce et auteur ou coauteur des deux best-sellers, *Arbitrez votre divorce* et *Le Livre du divorce*, qui a tout laissé tomber, il y a cinq ans, pour créer, avec Wes Boyd, son mari, l'un des plus puissants mouvements alternatifs américains. Je suis dans le saint des saints d'où est parti, alors, l'extraordinaire réseau internet qui est à l'origine des trois mobilisations citoyennes réussies de ces derniers mois : la pétition de 2003, dite « laissez faire les inspections », dont le texte fut porté par des bénévoles, en personne, à tous les congressmen et sénateurs du pays ; les milliers d'appels à domicile adjurant les mêmes parlementaires, plus tard, de ne pas voter les 87 milliards de dollars demandés par Bush pour financer l'occupation de l'Irak ; et puis la grande campagne d'opinion, enfin, invitant les non-inscrits, notamment les jeunes, à se précipiter sur les listes électorales et à voter. Je suis au siège, en un mot, de ce fameux « MoveOn.org » dont on me parle depuis que je suis ici et dont la création, puis le développement, semblent être, aux yeux de ceux que l'on appelle ici les « progressistes », l'événement politique majeur de ces dernières années. Or cela veut dire quoi, « moveon » ? Et cela fait, concrètement, allusion à quoi ? C'est simple, me répond Joan Blades. Nous sommes en 1999. En pleine affaire Lewinsky. Et nous sommes tellement choqués, nous en avons tellement marre, mon mari et moi, de cette offensive conservatrice pour mettre hors jeu le Président, nous voyons si clairement la ficelle qui, surtout, permet, en amusant la galerie avec une affaire de mœurs, d'éviter de poser les vrais problèmes qui devraient être au cœur d'un débat public digne de ce nom, nous sommes si profondément scandalisés par tout cela, que je mets une croix sur mes activités de médiatrice, que nous vendons la compagnie de software que nous possédons par ailleurs et nous consacrons toutes nos forces, notre temps, nos ressources, à lancer le slogan dont l'énoncé complet est, non pas « Move on », mais « Censure and Move on » – soit, si vous préférez, « censurez » (le Président Clinton) et « avancez » (vers les vrais problèmes urgents auxquels la nation doit faire face)...

J'ai bien entendu. Je fais répéter mais j'ai parfaitement entendu. L'idée, à ce moment-là, est de briser le piège républicain mais de censurer aussi, dans le même mouvement, le Président démocrate. La cible c'est le procureur spécial Kenneth Starr et la campagne politique dont il est le fer de lance, mais c'est aussi Clinton lui-même qui, de l'avis de Blades et Boyd, a commis une vraie faute et mérite pour cela, c'est leur mot, d'être « censuré ». Je suis dans le temple du radicalisme américain. Je suis au contact de ce qui se fait de plus avancé en matière de nouvelle gauche. Je suis chez ceux autour de qui, si Kerry perd, se reconstruiront, non seulement le parti, mais la pensée des nouveaux Démocrates. Je suis à Berkeley, près d'Oakland. Je suis chez les héritiers du grand mouvement libertaire né, ici, dans les sixties, autour des Eldrige Cleaver, Huey Newton, Bobby Seale et autres hippies ou Black Panthers. Je suis chez des gens résolument modernes et branchés, néanmoins, sur la mémoire longue des luttes culturelles et sociales américaines. Je suis chez des militants fantaisistes et subtils qui, lorsqu'ils publient un livre censé offrir une juste image de l'Amérique alternative d'aujourd'hui, l'intitulent *Fifty Ways to Love Your Country* en hommage au « Fifty ways to leave your lover », chanté, dans les seventies, par le mythique Simon de « Simon and Garfunkel ». Or ce qu'ils nous disent, ces militants, ce qu'ils affichent dans l'intitulé même de leur mouvement, c'est que Clinton fut à peine moins coupable que ses persécuteurs ; c'est que le péché les a, à l'époque, autant choqués que l'impeachment ; ils auraient pu, ces esprits éclairés, estimer que cette affaire de « tache » était une non-affaire ; ils auraient pu clamer que la sexualité d'un Président relevait de sa seule vie privée et qu'il était, en toute hypothèse, anormal de laisser les sénateurs, les congressmen, la presse, avoir le moindre avis sur le sujet ; mais non ; ils ont choisi d'en appeler dans le même geste à « avancer » (pour sortir de la crise) et « censurer » (le Président libertin) ; ils ont renvoyé dos à dos les promoteurs de la nouvelle chasse aux sorcières et le péché véniel qui fut son premier prétexte ; ces ultra-

Démocrates ont, dans l'acte même de leur constitution en entité et corps politiques, entériné la pièce maîtresse du raisonnement conservateur et donné donc à penser qu'il y avait là une sorte d'axiome, de norme inviolable, de prolégomène à toute raison politique présente ou à venir – et cela, pour un Européen, est proprement stupéfiant.

Je ne suis pas en train de réduire le mérite de Move.On quand il travaille à l'éducation civique des jeunes ou qu'il promeut, comme le mois dernier, la pièce de Toni Kushner sur *Laura Bush, Dostoïevski et les enfants irakiens*. Et je n'ai pas la moindre idée, je veux aussi le préciser, quant à l'avenir d'un mouvement qui pourrait fort bien, après tout, ne durer que ce que durent les phénomènes de mode ou de circonstance. Mais ce détail qui n'en est pas un, ce lapsus généalogique, cette façon de rejoindre, dans l'origine, le postulat de l'adversaire et de lui donner, ce faisant, une sorte d'avantage théorique en disent long sur une certaine idéologie américaine et sur le sol commun qu'elle offre aux prises de parti par ailleurs antagoniques. Moralisme... Puritanisme... Confusion des règnes, qu'une démocratie digne de ce nom sépare, de la politique et de l'éthique... Volonté de pureté... Rigorisme et transparence érigés en impératifs catégoriques... Rien de neuf, sur le principe, pour les lecteurs de Tocqueville qui ne manqueront pas de reconnaître là quelques-uns des traits de la fameuse « tyrannie de la majorité ». La surprise est dans la spécificité de la situation et dans l'étrangeté d'un dispositif qui n'était pas, lui, prévu au programme et qui montre ladite tyrannie ralliée, confortée et, au fond, légitimée par ceux-là mêmes qui auraient dû être ses contre-pouvoirs naturels et résolus.

La prison absolue

Alcatraz c'est *la* prison d'où nul ne s'est jamais échappé.

C'est ce que dit la littérature.

C'est ce que disent les films, tous les films, qu'Alcatraz a inspirés et qui tournent, peu ou prou, autour de cet imaginaire de l'évasion.

C'est ce que dit le musée (car Alcatraz a évidemment cédé, lui aussi, au devenir musée généralisé) qui, depuis que la prison est fermée, occupe la plus grande partie de l'île.

Et c'est ce que me disent les deux pêcheurs indiens rencontrés sur le Fisherman's Wharf et qui ont accepté, pour deux cent cinquante dollars, de me mener jusqu'au « Rock ».

J'essaie bien de les faire parler d'autre chose.

J'essaie de les interroger sur les raisons pour lesquelles Bob Kennedy, en 1963, décide de fermer le pénitencier fédéral le plus célèbre du pays.

J'aimerais qu'ils m'en disent davantage sur l'étrange et belle histoire de ces soixante-quinze militants sioux, blackfoot, mohwak, navajo, cherokee, winnebago, cheyenne, qui, quelques années plus tard, le 9 novembre 1969, invoquant la législation américaine sur les terrains fédéraux inoccupés en même temps que les anciens traités bafoués, mais toujours en vigueur, que l'on signa après la victoire de Red Cloud, proposent, non sans humour, de racheter l'île au prix que les Blancs leur ont, jadis, payé Manhattan et d'y installer, dix-neuf mois durant, une sorte de commune indienne.

J'aimerais, puisqu'ils m'affirment, non sans fierté, être de vieux citoyens de San Francisco, qu'ils me racontent tout ce qu'ils savent de la vie de l'établissement, de son régime de pénitence, des grands crimes qu'il a vu passer, d'Al Capone et de Machine Gun Kelly, de Pretty Boy Floyd et de Robert Stroud, alias « l'Homme-Oiseau d'Alcatraz ».

Ils pourraient, à la limite, nous parler de ce que nous voyons depuis le bateau : la TransAmerica Pyramid, droite sur ses fondations anti-tremblement de terre ; le Golden Gate, sur notre gauche, avec ses piles énormes, ses câbles de suspension qui semblent monter à l'assaut du ciel, sa couleur orangée faite pour phosphorer dans le brouillard ; le phoque qui nous escorte ; la colonie d'otaries, sur le quai, derrière nous ; ou encore les pélicans au long bec que l'on appelle, eux aussi, les « oiseaux d'Alcatraz » et qui tournoient au-dessus de nos têtes.

Mais non.

Rien n'y fait.

Rien, non, ne les intéresse que de commenter à l'infini les records de cette prison absolue.

Rien ne les met plus en joie que de conter ces tentatives d'évasion plus rocambolesques les unes que les autres et dont pas une n'a réussi.

On retrouve, en tournant autour de l'île, l'énorme réservoir d'eau, monté sur pilotis, que le cinéma a si

souvent montré ; on distingue un bâtiment, incendié, qui devait être un atelier de travail forcé ; on voit
des éléments de fortification datant probablement de
la première vie d'Alcatraz, à l'époque où ce n'était
pas encore une prison, mais un fort, le premier sur le
Pacifique, construit pour défendre San Francisco ;
on aperçoit un escalier qui monte dans le vide, les
armatures grillagées et rouillées des cellules, le
« trou » où les prisonniers les plus intraitables étaient
isolés et parfois oubliés ; on reconnaît les deux
bâtiments de pierre blanche, en bon état, où devait
loger l'encadrement ; mais mes deux marins n'ont
d'yeux, et de voix, que pour le phare, le mirador, les
restes de la Guns Gallery d'où l'on tirait sur les
fugitifs ; ils ne deviennent intarissables que lorsque
nous parvenons à approcher, au risque de heurter le
Rocher, de la pancarte, à demi effacée, « toute
personne provoquant ou cachant une évasion de
prisonniers sera sujette à poursuite et emprisonne-
ment » ou lorsqu'ils peuvent montrer, tout excités,
les ruines de la boulangerie qui permettait à la
prison, expliquent-ils, de fonctionner en autarcie.

Je m'interroge sur cette fixation.

Je m'étonne de cette jouissance à énumérer les
noms des fugitifs repris (Fred Hunter, Huron
« Ted » Walters, John Giles, John Bayless), emportés
par la mer (Ralph Roe, les frères Anglin, Theodore
Cole) ou tués d'une balle dans la tête alors qu'ils
s'étaient jetés dans l'océan (Joseph Bowers, Rufus
Franklin, Dale Stamphill, James Limerick, Arthur
« Doc » Barker, James Boarman).

Et je me demande s'il n'y aurait pas là quelque

chose de très profond, touchant à la façon même dont l'Amérique a conçu et conçoit encore ses prisons.

En Europe et, en tout cas, en France, on débat de la question de savoir si elles servent à surveiller ou punir, réhabiliter ou réparer. On s'interroge sur la mesure, ou non, du crime et du châtiment, puis du châtiment et de l'espérance. Une fois que l'on a répondu à cette première question, une fois que l'on a décidé qui, de la personne lésée ou, au-delà d'elle, du souverain, réclame et obtient justice, il reste à réfléchir à la place de la prison dans la société et aux chances qu'auront les détenus, lorsqu'ils quitteront la première, de se réinsérer dans la seconde. Ici, le principal souci paraît être celui de l'étanchéité des deux mondes et de la radicalité de l'exclusion. Ici, le souci, l'obsession et donc, probablement, l'enjeu, furent et, dans l'imaginaire, demeurent de s'assurer, à tout instant, que la séparation s'est opérée et qu'on les a bien isolés.

L'océan glacial. Le vent. La violence des courants et le remue-ménage des eaux contre la grève indentée. La brume épaisse et froide qui, l'hiver, doit isoler encore davantage « Le Rocher ». La baie elle-même, si rieuse, si belle, qui, lorsqu'on la considère depuis Alcatraz, semble une sorte de Styx séparant le monde des vivants de cette maison des morts qu'était le pénitencier. C'est la forme achevée de ce que j'avais vu s'esquisser à Rikers Island. C'est la confirmation de cette conception de la prison comme machine à rejeter, enfermer et, d'une certaine façon, purifier. Non qu'Alcatraz soit la seule île-prison au monde. Non que j'oublie Solovki pour la Russie, Lipari pour l'Italie, l'île du Diable ou le Château d'If en France. Mais Edmond Dantès s'évade. Le « Confino » italien, si extrême soit-il, relève de la commune topographie. Alors que s'opère, là, un dédoublement de l'espace qui change tout et fait de la prison le cœur d'un autre monde. S'il est vrai, comme le pensait Foucault, que le geste pénitentiaire occidental a longtemps oscillé entre les deux modèles rivaux de la lèpre et de la peste, du pouvoir qui exclut et bannit et de celui, plus moderne, qui sait, calcule et, au bout du compte, inclut, il semble bien qu'Alcatraz soit restée fixée sur le premier. La prison comme léproserie. Enfermer comme on trace un cercle sacré. Non les évadés, mais les damnés, d'Alcatraz et, au-delà d'Alcatraz, du système américain tout entier.

Sur la route de L.A.

Highway 101. Puis highway 1, la fameuse, celle qui suit la côte et que j'ai tant vue dans les livres que j'ai l'impression de la connaître avant même de l'avoir empruntée. Chaleur et vitesse. Désert. Ciel de mer. Ce Mur du Pacifique dont parlait Jean-François Lyotard et où je ne sais plus, tout à coup, si c'est la montagne qui est le mur, ou les à-pics sur le sable, ou même les vagues immenses et blanches qui tombent de haut sur la plage. A Monterey, le paysage changera un peu et fera place à des collines plus rondes, étrangement rouges, puis vert et rouge à cause du kelp, une algue aux racines très profondes qui courent sur des centaines de mètres et dont on ne voit que le bout. Mais, pour l'essentiel, les hautes crêtes ; les lacets entre les crêtes ; l'arête des falaises bien dessinée, semée de cactés nains et de séquoias géants ; des reliefs grandioses et déchiquetés ; des volumes démesurés et des ciels écrasants ; tout un décor, non de fin, mais de commencement du monde où un Dieu farceur ou distrait aurait tout bonnement oublié de programmer les hommes ; et, en bas, de l'autre côté, les vagues encore, le soleil qui scintille dans les vagues, les phoques, la luminosité neuve et sans limites de ce désert inhumain qui s'est jeté dans l'océan.

Arrêt déjeuner à Carmel Valley, dans un restaurant de motards où l'on mange de mauvais tacos et des épis de maïs bouilli qui restent sur l'estomac.

Nouvel arrêt à Pillar Point Harbor, un camping de caravanes où jouent, dans la chaleur torride, un groupe d'enfants blancs dont on sent que tout, depuis l'entrejambes qui tombe aux genoux jusqu'à la casquette à l'envers, la forme du t-shirt, l'argot, le ton, la dégaine, s'applique à imiter les petits Blacks des films américains.

Une pompe à essence au milieu de nulle part. Un McDonald's, dans un virage, où flottent un drapeau américain ainsi qu'une pancarte clamant le « soutien à nos soldats ». Une ferme où l'on a, hier, signalé un passage de coyotes. Une cabine téléphonique providentielle, vu que les mobiles, depuis Monterey, ne passent plus. Faut-il préciser que le moindre signe ou détail de cette sorte, le moindre panneau marqué, comme devant la cabine, « Jésus Salvateur, venez à nous ! », le moindre Greyhound se rappelant au souvenir des lecteurs de Ginsberg, Kerouac ou *Huckleberry Finn*, font, dans ce paysage désertique, figure de miracle et presque de mirage ?

A Big Sur, légèrement en retrait, dans les bois, je découvre l'humble mémorial dressé par un lettré local à la gloire de Henry Miller : bibliothèque ; mini-musée ; librairie où l'on trouve tout ce qui, de près ou de loin, a trait à l'auteur ou à son œuvre ; dressé dans une clairière, un écran de cinéma où l'on attend, dans quelques jours, la projection d'un documentaire sur sa vie ; une estrade, toujours en plein air, où se produisent parfois, pour un public de fermiers amateurs de littérature, les meilleurs docteurs ès études millériennes du pays ; un hippie joueur de guitare ; une église dans le sous-bois, la Saint Francis Church ; sous une tente de verdure et d'arbres bas, posé sur un socle d'écrans de télévision artistement compressés et empilés, un Christ crucifié, fait de fil de fer et de branchages mêlés, et incarnant, j'imagine, la douleur de l'auteur de *Plexus* et de *Sexus*.

Et puis, plus bas encore, San Simeon et, à San Simeon, posé dans la montagne, à l'aplomb de l'Océan qui semble tout à coup étrangement apaisé — l'« Océan flegmatique », de Lautréamont... le « vieil océan aux vagues de cristal »... « vieil océan, ô grand célibataire » dont le « bruit de l'écume » est là pour avertir que « tout, ici, est écume »... – plus bas, donc, voici le Hearst Castle, kitsch et boursouflé,

grand comme la moitié de Rhode Island, où j'arrive
plein d'émotion (n'est-ce pas le modèle du Xanadu
de *Citizen Kane*, la Forteresse Solitude où Orson
Welles a fait vivre, et enfermé, son personnage ? ce
palais splendide et fou, mi-gothique mi-mauresque,
que construisit William Randolph Hearst, entre
1922 et 1947, pour l'actrice Marion Davies, sa
maîtresse, n'est-il pas, pour tous les cinéphiles du
monde, éminemment chargé de mythologie ?) mais
d'où je repars, une heure plus tard, après une visite
au pas de charge, partagé entre une irrépressible et
contradictoire envie de rire, vomir et parfois, tout de
même, applaudir.

Rire ? L'image folle de ces limiers lancés à travers
l'Europe pour y débusquer, qui un retable dont le
patron s'est toqué ; qui, le 212ᵉ morceau d'une
mosaïque brisée il y a dix siècles mais qu'il veut
reconstituer ; qui, enfin, un temple gréco-romain
qu'il a vu dans un livre et qu'il a décidé d'acheter,
démonter, numéroter pierre par pierre, empaqueter,
transporter et remonter à l'identique.

Vomir ? Le côté prédateur de tout cela ; le caprice ;
l'argent roi ; cette caverne d'Ali Baba où sont stockés,
dans le désordre, les fruits de l'une des plus formidables entreprises de pillage contemporaines ; votre
culture et la mienne ; votre mémoire, voilà ce que
j'en fais ; j'achète et je stocke ; je rafle et j'empile,
accumule, déplace et remodèle éventuellement, selon
mon bon plaisir de maître du monde ami des arts ; le
monde (d'hier) est fait pour aboutir à ma maison ;
les plus somptueuses collections (d'œuvres d'art,
d'objets) sont vouées à échouer ici, nulle part, dans

ce temple du mauvais goût érigé à ma gloire et à celle des miens... Dans ses bons jours, William Randolph Hearst songe qu'il fait revivre ces œuvres, qu'il leur offre un nouveau baptême : n'est-ce pas, très exactement, ce que la religion américaine appelle l'anabaptisme? Dans ses jours de mauvaise humeur, il se dit que les Européens sont des sous-hommes et que tout cet héritage dont ils sont si ridiculement fiers, il s'est octroyé le droit suprême de marcher, s'asseoir, chier, dessus.

Applaudir, alors? Mais oui. Aussi. Vertu, une fois n'est pas coutume, des sentiments mêlés. Car amour, malgré tout, de ces œuvres. Rêve, tout de même, de civilisation. Et, dans le fait de mettre sur le même plan un marbre antique et une statue du XVᵉ siècle, une Vénus italienne du XXᵉ et un plafond hispano-mauresque, les carreaux en verre de Venise de la piscine et tels éléments pris au premier métro de Paris, il reste la volonté, pathétique certes, mais touchante, et qui, après tout, a pu avoir sa noblesse, de faire revivre ici, au cœur sauvage de l'Amérique, le cœur battant de l'Europe, l'archive de l'Ancien Monde, l'arche d'un nouveau Noé sauvant d'on ne sait quel désastre obscur — peut-être, qui sait, la grande catastrophe européenne? — des animaux devenus objets et des espèces changées en chefs-d'œuvre chaque fois singuliers! Hearst ou la version vulgaire de ce grand geste américain qu'a été, tout au long du XXᵉ siècle, la construction de musées, bibliothèques, collections. Hearst, le Château Hearst, ou le passage à la limite — mais, en même temps, le parfum — de cette entreprise unique dont nous ne devrions pas nous lasser, nous, le Vieux Monde, de rendre grâce au Nouveau et qui consista à sauver, archiver, revitaliser et, souvent, réinventer le meilleur de la civilisation européenne.

A la nuit tombée, les cocotiers de Santa Barbara. Les cascades de fleurs de Santa Monica. Des palmiers mélancoliques dans un paysage de Riviera. Et, très vite, sans préavis, un décor de grandes avenues rectilignes, illuminées comme nulle part ailleurs aux Etats-Unis, phosphorescentes, d'où je déduis que je suis entré à Los Angeles.

L'anti-ville

Une ville c'est comme un texte, a dit un jour Roland Barthes.

De même qu'il y a un langage des rêves, il y a un langage des villes, plus ou moins bien formé, plus ou moins élégant ou lisible.

Eh bien je me demande si le type même de la ville à la langue mal formée, le type même du discours urbain inintelligible, illisible, n'est pas Los Angeles.

Car que faut-il pour qu'une ville soit lisible ?

Il faut qu'elle ait un centre. Or Los Angeles n'a pas de centre. Elle a des zones, des quartiers, voire des villes dans la ville qui ont, chacune, une sorte de centre. Mais *un* centre, *un* point unique à partir duquel opérerait la loi d'isonomie dont les Athéniens tenaient qu'elle est au principe de toute ville, un nœud ou un foyer avec lequel les habi-

tants de Beverly Hills, Hollywood, Venice, Chinatown, Koreantown, Little Saigon et Little Tokyo,
Malibu, Inglewood, Pico Union (j'en passe! la ville
ne compte-t-elle pas, officiellement, quatre-vingt-
quatre quartiers où l'on parle cent vingt langues?)
entretiendraient un rapport à la fois distinct et
symétrique, rien de cela n'existe à Los Angeles.

Il faut, deuxièmement, qu'elle ait une limite à
partir de laquelle elle se dissout ou se défait. Or Los
Angeles n'a pas de limite. C'est, avec Tokyo, la ville
illimitée, indéterminée, par excellence. Ou, si elle en
a une, s'il y a, forcément, un espace qui est celui de
la ville et un autre qui ne l'est pas encore ou qui ne
l'est plus, le propre de ce passage c'est qu'il est
indétectable, impossible à déterminer ni situer. Je
l'ai guetté en arrivant de San Francisco. Je le guette-
rai, demain, quand je repartirai vers le sud. Mais
c'est comme la limite qui sépare la nuit du jour, ou
le jour de la nuit, et dont je me jurais, chaque soir et
chaque matin, dans mon enfance : « là, ça y est, je
vais les coincer, je vais garder les yeux bien ouverts
et, cette fois, ne pas les manquer » et non, c'était
raté, chaque fois mystérieusement raté, la nuit
tombait, le jour se levait, et j'avais, de nouveau,
manqué l'instant du passage de la nuit au jour ou du
jour à la nuit – de même ici, Los Angeles, ville
foisonnante et étirée, bafouillage interminable, gros
animal lent, paresseux et, pourtant, sourdement
déchaîné.

Il faut, troisièmement, qu'elle ait un ou plusieurs
points de surplomb d'où elle puisse, comme le Paris
de *Notre-Dame de Paris* selon Hugo, être embrassée

d'un seul regard. Or est-ce sa prodigieuse extension ? L'immensité des cinq comtés d'Orange, Riverside, San Bernardino, Ventura, Los Angeles, sur lesquels elle se déploie ? Le fait que le seul comté de Los Angeles, avec ses 9 millions d'habitants (15 pour le Greater Los Angeles !) s'étende sur soixante-dix kilomètres d'est en ouest et quatre-vingts du nord au sud ? Est-ce cette horizontalité précoce, fille des tremblements de terre, et qui la distingue si nette-ment de New York et Chicago ? Est-ce le smog, mélange de fog et de smoke, de brouillard et de fumée, qui l'enveloppe l'essentiel de l'année et en fait, contrairement à la légende, l'une des villes les plus polluées du pays ? Toujours est-il que ces points n'existent pas. Nulle part, le voyageur ne trouvera de point de vue d'où la ville puisse être l'objet de ce regard panoramique, Hugo disait « à vol d'oiseau », qui seul la constituerait comme ville. Il y a bien l'US Bank Tower. Il y a, à l'est, la Gas Company Tower. A l'ouest, jouxtant les Spanish Steps, le 444 Plaza Building. Au sud, le First Insterstate World Center qui, avec ses 74 étages, est l'édifice le plus haut de la côte Ouest. Mais d'aucun de ces immeubles n'est possible la vue cavalière de Hugo. D'aucune de ces éminences le tout de la ville n'est perceptible. Et je m'aperçois, en y réfléchissant et en rassemblant mes quelques souvenirs d'arrivée en avion à Los Angeles, qu'il n'est pas jusqu'à ses vues du ciel qui, de quel-que point que l'on vienne, n'offrent la même image, très rare, d'une ville non seulement informe mais insaisissable – je m'aperçois que, parce qu'elle est, comme dans la scène d'ouverture de *Mulholland*

Drive, toujours identiquement et à perte de vue
illuminée, elle a la propriété de se dérober systématiquement à la double prise de l'œil, mais aussi de
l'intelligence.

Il faut qu'elle ait un berceau enfin et que ce berceau soit un berceau vivant. Il faut qu'il y ait, quelque part, un point à partir duquel l'on ait le sentiment que la ville s'est produite et que son mode de
production est, aujourd'hui encore, intelligible. Il
faut un quartier historique, si l'on veut, mais dont
l'historicité continue de travailler, œuvrer, inspirer,
le reste de l'espace urbain. Or ce lieu-là, non plus,
n'existe pas. Il n'existe, à Los Angeles, rien qui
ressemble aux anciens quartiers d'où l'on sent,
presque physiquement, par un fil devenu invisible
mais solide, que les villes européennes, ou même
New York, sont sorties. On me montre bien un
vieux quartier. Kevin Starr, l'excellent historien de
Los Angeles, me conduit, non loin de Chinatown,
jusqu'à Olvera Street, puis Old Plaza, qui sont
supposées être les toutes premières rues de ce qui
s'appelait encore El Pueblo de Nuestra Señora La
Reina de Los Angeles. Mais ce sont des rues mortes.
C'est un quartier figé. Et Kevin Starr a beau faire. Il
a beau, avec sa grande et grosse carcasse si étonnamment agile, avec son costume bleu pétrole trop
chaud et son nœud papillon qui lui donne des airs
de privé de Raymond Chandler, bondir de maison
en maison pour m'expliquer comment l'énorme Los
Angeles naquit de ce germe infime. Il y a quelque
chose qui ne colle pas. On ne sent pas de commune
mesure entre ce musée de pierre, ces reliques, et

l'énormité vitale, cancéreuse, de la ville. Et la vérité c'est qu'avec leurs îlots piétonniers et leurs façades restaurées, leur profusion de restaurants typiques et leurs éventaires de produits mexicains authentiques, leurs kiosques à musique en fer forgé, leurs sols pavés ou les bois vernis de l'Avila Adobe qui est censée être la première maison du quartier, elles me font penser, ces rues, soit à toutes les fausses rues des fausses villes que je n'ai, de Pella à Kalona et de Des Moines au Sud Dakota, cessé de visiter ; soit, ici même, à Los Angeles, dans le grotesque Citywalk de San Fernando Valley, aux reconstitutions, garanties sans gangs ni mendiants, de Venice, de Sunset Boulevard ou des plages de Santa Monica ; soit encore à cette minuscule plaque de cuivre qui, cachée dans un coin du Mall de Minneapolis, rappelait aux modernes consommateurs que, jadis, il y a très longtemps, du temps qu'il y avait de la vie, des humains et de l'Histoire, se dressait là un stade de base-ball avec de vrais joueurs et de vrais specta- teurs.

Car une ville illisible c'est aussi une ville sans Histoire.

Une ville inintelligible c'est une ville dont l'histo- ricité n'est plus qu'un remords sans âge.

Et une ville d'après l'historicité c'est une ville dont on peut, je le crains, prédire la mort prochaine.

Qui a peur des Gros ?

Bien sûr, il y a des obèses en Amérique.

Bien sûr, il y a une obésité des corps qui n'est souvent que la métaphore d'une obésité plus générale affectant les villes, les entreprises, l'hubris de la politique et de la finance.

Mais en même temps...

Y en a-t-il autant que le prétend la littérature anti-américaine ?

Et cette affaire d'obésité n'est-elle pas plus compliquée que ne le veut la caricature – y compris, bien entendu, américaine ?

J'ai, depuis Newport, dans toutes les petites villes où je suis passé, guetté ces fameuses concentrations d'obèses photographiées dans les journaux à sensation européens : peut-être ai-je mal regardé ; peut-être suis-je passé aux mauvais endroits ; mais je n'en ai pas trouvé beaucoup plus que dans n'importe quelle ville de province française.

J'ai lu les statistiques censées, en Amérique, alerter l'opinion sur cette nouvelle pandémie qui serait en train de devenir, avant le tabagisme et le cancer, la première cause de mortalité du pays ; j'ai lu une étude qui, ce matin même, sur le ton très « état d'urgence » dont raffolent les journaux quand ils déclarent la guerre au crime, à la drogue, au terrorisme ou, maintenant, à l'obésité, explique que le nombre des obèses vient de franchir la barre des 65 % et qu'il augmente et augmentera encore de 5 % au moins par an ; j'ai tremblé ; extrapolé ; j'ai, comme tous les lecteurs de l'étude, entrevu le moment où c'est 100 % de la population qui sera, à ce rythme, touchée par le virus ; jusqu'au moment où je me suis aperçu que la base de calcul retenue, le fameux IMC (Indice de Masse Corporelle, mesurant le rapport entre la taille et le poids), place la barre si bas que c'est un nombre égal d'Européens qui, si le même coefficient leur était appliqué, seraient probablement concernés.

J'ai regardé les autres statistiques censées montrer la corrélation entre obésité et mortalité ; j'ai lu les études du Behavioral Risk Factor Surveillance System (quel nom !) ou de l'American Obesity Association (qui demande, elle, carrément, l'instauration d'un « impôt kilos » à l'image de ce que l'on a fait sur le tabac !) ; j'ai lu toutes ces enquêtes gouvernementales dont l'alarmisme est en train, par comparaison, de ravaler le sida au rang d'une épidémie de grippe ; mais j'ai lu celles, aussi, du National Center for Health Statistics et de la Cornell University ; j'ai lu l'étude de Glenn Gaesser, professeur à l'université de Virginie et l'essai de Paul Campos sur le « mythe » de l'obésité ; et j'ai réalisé qu'il y avait là d'autres experts qui, non contents de contester les précédentes études, non contents de nier la relation de cause à effet entre l'augmentation de l'IMC et celle de la mortalité, démontrent que les sujets en surpoids, les hommes-blancs-non-fumeurs-détenteurs-

d'un-IMC-situé-entre-23-et-29, meurent moins du
cancer que les sujets au juste poids.

En sorte que, perdu dans ces querelles de chiffres,
ne sachant plus à quel expert me vouer, incapable de
me déterminer non plus dans l'autre bataille, connexe, sur la responsabilité de la junk food, autrement
dit des McDonald's, Pizza Hut, Burger King et
autres Wendy's dans cette transformation dégénéra-
tive des corps américains, j'ai fini par me rendre, ce
matin, à la Lindora Clinique qui est, ici, à Los
Angeles, l'un des établissements de pointe dans cette
lutte à mort contre l'obésité ; j'ai interviewé Cynthia
Stamper Graff, la directrice, tailleur vert foncé,
crinière rousse, fausses dents, sourire artificiel et
parfait, front poli au botox, photos de Reagan et
Thatcher au-dessus de son bureau – « oui, je les
admire ; n'est-ce pas quand ils sont partis qu'a
commencé cette épidémie ? et est-ce un hasard si Bill
Clinton est le plus célèbre de nos obèses ? » ; j'ai
regardé avec elle, placardées également sur les murs,
les photos « avant » et « après » de quelques « big
losers » dont on ne sait plus, tout à coup, si c'est par
sa clinique qu'ils sont passés ou par la fameuse
émission de téléréalité de NBC, « The biggest
loser » ; j'ai interviewé l'une de ces « looseuses »,
Traci Smith, 36 ans, 244 kilos à son arrivée, qui n'a
pas de mots pour dire combien sa vie a changé depuis
qu'elle est entrée dans le système et qu'elle a la possibilité, chaque année, moyennant 1 200 dollars, de se
refaire une petite cure dans l'un des trente et quelques
établissements du groupe ; et, là, face, notamment, à
la petite Traci, face à cette nouvelle mince qui a

bizarrement conservé ses gestes, ses postures, sa manière de marcher ou de penser, son destin, d'ancienne grosse, j'ai compris deux ou trois choses.

J'ai compris qu'il y a un business de l'amaigrissement qui vaut celui de la junk food.

J'ai compris que ce second business a, sur l'autre, l'avantage de pouvoir s'appuyer sur les prestiges de la science et de la médecine.

J'ai compris comment, en inventant l'obésité, c'est-à-dire en posant, primo, qu'être gros est une maladie, secundo, que cette maladie doit être traitée, tertio, qu'elle ne sera, pour autant, jamais complètement soignée, l'on crée un type de dépendance au moins égal à celui des inventeurs de saveurs, odeurs ou emballages chargés de fidéliser le désir des consommateurs de malbouffe.

Si bien que l'on ne peut s'en prendre à cette malbouffe, voler au secours des citoyens intoxiqués par les nouveaux ingénieurs du goût, les soutenir dans les procès qu'ils intentent, par exemple, à McDonald's, qu'à la condition d'ajouter aussitôt qu'ils sont les cobayes, non pas d'un, mais de deux lobbies concurrents – le second ayant sur l'autre l'avantage d'avoir trouvé, je le répète, un régime d'assujettissement presque plus contraignant encore.

Big Brother à nouveau.

Non plus un flic mais un médecin dans le corps de chacun.

Pire qu'un médecin, un statisticien imprimant, au vif de la chair, ses directives implacables.

Sans parler de ces sectes quasi terroristes qui, telle la Calorie Restriction Society, contraignent leurs adeptes à aller jusqu'à la limite de ce que peut endurer un corps sevré.

Finira-t-on par sanctionner les Gros ?

Leur interdira-t-on l'accès aux nourritures jugées nocives ?

Mettra-t-on, à la caisse des fast foods, des balances pour peser les gens avant de leur vendre un « Super-Sized Happy Meal » ?

Et verra-t-on revenir, à la faveur de ces normes nouvelles, des gestes oubliés, qui furent ceux du temps de la Prohibition ?

Michel Foucault a décrit ces mécanismes.

Il a vu comment, partant du contrôle des corps, l'on en vient insensiblement à renforcer le contrôle social.

Il a reconstitué ce moment de l'histoire européenne où le pouvoir médical vient en renfort du pouvoir politique en lui offrant ses procédures d'examen, de classification, de mise en diagnostic, d'évaluation.

Les Etats-Unis en sont là.

En retard sur l'Europe, mais rattrapant le temps perdu.

Le dernier de ces « Etats médicaux ouverts » dont l'auteur de la *Naissance de la clinique* opposait plaisamment le modèle à celui de l'Etat commercial fermé selon Fichte – et où il voyait un pas de plus dans l'histoire des servitudes.

Bush selon Sharon Stone

Elle me reçoit chez elle, dans le vaste salon à moulures et caissons de bois doré de la maison de Beverly Hills où elle habite avec sa cuisinière, sa secrétaire et ses gardes du corps noirs. Elle porte une jupe et un chemisier beiges. Un châle sable. Elle a les cheveux courts, un peu décoiffés, dégageant un front très blanc. Une croix autour du cou. Les pieds nus, sur le canapé à fleurs. J'ai l'impression que la conversation reprend à l'endroit exact où nous l'avions laissée, il y a deux ans, à l'époque où, avec Sean Penn, Al Pacino, Susan Sarandon et quelques autres, elle lançait « Pas en notre nom », le grand mouvement patriotique de résistance à la logique de la guerre en Irak.

« Les choses bougent, commence-t-elle. Un peu. Qu'est-ce qui nous a pris ? disent les gens. Comment avons-nous pu tomber dans un tel piège, et avec un type si nul ? Ils sont comme des somnambules qui se réveillent. Et ils ont honte. »

Je lui objecte que l'Amérique va franchir, aujourd'hui ou demain, la barre des mille morts et que la presse parle peu de ce triste record, du coût grandissant de la guerre ou de la mère de soldat, par exemple, que j'ai vue, hier, au Starbucks de North Hollywood et qui m'a raconté comment le sergent Evan Ashcraft, son fils, est mort, il y a un an, parce

163

que l'armée américaine n'est plus capable d'équiper ses garçons en véhicules véritablement blindés...

« Vous avez raison, bien sûr. La presse est au-dessous de tout. Encore que... »

Elle déplie ses jambes, les replie, tire le bas de sa jupe d'un geste de coquette qui aurait pris le parti de la vertu, pousse un profond soupir, prend son temps et me lance un regard courroucé.

« Encore que, je ne comprends pas non plus pourquoi la presse se fixe à ce point sur les morts américains. Je suis une mère, voyez-vous. Une mère, avant tout. Et, pour la mère que je suis, chaque enfant irakien tué a autant d'importance que les mille morts américains. »

Procès de la presse américaine qui n'est plus, selon elle, tout à fait une presse libre.

Procès de la vague conservatrice qui, par-delà la presse, déferle sur les esprits, les corrompt.

Et puis la ville, sa ville, où elle a de plus en plus de mal à accepter le contraste entre ce quartier, là, où nous sommes, et où elle a honte de devoir dire qu'elle vit comme dans un ghetto doré, et les zones sinistrées de South Central et de Watts.

« Savez-vous, me dit-elle avec, dans la voix, un peu plus de fureur encore, savez-vous que la très glamour Los Angeles est aussi la capitale américaine des sans-logis ?

— Oui, bien sûr, je le sais. J'ai même assisté, cet après-midi, à une scène effarante : à la hauteur de le 29e Rue, angle de Jefferson et Normandie, un groupe de "morenitos", de Noirs, à moitié nus, qui somnolent près d'un tas d'ordures ; un détachement de police montée qui arrive en inspection et entreprend de les disperser; et l'un des policiers qui, voyant que l'un des clochards ne bouge pas et qu'il a, de surcroît, une paire de ciseaux dans la main, le cravache au visage.

— Des scènes comme celle-là, il s'en produit partout, tous les jours, dans les quartiers chauds de la ville. C'est pour ça que je suis en colère. Et c'est pour ça que, avec ma sœur, on a créé une association, "Planete Hope", qui organise des colonies de vacances pour les enfants sans abri et n'a, par parenthèse, jamais eu un sou de financement public... »

Le téléphone sonne. Il n'a pas cessé de sonner, en fait, depuis une heure que nous parlons mais c'est la première fois qu'elle le prend. Une douceur nouvelle sur le visage. Quelques mots. Elle raccroche.

« Le problème, reprend-elle, c'est Bush. Cet ignorant, ce nul, ce type avec qui on aurait à peine accepté de sortir pour boire une bière et qui se retrouve Président...

— Vous le connaissez? Vous l'avez déjà rencontré? »

Elle rit.

« Pourquoi riez-vous?

— Parce que je ne l'ai jamais rencontré, non, mais j'ai un souvenir, et aussi une hypothèse, le concernant. C'est il y a quelques années. Je suis au plus haut de ma starité... »

Elle a dit « au plus haut de ma starité » en français et avec une pointe, à peine perceptible, de mélancolie.

« Je visite, je ne me souviens plus très bien pour-

quoi, une base de Marines. Et je tombe, à l'infirmerie, sur un jeune soldat qui pleure, qui pleure,
personne ne sait pourquoi il pleure. Pourquoi tu
pleures ? je lui demande après avoir fait sortir tout le
monde. Je suis d'une famille de soldats, il me répond. Mon père, mon oncle, mon autre oncle, tous
ont été soldats et c'est pour ça qu'on m'a obligé à
devenir soldat... »

Je songe, sans le lui dire, que c'était exactement le
cas d'Ashcraft, le fils de la dame du Starbucks de
North Hollywood...

« Et moi, alors, continue-t-elle : "mais tu n'es pas
obligé, voyons ! personne n'est jamais obligé de
devenir soldat !" Et lui, figurez-vous, est tellement
reconnaissant que quelqu'un ose lui dire ça, juste ça,
"tu n'es pas obligé d'être soldat", qu'il cesse instantanément de pleurer ! Eh bien... »

Nouvelle interruption. C'est la secrétaire qui lui
présente un paquet – un cadeau ? – qu'un « special
messenger » vient d'apporter et qu'elle tâte sans
l'ouvrir.

« ... eh bien Bush c'est la même chose. Peut-être
qu'il n'a jamais vraiment voulu être Président, lui
non plus. Président de club, oui. Président d'une
bande de bons copains, d'accord. Mais ça, les Etats-
Unis, c'est son père qui l'a voulu pour lui, et sa
mère, et sa femme. C'est pour leur faire plaisir à tous
qu'il a voulu être Président. Et il n'y a eu personne
pour lui dire : "mais tu n'es pas obligé, voyons,
personne n'a jamais été obligé de vouloir être Président !" »

Elle rit encore. D'un rire gêné, cette fois. Presque

timide. Comme si elle n'était plus très sûre, tout à
coup, de la pertinence de son histoire et de son sens.
Erreur, évidemment. Grosse erreur. Car valeur
ajoutée, au contraire. Nouvelle touche – décisive –
au portrait du petit homme, de l'enfant mal grandi,
qui règne sur les Etats-Unis et qui, même s'il n'est
évidemment pas responsable de la misère, de la
détresse, de la destruction de l'espace public, dans les
quartiers populaires de Los Angeles, n'aura, là
comme ailleurs, rien fait pour arranger les choses.
Comme Ron Reagan, comme les délégués de la
National Urban League de Detroit, comme Sydney
Blumenthal, Sharon Stone a bien senti la dimension
de noire puérilité, et de perversion polymorphe qui
va avec, dont il n'est décidément pas impossible
qu'elle soit une des vraies clefs permettant d'entrer
dans le personnage.

Vol au-dessus d'un nid d'immigrants

L'hélicoptère est monté très vite, très haut, en
direction de l'océan d'abord, puis contre le soleil,
vers les terres.

D'un côté, les faubourgs de San Diego, la seconde
ville de Californie, la dernière avant les points de
passage de San Ysidro et Otay Mesa où transitent,
chaque jour, trente mille piétons, soixante-cinq mille
voitures et, dans le tas, des centaines sinon des
milliers de sans-papiers.

De l'autre, Tijuana, sa fausse jumelle mexicaine,

plus étendue que je ne le pensais, plus grise aussi, plus sale, parkings interminables qui ressemblent à des cimetières, voitures si poussiéreuses qu'elles paraissent des blocs de boue séchée, feux d'ordures aux lisières de la ville, rares taches de couleur – une maison coloniale, le reste d'un zócalo... – qui sont tout ce qui survit de la jolie bourgade qui comptait, il y a un siècle, quelques dizaines de maisons.

Et, entre les deux, coupant la plage, la fameuse palissade qui, vue du ciel, ressemble à une longue tôle d'acier noir mangé de rouille, doublée d'une vague grille, pas très haute, où l'on a, côté mexicain, barbouillé des têtes de mort et, sur un panneau blanc, inscrit les noms de ceux qui ont péri en essayant de traverser – je m'aperçois, à ma vive surprise, que le dispositif pénètre de quelques dizaines de mètres seulement dans l'océan et que, de l'autre côté, côté terre, il s'arrête presque tout de suite, vingt kilomètres, ou trente, pas plus.

Quoi? dis-je au pilote. Vingt kilomètres seulement pour une frontière qui en fait trois mille deux cents? Est-ce là la fameuse séparation, la cicatrice, la frontière entre les deux mondes, le Mur de la honte et de la mort que les gauchistes américains et les ONG mexicaines de défense des droits de l'homme comparent au Rideau de fer?

« Oui, me répond-il; car il n'y a pas besoin de plus; très vite, la nature prend le relais; vous allez voir... »

Un nuage de poussière se lève à cet instant, vent de terre rouge qui croise un vent de terre blanche, nous aveugle et nous fait un peu tanguer. « Si vous avez envie de vomir, dites-le, hurle-t-il dans les écouteurs des casques ; surtout n'ayez pas peur de le dire car c'est moi qui, après, me tape le nettoyage. » Quand la visibilité revient, je découvre au-dessous de nous un paysage, en effet métamorphosé, de marécages puis, très vite, de montagnes et de collines pelées. Plus de ranchs. Plus de maquiladoras, ces usines à capitaux américains et main-d'œuvre mexicaine émigrées en territoire mexicain, collées à la frontière. La rivière Tijuana, devenue un mince ruisseau puis définitivement disparue. Des petites croix blanches, de temps en temps, au sommet d'un monticule. La terre sèche, aride, qui offre, tantôt l'aspect de l'écaille, tantôt celui de grosses dalles brunes. La chaleur, torride, qui entre par la porte que j'ai fait retirer, pour mieux filmer, avant le décollage. Pas une route. Pas un pont, pour franchir les ravins encaissés. Nous sommes au-dessus de l'Imperial Valley Desert qui semble bel et bien faire office de barrière naturelle.

Le pilote, à ma demande, entreprend de descendre, à l'aplomb de la « linea » : réaction immédiate des Mexicains qui nous intiment l'ordre, par radio, de reprendre notre altitude.

Même tentative, plus au nord, côté américain : silence, cette fois ; nous restons un long moment, avant d'obtenir une autorisation, à tournoyer, faire des images et observer notre ombre noire qui moutonne sur les plateaux calcinés.

Arrivée, alors, d'un deuxième appareil dont je crains, une seconde, qu'il ne vienne pour nous raccompagner jusqu'à la base : mais non ; c'est un

169

hélicoptère de la « border patrol » qui couvre une voiture qui a elle-même localisé, dans un lit de rivière desséché, mais côté mexicain, et donc sans possibilité légale d'intervention, un groupe de « Chicanos » en repérage pour un passage nocturne.

Combien sont-ils à préparer, comme eux, le grand saut vers l'inconnu ?

Combien de ces gamins prêts à braver les jeeps, les hélicoptères, puis le désert, pour échapper à la misère ?

Je n'en verrai plus d'autres pendant les deux heures que durera le survol.

Je verrai d'autres jeeps filant sur des pistes de terre invisibles ou stationnant, tels des fauves à l'affût – mais d'autres candidats au voyage, non, je n'en reverrai pas.

Les chiffres, pourtant, sont là. Ils sont des centaines de milliers, je le sais, à confier leur destin, chaque année, à des « coyotes » sans scrupules qui, parfois, lorsqu'ils seront payés, les abandonneront à mi-parcours. Ils sont des centaines à mourir là, dans le désert, de la mort la plus inhumaine, déshydratés, tremblants, la peau brûlée, le cerveau cuit, les poumons liquéfiés, rampant entre les buissons pour y trouver un endroit plus frais où attendre la mort. Et la question finit par se poser de savoir si, frontière pour frontière, il n'eût pas été plus rationnel, plus sûr et, à tout prendre, plus humain de prolonger le fameux Mur – et, si on ne le fait pas, pourquoi...

L'argent ? Le coût, prohibitif, d'une construction qui s'étendrait, de San Diego à Brownsville, sur plus de trois mille kilomètres ? Pas certain que cela coûterait plus cher que les milliers de nouveaux gardes-frontières que l'on vient de recruter cette année, les radars, les détecteurs infrarouges ou sismiques fournis par le Pentagone et censés signaler les mouvements suspects.

L'image? La contre-publicité que serait une muraille de fer en continu pour le pays dont Thomas Paine disait, cité par Tocqueville, qu'il devait être une terre d'asile pour tous les hommes de la terre? Ouais. Pas certain non plus. Car elle n'est pas vraiment meilleure, l'image de ces patrouilles, épaulées par des organisations de citoyens, qui déploient tant d'énergie, d'imagination et de science pour mener une chasse au clandestin dont l'issue, par-dessus le marché, est si souvent fatale.

En sorte que je me demande s'il n'y aurait pas, surtout, une perversité inconsciente du dispositif, un côté *Chasse du comte Zaroff* version mexaméricaine – je me demande s'il n'y aurait pas là, dans cet inachèvement même, une manière implicite de dire au gibier hispanique : « allez-y ; tentez le coup ; je vous ai laissé une chance ; trouvez-la ; et, si vous la trouvez, saisissez-la. »

Ou bien, plus pervers encore, la ruse d'un système dont chacun sait, en Californie et ailleurs, qu'il a besoin de ces clandestins, qu'ils sont le carburant de son économie et que ses avocats eux-mêmes, ses gardiens en principe les plus zélés, les ténors et porte-drapeaux qui, comme l'ancien congressman Michael Huffington, semblent le plus hystériquement attachés, dans leurs discours, au renforcement des contrôles et de la répression sur la frontière, sont en général les premiers à se faire prendre la main dans le sac et à employer eux-mêmes, pour leur usage privé, des sans-papiers – hypothèse, donc, de la ruse d'un système qui se donnerait les moyens de les avoir sans les vouloir et de régler ainsi tant le débit que le prix de cet hispan-prolétariat non moins nécessaire qu'indésirable.

Je n'aime aucune de ces explications. Et pourtant...

Comment on devient américain

« Ça ne vous pose pas un problème, vous qui êtes d'origine hispanique, d'être en première ligne de cette chasse aux clandestins ? »

Et puis : « que répondez-vous aux Mexicains que vous arrêtez et qui vous accusent d'être un "tejano", un traître à la race, un faux frère ? »

Angel Santa Ana s'est raidi.

Son visage poupin de très jeune officier de la patrouille de San Ysidro s'est empourpré.

« Je suis américain, répond-il. D'abord américain. Et je fais mon devoir d'Américain. »

Puis, se reprenant :

« C'est vrai qu'en ayant interrompu la clôture on a incité les gens à passer plus loin et à prendre des risques effrayants... »

Il montre sur le mur, derrière lui, un tableau métallique jaune qui ressemble à un panneau de signalisation routière et où l'on voit des dessins naïfs

172

symbolisant un serpent, un homme qui se noie, un soleil, des montagnes vertigineuses, le tout assorti de l'avertissement « Cuidado ! Zona peligrosa ! No arriesgue su vida ! No vale la pena ! » écrit en grosses capitales noires.

« C'est vrai aussi, continue-t-il, qu'une part de moi comprend ces gens et que j'ai pour eux une forme d'admiration ou, en tout cas, de sympathie. C'est ce que je dis à mes hommes quand ils en arrêtent un. Je leur ordonne de poser les armes, d'écouter, de parler et de sympathiser car nous avons tant à apprendre de ces chefs de famille qui ont pris de tels risques pour venir dans ce pays. Mais en même temps que voulez-vous ? Force doit rester à la loi. Et je suis là, moi, pour faire respecter la loi. Allez, vamonos, je vous emmène sur le terrain... »

Je l'observe, au volant de sa jeep, filant sur la route incendiée de chaleur qui longe la palissade – il a les sourcils froncés, le visage tendu et grave, l'œil aux aguets de l'homme de loi en train de devenir chasseur.

J'observe, quand nous nous arrêtons, trente kilomètres plus loin, en pleine montagne, son air de rabatteur sentant la proie : « c'est une science, m'explique-t-il, la traque au clandestin ; la règle d'or est de ne pas avoir le soleil derrière soi ; surtout pas ; alors que, si je l'ai devant, si je suis bien face au soleil, alors, rien ne m'échappe ; la moindre trace de pas dans la poussière, le moindre froissement d'herbes, m'alertent – vous pensez, j'ai l'habitude ! »

Je l'écoute me raconter les mille et une ruses de ces gens qu'il connaît bien, oh ! si bien, personne au

monde ne les connaît mieux que lui, Angel Santa
Ana, dont la propre famille en était là, je le comprends à demi-mot, il y a une génération, peut-être
deux, passant la même frontière, nourrissant les
mêmes rêves et prenant les mêmes risques terribles
qui lui inspiraient, à l'instant, admiration et sympathie – je l'écoute me raconter, fort de sa double
science issue de la mémoire familiale autant que de
l'US Border Patrol Academy of South Carolina, les
astuces de ces pauvres gens auxquels il donne aujourd'hui la chasse comme on a, jadis, probablement
donné la chasse aux siens : l'enfant que l'on avait
enchaîné sous le châssis de la voiture ; la femme-
acrobate qui avait réussi à se coller dans le moteur ;
ce tunnel qui commençait sous un billard au Mexique pour arriver dans l'escalier d'une maison de San
Diego – tout ça prend des années ! ces gens ont une
imagination folle ! mais on a, nous, l'expérience de
leur imagination et c'est pourquoi, à l'arrivée, c'est
nous qui l'emportons...

Alors ? La sympathie ou la loi ? L'humanité, vraiment, de celui qui est passé par là et qui ne peut
dissimuler l'obscure tendresse qui l'étreint quand il
arrête un clandestin qui lui rappelle ses parents – ou
l'autre réflexe, classique aussi, qui consiste, précisément parce qu'on y est passé, à fermer la porte
derrière soi et à le faire avec d'autant plus de malignité que l'on connaît, en effet, tous les trucs ?
Difficile à dire. Je suppose que les deux sont vrais et
que tout dépend des cas. Je suppose qu'il y a, dans la
situation même, la source de mille drames de conscience dont Santa Ana, du reste, se fera l'écho

quand il parlera de ces camarades qui, bouleversés, écartelés, ne sachant plus qui servir de leur famille ou de leur pays, ont obtenu d'être mutés sur la frontière du Canada. D'une chose, néanmoins, je suis sûr. Si l'on met de côté ces questions, si l'on met entre parenthèses l'aspect psychologique des choses, si l'on fait l'effort de ne plus trop songer, pour un instant, aux morts et aux souffrances qui sont le prix de ces belles paroles et de ne considérer que les effets de structure du dispositif, il en est deux qui se détachent.

En ne recrutant – car c'est le principe – que des agents parlant espagnol, en prenant le parti d'une forme de discrimination positive qui serait, en France, impensable, on montre que des Hispaniques peuvent faire la chasse à d'autres Hispaniques ; on souligne que la Raza n'est ni un bloc ni une tribu ; et l'on fiche un coin, paradoxalement, dans le communautarisme américain.

En laissant par ailleurs – car c'est de cela, à la fin, qu'il s'agit – les hommes comme Santa Ana suggérer aux désespérés de Tijuana que ce n'est pas tout de vouloir être américains ; en leur faisant dire que l'Amérique se mérite et que la citoyenneté américaine n'est pas un cadeau mais une conquête ; en les instituant gardiens du chemin de croix que les leurs ont emprunté, dans les larmes et le sang, et dont il ne saurait être question, aujourd'hui, de sauter une seule étape – peut-être maintient-on, non moins paradoxalement, les très anciennes figures d'un désir d'Amérique qui a l'âge du pays.

Car il y a deux modèles d'immigration dans la

Californie et, je suppose, les Etats-Unis d'aujour-
d'hui.

Les immigrations coréenne, arménienne, ira-
nienne, chinoise, qui tiennent les nouveaux venus
dans des bulles économiques et culturelles commu-
niquant avec d'autres bulles et ne produisant plus le
désir d'intégration d'antan.

Et puis celle-ci, l'hispanique, dont je ne vois pas
qu'elle place ses acteurs dans une situation structu-
rellement différente de celle des immigrés d'autrefois
qui, une fois qu'ils avaient franchi le filtre d'Ellis
Island, une fois qu'ils s'étaient laissé épouiller et
ouvrir le bec pour vérifier qu'ils n'étaient pas syphi-
litiques, devaient encore en passer par une génération de travail et de sueur avant de mériter d'être
vraiment américains.

On disait, à l'époque : « papiers d'abord, sueur
ensuite » alors qu'on dit aujourd'hui « sueur d'abord
et, plus tard, si tout va bien, papiers ». Mais la
structure est bien là. Et, avec elle, l'invariant d'un
« être-américain » compliqué, douloureux, pris dans
la patience et la fureur des choses, solitaire, longtemps douteux – et qui jamais, au grand jamais, n'a,
comme en Europe, l'évidence des choses dues.

4

LES VERTIGES DU DÉSERT

(DE VEGAS À TEMPE)

La comédie du sexe

Linda est l'une des dizaines de filles officiant au Spermint Rhino qui est, sur Industrial Road, la meilleure boîte de lap dancing de Las Vegas.

Elle est très belle. Très nue. Juste des talons aiguilles qui la font paraître aussi grande que moi et un string de strass qui marque une taille parfaite, galbe de jolies fesses dorées et forme, sur le sexe, une mince armure d'écailles.

« C'est 100 dollars », me dit-elle, en commençant de se déhancher, mains sur les cuisses, seins en avant, ses cheveux mi-longs et blonds, forcément blonds, me caressant le visage, mais le regard dur et froid, aussi parfaitement dénué d'émotion que celui d'un robot.

177

« C'est 100 dollars, répète-t-elle, plus fort, car la musique est devenue assourdissante. 200 dans le salon privé. Plus le champagne, bien entendu. »

Considérant que j'ai fait le tour de cette salle-ci et de ses buveurs de bière, venus en bandes, affalés devant des danseuses qui ont toutes les mêmes fesses, les mêmes cheveux, les mêmes seins trop ronds que Linda et semblent, en vérité, ses clones, je dis que oui, pourquoi pas, essayons le salon privé. Et la voici qui me prend par la main et, chaloupant du cul, écartant d'un geste vif, parfois d'un mot que je ne comprends pas, les clones que nous croisons et qui tentent de m'aguicher, m'entraîne dans une salle plus petite, moquettée de mauve, tables basses, musique douce, pénombre – le seul hic c'est le côté soi-disant « privé » vu que s'y trouvent déjà, affalés eux aussi, une demi-douzaine d'hommes dont je distingue mal, d'abord, la silhouette mais auprès de qui s'affairent, chaque fois, une ou plusieurs danseuses.

« Viens t'asseoir, dis-je à la mienne dont les trémoussements mécanisés, le sourire figé, les poses stéréotypées, commencent déjà de me lasser. Je préfère, d'abord, parler un peu. »

Une fille normale à sa place, même une pute, s'étonnerait. S'inquiéterait. Ça va pas ? elle me dirait. Je te plais pas ? T'es pédé ? Elle, non. Pas du tout. Mécanique là encore, docile, elle s'assied sans demander son reste sur la banquette face à moi et me tend, l'œil absent, bizarrement embrouillardé, sa coupe de champagne pour que je la serve.

« Tu as quel âge ? dis-je.

— 21 ans. »

Je lui en donne trois de moins, facile. Mais n'ai-je pas lu, dans le magazine de l'hôtel, que le comté, depuis la bataille politique et législative d'août 2002, est devenu vigilant sur les mineures ? Les Ligues de vertu voulaient davantage. Leur idée était, à l'époque, de contenir les danseuses sur les estrades, de proscrire tout contact physique avec le client et de codifier jusqu'au mode de remise des pourboires dont le trajet de la main au slip leur semblait être le comble de l'horreur et du vice. Mais les avocats des clubs, hélas pour elles, ont été les plus forts. Ils ont invoqué le Premier Amendement pour prouver que le lap dancing était une forme, non de conduite, mais d'expression et que sa liberté devait être, à ce titre, protégée par la Constitution. Et elles n'ont obtenu, du coup, que des règles un peu plus strictes quant à la participation des mineures à ces petites bacchanales.

« Et depuis quand fais-tu ça ? Depuis quand le Spermint Rhino ?

— Oh ! C'est la première fois, minaude-t-elle, moue de fausse fillette surprise en flagrant délit de jeu défendu. Je suis étudiante. Je vis à Los Angeles. C'est mon premier soir. »

J'en doute, là encore. D'autant que c'est ce que m'ont dit, au mot près, les filles interviewées dans l'autre salle – à commencer par la super-pro, presque l'acrobate, qui, en se frottant contre le mât chromé du podium central, en mimant la masturbation, la fellation ou, avec ses propres doigts, la sodomie, en accueillant entre ses pieds, ses cuisses ou, plus fort encore, ses fesses, les billets de dix dollars qu'on lui distribuait, venait de rendre fous un groupe de Chinois remarqué, quelques heures plus tôt, entre les tables du casino Bellagio.

« D'ailleurs, continue-t-elle, vous voyez Tony et Frank au bar... ? »

Il y a là deux gorilles, en effet, genre men in black, que j'avais repérés dans la grande salle.

« C'est pour nous. Les nouvelles. Pour être certains qu'on respecte les règles.

— Qui sont ?

— Pas de relations personnelles... Cent pour cent de professionnalisme... »

Elle a dit ça très vite, d'une voix stridente, surjouée, còmme si on la pinçait. Puis, mécanique à nouveau, petit robot bavard me débitant son programme, elle développe les grandes lignes de ce « professionnalisme » que la Maison attend d'elle : ne pas embrasser ; ne pas débraguetter ; ne pas laisser le consommateur lui tripoter non plus les seins ; et puis le pied, n'est-ce pas ; très important, le pied ; contact permis avec sa jambe, mais interdit avec son pied... Le fait est que, m'habituant à l'obscurité, je finis par distinguer, jambes écartées, bouche ouverte, long visage ingrat de tuberculeux à l'agonie, un type auprès duquel, à la table juste à côté, s'activent deux danseuses d'une manière en effet bien étrange : onduler de la croupe sans le toucher, se retourner pour lui offrir leur cul, s'asseoir tour à tour sur ses genoux, remonter vers son ventre, l'écraser, onduler encore, approcher les seins de son visage et les éloigner dès qu'il fait le geste de s'en saisir, se jeter à ses genoux pour frotter la joue contre sa braguette fermée, s'écarter brusquement, se relever, lui mettre la vulve à hauteur des lèvres, se reculer encore et repartir dans une danse endiablée et glacée – les minutes passent, Linda sirote son champagne en regardant ailleurs et je reste fasciné, moi, par cet art consommé, cette science presque exacte, de la libido et de son insatisfaction.

« Ça ne les rend pas fous, les clients, d'être traités comme des enfants frustrés ? »

Elle me regarde sans répondre, de son air de petit automate non programmé.

« Qu'est-ce qui se passe quand le type bande trop dur et que vous sentez qu'il risque d'éjaculer ? »

Elle fait, de nouveau, celle qui n'est pas payée pour répondre et fixe ostensiblement, quelques tables plus loin, un client en discussion avec une brune, en kilt et socquettes, avec laquelle il n'a pas l'air d'arriver à se mettre d'accord.

« Il y a aussi le cas, j'imagine, où le client vous propose de le rejoindre à son hôtel... Je suis sûr que ça arrive et que... »

L'entend-elle, cette question-ci, comme un commencement d'avance ? A-t-elle peur des deux videurs ? Est-il vrai que tout, au Spermint, est filmé, enregistré, puis débriefé par les agents de la police des mœurs du comté ? Ou est-ce, simplement, que la demi-heure prévue est écoulée ? Toujours est-il qu'elle se lève. Me fait son sourire automatique et inutile. Et, s'en allant, de la même démarche chaloupée, promettre à une prochaine proie ses délices calculés, me laisse à mes réflexions sur le mystère

181

d'une pratique sexuelle finalement assez inédite. Sensualité à blanc. Interruption, non du coït, mais du désir lui-même. Corps sans chair. Sage luxure. De la misère érotique en milieu puritain.

La loi des bordels

Pour les bordels, il faut sortir de Las Vegas et du Clark County.

Il faut prendre, vers l'Ouest, la direction de la Vallée de la Mort. Laisser Blue Diamond et ses mines sur la droite. Aller jusqu'à Parhump. Passer, à Parhump, le Gentlemen's Massage Castle puis le Madam Butterfly, Bath and Massage Salon. Sortir de la ville. Se perdre. Revenir. Demander son chemin à des gamins jouant devant un panneau qui fait, en plein désert, de la publicité pour une édition de la Bible. Le redemander, plus loin, en face de la Green Valley Grocery, à un groupe de mères de famille en train de faire des provisions de Coca-Cola et pas plus étonnées que cela d'avoir à renseigner un étranger sur l'adresse du prochain bordel. Prendre à gauche. Dépasser, posés en pleine caillasse, un bar pour vétérans, un motel, un magasin d'antiquités. Guetter la boutique d'armes et munitions que les Mammies m'ont indiquée. Puis la South Valley Baptist Church, près d'un enclos de chevaux sauvages. Arriver, au sortir d'un escarpement de roches lunaires et calcinées par le soleil, à un carrefour où je suis sûr que personne ne passe jamais mais où se

182

tient, porteur d'une pancarte où il a écrit, à la main, « Vietnam vet, no work, no food, God bless! », un homme auquel ses cheveux longs et gris, son visage émacié, son t-shirt poussiéreux, donnent cet air de survivants d'un autre monde, presque d'« aliens », qu'ont fini par prendre les pauvres et les sans-abri dans ces terres droguées aux élixirs de jouvence que sont la Californie et le Nevada. Et, deux cents mètres plus loin enfin, au milieu de nulle part mais à l'exacte frontière du Nye County qui est, de tous les comtés de l'Etat où l'on tolère la prostitution, le plus proche de Las Vegas, tomber sur un kiosque rose et bleu marqué « bureau d'information pour les touristes, vente de chemises, chapeaux et souvenirs »; sur un panneau publicitaire vantant l'inévitable « world famous and historic brothel »; et, derrière un enclos de ferme, aussi incongrue qu'une Tour Eiffel en pleine savane, une maison de Blanche-Neige divisée entre, à droite, un saloon à l'enseigne du Longhorn Bar et, à gauche, une façade décorée, à l'étage, de fenêtres en trompe-l'œil couleur layette et, plus bas, au niveau du sol, de trois peintures murales aux teintes criardes reproduisant, en abyme, des scènes supposées se tenir sur le lieu même : un sosie de John Wayne poussant, d'un air mâle, la porte que je vais moi-même pousser; un autre, virilement accoudé au comptoir du bar où je vais entrer; et une femme cow-boy enfin, rêveuse, très mythologie éternelle du Grand Ouest, assise sur une barrière semblable à celle que je suis en train de franchir.

Entrer, donc, par le Longhorn Bar où un écriteau informe que « les dames sont toujours les bienvenues ».

183

S'attarder devant une télé qui diffuse un western érotique intitulé *Best Little Whorehouse in Texas* et dont le message est que les putes sont aussi de bonnes filles.

S'étonner, auprès du patron, de ce qu'il n'y ait personne et s'entendre répondre que le bar c'est comme le bordel, il a ses heures, plus tard, quand les vachers rentreront du travail.

Et pénétrer dans le bordel lui-même, le Chicken Ranch, ainsi nommé parce que, pendant la Grande Dépression, les fermiers des environs payaient en nature, avec des poulets : porte dérobée ; faux mystère ; imitation de couloir d'hôtel ; fantôme du « luxueux » Duk Duk Ranch où Quilty amène Lolita et lui fait faire des choses « extravagantes » ; et, à l'arrivée, un salon miteux, tapissé de velours grenat, où un système électrique poussif se déclenche à l'instant où entrent les pensionnaires et ouvre un rideau de théâtre qui ouvre lui-même sur un mur en miroir argenté.

Elles sont quatre. Moins jeunes que les lap danseuses de Vegas. Moins sexy. Un côté filles de la campagne, mise en plis, traits rustiques et rosés, chair boudinée dans des gaines que l'on devine sous la robe à volants. L'une après l'autre, elles esquissent une révérence, rentrent le ventre, se trémoussent et me sourient.

Choisir, des quatre, la moins pathétique.

La suivre, au bout d'un nouveau couloir, jusqu'à la chambre, tendue de draps de fortune, dont elle est fière de me dire qu'elle l'a décorée « comme un harem ».

Voir dans son œil la surprise, l'effroi léger et fugitif, puis l'indifférence, quand elle comprend que je ne suis pas venu pour cela mais pour l'*Atlantic*, Tocqueville, le sexe en Amérique, etc.

Et faire quand même, entre-temps, mon plein d'impressions et d'informations.

Près du lit, semblable au tableau de température des chambres d'hôpital, un panneau où l'on inscrit, tous les quinze jours, les résultats de ses tests vénériens et de séropositivité – *le bordel est un lieu d'hygiène*.

Sur la table de chevet, en évidence, un choix de préservatifs dont elle exige le port à tous les niveaux de prestation jusques et y compris, m'explique-t-elle gravement, en cas de simple strip-tease : *le bordel est un lieu de safe sex*.

Plus haut, dissimulé, mais mal, dans la moulure du plafond, l'œilleton d'une caméra qui est là pour s'assurer qu'aucune violence ne sera commise et que la prostituée, quel que soit le caprice du client, continuera d'être traitée comme une sex worker, dûment unionisée, en conformité avec le droit du travail et les droits de l'homme et de la femme – *le bordel est un lieu politiquement correct*.

Un peu plus bas, juste à la tête du lit et du client, une reproduction de la Statue de la Liberté en hommage à la chère et souffrante Amérique dont je comprends qu'elle est honorée, ici, par le cul comme ailleurs par l'intelligence, le business, les arts ou les armes – « est-ce la raison pour laquelle j'ai vu, à l'entrée, flotter une bannière étoilée ? – Oui, monsieur, c'est la raison. – Si haut ? – Si haut. – Si grande ? – Si grande. – Parce que ? – Parce que les putes, sachez-le, sont *des patriotes américaines*. »

185

Et puis ses prix enfin, son catalogue de services et de prix, qu'elle m'annonce avec la même fierté que la marieuse de Minneapolis ses noces à la carte – je repense au fait qu'il y avait, dans le salon, un distributeur de cash ATP et des prospectus publicitaires avertissant que les paiements par carte de crédit sont acceptés ; je repense aux cartes de visite avec adresses postale et internet, plan d'accès, service de limousine 24 heures sur 24, qui traînaient près de la boîte de dragées ; je revois, à gauche de la barrière d'entrée et de ses quelques marches, la pente aménagée pour le passage des handicapés ; *bordel ou pas bordel, business is business.*

Ethique protestante et amours tarifées.

Nouvel ordre sexuel, protocoles, performances.

Autre face du rigorisme et son envers obscène.

Les hôtels de passe du désert et, l'autre fois, l'esprit moveon : l'avers et le revers de la même monnaie puritaine.

Prisons business

Le couloir de la mort de la Southern Nevada Women's Correctional Facility, la prison pour femmes de Las Vegas, n'a qu'une pensionnaire : Priscilla Ford, une Noire de 74 ans reconnue coupable d'avoir, il y a vingt-quatre ans, à Reno, au volant de sa Lincoln lancée à toute vitesse, délibérément écrasé 29 passants.

Prenez garde, m'avait dit la directrice. Elle est

malade. Très malade. Cancer en phase terminale. Ne pourra ni se lever ni vous parler.

En réalité, non. Elle est fatiguée, sans doute. Hors d'haleine. Une tenue de jogging sale. Des cheveux gris, embroussaillés, avec une alopécie derrière le crâne. Mais elle est debout. Plutôt droite. Me recevant avec cérémonie dans sa cellule tapissée de photos du prince William, de Lady Di, de Bush, du pape, de Mel Gibson. Un livre sur l'éducation des enfants près de son lit. Le *Da Vinci Code* et une Bible sur une étagère. Un téléviseur. Un écriteau « God First ». Des photos de famille où elle n'était pas, mais où un pauvre et grossier montage lui a permis de se rajouter.

« J'espère que mes copines ne vous ont pas fait trop peur », commence-t-elle, allusion à la centaine de femmes, presque toutes noires, du quartier dit « ségrégation » qu'il a fallu traverser pour arriver jusqu'à elle – véritables bêtes enragées, toutes habillées de la même combinaison orange, et hurlant, derrière leurs barreaux, qu'elles n'ont rien fait, qu'elles n'en peuvent plus, qu'elles veulent le rétablissement de la promenade, qu'elles maudissent les visiteurs, qu'elles m'envoient au diable.

Puis, secouée de rires étranges, presque de hoquets, qui la cassent chaque fois en deux, lui coupent la respiration et me donnent à penser que les expertises psychiatriques concluant, lors du procès, à une schizophrénie chronique n'étaient pas dénuées de fondement : « j'ai eu tort d'avouer ; je n'ai rien fait ; je n'ai été condamnée que parce que mon avocat était mauvais et n'a pas su convaincre les jurés que je

187

suis la réincarnation féminine du Christ ; la vraie coupable, la voici (elle me montre une photo punaisée à l'envers, seule, sur un panneau de liège doré), la vraie coupable c'est elle, c'est ma sœur, elle court toujours, et c'est pour ça qu'il continue d'y avoir des crimes à Reno. »

Et puis, en réponse, enfin, à mes questions sur le calvaire que ce doit être de se réveiller chaque matin, depuis vingt ans, en se disant que ce sera peut-être le dernier, l'intelligence revenue de cette remarque qui, en trois phrases, règle le débat sur les mérites comparés du réseau des prisons privées auquel le pénitencier appartenait depuis sa création et le système normal, public, auquel il vient, au terme d'une polémique qui a enflammé les passions dans tout l'Etat, de revenir depuis quelques jours : « pour moi, il y a un avant et un après ; avant, je vivais comme une chienne ; personne ne se souciait de moi mais l'avantage était qu'on ne pensait plus à m'exécuter ; aujourd'hui, la nourriture est meilleure, l'hygiène est de retour, mais je crois qu'on va venir me chercher... »

En quelques mots, oui, l'essentiel est dit.

Priscilla Ford est coupée de tout et n'a, depuis vingt ans qu'elle a été condamnée, quasiment pas reçu, semble-t-il, de visite.

Mais elle a résumé l'un des problèmes qui divisent aujourd'hui le pays et dont m'avait parlé, à New York, le Prix Nobel d'économie, Joseph Stiglitz – elle a dit les avantages et inconvénients de la privatisation des prisons américaines tels que j'ai pu les entrevoir, moi-même, dans ma rapide visite, avant d'arriver jusqu'à elle.

Côté pile : une indolence, en effet, dans le comportement des matons dont je peux imaginer qu'elle est un héritage de cette culture du privé qui était la règle jusqu'au mois dernier ; une sorte de laisser-aller, presque de liberté, dans la façon qu'ont les détenues – à l'exception, bien sûr, de celles du secteur « ségrégation » – de circuler dans les couloirs, de bavarder, de s'arrêter si elles le veulent, de s'habiller ; des petites chaînes hifi dans certaines cellules ; parfois des téléviseurs ; des « salons de beauté » avec, affichés comme dans les salons de coiffure de province, des modèles de mise en plis ; jusqu'à la couleur des murs des parties communes (roses ou mauves pour les niveaux de sécurité 1 et 2, bleus pour le niveau 3) dont la gaieté affectée pourrait être celle d'un jardin d'enfants – on devine, derrière tout cela, les actionnaires de la Kentucky Fried Chicken, maison mère de la Corrections Corporation of America qui gérait la prison jusqu'à cet été, calculant que nourrir et amuser la bête humaine, lui lâcher un peu la bride, lui offrir un environnement moins sinistre que celui, punitif, des prisons d'Etat, est un moyen peu coûteux – moins, en tout cas, que des régiments de matons – de la tenir tranquille et de la dresser.

Côté face : l'abandon, quand l'Etat démissionne et que règne la loi du profit, de toute espèce de projet carcéral ; l'être-là jeté d'hommes et, en l'espèce, de femmes que le corps politique, donc la communauté citoyenne, oublient, certes, de punir mais avec lesquels ils ont, en même temps, définitivement perdu le contact ; le comble du délaissement; la déréliction la plus absolue; le passage des corps dociles et des âmes tristes décrits, de nouveau, par Foucault à des demi-sujets, abrutis par des médicaments que des médecins marrons, ou matons, distribuent à qui veut ou même, pour les fortes têtes, à qui, précisément, n'en veut pas; corps nourris mais moralement matraqués; âmes suspendues et perdues dans l'ombre claire de ces culs-de-basse-fosse acidulés; fin de la lumière humaine; sous-humanité résiduelle; achèvement, au fond, du geste d'exclusion et élimination qui commençait à Rikers Island, que j'ai retrouvé à Alcatraz, mais qui voit là, dans ce retrait de la puissance publique, dans cette indifférence programmée de la communauté à ses délinquants ou à ses monstres, sa forme probablement achevée.

Entre la peste et le choléra, il n'est jamais facile de choisir. Et il est clair que, rapportés à l'horreur du cas Priscilla Ford, face à ce scandale sans recours qu'est le maintien, dans 38 Etats, dont l'Etat du Nevada, du principe de la peine de mort, tous les autres débats sur le système carcéral américain semblent presque frivoles. N'empêche. Il y a, parfois, des degrés dans le pire. Et je crains fort que l'on n'ait, là, avec ce débat sur la privatisation, avec l'existence même de prisons soumises à la seule logique de l'argent, franchi un pas de plus, décisif, sur le chemin de la barbarie civilisée.

Créationnisme, disent-ils...

« Il y a deux théories », hurle Axel, le pilote, lorsque je l'interroge sur la formation géologique de ce fameux Grand Canyon que nous commençons d'apercevoir après une heure de navigation au-dessus d'un paysage de déserts et de volcans éteints, de lacs asséchés et de barrages sur le Mead Lake.

« Il y a deux théories, reprend-il, plus fort, pour couvrir le bruit des rotors et des moteurs de l'hélico. Celle qui dit qu'il est né petit à petit, pendant des millions ou même des milliards d'années, au fil de l'érosion. Et l'autre, qui affirme que tout cela, toutes ces merveilles, ces monuments aussi beaux que les temples d'Angkor, ces roches rouge et rose que vous voyez devant vous, cette formation, là, sur votre gauche, qui ressemble à un temple romain, cette autre, ici, regardez, juste ici, pareille à une forteresse en ruines, que tout cela, donc, ne peut être le fruit du hasard, qu'il y a fallu un artiste et que cet artiste c'est Dieu. »

Et puis, quelques minutes plus tard, à l'aplomb de la faille elle-même et de ses profondeurs vertigineuses :

« Deux théories, ici aussi. Celle qui dit que c'est le Colorado qui a creusé la faille et qui y a déposé, au fil des millénaires, ces boues, ces roches, ces sédiments, ces fossiles, que vous voyez sur les côtés. Et celle qui dit que non, pas possible, une faille pareille, une gorge aussi colossale, un canyon si net, si parfait, où les géologues ont trouvé des fossiles en nombre si extraordinaire et si extraordinairement conservés, cette cicatrice qui court, d'un trait, sans dévier, sur une longueur de 450 kilomètres, que tout cela n'a pu se faire que d'un coup, pas en un jour d'accord, mais en un an, à la rigueur quelques années, au terme d'un cataclysme ressemblant au déluge biblique. »

Axel n'a pas 30 ans. Il est moderne. Thin and bright. Svelte et brillant. Avec ses ray-bans, ses cheveux un peu longs, sa gueule de beau gosse au visage tanné par le soleil, il n'a vraiment pas l'air des vieilles barbes que j'ai vus à Willow Creek. Et il m'avouera, tout à l'heure, quand nous serons revenus à Las Vegas, qu'il est démocrate, s'apprête à voter pour John Kerry et qu'il est fan de « R and B » et de « dance-floor techno-pop ». Mais il vient, en quelques phrases, de me donner l'exacte photographie de ce courant d'idées qui s'appelle le créationnisme et dont l'importance prise, tous partis confondus, au cœur de la nouvelle pensée conservatrice américaine est une des choses les plus étranges, et les plus folles, qu'il soit donné d'observer au voyageur étranger.

Il fut un temps où les créationnistes étaient de purs idéologues se contentant de reprendre les vieux arguments des contemporains de Darwin sur le thème : comment, si l'homme descend d'un animal, est-il possible de le doter d'une âme et de prêter à celle-ci l'immortalité que postulent les religions? C'était l'époque (1925) du fameux « procès du

singe » où l'on vit un juge créationniste du Tennessee condamner un professeur pour avoir osé ensei-
gner que l'homme et le singe étaient cousins. C'était
l'époque (toutes les années 20 et 30) où nombre
d'Etats américains introduisaient des amendements
visant à interdire, dans les écoles, l'enseignement du
darwinisme. C'était le temps, en gros, du combat de
la foi contre la science – et la seconde était sommée
de baisser pavillon devant la première.

Aujourd'hui, comme l'a montré Dominique Le-
court dans *L'Amérique entre la Bible et Darwin*, la
stratégie s'est affinée. Elle s'est même renversée. Car,
au lieu de s'opposer à la science, au lieu de se construire contre elle et contre ses méthodes, au lieu, en
un mot, d'opposer à une science sans âme l'âme
éternelle de l'humain et de la théologie naturelle, le
courant créationniste a eu l'idée géniale de se couler
dans le moule de l'adversaire, de lui emprunter ses
procédures et ses effets, et de se mettre, lui aussi, à
parler au nom de la scientificité. C'est toute
l'histoire d'un savant comme Jonathan Wells,
titulaire de deux « Ph. D. » de Yale et de Berkeley, et
développant, sous l'influence de la secte Moon, une
téléologie de l'histoire des espèces montrant que
leur succession répond à un « dessein intelligent ».
C'est l'histoire des Moonistes en général instaurant,
il y a trente ans, avec le soutien du Prix Nobel
spiritualiste John Eccles, une série de conférences
intitulées « Conférences internationales pour l'unité
des sciences », dont l'un des objectifs est de saper les
bases théoriques du darwinisme. Ce sont des orga-
nismes qui, comme le CRSC, Centre pour le renou-

veau de la science et de la culture, mettent au service de leur croisade tout un arsenal de diplômes, validations, communications savantes et commissions scientifiques, dignes d'une grande institution scientifique moderne. C'est une pléiade, en fait, de paléontologues, géologues, gemmologues, ou prétendus tels, qui multiplient, dans des journaux d'apparence savante, les articles visant à remettre en cause la théorie de la soupe primitive, recalculer l'âge de la Terre et celui du système solaire, retrouver les débris de l'Arche de Noé, dater au carbone 14 ou à l'uranium 238 les couches fossilifères, ou retrouver enfin la « vraie date » du Déluge. Et c'est, à l'arrivée, mon jeune pilote qui, revenu à l'héliport de Vegas, m'expliquera, avec le même aplomb, qu'il y a deux théories, toujours, capables de rendre compte de la naissance de la planète Terre...

Il ne demande plus, ce néocréationnisme, d'exclure le darwinisme des manuels et de l'enseignement.

Il ne prétend plus le destituer au nom d'un savoir divin qui s'imposerait au savoir des savants avec l'autorité du fanatisme ou de la vérité révélée.

Il l'accepte au contraire ou feint, en tout cas, de l'accepter – mais en réclamant le droit, juste le droit, d'opposer à ses « hypothèses » les hypothèses adverses, mises sur le même plan et égales en dignité, de son « créationnisme scientifique ».

Géniale, oui, cette invention du « créationnisme scientifique ».

Admirable, cette élévation au rang de « science » de ce qui est le visage même de la superstition et de l'imposture.

Il y a deux théories et vous avez le choix : c'est la formule d'un obscurantisme éclairé ; c'est le principe d'un révisionnisme à visage libéral et tolérant ; c'est l'acte de foi d'un dogmatisme réconcilié avec la liberté de parole et de pensée ; c'est, mine de rien, la manœuvre idéologique la plus subtile, la plus rouée et, au fond, la plus dangereuse de la droite américaine depuis des années.

Le coup des mormons

Sur l'importance de la religion dans la vie démocratique américaine, sur la singularité de ces campagnes électorales, de ces débats, de ces conventions, systématiquement placés sous l'invocation de Dieu tout-puissant, sur le mystère de ce peuple qui est à la fois le plus matérialiste et le plus spirituel, le plus « greedy », le plus « vorace », au sens de Jim Harrison et le plus intensément religieux, sur le paradoxe d'un goût de la liberté qui, loin d'avoir été gagné, comme en Europe, sur les ténèbres de la foi, a marché au contraire du même pas, la liberté se nourrissant de la foi, la foi se soutenant de la liberté, et ainsi de suite, à l'infini, je ne crois pas que le voyageur d'aujourd'hui ait rien à ajouter aux pages prémonitoires du Deuxième Livre de *De la démocratie en Amérique*.

Une exception, pourtant, Salt Lake City.

Un cas, celui de l'Eglise de Jésus-Christ des Saints des Derniers Jours, autrement dit l'Eglise mormone, qui a son centre spirituel ici et qui ne ressemble, il faut l'avouer, à rien de ce que j'ai vu jusqu'à aujourd'hui.

Je ne parle pas de Salt Lake City même, cette ville artificielle et folle, orthogonale et psychorigide, construite au XIXe siècle, en plein désert, par une colonie de mormons fuyant la persécution.

Je ne parle pas, ce dimanche matin, au Tabernacle, puis à l'église de Temple Square, de ce mélange si troublant, mais qui ne diffère guère, après tout, de ce que j'ai vu à Willow Creek, de prophétisme et de prosaïsme, d'intensité de la ferveur et de trivialité des rites.

Je ne parle pas du côté secte, nombre d'or, croix à cinq branches gravée sur les murs du temple, occultisme rationalisé, puritanisme spirite, fantasmes d'apocalypse sur fond de congélateurs remplis de victuailles en prévision du dernier jour, dont l'Eglise mormone soutient qu'il est dépassé – dont acte.

Je ne pense même pas au « prophète vivant », oui, « prophète vivant », c'est comme ça qu'on appelle, à Salt Lake City, le chef spirituel de la communauté, l'homme qui règne sur le « Conseil des douze apôtres » ainsi que sur les millions de mormons de l'Utah et du monde, je ne pense même pas, donc, à ma stupeur quand, à la messe de midi, au fond du luxueux hall d'hôtel transformé en lieu de culte et dont – nouveau signe de la confusion du profane et du sacré – nul ne semble avoir songé à retirer les velours, dorures, lustres et brocarts d'origine, on m'a enfin montré ledit prophète et qu'au lieu du saint homme que j'attendais, au lieu du digne descendant de Joseph Smith, le fondateur de l'Eglise, que j'imaginais en figure apostolique venue pour restaurer sur la terre la plénitude de l'Evangile, j'ai découvert un petit homme de 94 ans, prudent et bedonnant, vêtu d'un costume bleu marine croisé à boutons dorés, plus proche d'un buveur de Cinzano que d'un Dalaï Lama wasp.

Non.

La vraie histoire, ici, c'est, 35 North West Temple Street, la « bibliothèque généalogique ».

Le vrai intérêt, pour moi, de cette Eglise mormone c'est la démarche unique dans l'histoire, non seulement des Eglises américaines, mais des Eglises tout court, qui consiste à aller, dans le monde entier, recenser, pour les stocker, les noms des humains qui se sont, au fil des siècles, succédé sur cette terre.

« Nous prenons tout, me dit le conservateur. Tout. Les certificats de naissance. Les actes de mariage et de décès. Les journaux. Les vieilles lettres. Les photos. Les registres civils et paroissiaux. Les papiers militaires. Les tables ancestrales. Les arbres généalogiques. Les recensements. Les cadastres. Les listes d'immigration et émigration. Les comptes rendus d'audience des tribunaux. Nous avons des émissaires qui courent la planète. Nous avons des équipes de "microfilmeurs" qui vont signer les deals et collecter le matériel. Le résultat, c'est une banque de données unique. C'est un stock de plusieurs milliards de noms entrés dans notre "Index généalogique international" et conservés ici, à la Bibliothèque, ainsi que, par sécurité, à 40 kilomètres au sud-est de la ville, au cœur de la Granite Mountain,

dans des chambres fortes creusées à flanc de montagne et garanties anti-séisme. Un jour, c'est tous les
morts de tous les temps qui seront computérisés. Un
jour, c'est toute l'histoire de l'humanité, depuis
Adam et Eve, qui sera mise en fiches et à la disposition des vivants qui le voudront. Venez. Vous allez
comprendre. »

Il m'entraîne, au deuxième étage, dans une salle
où quelques dizaines d'hommes et de femmes, de
tous âges, apparemment de toutes conditions,
pianotent sur des ordinateurs individuels.

« Voilà. Tout ça est à tout le monde. Tout ce trésor n'a d'autre vocation que de revenir à ses légitimes
propriétaires, c'est-à-dire aux gens. Ils peuvent faire
deux choses à partir de là. Ils peuvent, s'ils sont
mormons et qu'ils croient en la sainteté définitive,
pour cette vie et pour l'autre, de la relation familiale,
resserrer le lien avec leurs ancêtres et même, dans
certains cas, s'ils soupçonnent qu'ils ont pu disparaître sans avoir eu l'occasion ou le temps d'accepter le
Christ, leur offrir une session de rattrapage et les
baptiser par procuration. S'ils ne sont pas mormons,
s'ils ne croient pas en ce baptême des défunts, si
cette offre de bénédiction aux morts n'est pas dans
leur théologie, ils ont la possibilité, si importante
aussi dans un monde où les hommes sont de plus en
plus déracinés, de savoir d'où ils viennent, qui les a
faits et qui ils sont. Vous voulez essayer ? »

L'expérience, sur moi, ne sera pas concluante.

J'aurai beau taper, et taper encore, les noms de
mes rares ancêtres mobilisables – il faut croire que
mon paysage familial relève de l'une de ces dernières

terrae incognitae dont on m'a prévenu qu'elles résistent à l'arraisonnement mormon, car l'ordinateur restera désespérément muet.

Mais je regarde les visages autour de moi. Je regarde ces gens, rêveurs et perplexes, comme drogués, un sourire au coin des lèvres, en train de voyager sur les mystères de leur propre passé. Et j'hésite entre deux sentiments. Le respect dû à cette forme de souci des siens, à cet hommage rendu aux morts, à cette volonté d'être, comme dit le poète, le vivant tombeau de ses pères. Et puis l'idée, tout de même, que ces mormons sont des malins et que, dans la lutte de tous contre tous qu'est aussi l'histoire des religions, dans cette autre bataille pour le pouvoir que se livrent, je le vois bien, les Eglises américaines, ils ont trouvé l'arme absolue. Qu'opposer à une Eglise qui règne, non seulement sur les vivants, mais sur les morts ? Qui rivalisera avec des gens qui, non contents de prendre possession des corps et des âmes, mettent sous scellés la mémoire du monde ?

Vingt mille victimes de la Shoah baptisées, me confiera un non-mormon de Salt Lake City, par les compagnons du prophète vivant... Des procès intentés, notamment en France, par des institutions ou des Eglises qui regrettent, tout compte fait, d'avoir lâché leur bien... C'est la face cachée du phénomène. Celle dont personne, ici, ne se vante. Eh oui, la guerre !

Et si l'Amérique, quand même, avait une Sécurité sociale?

Tracy est serveuse au restaurant du Motel de Grand Junction, Colorado, juste après la frontière de l'Utah, où j'ai fait halte pour la nuit.

Elle a une quarantaine d'années.

Un physique heureux de belle Américaine solide, sans histoires, et qui en fait des tonnes sur le thème « ma vie c'est mes clients, je suis contente quand ils sont contents ».

Sauf qu'en creusant un peu, en l'interrogeant, le dernier client parti, sur son travail, sa famille, sa vie, en lui demandant ce qu'elle fait là, dans ce trou perdu, avec ses sourires automatiques, ses « did you enjoy your meal » et « are you still working on it », on découvre une histoire moins rieuse.

Un père mineur dans les mines de charbon du Wyoming. Elle se rappelle, petite fille, ses toux interminables et noires. Un jour, à 50 ans, il ne s'est plus arrêté de tousser. Il a fait une crise cardiaque et n'est plus jamais descendu.

Un frère, mineur aussi, mais spécialisé, lui, dans la sécurité des installations. « C'est un travail plus cool, convient-elle. Car il y a toute la partie inspection qui se fait plutôt en surface. Mais arrive un incendie, un coup de grisou, un éboulement, et c'est lui qui descend pour ramener, morts ou vivants, ses camarades. Et, là, attention ! 80 morts, la dernière fois ! Il marchait au milieu des cadavres et on a eu si peur qu'il ne remonte pas ! »

Trois autres frères, mineurs encore. Sauf que, les mines de charbon s'épuisant, ils ont dû passer à la soude. « Et là, continue-t-elle, c'est pire. Mon père dit qu'on ne peut pas faire de classement du pire. Mais moi je crois que si. Je les ai vus, mes frères, dans les trois Etats du Wyoming, du Colorado et de l'Utah, faire toutes les mines de soude du bassin de la Green River. Eh bien je crois, oui, que c'est plus usant encore que le charbon. Comment vous dites ? Que le pape, Jean-Paul II, a travaillé dans les mines de soude de Pologne ? Bon, je leur dirai... »

Et puis son mari enfin, mineur toujours, le plus abîmé de tous, en dépression chronique depuis huit ans et qui, lui, ne travaille plus du tout. Ils sont divorcés. Mais elle se souvient, au début, quand elle était enceinte de son aînée, de ces grèves qui duraient des mois et de l'argent qui ne rentrait pas. Elle se souvient de ces matins où il se réveillait en pleurant, incapable de se lever. Et puis l'histoire de leur fille sodomisée, à sept ans, par un voisin... C'est de ça qu'il ne s'est jamais remis. Et c'est depuis ce temps qu'il a fait ses tentatives de suicide, ses hospitalisations à répétition et qu'il s'est arrêté de travailler.

« Comment fait-on, dis-je, dans ces cas-là ? Comment survit-on ?

— On y pense tout le temps, ce sont des images qui ne vous quittent jamais.

— Oui. Mais matériellement ? Pardon, mais ma

201

question était : quel est le système, en Amérique, quand on est malade comme votre mari ? On dit, en Europe, que vous n'avez pas de vraie Sécurité sociale. Dites-moi, dans le cas précis, ce qu'il en est. »

Tracy réfléchit. Se concentre. Et, adoptant l'expression de quelqu'un qui s'embarque dans une explication longue et complexe, m'emprunte mon carnet de notes et commence d'y griffonner des chiffres.

Le mari. Comme tous les anciens ouvriers qui ont payé, toute leur vie, leurs cotisations, il bénéficie, pour ses soins médicaux, du programme fédéral Medicare ainsi que du programme complémentaire Medicaid géré, lui, par l'Etat. Il vit avec 2 000 dollars par mois, soit 60 % de son dernier salaire, venus, dans des proportions qu'elle ignore, de l'Etat fédéral, de l'Etat, de la compagnie. Il bénéficie de « food stamps », de « tickets repas », pour un montant qu'elle ignore aussi. Et il a un appartement, propriété de l'Etat, qu'il loue 253 dollars au lieu des 600 ou 700 qu'il devrait valoir au prix du marché.

Le père. Même chose pour les soins. Même gratuité via Medicare et Medicaid. Plus – elle n'est pas sûre, mais elle croit – le « black lung program » qui est un programme complémentaire pour mineurs silicosés. Et plus – ça, c'est certain – une retraite qui, dans son cas, arrive aux trois quarts de son dernier salaire. Pourquoi les trois quarts et pas 60 % ? Et pourquoi, dans un même métier, deux régimes différents ? Ça, de nouveau, elle ne sait pas. Peut-être parce qu'ils émargent au régime de retraite, l'un du Colorado, l'autre du Wyoming et que, d'un Etat à l'autre, cela change. Ou peut-être parce que son père a souscrit, lui, en plus, à une caisse privée. Non, vraiment, elle ne sait pas.

Les frères. Eux, donc, travaillent toujours. Sauf que attention! Il y a les périodes de chômage où ils continuent d'être payés, selon la loi, pendant six mois et où, si ça dure plus, il y a une caisse privée, dépendant d'une Eglise, qui prend le relais. Et, quant aux frais de santé et de retraite, ils se méfient, eux, ses frères; ils ont entendu que le système était au bord de la banqueroute et qu'il y a, dans l'air, des projets de démantèlement; alors ils ont souscrit des « comptes épargne santé » gérés par une compagnie d'assurance; et elle a compris que l'aîné, celui de la sécurité, a souscrit une assurance supplémentaire qu'ils appellent, entre eux, l'« assurance catastrophe ».

Et elle? Oh elle! Elle rit... Elle n'aurait jamais pensé qu'elle divorcerait un jour. Alors, forcément, jusqu'à ces dernières années, elle ne s'en était jamais souciée. Mais bon. Elle cotise. Elle a aussi une assurance privée. Un jour où elle a eu un pépin de santé, elle a été traitée gratuitement par un hôpital géré par les méthodistes. Le fait d'avoir, dans sa famille, un invalide et un grand malade lui donne aussi accès à un fonds spécial. Et puis elle a encore un fils de 13 ans et ça lui donne droit à une allocation de 800 dollars par mois. Malgré la suppression, par Clinton, de l'« Aide aux familles avec enfants à charge »? Oui, cela n'a rien à voir. Car je vous parle, là, d'un programme géré au niveau de l'Etat du Colorado.

J'ignore dans quelle mesure je peux généraliser. Et j'ai bien conscience, au demeurant, qu'aucun de ceux dont me parle Tracy n'entre dans la vraie catégorie problématique qui est celle des 37 millions de pauvres comptabilisés par les statistiques et passant, eux, semble-t-il, au travers de tous les filets.

Mais enfin, de son récit ressortent quand même trois leçons.

1. Le système de Sécurité sociale américain existe ; il est menacé, mais il existe.

2. Le système de Sécurité sociale américain est complexe ; il couvre, contrairement à ce qui se dit en Europe, l'essentiel de la population active, mais il est complexe, variant d'un Etat, d'un métier, parfois d'un individu, à l'autre.

3. La principale source de complexité et, donc, de malentendu, la raison profonde et presque philosophique d'une telle variété des situations et, pour nous, Européens, d'une telle illisibilité, tiennent à la méfiance qu'inspire, aux Etats-Unis, l'idée même d'un Etat centralisant entre ses mains tous les outils de redistribution – elle tient à cet « individualisme » méthodique dont Tocqueville a définitivement montré qu'il entend laisser à chacun, ou aux associations voulues par chacun, la responsabilité des destins individuels.

Lu, dans le *Made in USA* de Guy Sorman, que les dépenses sociales par habitant aux Etats-Unis sont à peu près égales à ce qu'elles sont dans la plupart des pays européens, France comprise. Mais attention ! A condition – et c'est bien ce que nous dit le double récit, et de Tracy, et de Tocqueville – d'ajouter à la part de l'Etat celle des collectivités ainsi que des philanthropies privées.

Le fantôme des chercheurs d'or

La route encore.

Reprendre au petit matin, non la route qui va directement de Grand Junction à Colorado Springs, mais, comme j'ai un peu de temps et que mon rendez-vous à l'Académie militaire n'est que demain, l'autre, la 65, qui passe par Grand Mesa, puis Aspen, mais qui est probablement plus belle.

Chaleur.

Lumière aveuglante et glorieuse.

Ravins couleur de rouille, usés par le soleil.

Roches géantes, et qui prennent leurs aises, tantôt croulant de pierraille, tantôt montant si haut que leurs dentelures paraissent se chevaucher dans le ciel.

Plus haute encore, architecture si parfaite, et si parfaitement écrasante, qu'elle semble faite exprès, comme au bord du Pacifique, pour exclure et humilier les hommes, une barrière de rochers, muraille de Chine en pleine Amérique.

Pas un village, d'ailleurs.

Sur des dizaines de kilomètres, pas âme qui vive, pas souffle de présence humaine, la nature nue, le désert – enfin, désert n'est pas le mot vu qu'on est dans la montagne, mais sorte de désert, même sentiment de dépouillement, de désolation et, aussi,

205

d'infini que, les semaines passées, dans les déserts de Californie : juste les « cattle guards », ces fosses creusées au milieu de la route et couvertes de grilles métalliques aux barres très espacées qui piègent le bétail s'il tente de traverser.

Alors, arrive Hotchkiss, à peine un bourg, presque un campement, bâti des deux côtés de la route, n'importe comment, très laid, maisons précaires et qui devaient être provisoires, forestiers qui se pensaient en transit et se sont installés, hangars, noria de camions transportant des madriers, un musée d'on ne sait quoi (peut-être des métiers de la forêt ?), un marchand de chevaux de bois, le restaurant « L'Elan », encore des hangars.

Paonia ensuite ; puis Bowie ; puis, aux approches de Carbondale qui semble être, d'après la carte, la grande agglomération du coin, changement de paysage et passage du monde du bois à celui de la mine : énormes fours à charbon désaffectés, tout ronds, qui font penser aux abris atomiques que l'on voyait jadis, sur la route de l'aéroport, à l'entrée de Tirana ; plus bas, au fond de la vallée, assez loin, un train immense, noir, deux ou trois cents wagons, qui a l'air d'une grosse chenille et fait son plein de minerai ; des maisons de mineurs ; des chalets ; quelques tentes façon indienne ; alignement, au bord de la route, de boîtes aux lettres de fer-blanc, en forme de demi-lune, qui semblent des postes restantes – l'univers des frères de Tracy ? la route qu'ils ont suivie, d'une mine l'autre, au gré des fermetures, des délocalisations, des occasions ?

La roche, de rouge, a tourné au violet.

Un vent s'est levé qui fait frémir la pointe des Cottonwoods et des Aspens en fleurs.

La température, en quelques minutes, a dû baisser d'une dizaine de degrés et on voit de plus en plus de neige au bord de la route.

Nous longeons une rivière, qui me rappelle les cascades du Panchir.

A Carbondale, autre fausse ville, sans forme ni limite, où les maisons ressemblent à des granges et les granges à des maisons, à Carbondale qui m'apparaît comme le type même de la ville sans raison où tout le monde habite les mêmes affreuses constructions de bois montées sur charpente métallique que la première tempête, le premier glissement de terrain, la première coulée de boue, suffiront à emporter, à Carbondale donc, je m'arrête, quelques minutes, au Garcia's Café, quatre tables, cuisine au milieu de la pièce, spécialités mexicaines à toute heure – restauration soi-disant « familiale » et, en fait, la pire des « junk foods ».

Nous sommes à 2 500 mètres d'altitude, tout près de la McClure Pass d'où l'on voit, au loin, les montagnes toutes blanches.

Et voici, à l'approche d'Aspen, une minuscule pancarte, presque effacée : « Ashcroft, Ghost Town, 13 miles ».

Nous prenons la petite route.

Nous montons dans un paysage encore un peu plus froid.

Etrangement, alors qu'il faisait froid mais beau sur la route principale, une pluie fine se met à tomber.

Plus étrangement encore, alors qu'il ne semble plus y avoir âme qui vive, nous croisons, montant, comme nous, vers la ghost town, mais complètement vide et, du coup, fantomatique, l'un de ces gros bus jaunes qui font, en Amérique, le ramassage scolaire dans les campagnes.

Au mile 13, enfin, nous y sommes. Une pancarte indique l'inévitable « national site ». Une autre avertit que ce que nous allons découvrir se trouve placé, comme il se doit, « sous la protection de la direction archéologique ». Une troisième, à l'entrée d'un chalet de fortune, sur la droite, dans les bois, prévient : « je m'appelle Dexter ; je suis artiste ; je suis, comme vous voyez, roi de la montagne ; et, quoique je ne sois pas méchant, je vous serais reconnaissant de tenir votre chien en laisse. » Après quoi, nous faisons cent derniers petits mètres à pied, dans un sentier d'herbes et de caillasses. Et voici, au milieu d'une forêt superbe et à la vitalité d'autant plus insolente qu'elle contraste avec la désolation ambiante, la ville fantôme d'Ashcroft.

Ce fut, j'imagine, une ville de chercheurs d'or ou d'argent.

Ce fut l'une de ces « boom towns », nées en quelques mois, parfois quelques semaines, comme les villes chinoises d'aujourd'hui, à la fin du XIXᵉ siècle.

Un jour un villageois est rentré et a dit : « il n'y a plus d'or. »

Un autre a repris : « il n'y a plus d'or ! il n'y a plus d'or ! »

Et, la rumeur s'amplifiant, la ville s'est vidée aussi vite qu'elle s'était bâtie.

Ne restent que ces planches noires, ce bâtiment à deux étages qui dut être un saloon, cet autre qui fut un hôtel, ces maisons hantées, ces pierres fendues, cette rue principale revenue au grand anonymat de l'espace américain et puis ce silence épais, surnaturel, presque solide, où le moindre souffle à la pointe des arbres, le moindre frisson dans les sous-bois, un bruit de branche cassée, suffisent à vous faire sursauter.

Poésie de ces ruines.

Beauté de ces épaves ensablées dans le passé.

Et beauté de ce peuple si peu attaché à ses racines – beauté, une fois de plus, de sa prodigieuse liberté par rapport à ses lieux.

Le mythe de l'empire

Je me souviens de la façon dont nous diabolisions, dans ma jeunesse, l'armée américaine.

Je me souviens de l'image que nous avions du GI tendance guerre du Vietnam, graine de brute et de fasciste, qui ne pouvait semer que la mort.

Sans parler, il y a quelques mois encore, au moment du déclenchement de la guerre en Irak, des glapissements de haine qui accompagnèrent, en Europe en général et en France en particulier, le retour de cette figure du soldat impérial et barbare incapable de protéger un musée et capable, à Abu Ghraib, des crimes les plus terrifiants.

Alors je sais, bien entendu, que l'armée a, dans

tous les pays du monde, et donc aussi en Amérique, des visages contradictoires.

Et j'imagine bien que l'Académie militaire de Colorado Springs, censée former les pilotes d'élite de l'US Air Force, n'est pas le poste d'observation idéal pour juger des évolutions récentes de l'ensemble de l'appareil militaire.

Mais enfin...

Ces garçons au visage poupin et sage...

Cette fille de Saint Louis, Roslyn Schulte, cheveux bruns et longs tirés en chignon, beau regard intelligent et doux, qui a fait l'une des meilleures high schools du pays...

Cette autre qui ne connaît pas le nom de Clausewitz mais a recopié, sur sa table de chevet, une citation du rabbin Harold Kushner sur le sens de la vie, la mort, la souffrance...

Cette tablée, à l'heure du déjeuner, où huit conscrits sur douze avouent, dans le feu d'un débat étonnamment libre, qu'ils n'étaient pas favorables à cette guerre en Irak car l'on n'avait pas, selon eux, exploré jusqu'au bout les chances de l'« option policière »...

Ce cours, enfin, auquel il m'est donné d'assister et où les deux questions à l'ordre du jour, les deux problèmes considérables et de haute portée stratégique dont vont débattre, une heure durant, sagement assis, tous, derrière des pupitres disposés en fer à cheval, les cadets Kolb, Morgan, Patton et une dizaine d'autres futurs chevaliers du ciel, sont : premièrement « combien de fois, le matin, appuyez-vous sur le bouton "dodo" de votre réveil ? dans quelles circonstances? pourquoi? et comment se débarrasser de cette fâcheuse habitude» – et, deuxièmement, «comment stopper cet autre comportement pathologique, plus grave encore pour un futur pilote et officier, qu'est l'habitude de la cigarette? pensez-vous que la bonne méthode soit de se mettre au chewing-gum? de glisser l'argent de chaque paquet non acheté dans la fente d'une tirelire et de voir, au bout d'un certain temps, de combien on s'est enrichi? si le garçon est marié, ou fiancé, lui fera-t-on un gentil massage chaque fois qu'il ne fume pas? ou punira-t-on celui qui fume en lui faisant avaler sa cigarette?»

Pourquoi vous engagez-vous? ai-je demandé aux uns et aux autres.

Pourquoi décide-t-on, en ce début du XXIᵉ siècle, de devenir pilote de chasse?

Les uns (dont la décision remonte, me disent-ils, au choc du 11 septembre): pour défendre mon pays.

Les autres (qui connaissent les grands débats historiques sur le droit, ou non, des Etats-Unis à se mêler des affaires des autres nations): pour défendre la Constitution.

D'autres encore (partisans, pour le coup, d'une politique étrangère néoconservatrice c'est-à-dire plus active, plus offensive): pour défendre, au-delà même de notre Constitution, les valeurs de liberté sur lesquelles elle est fondée et pour les défendre partout, oui, partout, où elles apparaissent bafouées.

Et Roslyn Schulte enfin, la jolie brune de Saint Louis: «vous voulez vraiment savoir ce qui m'a conduite ici? les avions! l'envie, oui, de voler dans les plus beaux avions du monde! pour l'instant, j'en suis encore aux Cessna; mais bientôt, dans trois ou quatre ans, au terme de ma formation, viendront ces F16 dont je rêve et, alors, quelle excitation! »

Je n'en rencontre pas un, en fait, qui me parle de la grandeur du métier comme telle.

Je n'en rencontre pas un non plus qui semble prendre en compte le risque de mort induit, aujourd'hui, au temps de la guerre en Irak, par le fait de choisir le métier des armes.

Et quant au général Johnny Weida enfin, commandant de la place et recteur de l'Académie, sa réponse est plus nette encore : pas de background militaire dans sa famille; pas l'ombre d'une fascination pour la guerre ou l'armée; sa première motivation fut, non pas même les avions, mais le sport; quoi? oui, s'esclaffe-t-il! il a bien dit le sport; on est en 1974; il a vingt ans; il a un copain qui lui apprend qu'il y a un endroit formidable pour développer ses dispositions à l'athlétisme et que cet endroit c'est ici, l'Académie militaire de Colorado Springs; la vocation, bien sûr, a suivi; elle lui est venue, comme souvent, aux commandes de ses premiers F16; mais enfin, au commencement il y a cela; au commencement il y a ce « Integrity first, service before self, excellence in all we do », ce « d'abord l'intégrité, le service des autres avant le sien propre, l'excellence dans tout ce que l'on fait », qui sont des valeurs sportives autant que militaires.

Peut-être, je le répète, s'agit-il ici de cas exceptionnels.

Sans doute parle-t-on de deux choses différentes

et qui n'ont, au fond, rien à voir quand on compare et oppose, à l'intérieur d'un même genre qui serait celui de « l'armée américaine » les as de Colorado Springs et les pauvres types d'Abu Ghraib.

Et je n'aurai garde de juger la mentalité de l'armée des Etats-Unis, de sa Garde nationale ni, encore une fois, de ses supplétifs qui se sont déshonorés en imposant à leurs prisonniers des traitements dégradants ou inhumains, à l'aune d'une Académie où l'on forme des officiers qui, depuis Truman et sa « Loi sur la sécurité nationale », mettent leur point d'honneur à n'être, justement, pas tout à fait des militaires.

Mais pourquoi ne pas dire que je rentre à mon hôtel, quand même, assez troublé ?

Pourquoi ne pas avouer que j'ai du mal à raccorder ces images de jeunes pilotes vertueux à celles des diables imposant, à coups de bombes à fragmentation et de napalm, la loi du nouvel empire ?

Et pourquoi ne pas ajouter que c'est là une nouvelle raison, pour moi, d'y regarder à deux fois avant de me laisser aller à parler, comme tant de mes concitoyens pavlovisés, de l'« armée impériale » américaine et, au-delà même de son armée, de l'« impérialisme » du pays lui-même ?

« Romains involontaires », disait Morand.

« Impérialisme incompétent », renchérit l'historien britannique Niall Ferguson dont la thèse est que les Etats-Unis n'ont pas et n'ont jamais eu les moyens militaires de leurs ambitions.

« Empire incohérent », confirme, de l'autre côté du spectre idéologique, un Michael Mann fustigeant, lui, le « militarisme brouillon » d'un pays qui n'a jamais su, et qui sait de moins en moins, assurer ses conquêtes sur le terrain.

Et déjà, une fois de plus, Tocqueville donnant la clef du problème lorsqu'il notait que les Américains ont moins d'inclination encore pour la guerre que pour la politique – nous en sommes là.

Apartheid doré pour les vieux ?

A Sun City, Arizona, la règle est simple, et implacable. Personne au-dessous de 55 ans. Enfants et adolescents admis seulement en cas de visite. Une cité de vieux, par conséquent. Une ville privée, réservée aux retraités, coupée du reste du monde tant par cette règle de fer que par un mur, un vrai, doté de postes de contrôle, et la séparant des quartiers hispaniques avoisinants. Un optimiste verra, dans ce faux espace urbain aux rues tracées au cordeau, presque désertes, où de rares papys circulent en voiture de golf, une oasis de prospérité dans un monde en crise, une utopie bourgeoise sortie du rêve d'un urbaniste. Il y reconnaîtra une variante bizarre, mais une variante quand même, du bon « pastoralisme », hérité de l'école d'architecture paysagiste anglaise du XVIIIᵉ siècle et qui a joué un si grand rôle dans la constitution de l'idéologie américaine. Il y percevra un croisement, nullement déshonorant en soi, de l'esprit de Virgile et des Lumières, des rêves de retour à la nature datant des premiers pèlerins et

du progressisme pavillonnaire dont j'ai vu, à Lakewood, près de Los Angeles, quel genre de paysage il
peut donner et sur quel type de philosophie, égalitaire et pionnière, il s'appuie. L'« autosuffisance »
d'Emerson, sur fond de vieillesse ghettoïsée. Le
« Walden Pond » de Thoreau, version forteresse
assiégée. Dans les cités planifiées de ce type, dans ces
citadelles sorties de rien et, en l'espèce, du désert,
peut-être même discernera-t-il, l'optimiste, un avatar,
en plein XXIe siècle, de cet esprit pionnier, de cette
capacité à « se former », par « consentement mutuel
et solennel », en un « corps de société politique »
dont Tocqueville, aux toutes premières pages de son
livre, lorsqu'il évoque, citant Nathaniel Morton, la
création de Plymouth et des premières colonies de
Nouvelle-Angleterre, fait l'essence même du projet
démocratique. Et j'avoue, par parenthèse, n'avoir pas
jugé complètement ridicule, le soir de mon arrivée,
le petit bal organisé, au « Westerners Square Dance
Club » de Sun City West, par quelques-uns de ces
colons du troisième type et quatrième âge – j'avoue
avoir trouvé un certain charme au spectacle de ces
quinze ou vingt vieilles dames, grimées en Scarlett
O'Hara, toutes en volants, tutus et robes affriolantes, en train de danser à en perdre le souffle, au son
d'un orchestre de guinguette, avec des Rhett Butler
dont le plus jeune avait 80 ans! Le problème, évidemment, c'est le reste. Tout le reste. Ce sont les
Blacks, que l'on ne voit pas. Les Hispaniques dont
on m'assure qu'ils sont là, mais dont je ne sens pas
non plus la présence. Ce sont les pauvres en général
grands exclus de ce rêve pavillonnaire et « incorpo-

rated », au sens propre constitué en corps, autonome donc, autogéré, et dont la première règle de gestion est de n'accepter que des couples attestant d'un capital suffisant pour être sûrs de pouvoir vivre centenaires – officiellement, le but du jeu! – sans risquer la cessation de paiement et, donc, le bannissement. Le problème c'est, en fait, le sentiment d'être parvenu, là, avec cette tribu de vieux, à la toute dernière étape d'un processus de ségrégation sociale dont j'ai pu, à Los Angeles, observer quelques prémices et qui, ne parvenant, somme toute, ni à maintenir les pauvres dans leurs ghettos, ni à les rejeter aux lisières de la ville, ne parvenant pas à prendre le parti, comme cela s'est vu, une fois, à Phoenix, d'empoisonner les poubelles des restaurants pour dissuader les clochards de venir s'y approvisionner, se serait résolu, de guerre lasse, à déplacer les riches. Le problème, en un mot, c'est ce que tout cela suppose de rupture profonde avec la tradition, je ne dis même pas de compassion, mais de civisme qui a fait, et fait encore, la grandeur de ce pays. Et c'est le terrible précédent que ne peut manquer de créer cette expérience de privatisation d'un espace public au profit d'une communauté qui, ne dépendant plus ni de Phoenix ni d'aucune autre autorité étatique et nationale (le « state-nation », le « station », honni par Emerson) pour ses impôts, sa voirie, ses tâches de police ou d'administration, semble un petit satellite affranchi des lois de la pesanteur sociale et nationale. Si l'on accepte cela, dis-je à l'une de mes Scarlett, si l'on entérine le principe de ce ghetto doré, fondé sur l'appartenance à une classe d'âge et un niveau de revenus, au nom de quoi empêchera-t-on, demain, la constitution de villes interdites, cette fois, aux vieux ? ou aux gays ? ou aux juifs ? au nom de quoi résistera-t-on à la balkanisation définitive de l'espace américain qui s'ensuivrait ? Rien à voir ! me répond la majorette indignée. Vous ne pouvez pas comparer des projets aussi hideux avec une organisation dont le seul but est de faciliter la vie à des vieilles gens qui étouffaient dans les grandes villes. Soit. Je vois bien, en effet, les menus arrangements que le système permet dans la vie de tous les jours : prises de courant posées plus haut pour éviter d'avoir trop à se baisser ; plafonniers à la luminosité étudiée pour moins fatiguer les yeux ; terrains de golf ; piscines chauffées été comme hiver ; systèmes d'alarme reliant la plupart des maisons à l'hôpital et permettant, en cas de malaise, de gagner les précieuses minutes qui sont, à cet âge, souvent fatales – j'en passe, des meilleures, et tout cela n'est, évidemment, pas négligeable. Mais en même temps... Cette impression de froideur lugubre... Ces feux artificiels dans les maisons et ces pelouses qui semblent en carton-pâte... Cette vie plastifiée... Ces moribonds pétant la santé... Ce temps figé, sans autres événements notables que les bals, le ramassage des ordures que l'on tient à faire soi-même, les rondes de police idem, et, last but not least, sources d'une excitation inlassable, les morts, les enterrements... Je quitte Sun City dans un état d'incertitude extrême, ne sachant plus si l'on vient ici pour se sauver ou se damner, conjurer la mort ou s'en donner un avant-goût. Rentré à Phoenix, j'apprendrai que Del Webb, l'inventeur de ce miracle glacé, de ce paradis aux allures de purgatoire, de ce jardin d'enfants pour troisième âge où c'est la vie même qui semble devenue une maladie, a appris son métier en construisant, après la guerre, des casinos, des casernes et des camps d'internement pour Japonais...

De la particularité du mode de scrutin en Amérique

Tempe, Arizona. Troisième et dernier débat de la campagne. Enorme bâtiment, transformé en camp retranché, de l'Arizona State University. Journalistes. Policiers. Petit peuple des conseillers. Tous ces intermittents du spectacle politique d'autant plus actifs, fiévreux, presque frénétiques, qu'ils savent que, dans quelques jours, contrairement à la France où la politique est un métier et continue de plus belle après l'élection, ils se disperseront dans la nature. Me frappent, en vrac, la bonne qualité de la discussion (loin, là encore, de la légendaire vacuité du débat américain), la minutie de l'organisation de l'événement (temps de parole, pupitres, disposition physique des caméras). A la toute fin, après qu'ils se sont étripés, le spectacle si étrange et impensable, là encore, en France des filles et épouses des débatteurs qui montent sur l'estrade, les embrassent, s'embrassent, s'entre-congratulent et, surtout, les invitent eux-mêmes, comme si de rien n'était, à se donner l'accolade et fraterniser (se haïr comme des chiens dans le privé, s'autoriser les coups les plus tordus,

218

mais, en public, face à la galerie, jouer les good American guys partageant les mêmes valeurs et constituant une seule et grande famille : l'exact contraire, oui, de Paris où nul n'ignore que les adversaires se fréquentent, dînent dans les mêmes bistros, se tutoient, ont peut-être, ce matin, bu un coup à la buvette de l'Assemblée mais où tout est fait, à l'extérieur, pour masquer ces connivences et offrir l'image d'une adversité sans merci). Me frappe, pendant le débat lui-même, chaque fois que l'un des débatteurs dérape, profère une contrevérité ou esquive une question gênante, le surgissement dans la salle de presse, vifs comme l'éclair, tels des voltigeurs de la probité démocratique, d'une nuée de stagiaires en jeans et baskets distribuant des feuilles ronéotées titrées dans le cas, par exemple, des Démocrates : « Bush versus reality » et indiquant : 1. ce que « Bush claims », 2. la « reality », 3. « the truth about Kerry's record » (quelle différence, encore, avec la France et ses mises au point laborieuses, tardives, arrivant toujours après la bataille et après que le bluffeur a tiré tous les bénéfices de sa première frappe ! quelle efficacité dans la riposte, dans le travail concret de la vérité !). Me frappe le body language de Bush. Le sourire de faux dur qu'il a dû travailler avec ses conseillers. Me frappe sa façon, en se mettant tout à coup de trois quarts, menton levé, yeux au ciel, de suggérer, me semble-t-il, l'élévation de son esprit et de sa foi. Me frappe, à sa commissure gauche, le petit dépôt de bave qui est l'équivalent des gros soupirs de Gore en 2000, et qui est surtout la preuve que toute une part du jeu reste, quand même, incontrôlée. Me frappe le fait que Kerry soit si bon et lui si énigmatiquement décevant. Et me frappe enfin, lorsque je m'en étonnerai, devant lui, après le débat, l'explication que me donnera, en me priant de ne pas le nommer, l'un des conseillers de campagne du Président : « pourquoi voudriez-vous qu'il fût bon ? ce débat n'avait aucune importance ! aucune ! il en a pour vous, Européens, qui êtes attachés à ces grand-messes, temps forts de vos campagnes ; il en a pour CNN, qui fait de l'argent avec ces spectacles ; mais la réalité de la bataille ce n'est pas sur ça qu'elle va se jouer ; c'est, comté par comté, ville après ville, sur les questions qui préoccupent, non le pays, mais les fameux Etats-bascule ; d'ailleurs, je vais vous dire un truc... » Il est interrompu par une stagiaire qui lui apporte les résultats d'un sondage Gallup confirmant que Kerry l'a emporté haut la main, en effet, sur l'ensemble du pays : « ces débats, on est bien obligés de les faire ; mais je vais vous dire, donc, un truc ; il n'est pas recommandé, à la limite, d'y être trop bon ; car vous savez ce qui se passe si vous êtes bon ? vous êtes lyrique ; vous êtes emporté ; vous lâchez des mots dont vous ne contrôlez plus la course future ; et vous prenez le risque, pour plaire aux élites des côtes Est et Ouest (acquises, de toute façon, aux Démocrates) ou aux paysans du Wisconsin (gagnés, de toute façon, aux Républicains), de dire une chose qui vous retombera dessus quand vous irez chercher, à la petite cuiller, les mille voix qui vous manqueront en Virginie ou en Louisiane. » Je fais la part, bien entendu, du paradoxe et de la bravade. Mais je vois, en même temps, ce qui, dans cette théorie, colle avec la particularité d'un mode de scrutin où la victoire va à celui qui gagne la majorité, non des voix du pays, mais des grands électeurs des Etats et où, les jeux étant faits dans quatre Etats sur cinq ou sur six, l'enjeu est, dans les Etats restants, de convaincre la minorité de votants qui feront la différence et se détermineront, fatalement, sur des questions locales, infimes et, surtout, contradictoires entre elles. Comment parler aux esprits religieux de Caroline du Nord sans se couper des laïcs du Minnesota? Comment plaider pour la discrimination positive chez les masses noires de l'Arkansas sans que cela s'entende trop dans l'Etat de Washington où les Asiatiques sont hostiles à ladite discrimination? Comment gagner les 5 000 Cubains qui changeront tout en Floride sans avoir l'air, dans l'Iowa, un Etat à 90 % blanc, de se coucher devant les Hispaniques? Comment parler contre le chômage dans l'Ohio et pour la prospérité dans le New Hampshire? Comment, si l'on est Kerry, sécuriser le vote juif de Cleveland sans affoler le vote arabe de Detroit? Comment, quand on est Bush, promettre l'amendement constitutionnel sur les mariages gays (essentiel dans l'Oklahoma) sans écœurer, définitivement, les derniers gays républicains (nombreux en Pennsylvanie)? Comment, en Pennsylvanie même, calmer les colombes de Philadelphie sans s'aliéner les faucons du reste de l'Etat? Tels sont les vrais problèmes de cette élection. On peut le déplorer ou s'en réjouir. On peut juger le paradoxe antidémocratique ou conforme, au contraire, à la forme d'une démocratie qui s'est toujours méfiée de ce que Tocqueville appelait les « big theories ». On peut juger abusive cette prise en otage de l'élection par une minorité d'Etats imposant au pays leurs problématiques et leurs soucis ou on peut y voir, dans les mots de Tocqueville toujours, un antidote heureux à la « dictature de la majorité ». On peut s'étonner enfin de la contradiction entre le retour à l'idéologie dont j'ai repéré tant de signes et, à la fin des fins, ce localisme. Le fait, en tout cas, est là. L'élection mondiale par excellence fonctionne comme une élection locale. Ce méga-scrutin sur lequel les peuples du monde ont les yeux légitimement fixés, ce résultat dont, que l'on soit européen, chinois, palestinien, israélien, irakien, dépend le sort de la planète, tient à une série d'arbitrages sur lesquels un débat comme celui de ce soir aura, tout compte fait, peu d'influence.

Un Français chez Kerry

Ce petit voyage de deux jours dans l'avion du candidat, je m'en faisais une fête mais il a failli très mal tourner.

On a commencé, le premier soir, pour l'étape Tempe-Las Vegas, par me mettre dans le deuxième avion, le mauvais, celui où le candidat n'était pas et où l'on avait mis les bagages, la sono et le petit personnel.

Puis, le lendemain, pour la deuxième étape, celle qui, après une nuit à Vegas et un discours, au réveil, devant 9 000 militants de l'AARP, l'Association américaine des personnes retraitées, devait nous conduire à Des Moines, Iowa, pour le fameux grand meeting en plein air auquel se préparait si intensément, cet été, le réceptionniste de l'Holiday Inn, j'ai eu droit à l'avion n° 1 mais j'ai eu beau faire, insister, j'ai eu beau dire et répéter que j'étais écrivain, sur les traces de Tocqueville et qu'il était essentiel, pour mon projet, de pouvoir, ne fût-ce que dix minutes, interviewer le sénateur candidat, je n'ai toujours pas pu l'approcher.

Nous étions une quinzaine, en vérité. Une vingtaine de membres des services secrets, autant d'attachés de communication papillonnant entre la cabine principale et la cabine avant, aménagée pour le candidat – et une quinzaine de journalistes. Or ils ont tous eu, à un moment ou un autre, leur tête-à-tête. Ils ont eu droit, chacun, à un attaché de presse venant, selon leur degré d'importance et celui de leur journal, soit leur faire un petit signe indiquant que leur tour était venu, soit les chercher jusqu'à leur siège pour les mener par la main jusque dans le saint des saints. Mais moi pas. Jamais. Je suis le seul qui, bizarrement, chaque fois que je venais aux nouvelles, me voyais systématiquement répondre un « tout à l'heure » vague et gêné. Et, quand l'heure semblait venue et que, donc, je me présentais, je suis le seul qui essuyais, chaque fois, une réponse embarrassée mais, hélas, toujours négative – au bout d'un moment, on ne prit même plus la peine d'inventer une raison plausible et la réponse, automatique, devint : « le candidat dort... le candidat dort encore... le candidat dort toujours... ce n'est encore et toujours pas le moment, car le candidat est fatigué et il dort... »

« Vous ne trouvez pas ça bizarre? me demande, narquois, mon voisin de siège, journaliste dans un grand network américain, qui observe, depuis le début, sans rien dire, tout ce manège.

— Oui, justement. Et je dois avouer que je commence à ne plus très bien comprendre....

— Vous voulez une explication, la vraie, celle qu'aucun de ces Mickeys n'osera jamais vous donner clairement?

— Evidemment, oui, je la veux!

— C'est extrêmement simple. C'est comme l'histoire des cravates Hermès qu'il a remplacées par des Vineyard Vines, made in USA, de peur que les sbires de Bush ne sautent sur l'occasion pour accréditer leur histoire de Kerry agent français. Ou c'est comme l'affaire de la bouteille d'Evian qu'il a fait enlever l'autre jour, en catastrophe, de la chambre d'hôtel de Santa Monica où il se faisait interviewer par Matt Bai, du *New York Times Magazine*. Vous êtes français, vous aussi. Vous êtes aussi français qu'une bouteille d'Evian ou une cravate Hermès. Et leur vraie crainte, la vraie raison pour laquelle vous êtes le seul d'entre nous qui n'aurez pas de contact avec Kerry, c'est ça : imaginez qu'un Français aille raconter, à huit jours du scrutin, que le candidat l'a choisi pour livrer d'ultimes confidences... »

Stupeur, bien entendu.

Non seulement stupeur, mais vraie bouffée de colère à l'idée de ce malentendu absurde.

224

Et comme je finis, de toute façon, par en avoir effectivement assez et que je n'ai, de surcroît, rien à perdre, je fonce, une dernière fois, jusqu'au cerbère montant la garde au niveau du bar, au centre de l'avion, et je lui dis : « bon ; j'ai compris ; et on va, si vous le voulez bien, faire, vous et moi, un petit deal ; je m'engage, si je vois le candidat, à ne rien publier, non seulement jusqu'à l'élection, mais même jusqu'à l'été 2005 où doit paraître, dans l'*Atlantic*, celui de mes récits où j'intégrerai ces deux journées ; mais je vous promets aussi que, si vous continuez votre manège idiot et que votre fixation anti-française fait que je ne le voie pas du tout, alors, vous aurez un portrait révélant, le moment venu, que l'ex-candidat qui sera peut-être, alors, le 43ᵉ Président des Etats-Unis est un type qui passe l'essentiel de ses journées à... dormir ! »

Sourire amusé de l'attaché.

Rires, devant nous, du petit groupe de jeunes filles, copines d'Alexandra Kerry, qui ont suivi la scène.

Et octroi enfin, juste avant la descente sur Des Moines, du petit tête-à-tête dont j'ai attendu, comme promis, jusqu'à aujourd'hui pour dire l'impression qu'il m'a laissée.

Un homme sympathique, en bras de chemise, blaguant avec ses collaborateurs et cherchant des candidats pour, à l'arrivée sur le tarmac, se dégourdir les jambes avec quelques passes de football américain. Un Européen de cœur, apparemment content de me voir et intéressé d'entendre que cette histoire de francophobie est une connerie d'attachés de presse washingtoniens et que je n'ai, moi en tout cas, depuis des mois que je sillonne l'Amérique profonde, jamais rencontré de gens qui m'en veuillent d'être Français. Un bon candidat. Un militant courageux, tout à la bataille qui le requiert, pénétré de son rôle et de sa mission, inspiré, passionné. Un rationaliste, surtout. Un vrai rationaliste, homme des lumières et de parole, ne doutant pas un seul instant que la Vérité, même si elle tarde à s'imposer, même si les désinformateurs professionnels commencent, apparemment, par marquer des points, finit toujours par l'emporter. C'est la raison pour laquelle il a tant tardé à réagir à l'ignoble campagne du groupe de « swift boat vétérans » mettant en cause son passé de héros au Vietnam. C'est la raison pour laquelle, également, il sera toujours mal à l'aise, lui-même, avec ce type d'arguments et leur préférera, toujours, de bonnes et longues explications raisonnables, articulées, politiques. Naïveté ? Optimisme ? Sous-estimation, fatale, de la part d'irrationalité qui fait la décision dans une campagne ? On verra bien. Plus que quelques jours, n'est-ce pas, avant de savoir...

5

AUTANT EN EMPORTE LE SUD

(D'AUSTIN, TEXAS, À LITTLE ROCK)

Tocqueville au Texas

« Je cherche Paul Burka. Le professeur Paul Burka. Il donne un cours sur Tocqueville qui a dû commencer il y a vingt minutes et je n'arrive pas à trouver sa classe... » L'homme à qui je m'adresse est un géant obèse et moustachu, habillé en jeans, le t-shirt humide de transpiration, en train de prendre le frais, avec une dizaine de jeunes gens assis, comme lui, sur des chaises en rotin, dans une galerie couverte de l'immense Lyndon Johnson University. « Paul Burka? Mais c'est moi, me répond-il en soulevant légèrement, signe de bienvenue, son énorme masse de chair! C'est moi que vous cherchez, je suis le professeur Paul Burka! » Puis, me montrant le groupe de jeunes, garçons et filles, assis autour de lui, décontractés aussi, sans notes ni cahiers – juste, pour certains d'entre eux, un livre sur les genoux : « et ma classe, la voici ; si, si, nous sommes en classe ; nous commentions, en vous attendant, les premières lignes du chapitre VIII de la première partie du deuxième livre de *De la démocratie...*, à propos de la "constitution fédérale" ; mais à vous de jouer, puisque vous êtes là ; vous en savez autant que moi, je vous cède la parole... » Quoi ? Une classe, ça ? Un professeur, ce sympathique géant, sans chaire ni pupitre, qui commence d'ailleurs par me dire qu'il est un ancien avocat et qu'il est aussi, dans une autre vie, rédacteur en chef au *Texas Monthly* ? Eh oui, une classe. C'est stupéfiant pour quelqu'un qui, comme moi, est habitué aux rigidités et pompes de l'enseignement à la française, mais je suis dans une classe. Et il semble même, à en croire Burka, que je sois tombé sur une classe de « honors », première année mais honors, autrement dit des étudiants particulièrement brillants qui ont commencé l'année avec Thucydide, l'ont poursuivie avec Ibsen et sont plongés, maintenant, dans le livre de Tocqueville. « Que savez-vous de ce livre ? dis-je après avoir tiré ma chaise dans l'étroite bande d'ombre que fait le pan de mur entre les deux baies vitrées. Je vais vous dire ce que j'en pense. Mais vous, d'abord ? Que représente-t-il à vos yeux ? Que vous raconte-t-il de votre pays, du monde où vous vivez, de votre temps ? » La « tyrannie de la majorité », me dit Peter, tout en suivant des yeux un énorme papillon qui vient d'entrer par la baie ouverte ; « l'idée qu'il y a déjà

228

tyrannie dans le fait même qu'un parti concentre tous les pouvoirs ». La « place de la religion », enchaîne Joanna, bras nus, dans le soleil ; mais la « nécessité, néanmoins, pour que la démocratie fonctionne, de voir les Eglises séparées de l'Etat – est-ce partout le cas, de nos jours » ? Et Dennis, chemise ouverte jusqu'au nombril, volubile, très gai : « attention ! Tocqueville n'est pas Montesquieu, le principe de séparation n'est pas un principe exactement tocquevillien ! » Et Jeff, entre ses dents, ton de la conversation de bistro : « regardez les Pères fondateurs ; est-ce qu'ils n'étaient pas archireligieux ? est-ce que la religion n'était pas le fondement même, selon eux, d'une politique digne de ce nom ? » Et Marisa : « Kerry a perdu à cause de l'avortement ; on ne peut pas dire à la fois que l'on est contre et que l'on veut une loi qui l'autorise. » Et la rousse et jolie Jessica, avec ses cheveux longs défaits, son coup de soleil sur le nez et le regard intimidé que lui donne la lumière trop vive : « au contraire ; ce fut son honneur ; penser une chose en conscience mais ne pas vouloir l'imposer aux autres, avoir ses convictions mais laisser autrui libre de se conduire comme il l'entend, n'est-ce pas ça, le grand style ? n'est-ce pas là, au sens de Tocqueville, le propre de la démocratie ? » Car, de fil en aiguille, nous en sommes venus à parler de l'actualité, c'est-à-dire (pour reprendre, encore, les mots de Tocqueville dans le même chapitre VIII) de « l'élection du Président », hier, 4 novembre. Et, posant carrément la question, j'ai eu la surprise de constater qu'une majorité, dans le petit groupe, est favorable au mariage gay ; que la

229

même majorité trouve que Bush en a trop fait dans l'étalage de ses valeurs religieuses ; que c'est une minorité, du reste, qui, s'ils avaient été en âge de voter, aurait voté pour lui ; bref, que dans cette classe d'Austin, dans la capitale de ce Texas qui est un fief conservateur, la tendance et, surtout, l'avenir sont clairement de l'autre côté... Tout le monde, depuis hier, nous serine la même histoire des « valeurs morales triomphantes ». Tout le monde, y compris moi, a décrit l'évolution de cette société dans la direction d'une « droite dure » tournant définitivement le dos à l'héritage de l'Europe et des Lumières. Tout le monde – hier soir par exemple, à New York, dans sa cuisine, le grand éditeur et critique Jason Epstein – n'a à la bouche que ce fameux « raz-de-marée » monté des profondeurs du Sud pour inonder, à l'exception des bandes côtières, l'essentiel des terres américaines. Et si ce n'était pas cela ? Et si le mouvement de fond, celui que la jeunesse incarne même si elle ne l'exprime pas toujours assez, allait dans le sens de la liberté des mœurs, des conduites, des esprits ? Et s'il y avait, dans les forces vives du pays, une inentamable volonté de sauver, sur des sujets comme l'avortement, les acquis de la révolution démocratique des années 60 et 70 ? Et si le vote d'hier, loin d'être l'expression d'une tendance lourde et d'un renversement, loin de nous annoncer le visage futur d'une Amérique reniant l'héritage, mettons, de Kennedy pour s'enfoncer dans la nostalgie d'on ne sait quel maccarthysme, était alors un baroud d'honneur ? Et si c'était, rageur mais désespéré, déterminé mais sans illusion, le dernier combat d'une majorité qui sait qu'elle ne sera pas toujours la majorité et que l'Amérique a, déjà, tellement changé qu'il y sera de moins en moins facile d'afficher sa haine des Blacks, des juifs, des Indiens, des femmes ? Je pose la question. Ici, à Austin, à l'orée de ce « Sud » où je vais m'enfoncer, je forme l'hypothèse.

Chrétiens perdus et retrouvés

Rod Dreher, je l'ai rencontré plus au Nord, à Dallas, dans un restaurant écologique et branché où l'on petit déjeune au milieu d'un jardin potager.

Il est le prototype, lui-même, du journaliste branché.

Il en a la dégaine décontractée, la liberté d'allure et de propos.

Au *Dallas Morning News* où il écrit, comme au *National Review Magazine* ou au *New York Post* où il a fait ses premières armes, il s'intéresse à la littérature, au cinéma, aux questions de société pointues.

Il n'a peur d'aucun sujet. Il ne recule devant aucun scandale. C'est lui qui, au *New York Post*, s'emparait des films les plus chauds. Et c'est lui qui a lancé, début 2002, par son tonitruant « Les Péchés des pères », le grand scandale de la pédophilie dans l'Eglise catholique.

Mais voilà.

Il est catholique, justement.

Intensément, profondément, catholique.

Et il a juste le sentiment que la vie, dans les grandes villes, est difficile pour un catholique : il pense

231

qu'on ne peut pas y élever correctement ses enfants ; il croit que l'école publique, dans une ville comme New York, n'est plus qu'une énorme machine à produire et reproduire des analphabètes ; et c'est pourquoi il s'est installé ici, à Dallas, qui est une ville aussi, d'accord, et même une énorme ville, mais qui est l'un des lieux des Etats-Unis où la dérégulation concernant le « home schooling » est allée le plus loin.

Est-ce que je sais ce qu'est le home schooling, by the way ?

Est-ce que nous avons, en France, quelque chose qui y ressemble ?

Ici, aux Etats-Unis, cela va de soi.

Le droit d'éduquer ses gosses soi-même étant un droit absolu, il y avait, même à New York, une Home Schooling Education Association à laquelle il adhérait quand il y vivait.

Mais New York restait New York. C'est toute la culture ambiante qui y était dominée par l'idéologie du shopping et du fucking et qui vous pourrissait vos gosses. Et puis les règles... Si l'Etat de New York permet, donc, le home schooling, s'il autorise – parce que c'est la loi fédérale et qu'il ne peut pas faire autrement – les familles qui le désirent à retirer leur progéniture de cette cochonnerie d'école publique, c'est dans un étau de règles qui encadrent malheureusement la chose... Alors qu'ici, au Texas, il n'y a pas de cadre. Pas de limite. On y élève ses rejetons exactement comme on l'entend. Et c'est pour cela qu'il est ici.

Son enfant s'appelle Matthews.

Il l'emmène, chaque matin, 4 heures par jour, 4 jours par semaine, dans la Church School du quartier, à Junius Heights, où ils sont une quinzaine d'élèves par classe, à qui l'on inculque les bases.

L'après-midi, c'est sa femme et lui qui, pendant deux ou trois heures, parfois quatre, le prennent en charge et, seuls, à la maison, lui dispensent l'essentiel de l'enseignement qui fera de lui, non seulement un chrétien, mais un homme libre.

Le soir, pas de télé – à la différence de sa maison à lui, Rod, quand il était petit, à la différence de toutes les maisons américaines où la télé est devenue le centre de la vie de la famille, Matthews vit dans un monde où l'on n'allume le poste que dans de très rares occasions et où, le soir, on lit.

Résultat : il a 5 ans, et il lit comme à 12.

Résultat : il est presque encore un bébé et il a déjà, pourtant, rompu avec cette mauvaise culture, utilitaire, idiote, orientée vers le débouché, qui ne fabrique que des esclaves.

Est-ce que ce système, dis-je, n'est pas une terrible défaite pour la société ? Oui, bien sûr, il me répond. Je ne vais pas vous raconter que c'est un succès pour la société. Mais tant pis. Pas mon problème. Cela fait belle lurette que les problèmes de la société ne sont plus mes problèmes et que, d'ailleurs, je ne vote plus.

Que se passera-t-il quand Matthews aura 20 ans ? 30 ans ? Ne sera-t-il pas inadapté à un monde dont vous l'aurez coupé ? Oui ; il y a ce risque ; il y aura même, avant cela, au moment du passage à l'Université, un souci d'adaptation ; mais, souci pour souci, c'est un souci moins grave que celui que m'inspirent la vulgarité ambiante, la pornographie, l'islam radical, le terrorisme.

Ce qu'il enseigne à son enfant? Quel type de culture? Quels livres? Est-ce qu'il exerce une censure? Un contrôle sur les contenus? Quid du darwinisme, par exemple? Est-ce qu'il enseignera à Matthews, le moment venu, le darwinisme? Mais oui! me répond-il en riant de bon cœur. Vous parlez comme mes anciens copains de New York qui me regardaient comme si j'étais entré dans une secte obscurantiste et arriérée! J'enseignerai tout à Matthews. Nabokov. La Révolution française. L'histoire de l'âge industriel. Dostoïevski. Kierkegaard. Tout. Sans état d'âme. Ne me confondez pas, s'il vous plaît, avec ces néo-évangélistes absurdes : je n'ai aucun problème avec le darwinisme ; je dirai à Matthews que la Bible est vraie à un certain niveau mais que la science aussi est vraie, d'une autre vérité, à un autre niveau...

Bizarre histoire.

Singulière situation.

Rien à voir, en effet, avec les fondamentalistes des Megachurches.

Le contraire, je le vois bien, de ces « born again Christians » dont le projet était de rejoindre le mainstream, la culture de masse, la modernité, avec lesquels lui, justement, veut rompre.

Je suis face, en réalité, à un tout autre phénomène dont je me demande si, mutatis mutandis, la mystique dégénérant non seulement en politique mais en farce, et Dallas tenant tout à coup lieu des villes syriaques du Ier siècle, il ne serait pas plus proche de la fuite du monde, puis de la montée au désert, des chrétiens des origines.

Désir de sécession.

Logique d'enclave et de monastère à l'intérieur de la grande ville.

Temps de déclin. Age de misère. Généralisation d'une corruption où c'est l'Eglise elle-même qui, comme à l'époque de Thomas More, s'effondre autour de ses fidèles. Alors, il faut tenir, disent les gens comme Rod Dreher. Alors il faut, en attendant la renaissance, sauver ce qui peut l'être et se mettre en réserve. La scène se passe au Texas c'est-à-dire au cœur des ténèbres : Dreher se veut, au Texas, un nouveau chrétien des catacombes.

Un mythe américain

Dallas, toujours.

Le vrai mystère Kennedy est là.

Il n'est pas dans la question de savoir si Oswald a agi seul ou non.

Il n'est pas dans les interminables discussions visant à savoir s'il y eut une balle ou deux, si les coups vinrent de derrière ou de devant.

Il n'est pas dans cet entrecroisement de théories qui attribuent aux castristes ou aux anticastristes, à la mafia ou à la CIA, aux Russes, à Johnson, à l'extrême gauche, à l'extrême droite, au complexe militaro-industriel et au lobby des casinos, à la Chine et à Israël, aux juifs ou aux protestants, aux riches Texans du Sud, au FBI, aux Vietnamiens du Nord, à Edgar Hoover, à Howard Hughes, la responsabilité d'avoir armé la plus célèbre carabine Mannlicher-Carcano 6,5 de l'Histoire.

Il n'est même pas – il est encore moins – chez ces pathétiques et increvables « JFK assassination researchers » que je vois, ce matin, au pied du Texas School Book Depository de Dealy Plaza, sur les lieux mêmes du crime, haranguer leur maigre public pour vendre, l'un ses « révélations inédites » prouvant l'existence du deuxième tireur ; l'autre, son « interview jamais vue et en exclusivité mondiale » démontrant que les blessures du Président ont été maquillées à l'autopsie ; le troisième une nouvelle « vidéo de témoins oculaires » dont les arrêts sur image dramatisés, les zooms paranoïaques, les visages flous cerclés de rouge, sont censés mettre en pièces les conclusions de la Commission Warren ; l'autre, enfin, « les treize secondes manquantes » que Abraham Zapruder n'a pas filmées et qui établissent sans le moindre doute que son film était un montage.

Non.

Le mystère est ici, au sixième étage du bâtiment, dans cette émotion qui me submerge (et dont je vois bien qu'elle submerge tout le monde autour de moi) face à ces images noir et blanc que l'on connaît, pourtant, par cœur.

Il est, plus exactement, dans ce dispositif émotionnel rare, unique même, dont je ne connais d'équivalent dans aucune autre situation ni, à plus forte raison, aucun autre musée ou lieu de mémoire au monde, et dont je décrirais le paradoxe ainsi.

1. Ces images sont des clichés. On les a vues, revues. Ni dans les photos de la vie des Kennedy placardées aux murs ni dans les petits films que l'on nous passe en boucle et qui montrent, pour la énième fois, soit les images du drame soit celles de l'enterrement, n'apparaît la moindre indication inédite ou un peu surprenante. Ce n'est plus le comique, mais le tragique, de répétition. Et tous les Américains qui sont là, tous les fervents du mythe qui sont venus, comme moi, dans la petite salle de projection, revoir, indéfiniment répétée, la scène du dernier virage ou celle du convoi repartant, toutes sirènes hurlantes, vers la salle des urgences n°1 de l'hôpital Parkland, connaissent ces séquences à la perfection.

2. Le mythe Kennedy lui-même. Voilà longtemps que le mythe Kennedy n'est plus un mythe. Ou, pour dire la chose autrement, peu de mythes ont été, depuis quarante ans, objet d'une rage démystificatrice aussi radicale et, scandale après scandale, best-seller après best-seller, aussi redoutablement efficace. J'interroge autour de moi. Je fais parler ces fétichistes de la mémoire et de la légende venus de tous les Etats-Unis. Tous, ou presque tous, savent que le spectacle du bonheur familial avec Jackie était une représentation publicitaire et fabriquée. Tous, ou presque tous, savent que le jeune héros bronzé, respirant l'optimisme et la santé, était un grand malade, drogué à la testostérone, dont la joie de vivre était un leurre. Tous ont au moins entendu parler des « péchés du père », de ses penchants antisémites ou pronazis, des origines douteuses de la

fortune familiale ou même des menues tricheries qui permirent l'accession de JFK à la Maison-Blanche. Nul, enfin, ne parvient à complètement ignorer que ce « grand Président », ce « visionnaire », cette incarnation officielle de l'Amérique qui gagne et qui dit le juste et le bien, eut quand même le temps, en mille jours, d'envoyer ses premiers « conseillers militaires » au Vietnam, de lancer la calamiteuse expédition de la Baie des Cochons et, un an avant le beau « Ich bin ein Berliner », de laisser s'élever le honteux Mur de Berlin.

3. Malgré cela, malgré ce stock d'informations disponibles à qui veut, malgré cette face cachée qui n'est plus, à force, cachée pour à peu près personne, malgré le désenchantement méthodique dont le mythe Kennedy a été l'objet depuis quarante ans, il suffit d'une image de cet homme dans sa gloire. Il suffit d'une de ses photos de jeune prince souriant et charmant, american tabloid, from Washington to the moon, opulence, bonheur, nouvelle frontière, insouciance. Il suffit d'une image de Jackie, en robe d'Oleg Cassini, au temps de leur grand mensonge médiatisé. D'une autre, le jour du drame, tailleur rose taché de sang, jambes écartées, à quatre pattes, tout souci de mise en scène oublié, en train de ramasser, penchée sur le capot arrière de la Lincoln, les bouts de cervelle de son mari. D'une autre encore, dans le même tailleur ensanglanté qu'elle n'a pas voulu quitter, près de Lyndon Johnson prêtant serment. Ou la même toujours, voile de crêpe noir sur le visage, aux côtés de Bobby en frac ou de ses deux enfants montant, avec leurs petites jambes trop

courtes, les marches du Capitole pour un dernier adieu à leur père. Il suffit de cela. Il suffit d'une seule de ces vignettes. Et un trouble vous gagne dont je ne suis pas sûr qu'il y ait d'équivalent – même pas, et c'est tout dire, avec les images du 11 septembre.

Qu'est-ce, alors, qu'un cliché qui fait pleurer ?

Qu'est-ce qu'un mythe auquel on ne croit plus et qui, pourtant, fonctionne toujours ?

Voilà.

Tout est là.

C'est la question posée par les amoureux de l'Antiquité lorsqu'ils se demandent si les Grecs « croyaient à leurs mythes » et qu'ils répondent, comme André Gide, que le problème est celui, moins de la croyance, que de l'assentiment.

Et le fait est que, dans les grands sentiments simples que mobilise la saga des Kennedy, dans cette mort en direct que nous revivons sans nous lasser, dans cette proximité de la souffrance et de l'amour, dans cette connexion du pouvoir et du malheur, de la chute et de la rédemption, dans cette histoire de jeunesse foudroyée, dans ce roman vrai d'une famille illustre et maudite, bénie des dieux et poursuivie par un destin à la fois inconcevable et nécessaire, c'est tout le Tragique éternel – « terreur et pitié », disait Aristote – qui se joue et nous fait frémir.

Les Kennedy ne sont pas, comme on dit parfois, l'équivalent d'une famille royale américaine. Ils sont les frères en destin d'Œdipe, Achille, Thésée, Narcisse ou Prométhée. Ils sont la part tragique d'un peuple qui pensait avoir fait l'économie de la tragédie. Ils sont les Grecs des Américains.

Armés comme des nazis

« Vous ne comprendrez rien à ce pays si vous faites l'impasse sur la question des armes, m'avait prévenu, dans son bureau d'Austin, la pétulante Carole Keeton Strayhorn, « Texas comptroller of public accounts ». Porter une arme est, ici, un droit de l'homme. Il est inspiré, ce droit, du Bill of Rights anglais de 1689, lui-même explicitement lié au droit de résistance à la tyrannie. Et ce que vous ne voulez pas voir, vous, les Européens, c'est qu'il est garanti, à ce titre, par le Deuxième Amendement de la Constitution. Vous irez à Dallas, en partant d'ici ? Oui ? Eh bien poussez, dans ce cas, jusqu'à Fort Worth où se tient une grande exposition. Vous verrez le climat. Vous verrez l'adhésion populaire. Et vous comprendrez que c'est le cœur du Texas et de l'Amérique qui bat dans ce type de lieux. »

Chose dite, chose faite. A peine arrivé à Dallas, je prends la Route 30, puis la Tom Landry Highway, du nom de l'entraîneur de la « Dallas cow-boy team of football ». Et me voilà au cœur d'une ville étrange, tout en parcs, hôtels déserts, échangeurs d'autoroutes se croisant au-dessus des têtes mais où peu de voitures passent – me voilà au cœur de cette ville vide où ni l'admirable Kimbell Museum de Louis Kahn, ni le fameux Hotel Texas où John et Jackie Kennedy passèrent leur dernière nuit, ne

240

semblent attirer quiconque et où tout paraît construit, en fait, autour du bâtiment mussolinien à façade blanche dont m'avait parlé la comptroller et où un écriteau annonce : « Great western show ».

Je croise, dans le hall, un couple d'obèses ayant chacun, sur l'épaule, un fusil neuf. Je vois un petit homme tout gris, visage fermé, qui porte dans ses bras un paquet, trop grand pour lui, en forme de mitrailleuse. Je donne mon identité à un groupe de policiers vérifiant – absurde, mais vrai – que je ne suis pas armé. Je dépasse la table, recouverte d'une mauvaise feutrine, où la National Rifle Association recrute ses nouveaux adhérents. Et je pénètre dans la salle des expositions.

Des centaines de stands. Des milliers d'acheteurs et de badauds déambulant, très concentrés, entre les stands. Des groupes. Des familles. Des mères, surexcitées, poussant des landaus. Des vieux, des jeunes, les yeux également brillants. Des tatoués et des bourgeois. Des faux cow-boys. Des vrais Sudistes, déguisés en soldats de la guerre de Sécession, à la recherche de pièces d'époque. Un stand de fusils de la guerre de Corée. Un autre, où l'on vient caresser des poignards dont le certificat d'origine précise combien de « Viets » ils ont saignés. Des Bush Master Competition AR-15 semblables à ceux dont je lisais, dans un journal de Las Vegas, qu'on a volé un stock dans je ne sais quelle caserne. Un type, qui se fait appeler Yoda, comme le Grand Maître de *La Guerre des étoiles*, et qui vend une « version sport » du Barrett 82 A-1, 50 caliber rifle. Le prix ? 8 000 dollars. La procédure ? Etre citoyen américain et avoir un permis de conduire en cours de validité. C'est tout ? C'est tout. Pas besoin d'une autorisation du FBI ? Si ; un coup de fil ; l'agent, au bout de la ligne, note ; il ne prend pas le numéro de série, il note. Pas de cas, tout de même, où vous refusez de vendre ? Parfois, oui ; supposez que vous arriviez en me disant « je viens d'être volé, je veux une arme pour me venger » ; là, en effet, j'hésite ; on ne vend pas à un type sous le coup de l'émotion. Moi, par exemple ? si je n'étais pas français, me vendriez-vous l'une de vos merveilles ? Il hésite... Me dévisage... Pas sûr, non ; on vend pas à n'importe qui ; et vous n'y connaissez rien, vous, je le vois bien...

Et puis, près de celui de Yoda, cet autre stand que j'ai tardé à remarquer. Le type s'appelle Michael Morris. Il a une soixantaine d'années, le teint brique et une moumoute blanche. Un écriteau annonce : « Collector paying top prices ». Et je m'aperçois que l'objet de sa « collection » ce sont des « German war relics », autrement dit des armes et des reliques nazies. Il y a là, pêle-mêle, des badges de pilotes. Des poupées à l'effigie de Goebbels. Des croix gammées. Des Lüger à 18 000 dollars. Le revolver personnel de Himmler. L'épée de Goering. Celle de Julius Schirner. Un morceau de la porte du QG de Munich. Un fragment de la vraie casquette du Führer. Un des 31 brassards – « tirage limité ! numérotés ! – ayant appartenu à ses premiers gardes du corps ». Et, exposé comme le plus précieux des livres d'art, un catalogue où sont photographiées les pièces les plus rares de sa collection, celles qu'il ne produit que pour des clients exceptionnels et qui décorent sa propre maison : des statues de cire, grandeur nature, d'officiers nazis ; des casques dans une bibliothèque ; un bol d'argent, cadeau d'Hitler à Eva Braun ; des assiettes, gravées d'une tête de mort, où le couple aurait mangé ; et, le clou, un immense tableau, presque une fresque, montrant Hitler en uniforme, un manteau sur les épaules, le poing sur la hanche, très féminin. « Cela ne vous gêne pas de vendre ça ? – Y a des gens pour acheter ; faut bien qu'il y en ait pour vendre. – Savez-vous qu'en Europe c'est interdit ? – Normal ; vous avez été occupés ; nous, on les a vaincus ! – Donc aucun scrupule ? – Aucun scrupule ; le Reich a tué moins que Gengis Khan. – Vous vendriez des objets ayant appartenu à Ben Laden ? – Ah non (cri du cœur) ! Rien à voir ! Car ils n'auraient pas, j'en suis sûr, la qualité esthétique de ces objets nazis. »

Des « antique dealers » comme Michael Morris, des bons Américains sensibles, comme lui, à l'« esthétique » nazie, j'en verrai, en m'enfonçant, une demi-douzaine d'autres. Je découvrirai, presque pire, la boutique de Lance et Judith Frickensmith, deux Ukrainiens qui vendent « the most prejudicial, controversial films ever made » – soit des cassettes de Leni Riefenstahl, des marches et chants nazis, un film antisémite intitulé *The House of Rothschild*, un autre *The Glory Years, Ruins of the Reich, vol. III*. Un droit de l'homme, vraiment, cette histoire d'armes ? Un droit constitutionnel lié, comme le disait la comptroller, au caractère « communautaire » de la notion de maintien de l'ordre ? Je reprends la route, vers la Louisiane, de plus en plus sceptique – une part de moi se demandant si ne serait pas plutôt là, dans cette fascination terrible et grotesque, le fin mot de toute l'affaire. Eh oui ! Les grandes phrases. Les arguments électoraux. Les professions de foi pompeuses de la NRA et de son président, Wayne LaPierre, interviewé, l'autre semaine, en Virginie et revendiquant le droit de s'armer avec la même énergie que Rod Dreher celui d'élever ses enfants chez soi. Et, à la fin des fins, non-dit brusquement entrevu, horizon possible de cette logorrhée, sa vérité ultime, secrète et, quoique le plus souvent inconsciente, forcément active dans les esprits : ce kitsch hitlérien, ce jeu morbide avec l'horreur, ce désir tout bête de *se déguiser librement en nazi*...

C'est encore loin, le Sud ?

Je me souviendrai de New Orleans, la ville « française » de Tocqueville.

Je me souviendrai de la mixité de New Orleans et de cette impression que j'ai eue, comme, lui, Tocqueville, au matin du 1er janvier 1832, d'une ville où l'on parle, pense, sent en plusieurs langues – France, mais aussi Espagne, Afrique, Inde, esprit cajun, influence créole, Chine.

Je me souviendrai de cette mixité des âmes à New Orleans, et de cette mixité des corps, et du très grand nombre de métis, mulâtres, quarterons, que l'on y voit donc encore, cent soixante-douze ans après, en ce matin de décembre 2004 : il n'y a pas tant de métis que cela, finalement, en Amérique ; pas tant de mélange qu'on le dit entre les communautés, leurs pratiques, leurs systèmes symboliques, leurs imaginaires ; et, de cela, de cette non-mixité méthodique et, au fond, mutuellement consentie, de ce communautarisme partout régnant et de ce faible nombre, par exemple, de mariages mixtes, c'est ici, à New Orleans, que j'ai, par contraste, pris conscience.

Je me souviendrai de la fièvre jazzy de New Orleans, de sa joie de vivre et de danser, je me souviendrai de cette impression que l'on a, dans les bars les plus minables du Carré français, d'assister, chaque soir, à l'invention du blues et du gospel.

Je me souviendrai des bastringues de New Orleans, je me souviendrai de leurs lap danseuses tellement plus rieuses, audacieuses, que les poupées clonées des clubs de Las Vegas – je me souviendrai avoir pensé : la Sodome et Gomorrhe du Sud ! un bastion de libertinage en terre fondamentaliste et puritaine !

Je me souviendrai, cette nuit-là, à New Orleans, au-dessus d'un restaurant de Bourbon Street qui sentait la bière et la sueur, de cette jeune fille, 15 ans, peut-être 16, dansant sur son balcon, retirant son chemisier, la barrette de ses cheveux, son soutien-gorge, sa jupe, pendant qu'une bande de gamins, depuis la rue, lui jetaient des poignées de perles.

Je me souviendrai, sur Jackson Square, d'un autre gamin, faux crétin et vrai musicien, sosie black de l'Ignatius Reilly de John Kennedy Toole (et donc,

245

car c'est la même chose, du cinéaste Michael Moore)
en train de rejouer la conjuration des imbéciles en
gémissant, entre deux airs d'harmonica, « je suis un
Blanc ethnique, je suis un Blanc ethnique ».

Je me souviendrai de la lenteur de New Orleans,
de sa langueur tropicale en même temps que de son
effervescence ; je me souviendrai de ce drôle de
temps de la ville – chaque ville a son temps n'est-ce
pas ? chaque lieu du monde a sa propre qualité de
temps comme il a sa couleur, son paysage, son
histoire ? eh bien, à New Orleans, c'est un temps
gourd, longanime et lent à la colère ; c'est un temps
qui tarde et ne se résout pas ; c'est comme si, disait
Capote, le temps avait trouvé le truc, dans cette ville,
pour ne plus couler du tout, se reposer.

Je me souviendrai des interminables parties de
cartes de Stanley Kowalski, dans *Un tramway nommé
désir* – savent-ils, ces deux types aux allures de clodo
qui tapent la carte, à minuit passé, sur le seuil d'un
taudis de Constantinople Street, qu'ils retrouvent les
gestes, presque les mots, de Tennessee Williams ?

Je me souviendrai de New Orleans comme de la
ville où j'aurai vu la plus grande concentration de
marginaux en tous genres, de branques, d'originaux,
de types qui vous la jouent vampires, d'ivrognes
vaguement vaudous, de filles vous offrant, sur le
trottoir, un verre de frozen daiquiri et d'autres qui,
plus loin, vous glissent, à voix basse, l'histoire d'un
travelo battu à mort, ici même, il y a un an, par un
prêtre désaxé – le fruit, comme à Chicago, du
désenfermement qui a jeté dans les rues toute une
population d'esprits dérangés ? non ; rien à voir avec

les dérangés de l'ère Reagan! aucun rapport avec la folie triste des nouveaux fous des autres villes américaines! il y a du Erskine Caldwell, et du Cormac Mac Carthy, dans ces égarés-là! et quand les violents l'emportent, quand on comprend que la « Big Easy » n'est pas non plus très loin de détenir le record du nombre des crimes de sang, souvent atroces, inexpliqués, quand on vous dit qu'il y a des feux rouges, dans certains quartiers, où il est préférable de ne pas s'arrêter, c'est l'ombre de Flannery O'Connor qui vous assaille et, encore, la littérature.

Je me souviendrai de mon arrivée à New Orleans, de nuit, venant de Baton Rouge, à travers des étendues de swamps et de bayous, puis des forêts d'arbres fantômes aux branches mangées de mousse espagnole, elle-même mangée par le brouillard.

Je me souviendrai que New Orleans est, à ma connaissance, la seule ville au monde construite, non seulement sur des marécages, mais sous les eaux, plusieurs mètres sous le niveau de la mer, avec système de digues, pilotis, pompes et aspirateurs, chargés, quand le Mississippi déborde, d'empêcher la ville de se noyer – est-ce pour cela que les cimetières, à New Orleans, sont toujours sur les hauteurs, dans des grottes, à ciel ouvert? est-ce de là que vient cette impression de ville hantée, un peu morbide, que ni la musique ni la danse ne parviennent à complètement égayer? et ce sentiment de précarité diffuse? et la certitude, qui ne vous quitte jamais, que l'eau, un jour, sera la plus forte et que New Orleans, nouvelle Ninive, sombrera dans un nouveau Déluge?

247

Il y a l'eau morte et dévoratrice, les odeurs d'humidité et de vase, à l'entrée de New Orleans, dont je me souviendrai.

Il y a les alligators qui encerclent, paraît-il, New Orleans – veillent-ils ou attendent-ils leur heure? nul ne sait, mais je m'en souviendrai aussi.

Je me souviendrai encore, à New Orleans, de ce président français d'une compagnie pétrolière venant me chercher, un matin, pour m'amener, au large de la ville, en haute mer, sur une plate-forme pétrolière semblable à celle de *Breaking the Waves* et je me souviendrai, pour y aller, du survol des faubourgs de la cité radieuse et spectrale, puis du Mississippi prenant progressivement ses aises : je me souviendrai de son delta infini, de ses dizaines, bientôt de ses centaines, de bras, tantôt énormes, tantôt grêles et pareils à un écheveau de fils clairs jetés sur la terre limoneuse; je me souviendrai de la lutte à mort des eaux et de la terre, des lambeaux de terre sauvés des eaux et qui, au bout d'un moment, semblaient des îles rares, perdues dans l'océan, de plus en plus étroites et longues, avec des maisons de plus en plus fragiles et absurdes – mais que diable veulent les hommes? pourquoi ces maigres barrages contre le moins pacifique des fleuves? ne savent-ils pas que c'est l'infini qui, comme la mort, finit toujours par l'emporter?

La Venise du Sud, disent-ils. Non. Pire. New Orleans.

La capitale du Sud, croient les Français. Mais non. Pas le Sud. Toujours pas le Sud. Juste New Orleans.

L'enfer doit ressembler à cela

« Angola »...

A première vue, c'est une prison.

Et c'est même, comparé à ce que j'ai pu voir ailleurs, une prison plutôt convenable.

Le côté existence en plein air sur cette ancienne plantation, au sud de New Orleans, où l'on arrive par une belle route triste, plantée d'arbres couverts de lierre et, encore, de mousse espagnole.

La boucle du Mississippi dont la directrice adjointe, Cathy Fontenot, jolie jeune femme blonde, cheveux tirés en chignon, enceinte, explique qu'elle fait, sur trois côtés, office de barrière naturelle et évite le lourd appareil des miradors, des barbelés, des barrières.

Les « trusties », autrement dit les condamnés – ils sont huit cents sur cinq mille – à qui l'on fait confiance et qui se baladent sans surveillance, presque libres, à l'intérieur de ces deux mille hectares de verdure que l'on appelle, dans la région, « La Ferme ».

Carey Lassaigne par exemple, le « trusty » Carey Lassaigne, qui a la charge des écuries et qui, avec ses bottes bien cirées, son t-shirt blanc immaculé, ses yeux bleus et francs, ses chiens fidèles, a plus l'air d'un gentleman farmer que d'un condamné à perpétuité.

Les blocs eux-mêmes, corrects.

Ces blocs aux noms d'oiseaux, ces Raven, Hawk 1 et 2, Falcon 1, 2 ou 3, dont les dortoirs, les douches, les grandes baignoires collectives, sont sans commune mesure, encore une fois, avec le spectacle offert par Rikers Island, Las Vegas ou Alcatraz (sans parler, naturellement, de cette véritable porcherie que découvre Tocqueville à son arrivée à New Orleans et où les détenus, écrit-il, vivent enchaînés comme des animaux au milieu de leurs excréments).

La saison des rodéos qui attire, chaque année, en octobre, des milliers de touristes venus de toute la Louisiane et dont, toujours selon la matonne Fontenot, les prisonniers seraient « si fiers » qu'aucun n'a jamais profité de la circonstance, et du relâchement disciplinaire qu'elle provoque, pour tenter une évasion et risquer, ce faisant, de voir l'administration, en rétorsion, supprimer cet « acquis social ».

Le terrain de volley-ball sur l'impeccable pelouse de Falcon 3.

Les matches de boxe avec arbitres, gants, règles de l'art, comme dans une université sudiste il y a un siècle.

A l'entrée des baraquements, fabriquées par les détenus eux-mêmes en prévision de Thanksgiving, des figurines de cire représentant une fée, un nain ou un petit cochon tenu en laisse.

Bref, une prison plus que décente.

Une prison qui, de l'extérieur, fait presque prison modèle.

A un détail près, pourtant.

A un petit détail près, qui tient moins à la prison

elle-même qu'à la législation en vigueur dans l'Etat, mais qui fait basculer dans le cauchemar ce paysage de verts pâturages.

Angola étant un établissement réservé, pour l'essentiel, à des condamnés à la peine capitale ou à la perpétuité, la loi de la Louisiane ayant, par ailleurs, pour particularité d'avoir supprimé le principe même de la libération conditionnelle pour cause, par exemple, de bonne conduite, les hommes qui entrent ici savent qu'ils n'en sortiront jamais et qu'ils sont condamnés à vivre sans cette perspective, même vague, de libération qui est, dans toutes les prisons, l'ultime ressource du détenu.

Comment vit-on quand il n'y a plus d'espoir du tout ?

Comment s'arrange-t-on de la prison quand on sait que, quoi que l'on fasse, l'on n'en sortira que mort ?

On pense à sa mort justement, me répond, sans rire, Cathy Fontenot.

On a ici, à Angola, un corbillard magnifique, tiré par un cheval et œuvre, comme les petits cochons, des détenus eux-mêmes – on a un détenu spécial, grand Black au crâne rasé et vêtu d'un smoking, dont c'est devenu le métier et qui nous fait des enterrements dignes de la princesse Diana. Alors, voilà, on pense à ça. On prépare ses funérailles. On construit, de ses mains, son propre cercueil. On va, quand on n'a plus de famille ou que la famille vous a oublié, choisir, dans notre cimetière, l'emplacement de sa future tombe, et on attend. On apprend à lire aussi – la plupart de ces gens sont illettrés et ils

251

apprennent à lire pour, quand viendra le jour d'être conduits au couloir de la mort, pouvoir se réconforter avec la Bible ou le Coran.

Visite au cimetière où sont enterrés, en effet, ceux des détenus dont la prison était devenue tout l'univers.

Visite au couloir de la mort qui est composé, outre la salle des supplices, outre la petite pièce attenante où les représentants des victimes peuvent assister, derrière une vitre, à l'exécution du condamné, d'une salle à manger dont Cathy Fontenot est fière de me détailler l'organisation : toilettes « hommes » et « femmes » distinctes ; « plan d'évacuation » en cas d'incendie ; bahut rempli de t-shirts siglés « Angola » ou « Sniff Sniff » et que les gens venus assister à la mise à mort peuvent acheter en souvenir ; fresque immense et donneuse d'espoir montrant une montée au ciel sur cheval ailé blanc ; les trois tables (oui, trois ! on ne lésine pas sur la dépense à Angola !) où le condamné se verra servir son dernier repas – bonne viande, foie gras, gratins exquis et même, une fois, payée de sa poche par le super-chef des matons, Burl Cain, une langouste délicieusement cuisinée.

Un coup d'œil, à l'entrée de la prison, sur l'autre boutique de souvenirs, couplée avec un musée, et encore mieux achalandée, où l'on vend des t-shirts marqués « Angola, a gated community » – oui, « gated », à la fois « fermée » et fortifiée », le même mot qu'à Sun City, la cité des vieux, quel aveu !

Et puis visite, enfin, de l'endroit le plus étrange de ce lieu décidément irréel – la petite chapelle où une

252

trentaine de détenus, assis sur des bancs de bois, écoutent trois des leurs chanter un gospel au son d'un orgue Yamaha : « quel espoir ? mais il est là, l'espoir, me répond, en se frappant le cœur, l'un des trois pasteurs, Audrey Fradieu, serial killer condamné à la prison à vie ; il est là, au-dedans de moi, depuis que j'ai décidé de donner ma vie au Seigneur ; il y a un séminaire à Angola ; nous sommes une centaine de prêtres qui avons été formés par ce séminaire de la prison ; le sens de notre vie est là ; il est d'aller, dans toutes les prisons d'Amérique, porter la Sainte Parole qui nous a été révélée ici. »

Le pire est que Cathy Fontenot n'a pas tout à fait tort.

Ces hommes pouvaient devenir enragés ou désespérés.

Ils pourraient fomenter des révoltes à côté desquelles les émeutes des années 60 feraient figure d'aimables répétitions.

Mais non.

C'est bien une sorte de vie qui s'est organisée là.

Une vie infime, une vie exsangue, mais une vie.

De cet ersatz, que faut-il penser ? Le pire, vraiment, ou un moindre mal ? Faut-il se réjouir de ce que la vie soit plus forte que la mort ou faut-il voir Angola comme un laboratoire de l'inhumain où c'est une contre-vie qui s'inventerait, placée sous l'empire de la mort et pire qu'elle ?

Aurais-je un doute que Cathy Fontenot, à la fin, en me raccompagnant à ma voiture, aurait achevé de le lever. « L'espoir, me dit-elle, soudain songeuse... C'est relatif, vous savez, l'espoir... Prenez ce condamné qu'on a détaché à la dernière seconde parce que le téléphone rouge, celui du gouverneur, a sonné. D'accord, on l'a aussitôt rattaché. D'accord, le gouverneur, après lui avoir dit quelque chose – personne n'a jamais su quoi – a demandé à parler au bourreau et l'a fait rattacher et exécuter. Mais c'est quoi l'espoir, sinon cela ? N'est-ce pas la preuve que l'espoir, à Angola, est toujours vivant ? »

La gloire du Sud

A qui aurait en tête les clichés littéraires sur le Sud d'après la guerre de Sécession, à qui continuerait de voir le nouveau Blanc de ces contrées sous les traits d'un gaillard en salopette à la mode Faulkner, Steinbeck ou Caldwell, à qui en serait resté au mythe du Sudiste hébété, muet, *infans*, absent à la parole et, pour cette raison, barbare, aux amateurs de folklore qui n'en finissent pas de voir dans ces plantations de coton et de tabac des terres de désolation hantées par un Dieu lui-même silencieux ou à l'omniprésence, au contraire, assourdissante, aux anti-Sudistes pavlovisés pour qui un Blanc de Louisiane ou d'Alabama est, au pire, une graine d'assassin et, au mieux, un dégénéré, détruit par des parents consanguins et ivrognes, manipulé par des pasteurs assassins de prostituées, simple d'esprit, habité par l'esprit du Mal, raciste par tradition, ségrégationniste par réflexe et nature, criminel par amertume et parce qu'il ne se résout pas à l'irrésistible libération des Noirs, à tous ceux-là, je recommande la fréquentation de deux personnages admirables : Morris Seligman Dees Jr et Jim Carrier.

Du premier, avocat et patron d'une organisation, le Southern Poverty Law Center, spécialisée dans la chasse aux « bad guys » du Ku Klux Klan, on m'avait dit pis que pendre. « Prenez garde, m'avait averti, par exemple, un journaliste de Dallas à qui j'avais exprimé mon intention d'aller voir, à mon arrivée à Montgomery, ce lointain descendant du "lawyer" rencontré par Tocqueville, le 6 janvier 1832, dès son entrée dans la capitale de l'Alabama. Prenez garde à Morris Dees. Le type n'est pas net. Pas si bien vu par les agences de notation des groupes philanthropiques. Beaucoup d'argent pour le fund-raising, moins pour les actions concrètes. Très fort pour la publicité, plus mou quand il s'agit de parler contre la peine de mort et de s'exposer, ce faisant, à l'impopularité des donateurs. Et puis la lutte contre le Klan... Est-ce qu'il n'y a pas quelque chose de glauque dans cet acharnement à faire revivre les fantômes d'un mouvement moribond, dans cette volonté d'aller les chercher jusqu'en enfer et de les réveiller – et ce, dans le seul but d'assurer sa gloire personnelle ? » La réalité est un grand type élégant, belle gueule à la Clint Eastwood, allure de sexagénaire émacié aux yeux gris pâlis par l'épreuve et le temps, dont la vie a basculé une nuit de 1967, à l'aéroport de Cincinnati. Pourquoi une nuit ? Il ne sait pas. Mais c'est cette nuit-là qu'au terme d'une illumination quasi mystique il a compris que son existence n'avait plus de sens et qu'il devait réformer son âme. C'est cette nuit-là – et tant pis si l'on se moque de ce côté nuit pascalienne dans un aéroport américain – que le banal fils de planteurs de l'Alabama qu'il avait été jusqu'à présent prit conscience de sa responsabilité de Blanc face au mouvement pour les droits civiques. Et c'est cette nuit-là que, comme les fondateurs de MoveOn.org rencontrés à Berkeley, comme tant de jeunes millionnaires typiques d'une Amérique dont Tocqueville notait déjà qu'elle n'en finit pas d'osciller entre la poursuite effrénée de la richesse et la rédemption par la philanthropie, il a décidé de céder sa compagnie de vente de livres par correspondance et de créer le Centre. Depuis, il traque les militants fascistes sur l'ensemble du territoire américain. Il accumule, ici, dans le bâtiment de verre où il a installé, sur six étages, les bureaux et les archives du Centre, tous les témoignages possibles sur tous les cas de violence raciste dont il se voit saisi – et, ensuite, il poursuit. Dix fois, les « bad guys » l'ont condamné à mort. Dix fois, il leur a fait savoir qu'il se moquait de leurs menaces et a persévéré. Défait le Klan ? Un combat d'arrière-garde, la lutte contre les nostalgiques de la « suprématie blanche » ? Il hausse les épaules. Je ne veux pas discuter cela, semble-t-il dire. C'est juste le cœur de mon existence. Et ma contribution, bien modeste, à l'honneur de l'Alabama.

Avec sa barbe blanche et ses yeux bleus rieurs, avec son beau visage carré, sa carrure d'athlète, son ciré jaune, le journaliste et écrivain Jim Carrier, a l'air, lui, d'un vieux jeune marin qui se serait posé, pour quelques heures, dans le port de Montgomery.

Nous avons dîné, avec Dees, dans un bar à huîtres d'un quartier populaire, apparemment black à 100 %. Nous avons passé la soirée à évoquer les riches heures d'une lutte pour les droits civiques dont on ne dit pas assez qu'elle a réussi, en finalement très peu de temps, à renverser un ordre que l'on croyait immuable. Et nous consacrons la matinée, sous la pluie, à arpenter la ville déserte à la recherche des lieux où cette lutte s'est concrètement jouée. La Dexter Avenue King Memorial Baptist Church où King a prêché. La bibliothèque Rosa Parks, du nom de la femme noire qui, en 1955, refusa de céder sa place dans la partie d'un bus réservée aux Blancs. L'arrêt où elle est montée dans le bus. Le Civil Rights Memorial où une horloge de marbre aligne les noms de quarante héros et martyrs de la cause. Et puis des lieux plus modestes, un pont, un carrefour, l'emplacement d'un ancien marché, une chapelle de quartier, une tombe, des petits sites de rien du tout qu'aucune plaque ne signale ou qui, pire, ne sont signalés qu'au titre de la place qu'ils occupent dans l'autre mémoire de la ville, sa mémoire confédérée. Car toute la difficulté est là, m'explique Jim Carrier. Toute la complication est dans ce recouvrement, ce chevauchement et, donc, cette confusion et cette rivalité des mémoires. Tout le problème, ici par exemple, dans cette avenue qui vit, à cent mètres de distance, Jefferson Davis déclarer la guerre de Sécession et Martin Luther King prononcer un discours inspiré, c'est que les deux mémoires sont imbriquées l'une dans l'autre et que l'une ne peut apparaître que si l'autre cède du terrain. C'est la raison pour laquelle son rôle, lui, Carrier, est moins de célébrer que de guerroyer. C'est la raison pour laquelle il se conduit, non en pèlerin, mais en activiste d'une mémoire qui n'a, pour le moment, que l'existence des palimpsestes. Convaincre les Blacks de Montgomery qu'il ne suffit pas de prendre le pouvoir au Conseil municipal car il faut encore le prendre dans l'historiographie locale, telle est sa tâche. Convaincre les Blancs que ce renversement historiographique est leur affaire autant que celle de leurs frères noirs, telle est son idée fixe. Les rendre tous conscients, Noirs et Blancs confondus, de ce que cette mémoire, lorsqu'elle sera écrite, apparaîtra comme pleine de gloire autant que d'infamie, les aider à comprendre que l'Alabama fut, certes, une terre de racisme et de crime mais que c'est aussi le lieu où l'antiracisme a triomphé et que, de cela, il est légitime d'être fiers, tel est son but ultime.

C'est la première fois, depuis des mois, qu'une de ces affaires de mémoire réussit à me passionner. Dans ce pays où tout, c'est-à-dire n'importe quoi, finit par finir en mémorial, c'est la première fois que je sens, dans un musée en gestation et dans la parole de son promoteur, un acte de vérité. Bataille pour le souvenir et chemin de la liberté. De la volonté de mémoire comme pièce maîtresse d'une stratégie dont l'enjeu n'est rien moins, tout à coup, que l'accomplissement sudiste de la démocratie en Amérique. Louons maintenant ce grand homme.

Ceux qui croyaient au Sud et ceux qui n'y croient plus

De la chasse aux cailles et de son importance dans le folklore et la culture sudistes je ne savais que ce qu'en dit Tom Wolfe dans la scène d'ouverture de son *A Man in Full*. D'une certaine façon, c'était déjà beaucoup. Car tel est, une fois de plus, le mérite – le miracle? – de la bonne littérature que cette vraie partie de chasse, cette chasse aux cailles réelles à laquelle m'a convié Rex Pritchert dans les environs de Montgomery cadre, d'abord, étonnamment bien avec sa version de papier. Même cérémonial naïf et martial. Même façon, dès le déjeuner, dans le pavillon décoré de têtes de cerf et d'élan, de photos de chasseurs célèbres ou de réclames pour des cartouches sans fumée, de se mettre en ordre de marche. Mêmes tenues kaki. Les casquettes, en l'occurrence orange, qui accentuent l'impression d'uniforme. Les fusils, à la fois archaïques et sophistiqués, que l'on porte couchés entre les bras comme des bébés. Les carrioles, qui n'ont pas changé depuis un siècle, et où prennent place, outre les dames, les invités qui, comme moi, forment le petit public sans lequel le héros de Wolfe, Charlie Croker, ne concevait déjà pas une chasse réussie. Les guides – le nôtre s'appelle Adam Smith, cela ne s'invente pas – chargés de suivre et de gérer les chiens. Cette inimitable façon, quand ces derniers s'arrêtent, nez au vent, queue dressée comme un éperon, d'aller

chercher très loin, au fond de la gorge, mi-chu-
choté, mi-sifflé, le même « arrrrêt » qui a le même
pouvoir de provoquer, non seulement chez les
chasseurs, mais chez nous tous, la même décharge
d'adrénaline. Mêmes chiens, d'ailleurs. Oui, on
dirait vraiment les mêmes maîtres-chiens, identiquement dressés, sauf que – progrès oblige – ceux-ci
ont un invisible collier permettant à Smith, s'ils
s'éloignent trop, de leur envoyer une décharge électrique les ramenant au centre de la meute. Et puis
même raffut, même fracas d'ailes et d'herbes mêlées
quand, les chiens s'étant arrêtés pour de bon et
Smith les ayant imités, la nichée jaillit enfin et
s'envole vers le ciel : Wolfe parle d'une bordée
d'oiseaux explosant comme des fusées et se disper-
sant dans toutes les directions pour confondre les
prédateurs – et il est vrai que, même pour un non-
chasseur, même pour quelqu'un qui, comme moi,
ne s'est jamais senti d'affinité avec ce type de mise en
scène, il y a dans la soudaineté du surgissement
quelque chose d'assez beau.

La différence, qui change tout, c'est que Rex Pritchert et ses invités n'ont pas l'air d'y croire tout à
fait. Ce sont des Sudistes, bien sûr. Des vrais Sudistes. Ils le sont même, au sens strict, *plus* que le héros
de Wolfe qui était un promoteur enrichi d'Atlanta
considérant l'acquisition même de ce terrain de
chasse comme le plus spectaculaire des signes de sa
réussite alors que lui, Pritchert, est l'héritier d'une
longue génération de planteurs, ruinés au moment
de l'épidémie des charançons, mais qui ont su garder
leur domaine et le lui transmettre. Or le paradoxe

est que, contrairement donc à Croker, contrairement à Inman, son invité, contrairement à la petite
compagnie wolfienne qui, femmes comprises, et
même si celles-ci feignaient l'indifférence, donnait le
sentiment de vivre le moment et d'y tenir tout
naturellement le rôle prescrit à chacune et chacun, il
met entre ces gestes et lui une distance légère, un
soupçon de désinvolture et presque d'ironie, qui
n'étaient pas dans le roman et dénaturent soudain la
scène. Il les accomplit, bien sûr, ces gestes. Il se plie
aux rites, s'y conforme. Il frémit de la même joie
apparente quand ses valets vont ramasser dans les
herbes les cailles qu'il a tuées et les lui rapportent.
Mais il y a dans sa façon de le faire ou, parfois, de le
surfaire, dans sa façon de le jouer et, à la limite, de le
surjouer, il y a dans sa manière enfin de m'en parler
ou, au contraire, de ne pas savoir qu'en dire, une
part de gêne et d'étrangeté qui est, à mes yeux, la
vraie surprise de la journée. Je l'interroge sur
l'origine de cette tradition qu'il perpétue : il me
répond par l'énumération des hautes personnalités à
qui il a, ces dernières années, loué son domaine pour
le week-end. Je lui demande de m'expliquer le lien
entre cette forme de convivialité que je le vois
pratiquer avec ses amis et les valeurs du Sud profond
dont je cherche les vestiges : il me rétorque que le
grand regret de sa vie sera de ne pas avoir reçu John
Lennon qui était, hélas, trois fois hélas, un adversaire
des armes à feu et de la chasse. M'inquiétant, ou
feignant de m'inquiéter, de ses relations avec les
mouvements écologistes, je veux savoir s'il respecte
les dates d'ouverture et de fermeture de la chasse :

« je fais mieux, bondit-il sans paraître se rendre compte de l'énormité de sa réponse! je fais une chose que n'auraient jamais faite mes grands et arrière-grands-parents mais qui est ma contribution à l'esprit écologique! j'implante, chaque année, des nouvelles cailles; j'importe et implante les cailles de culture que nous allons, ensuite, venir tirer! »...

Et quand, enfin, j'interroge Hal Hepburn, son neveu, quand, au terme de la partie de chasse, las d'attendre qu'Adam Smith et ses chiens fassent lever leur dernier nid, je le retrouve dans la charrette des invités pour l'interviewer formellement, sa réaction est plus nette encore. Sent-il, lui, ma réprobation? Devine-t-il en moi, parce qu'il est plus jeune ou plus dégourdi, l'Européen critique vis-à-vis des valeurs du Sud? Ou a-t-il intimement rompu, cette fois, avec ce monde et ses principes? Toujours est-il qu'il me répond sur un ton qui est devenu, lui, carrément défensif : « En effet, j'aime ce sport, commence-t-il... Comment? Oui, c'est exact, je dis ce sport... Je sais que, pour mes ancêtres, c'était beaucoup plus qu'un sport... Mais les années passent, que voulez-vous... Et, pour moi qui ne reviens ici que de temps en temps, les vacances, parfois les week-ends, c'est une activité sportive, ni plus ni moins qu'une activité sportive... » J'observe sa bonne bouille un peu trop rouge et ses sourires chagrinés. Je l'écoute me confier, comme s'il se justifiait, son attachement à cette région et les raisons pour lesquelles il a choisi la Law School de l'Alabama qui est, les gens ne le savent pas, au 19ᵉ rang des Law Schools américaines. Je surprends ses regards craintifs quand il m'explique

262

qu'il « comprend très bien que l'on soit contre la chasse à la caille » – il répétera cinq fois « je comprends très bien que l'on soit contre la chasse à la caille » – mais qu'il ne croit pas, pour autant, qu'il faille y voir cette manifestation de la culture blanche, machiste, réactionnaire, tueuse, que croient les ennemis de sa famille. On est loin, c'est le moins que l'on puisse dire, des légendaires fierté et arrogance sudistes. On est à cent lieues des aristocrates obsédés, selon Tocqueville, par le sens de l'honneur et l'honneur de leur race. Hepburn, je le répète, est un vrai Sudiste. Il a, de la culture sudiste, gardé tous les réflexes ainsi que, dans la voix, ce mélange d'accent traînant, de nonchalance étudiée, de tonalités noires et paysannes, si caractéristique de la région. Mais elle m'apparaît, cette vieille culture, brusquement incrédule. Elle m'apparaît, en ce garçon, à la fois amère, découragée, honteuse d'elle-même, exténuée. Victoire de Morris Dees et Jim Carrier ? Disparition de l'« aventurier » aux « mœurs brutales » où Tocqueville voyait le concentré de l'esprit sudiste ? L'Amérique change.

De l'esclavage en Amérique et de son refoulement

Atlanta.
La grande ville noire du Sud.
La ville dont le maire est noir, dont la plupart des politiciens sont noirs, dont la bonne société elle-même est devenue, pour l'essentiel, noire.

La ville de Morehouse, prestigieuse et belle université qui fut celle de Benjamin Elijah Mays, puis de son disciple Martin Luther King, et où l'on ne voit pas un Blanc.

La ville de King justement, vouée au culte de King comme Memphis à celui d'un autre King – la ville sacrée, la Mecque, où l'on n'en finit pas de visiter, au cœur de Sweet Auburn, ces lieux hautement inspirés que sont la maison natale du héros, la Ebenezer Baptist Church où il fit, dit-on, ses premiers prêches ainsi que, au milieu d'un bassin, la stèle de marbre blanc où reposent ses cendres.

Atlanta, la ville de *Autant en emporte le vent* où l'on peut, au moins dans les quartiers sud et ouest, faire des kilomètres et des kilomètres sans voir, sauf à Georgian Terrace, dans le Road to Tara Museum qui est censé avoir conservé sa canne, la moindre trace de Rhett Butler ou de quiconque lui ressemblant.

Et puis Atlanta, pourtant, ville de CNN.

Et puis Atlanta, en même temps, ville de Coca-Cola.

Et puis Atlanta qui, nonobstant toute considération ethnique, reste le siège de vingt-trois des cent plus grandes entreprises recensées par le magazine *Fortune*.

Et puis l'aéroport d'Atlanta – je n'aime pas l'aéroport d'Atlanta, d'accord ; j'ai tout de suite détesté ses souterrains interminables, ses trains fantômes qui ne vont nulle part, ses escaliers roulants qui semblent plonger droit vers l'enfer ; mais c'est le signe de la prospérité de la ville ; c'est la marque, pour parler comme les économistes, de son extraordinaire « attractivité » ; « too busy to hate », trop occupée pour haïr, disait de sa métropole le premier maire noir d'Atlanta et c'est vrai que l'on sent cela – c'est vrai que l'on sent, dès le Heartsfield Jackson Airport, cette belle et bonne prospérité que je n'ai sentie ni à Montgomery ni, ce matin, à Birmingham.

Bref, me voici à Atlanta, vitrine de la déségrégation tranquille.

Me voici à Atlanta, symbole de cette émancipation réussie dont je ne me lasse pas de guetter les témoignages.

Me voici dans la ville où la preuve a été faite que le racisme, la bêtise, le crime, sont solubles dans le capitalisme et où il n'est pas jusqu'au « look ghetto » arboré, sur Peachtree Street, par les lycéens de bonne famille qui n'atteste qu'une page est, en effet, tournée.

Et puis voici, tout à coup, dans une banlieue du nord de la ville, une brasserie, Manuel's Tavern, du nom de Manuel Maloof, grande et vieille figure démocrate qui vient juste de mourir ; et voici, dans cette pièce recouverte, du sol au plafond, de grosses briques apparentes et où les publicités pour la bière Budweiser côtoient les photos du patron avec McGovern, Humphrey, Clinton ou Al Gore, voici, attablé parmi des journalistes et des politiciens du comté qui tous, selon les générations, affichent leur nostalgie des époques Kennedy, Carter et Clinton, voici, donc, le jeune chef de bureau du *Wall Street Journal*, Douglas A. Blackmon, qui s'approche et engage la conversation.

Il a connu Daniel Pearl à l'époque où il n'était

qu'un petit journaliste local mais où lui, Pearl, travaillait déjà pour le *Wall Street Journal* à Atlanta.

Il était également là – il se le rappelle si précisément ! – quand, ici même, à l'endroit précis où je me trouve, sous ce panneau à la gloire de l'équipe de foot Falcon, fut donné un concert en son honneur et à sa mémoire.

Mais il est surtout en train d'écrire, me confie-t-il, un livre sur le Sud et, d'une manière plus générale, sur l'Amérique qui devrait s'intituler *Slavery by Another Name* – et dont il veut me parler.

Savez-vous, dit-il en substance, qu'il y a tout un pan de cette histoire de l'esclavage qui reste inconnu ?

Savez-vous par exemple qu'il y a eu des baptistes pour, au début du XIXe siècle, aller chercher des versets de la Bible supposés expliquer comment il convient de traiter l'esclave et offrant donc une justification théologique de cette pratique infâme ?

Savez-vous qu'il y eut, à l'inverse, une époque « non raciste » de cette histoire de l'appropriation de l'homme par l'homme ? Savez-vous qu'il y eut toute une préhistoire où, le darwinisme n'étant pas encore arrivé en Amérique, le racisme proprement dit n'ayant, par conséquent, pas formulé ses théorèmes, il n'était pas rare de voir des Noirs, vous m'avez bien entendu, des Noirs, posséder d'autres Noirs, des Indiens, ou même des Blancs ?

Savez-vous que l'esclavage continua, sous d'autres formes, après son abolition ?

Avez-vous jamais entendu parler – c'est le point de départ de *Slavery by Another Name* – de ce nou-

veau commerce triangulaire qui s'instaura, en
Amérique même, au lendemain de la guerre de
Sécession, et dont le mécanisme était à peu près : un
shérif d'Alabama ou de Géorgie payé au nombre de
procès-verbaux dressés ; des Blacks condamnés, pour
une vétille, à des amendes qu'ils n'ont pas les
moyens de payer ; une entreprise, amie du shérif, qui
surgit de nulle part, sur l'air du sauveur qui offre au
pauvre bougre l'emploi qui lui permettra de s'acquitter de sa dette ; et l'ancien esclave qui, du coup, se
trouve réenchaîné à un travail de forçat, payé un
salaire de misère et soumis, s'il défaille ou se plaint, à
la menace d'aller en prison ?

Et savez-vous enfin que, de tout cela, de tout ce
mécanisme que je vous décris et qui ne prit réellement fin qu'en 1945, avec le grand retour des Blacks
des champs de bataille européens, savez-vous que, de
toute cette pré- ou post-histoire d'un commerce des
humains qui est la face sombre du pays, l'Amérique
blanche, mais aussi noire, est d'accord pour ne rien
vouloir connaître ?

Un autre exemple, insiste-t-il.

Un dernier exemple, mais qui dit tout.

Il y eut, au moment du New Deal, une belle initiative visant à recueillir, avant qu'il ne soit trop
tard, le témoignage des survivants de l'esclavage
historique.

Or l'entreprise fut ainsi menée que les intéressés
n'énoncèrent rien, ou presque rien, de leur incom-
mensurable douleur ; la méthode adoptée fit, si vous
préférez, que, dans tous les Etats sauf un, la Floride,
c'est à des Blancs que l'on demanda de recueillir les

interviews ; en sorte que, sauf en Floride donc, les interviewés dirent très exactement ce que les Blancs espéraient qu'ils disent – en sorte, oui, que ces transcriptions, ces récits dont on attendait tant et qui devaient permettre de rendre justice à ce peuple d'âmes mortes qu'est le peuple des anciens esclaves, sont des documents aseptisés, très « ah ! comme la vie était belle du temps du Deep South » et qui, somme toute, ne disent rien.

Je me rappelle, en l'écoutant, les rescapés de la Shoah n'osant ni témoigner ni parler.

J'essaie d'imaginer – même si les situations n'ont, bien entendu, rien de comparable – les juifs ne reprenant pas, comme ils l'ont finalement fait, le droit de raconter et d'être écoutés.

Les Noirs en sont-ils là ?

Sont-ils une communauté sans mémoire ?

Et toute cette façade heureuse, cette représentation d'une ville noire sans amertume ni complexe, n'est-elle, justement, qu'une façade – avec, en son milieu, un énorme trou de mémoire ?

Gospel et compagnie

Ils sont partout.

Depuis quarante-huit heures que je suis à Memphis, Tennessee, sur les traces de ma jeunesse et de la mémoire du rock and roll, depuis quarante-huit heures que je vais de la kitchissime Maison d'Elvis aux bars, sur Beale Street, où l'on chante encore ses mélodies, puis du BB King's Club au Sun Studio de Union Avenue, du Rum Boogie Cafe au Music Hall of Fame où je voulais voir l'orgue de Booker T. Jones, je ne peux pas faire un pas sans tomber sur eux.

Les hommes sont en frac, chemise à col empesé, chapeau mou ou haut de forme, chaussures de smoking, canne, gants – ce sont des Noirs de tous âges, parfois très vieux, parfois obèses, suant sous leurs pelisses de zibeline trop chaudes pour la saison, soufflant, tous déguisés en dandies des « roaring twenties ».

Les femmes, noires aussi, tous âges encore, toutes corpulences, certaines très belles, d'autres énormes, débordant de seins, de fesses, de ventre, vont en robes du soir, manteaux de taffetas moiré, brocarts, perles et bijoux, une vraie joaillerie autour du cou et aux poignets, chemisiers de soie irisée ou brodée, gants montant au-delà des coudes, talons aiguilles, chapeaux comme des jardins suspendus, diadèmes, voilettes et éventails, ombrelles de gaze et d'organdi ou, au contraire, manteaux de vison descendant jusqu'aux pieds.

Au début, j'ai pensé que c'était des acteurs pour un film d'époque sur le Tennessee.

Puis, comme ils arrivaient de toutes parts et envahissaient, maintenant, le hall de mon hôtel, comme ils devenaient trop nombreux pour que je puisse même les compter – des centaines... non, des milliers... peut-être des dizaines de milliers... on aurait dit une blague, ou une hallucination, ou un rêve... – je me suis dit que c'est la ville entière qui

269

avait dû se déguiser et que c'était un carnaval, comme à Venise, ou à Rio.

Est-ce qu'il y a un carnaval à Memphis, ai-je fini par demander à l'une de ces dames, tailleur long mordoré, ceinture de perles et lingots aux oreilles, attendant, comme moi, l'ascenseur.

Mais non! m'a-t-elle répondu. Pourquoi un carnaval? Nous sommes juste les fidèles de la Church of God in Christ qui tient ici, à Memphis, là même où elle fut fondée, sa 97e Convention annuelle. Nous sommes 50 000 délégués venus de toute l'Amérique et c'est, aujourd'hui, le jour des femmes. J'y vais. Voulez-vous m'accompagner?

Je saute sur l'occasion.

Je la suis, avec quelques-unes de ses amies, en direction du minibus qui fait la navette entre l'hôtel et le Palais des Congrès.

Je comprends, chemin faisant, que les plus belles d'entre les belles, les plus extraordinairement chamarrées, sont souvent les femmes des évêques.

« Elégantes pour Lui, me dit ma dame mordorée. Belles du Seigneur. Fiancées de Dieu. Longtemps, les Noirs ont été à l'église en haillons. Ce temps est révolu. Le jour de gloire est arrivé. Il commence comme ça, dans le faste, en s'habillant... »

Et c'est ainsi que je me retrouve, à l'autre bout de la ville, au milieu d'une zone vidée de ses voitures et ultra-sécurisée, dans l'un de ces auditoriums démesurés dont j'avais, à Willow Creek, pu voir un spécimen et où sont en train de converger, cérémonieuses, fatales, marchant comme pour une procession, à la fois rivales et complices dans leur beau désir d'offrir au Tout-Puissant le spectacle de leurs ors et de leurs fastes, les milliers de déléguées.

Même sonorisation de la salle qu'à Willow Creek.

Mêmes écrans géants, des deux côtés de la scène.

Même atmosphère, dans les coulisses, de foi marchandisée avec – pire qu'à Willow Creek – des piles de dépliants pour des marques de cosmétiques ; pour des magasins de chapeaux ou de tables de communion ; pour un fabricant de « First Lady Eve », c'est-à-dire de poupées Barbie à l'effigie de la Vierge Marie ; ou encore pour tel prédicateur, Cody Vernon Marshall, de l'Illinois, candidat à la direction de sa paroisse, et distribuant une profession de foi sur papier glacé dont le principal argument est, outre une « fairness » et un « proven commitment » gravés en lettres dorées, une photo de lui en bel homme au regard grave, le doigt pensivement posé sur la lèvre, revêtu de la chemise pourpre des hauts dignitaires de son Eglise.

La différence, pourtant, avec Willow Creek ce sont les femmes.

La nouveauté, le choc, ce sont ces milliers de femmes maintenant assises et dont l'excentricité, la fantaisie, les parures plus ostentatoires les unes que les autres, sont un beau défi, déjà, au puritanisme américain.

Il y a là les endimanchées des rues de Memphis et d'autres, de blanc vêtues, que je n'avais pas vues.

Il y a les femmes, donc, des évêques mais aussi les jeunes saintes, virginales, de ce qui est, m'explique-t-on, la deuxième Eglise pentecôtiste du pays.

Il y a les recueillies et les extatiques.

Les qui fredonnent à mi-voix, les yeux clos – et les qui chantent à tue-tête.

Il y a celles qui, quand Mother Willie Mae Rivers, « international supervisor » du « département des femmes », entonne son gospel, ont juste les larmes aux yeux – et celles qui se lèvent, se mettent à danser et crient, doigt tendu vers le ciel, yeux révulsés : « Merci, Seigneur, d'être ici ! Merci, Seigneur, de tant de miséricorde ! »

Mais ce qui domine chez la plupart, ce qui surprend et, au bout d'un moment, émeut, c'est cette joie, cette ferveur, cet esprit de communion que je n'ai vus, pour le coup, dans aucune église blanche.

La part, dans ce spectacle, de la comédie et de la foi ?

La part, chez Vanessa, déléguée du Nebraska, de la religion civile, juste bonne à proscrire les mariages gays – et celle de l'authentique enthousiasme ?

Et au Mason Temple, dans ce bâtiment de béton, mi-Mall mi-bunker, où se trouve le QG de l'Eglise et où j'aurai l'occasion, quelques heures plus tard, d'interviewer le « Presiding Bishop », Gilbert E. Patterson, dans ce Vatican du pentecôtisme qui ressemble au siège d'une holding plus qu'à une maison de Dieu et où les prêtres que je croise ont des têtes d'avocats, les avocats des dégaines de gardes du corps, et où Patterson lui-même, avec ses lourdes gourmettes, ses chaînes en or, ses bagues, a plus l'air d'un parrain que d'un pape, comment démêler, oui, dans l'affairement de Mason Temple, ce qui relève de la légitime gestion des intérêts d'une Eglise forte de six ou sept millions de membres et ce qui rappelle les mœurs d'une mafia ?

Je ne sais pas.

Je suis, en toute franchise, incapable de trancher.

Mais qu'il y ait là un autre type de religiosité, qu'il y ait, dans cette Eglise et, au-delà d'elle, dans les grandes Eglises noires du Sud, une qualité de béatitude que l'on ne trouve pas ailleurs, qu'il y ait, à la base en tout cas, dans le peuple des fidèles, une intensité de piété sans commune mesure avec ce qui peut exister dans les Megachurches du Nord, de cela je suis convaincu.

Bal tragique à Little Rock

Des mois que l'on en parlait. Des semaines qu'en être ou ne pas en être était la vraie question pour les « beautiful people » de New York et Washington. Bono et Barbra Streisand s'étaient annoncés. Des dizaines de chefs d'Etat avaient fait savoir qu'ils seraient là ou représentés. Des milliers de citoyens ordinaires, venus de tous les coins du pays, avaient, depuis la veille, envahi les hôtels de la ville. L'Histoire universelle ne semblant parfois faite, en Amérique, que pour aboutir à un grand musée, j'ai même vu un groupe de Démocrates du Tennessee expliquer que c'est dès la nuit de son élection, donc en novembre 1992, que William Jefferson Clinton a lancé les appels d'offre pour la construction de son monument et que c'est il y a trois ans qu'ils ont, eux, par précaution, pensé à réserver leurs places. C'était son grand jour, en un mot. C'était le moment, tant attendu, où les anciens Présidents, en inaugurant leur Library, prennent le monde à témoin de ce que fut la gloire de leur règne. Et tout, en la circonstance, vraiment tout – la beauté du bâtiment et son futurisme, son côté pont sur l'Arkansas et entre les générations, ses 165 millions de dollars de budget, ses 80 millions d'articles exposés ou stockés, la qualité de la mise en scène, la disposition des gradins, en plein air, face à l'édifice de verre et d'acier, la retransmission sur écrans géants, en direct, de l'ensemble de la cérémonie – tout, oui, était prévu pour transformer cette inauguration en apothéose des années Clinton et de ce qu'elles ont représenté. Las! C'était compter sans trois grains de sable qui vont suffire à tout dérégler...

La santé de l'ancien Président, d'abord. Cette fichue opération cardiaque qui lui est tombée dessus il y a deux mois et dont on voit aussitôt qu'il n'est, quoi qu'il en dise, pas complètement remis. La voix est bonne, sans doute. C'est la voix du Clinton de toujours, gouailleuse et ferme, teintée d'accent sudiste et pleine d'autorité. Mais il y a dans la minceur nouvelle de la silhouette, dans la légère maladresse du pas quand il se lève pour rejoindre le pupitre, dans sa façon un peu enfantine de serrer très fort la main de Hillary quand l'émotion devient trop intense, il y a dans la mélancolie du regard au moment où les simples gens de Little Rock viennent dire comment sa Présidence a concrètement changé leur vie, une fragilité neuve, un peu décalée, qui ne lui va pas.

Les élections ensuite. Cette défaite historique des Démocrates, récente encore, et dont nul, il y a quelques jours, n'aurait imaginé l'ampleur. Ce n'est pas sa défaite, sans doute. Peut-être même une part de lui l'a-t-elle obscurément souhaitée. Mais enfin, elle est là, présente à l'esprit de chacun, donnant au rassemblement quelque chose d'inévitablement sépulcral. Et elle a une conséquence, surtout, dont je suis convaincu que ni lui ni aucun de ses conseillers ne l'avaient imaginée : le protocole de la cérémonie prévoyant la présence, à ses côtés, du Président en exercice ainsi que de tous les autres ex-Présidents encore en vie, ledit Président en exercice s'appelant George Bush et un autre George Bush se trouvant être au nombre des ex-Présidents, voilà le héros du jour encadré par deux Bush ; pire, chacun des deux Bush étant lui-même flanqué d'une Dame Bush, le voilà encadré, non par deux, mais par quatre Bush dont l'insolente santé, les sourires faussement modestes et, en réalité, triomphants, les bons gros manteaux de laine brune ou bleu marine, sanglés bien à la taille, montant haut sur la gorge, ne font que souligner sa nouvelle fragilité.

Et puis la météo, enfin. C'est idiot la météo. C'est le paramètre immaîtrisable, donc neutre, par excellence. Sauf qu'il y a météo et météo et que je n'ai pas vu, depuis que je suis aux Etats-Unis, un orage aussi violent que celui qui, depuis ce matin, s'est abattu sur l'Arkansas. En sorte que, la cérémonie ayant été prévue, je le répète, en plein air, voilà le peuple des clintoniens, voilà les journalistes, les ambassadeurs, les invités de marque, les chefs d'Etat, les orateurs, qui se retrouvent, tête nue, sous une pluie glaciale et des éclairs de fin du monde. « Bienvenue à ma pluvieuse inauguration », essaie de plaisanter Clinton. « Ma mère, si elle était là, essaierait de nous convaincre que la pluie est du soleil liquide. » Mais on sent que le cœur n'y est pas. On voit que la tristesse du ciel ne fait qu'ajouter à sa propre tristesse. « Merci d'être venu », dit-il à Bush, sur un ton d'humilité dont je ne suis pas sûr qu'il soit feint. « Welcome au royaume des ex-Présidents, c'est-à-dire des futurs morts », insiste-t-il sur un mode qui voudrait être drôle mais qui n'y parvient pas. Et il n'est que d'observer les Bush, il n'est que de voir leurs sourires satisfaits quand la caméra les cadre et les projette sur le grand écran, il n'est que d'écouter Bush fils expliquer, non sans férocité, que la plus grande réussite de l'homme que l'on est venu honorer c'est « sa fille », pour comprendre que l'affaire, de leur point de vue, ne fait pas de doute : le Ciel, comme d'habitude, a voté – et il a voté républicain.

Les gradins, qu'on nous avait annoncés surbookés, commencent à se clairsemer. Hillary, qui avait prévu un vrai discours, s'en débarrasse en quelques mots. Chelsea s'ennuie. Jimmy Carter s'enrhume. Les notables démocrates, venus pour se montrer, se cachent sous les parapluies et sont si mouillés que, quand la caméra les zoome, on a peine à les reconnaître. Voici Al Gore, le visage curieusement enflé. Kerry, ou plutôt son ombre, presque son fantôme, entrevu une demi-seconde et timidement applaudi.

Ce n'est pas une apothéose, c'est une débâcle. Ce n'est pas une glorification, c'est un degré supplémentaire dans la descente aux enfers commencée à Boston il y a quinze jours ou même, qui sait, avec l'affaire Lewinsky il y a cinq ans. Ce n'est même pas cette belle et bonne réunion de famille qu'espéraient les nouveaux Démocrates, ce n'est pas ce « temps retrouvé » des différentes générations venant se reconnaître avant de repartir à la conquête du pouvoir – ou alors oui, mais au sens de Proust, à l'image du terrible bal des Guermantes où chacun a pris vingt ans et a l'air de ses propres grimaces. Car tel est l'ultime effet de ce ballet lugubre qu'il rétroagit, en quelque sorte, sur la scène qu'il devait célébrer : un peu comme dans ces anamorphoses où il suffit d'un reflet, ou d'un changement de l'axe du regard, pour déformer l'ensemble du tableau, c'est toute l'époque Clinton, toute sa fameuse « legacy », qui apparaissent altérées par la lumière réfléchie de cette journée crépusculaire et sans grâce. Le clintonisme, quel bilan ? Les Balkans, d'accord. Le Proche-Orient, si l'on veut. Le souvenir, déjà flou, d'une prospérité, admettons. Mais aussi, désormais, cet obscurcissement, ce désastre.

6

L'ŒIL DU CYCLONE

(DE MIAMI À PITTSBURGH)

James Ellroy à Miami

Crâne chauve. Longue silhouette puissante et maladroite. Allure de chouette qui ne cesserait de se cogner aux murs d'un invisible soupirail. C'est injuste. Mais James Ellroy a ce qui s'appelle une sale tête. Il a la tête d'un assassin d'un de ses romans. Il a la tête qu'avaient les grands pervers des premiers films de Polanski. Il a la tête, en même temps, d'un type qui se moque, une fois pour toutes, de savoir quelle tête il a. Car l'important, visiblement, ce n'est pas sa tête mais son texte. L'important, la seule chose qui semble, à cet instant, compter pour lui, c'est cette centaine de badauds, en shorts, sandales et chemises bariolées, qui le regardent, là, dans cette salle du Salon du livre de Miami, lire les premières pages de son dernier roman. Il ne lit pas, d'ailleurs, il dit. Il ne dit pas, il fait. Jamais, je n'avais vu un écrivain mettre tant de passion, de gesticulation rythmée, de véhémence, de hargne, dans sa façon de déclamer. Artaud, dans sa Conférence du Vieux-Colombier. Guyotat, dans les années 60, éructant son *Tombeau pour cinq cent mille soldats*. Mais aucun n'avait cette façon de hurler, hennir, murmurer, battre l'air de ses bras, se raidir, mugir, boxer dans le vide, rire, reculer dans un grand cri, bomber le torse, glapir, suer, danser, faire celui qui suffoque puis qui retrouve miraculeusement le souffle, bref, incarner jusqu'au vertige les mots qu'il a écrits et, dans ces mots, ceux de chacun de ses personnages. Pollock, peut-être. Oui, le vrai équivalent, le seul nom qui me vienne à l'esprit, n'est pas d'un écrivain mais d'un peintre et c'est celui de Jackson Pollock. Ellroy fait de l'action reading comme Pollock de l'action painting. Il joue son texte, s'en joue, le roule sous la langue ou entre ses dents, le croque, le déglutit, le chie, comme Pollock se déplaçait dans ses drippings, tournait autour, crachait, pissait dessus, éviscérait sa toile ou feignait de s'éviscérer lui-même. Il n'y a que cela qui l'intéresse, me dira-t-il, bâillant déjà d'ennui, dans l'autre salle où nous nous retrouverons pour, en principe, parler des prisons et de la peine de mort en Amérique. Ecrire puis expectorer les phrases qu'il a écrites et, en les expectorant, en les éjaculant, prendre ses lecteurs par surprise, les violer, leur crocheter l'esprit et presque le corps, y jeter du bruit et de la fureur, y mettre le feu, il n'y a que cela,

oui, qui lui paraisse, en cette vie, digne d'être vécu.
Le reste? Oh le reste... Il n'ouvre pas les journaux.
Ne regarde pas la télé. N'est au courant de rien de ce
qui arrive sur la planète. Il ne lit pas. N'a pas d'amis.
Les écrivains, d'habitude, s'entre-lisent toujours un
peu. Lui non. Des années qu'il n'a pas lu un classique ni, à plus forte raison, un contemporain. Des
années qu'il se considère comme le Dostoïevski du
crime américain et ne voit pas l'intérêt de se pencher
sur les livres de quelqu'un d'autre. La seule chose
qu'il lise, me confie-t-il en essayant de sourire, ce
sont des dossiers de police. La seule chose qui l'intéresse, ce sont les crimes non élucidés de ces horribles
années 50 et 60 qui ont été les années, n'est-ce pas,
du deuil de sa mère assassinée. Ici par exemple, dans
ce Miami qu'il déteste, la seule perspective qui le
soutienne c'est l'idée que, dans quelques heures, il
sera de retour chez lui, à Kansas City, et reverra les
copains flics qui sont ses seuls amis – la seule idée
qui lui permette de supporter ce Salon grotesque où
il est obligé d'enchaîner les interviews et, pour ne
pas s'endormir, de dire exprès des conneries, c'est de
savoir qu'ils vont se retrouver très vite, lui le romancier et eux les policiers, autour d'un de ces bons
vieux dossiers criminels, bien dégueulasses, bien
puants, qui sont le seul contact qu'il ait avec les gens
de la vraie vie. Car ce ne sont pas les humains qui le
branchent, ajoute-t-il avec un air si caricaturalement
mauvais qu'il bascule en son contraire et donne
l'impression, soudain, d'un zoom arrière sur son
visage d'enfant, ce sont les crimes. Ce ne sont même
pas les crimes en général, mais ceux – il insiste, il

insiste, comme pour mieux me signifier qu'il se fiche
de mes histoires de prisons américaines d'aujour-
d'hui – de ces années 50 et 60 auxquelles il est resté
fixé depuis ce matin terrible de juin 1958 où, tout
petit garçon, il a vu revenir le cadavre demi-nu,
regard à jamais étonné, de sa jolie maman étranglée.
C'était comment la vie, tandis qu'elle agonisait?
C'était quoi le décor de cette Amérique maudite,
odeur d'herbe froissée et de pestilence, corps saccagé,
services secrets, flics troubles, dernier frisson? Il se
souvient du jour, il y a deux ou trois ans, où il était
au Los Angeles Police Department avec un de ses
amis flics et où a surgi un type venant leur dire:
« mon frère est mort, en 1963, à South Central; j'ai
toujours voulu savoir ce qui s'est passé; aidez-moi »;
et les voilà, son pote policier et lui, qui ressortent le
dossier, se penchent dessus comme sur un texte sacré
et comprennent ce que personne, ni à l'époque ni
depuis, n'avait jamais compris, à savoir que ce crime
mystérieux était un crime homosexuel. Il se souvient
de cet autre jour, à la même époque, où, en voyage à
Lyon, feuilletant un ancien numéro de *Match*, il
découvre ce qui s'est passé, à Paris, le 17 octobre
1961, quand la police du général de Gaulle tua deux
cents Arabes et balança leurs cadavres à la Seine: il
se précipite, à son retour, au Los Angeles Sheriff's
Department Homicide Files; il raconte l'affaire à ses
amis flics qui commencent par ne pas croire que,
dans un pays aussi civilisé que la France, des collè-
gues aient pu faire une chose aussi atroce; ensemble,
alors, ils gambergent; ensemble, des jours durant, ils
pataugent dans ce fleuve de sang, glosent sur cette

tuerie démente et délicieuse, la répètent, la revivent. « Ouais, rugit-il, en retrouvant, cette fois, l'accent de sa lecture de tout à l'heure. Donnez-moi des trucs comme ça. Donnez-moi n'importe quelle histoire, se passant n'importe où, mais où ça saigne fort et qui, surtout, me ramène à ces années. Là, je suis chez moi. Là, je suis heureux comme un cochon dans une bauge de merde. Avec ça, rien qu'avec ça, ma journée est faite, ma vie est bonne – besoin de rien ni de personne, je suis le roi. » James Ellroy est seul. Seul en littérature et seul au monde. Seul avec ces crimes qu'il n'en finit pas de revivre, bouquet de fleurs noires de sa mémoire, bouffées d'air vicié qui sont le seul oxygène qu'il respire – et seul avec les romans qu'il en tire. Dans un pays où tout le monde veut être connecté à tout le monde, dans une Amérique où le comble de la misère terrestre est devenu le « bowling alone » du sujet postmoderne et désocialisé, il offre le cas unique d'un homme seul, désespérément et résolument seul, enfermé dans son territoire de livres et de tombes, coupé de tous – mais heureux.

Miami, c'est fini ?

Les Cubains ne sont pas contents.

En principe, ils sont les rois de la ville. Et, au moins dans le comté de Miami Dade où ils sont, avec les Latino-Américains, l'écrasante majorité, ils tiennent les leviers du pouvoir politique, économique, culturel.

Seulement voilà.

Il y a ceux qui n'ont jamais avalé l'affaire Elian et qui, comme Juan Clark, professeur de sociologie au Miami Dade College, vivent entourés de photos du garçonnet martyr et littéralement canonisé depuis sa livraison ignominieuse, par la police américaine, à Castro.

Il y a José Basulto, le baroudeur, qui me raconte, dans son salon de Coral Gables, au sud de Downtown, le jour, il y a huit ans, où un chasseur cubain a décollé de La Havane pour abattre deux des petits avions des « Frères à la Rescousse », cette organisation qu'il avait fondée pour guider depuis les airs les « Balseros » en difficulté, sur leurs radeaux de fortune, dans les eaux du détroit de Floride – les Américains n'ont pas bougé.

Il y a Jaime Suchlicki, patron de l'Institut d'études cubaines et cubano-américaines, qui m'explique, sur un ton plus académique, comment la mort du soviétisme, puis la fin de la guerre froide, puis la déclaration de guerre à un terrorisme qui a le visage, désormais, de l'islamisme, ont destitué Cuba, la question cubaine et, donc, les Cubains de Miami de la place éminente qui était la leur dans le monde d'hier et son grand Jeu.

Et le fait est que, pour ces raisons et quelques autres, c'est une chape de tristesse et d'amertume qui semble s'être abattue sur une communauté d'hommes et de femmes qui avaient toujours entendu dire qu'ils étaient le sel de la terre ; qui, lorsqu'ils mettaient le pied, jadis, sur le sol américain et même, déjà, sur le sol de l'avion qui allait les mener à la liberté, entendaient la voix du Président des Etats-Unis leur annoncer, dans un haut-parleur, qu'ils étaient l'avant-garde du monde libre dans sa guerre contre la dictature ; et qui, quarante ans après, le communisme s'étant effondré, le pinceau lumineux de l'Histoire universelle s'étant déplacé vers d'autres contrées, découvrent qu'ils ne servent à rien, qu'ils n'ont plus le moindre rôle dans la géostratégie d'une Amérique en lutte contre un nouvel empire du mal et que, lorsque ladite Amérique choisit Guantanamo pour y détenir ses ennemis, c'est Fidel qui, à la limite, ferait presque figure d'allié et eux, les anciens héros de la lutte antitotalitaire, de trublions et de gêneurs.

Alors il y a deux solutions, quand on est cubain de Miami et que l'on se sent ainsi floué, victime d'un retournement de l'Histoire si soudain et si douloureux

On peut laisser tomber, renoncer à son ancien statut d'exception, se normaliser : ciao l'axe Washington-La Havane ; adieu la clause de l'immigrant le plus favorisé dont on a longtemps bénéficié ; salut le devenir américain réel, banal, ordinaire – apprenons l'anglais.

Mais on peut aussi s'obstiner, persévérer dans le mirage, nier la réalité, rêver : et c'est le spectacle donné, au cœur de Little Habana, dans cette Calle Ocho dont on me dit que jamais, depuis l'arrivée des premiers exilés, elle n'avait poussé si loin, jusqu'au vertige, le goût de s'enfoncer dans son propre passé, sa caricature, son folklore.

Ces chapeliers qui ne vendent plus que des modèles copiés des années 40 et 50... Ces ateliers de cigares retrouvant les techniques de fabrication des « puros » d'avant la révolution... Ces journaux cubains de l'époque, réimprimés et vendus en fac-similés... Ces bars où les annuaires téléphoniques sont ceux de 1959... Le café « Versailles » où des Messieurs qui ressemblent tous à Batista continuent, comme dans le bon temps, de taper le domino... C'est le syndrome James Ellroy à l'échelle d'une société. C'est la nostalgie du temps immobile dans presque un million d'âmes. C'est l'un des plus formidables dénis d'Histoire jamais vus dans une société historique.

Je suis allé, après le déjeuner, revoir le commandant Huber Matos rencontré, en 1982, à Washington, alors qu'il sortait juste de vingt ans dans les geôles de Castro. J'ai voulu, en quittant le « Versailles », voir où en était cet ancien héraut de la dissidence, figure de ma jeunesse, et dont je sentais bien – ne serait-ce qu'aux efforts qu'il m'a fallu déployer pour trouver, simplement, son adresse – que le Miami *nouveau* se rappelait à peine l'existence. Or ce qui me frappe chez l'homme qui, vingt et quelques années après, m'accueille dans sa maison trop grande, trop vide, trop pleine d'affiches et de tracts datant de sa période glorieuse, ce qui me stupéfie chez ce vieillard diaphane qui semble errer dans son bureau hanté, absurdement blindé et entouré de gardes du corps dont on ne comprend plus l'usage, ce qui me sidère chez ce spectre, ce revenant, agité d'un tic qui lui fait chasser constamment, devant ses yeux, des lucioles imaginaires, c'est que, par une ruse du temps dont le sens ne m'apparaît pas tout de suite, il paraît à la fois terriblement vieilli et, comme les joueurs de dominos du « Versailles », paradoxalement rajeuni.

Il a cet air de fantôme, d'accord. Il a ces yeux gris-bleu tristes, et qui larmoient. Il a ce regard trop fixe des gens qui n'entendent plus. Mais il a aussi, dès qu'il se met à parler et qu'il parle, notamment, de son lointain passé, avant les geôles, de jeune chef révolutionnaire, vétéran des combats de la Sierra Maestra et donc compagnon-rival de Fidel Castro soi-même, un ton de juvénilité prodigieuse indiquant que, pour lui aussi, l'Histoire et la vie se sont arrêtées. « Deux doigts de la main, s'écrie-t-il, l'œil soudain plus vif, pour évoquer ce compagnonnage des débuts ; nous étions deux commandants, comme deux doigts de la même main, entrant ensemble, sur le même char, dans La Havane insurgée. » Puis, voyant que je m'étonne du système de sécurité inutilement performant dont il a doté sa maison : « il est comme Staline, le cabron ; il n'a qu'une idée en tête depuis que je suis entré aux Etats-Unis ; et cette idée, soir et matin, cette obsession dont nos services m'assurent qu'elle ne le quitte jamais, c'est de m'envoyer un Ramon Mercader qui le débarrassera, en me tuant, d'un des êtres au monde qui lui fait le plus d'ombre et de tort. » Et puis, sourire vague à nouveau, fausse lassitude, mais éclair de victoire, de joie et, il faut bien le dire, de douce folie dans le regard : « à moins que ce ne soit le contraire ; à moins que ce ne soit lui, Fidel, le déjà-mort ; savez-vous qu'il y a la rumeur, là-bas, qu'il serait secrètement mort et enterré dans trois cimetières différents, entre Cienfuegos et Sierra del Escambray – ce serait moi, alors, Matos, le survivant »...

La folie d'Holden Roberto, le vieux lion de Luanda, m'expliquant, en 2001, quinze ans après leur départ, qu'il était encore traqué par les mercenaires de l'Armée rouge... Celle de Mohamed Toha, le chef maoïste, trente ans plus tôt, agonisant sur son matelas de soie, au cœur de la jungle bangladaise, d'où il continuait de prononcer des sentences que nul ne prenait plus au sérieux... Et celle, maintenant, de Matos identiquement retombé en l'enfance des chefs assassins... Une figure récurrente de mes rêves? Ma façon de figurer l'automne de ces patriarches? Ou l'une des réalités, la vérité, de Miami?

Courte note sur le sentiment de la nature en Amérique

Pour un Européen, l'un des traits les plus énigmatiques de l'ethos américain est son rapport à la nature.

Il y a la sauvagerie de cette nature, d'abord. Il y a la proximité de cette nature sauvage dont on a tendance à croire que la technique l'a domestiquée alors qu'elle ne l'a que repoussée, déplacée un peu plus loin et, ici par exemple, à Everglades, dans ce Parc national situé à vingt kilomètres à peine de Miami, contenue dans une réserve immense, aux limites des terres habitées. En Europe, je pense que l'on aurait exterminé la faune qui continue, ici, de barboter dans les eaux hautes des marais. Je suis convaincu que ces pythons, iguanes géants, piranhas remontés de l'Amazone, ratons laveurs enragés, serpents cottonmouth avec leur redoutable poison, grands hérons bleus qui se nourrissent de bébés alligators, je suis convaincu que ces alligators eux-mêmes que l'on nous présente comme les « gardiens des Everglades » et que viennent observer les vieux écolos du comté, auraient fait les frais du grand nettoyage prophylactique voulu par une civilisation européenne dont le rêve est, depuis Descartes, de nous rendre maîtres et possesseurs de la nature. Ici non. Pas de maîtrise. Pas de possession. Les Floridiens n'arraisonnent pas la nature, ils la reculent. Ils ne la soumettent pas, ils la refoulent. C'est si vaste, la Floride, l'espace y est si peu compté, qu'il y a de la place, et pour les villes, et pour la nature. Et il en allait de même en Californie où mon ami, le producteur Charlie Lyons, me racontait comment il lui arrive d'entendre, certaines nuits, sur les collines, derrière sa maison, le hululement des loups et des coyotes.

Il y a sa violence. Il y a, tout aussi inimaginable en Europe, l'extrême brutalité, non seulement des animaux, mais des éléments et, plus précisément, des ouragans, tornades et autres typhons dont j'ai fini par comprendre, à force d'en entendre parler à chaque étape de ce voyage, qu'ils sont plus nombreux, plus fréquents et, d'une certaine façon, plus dévastateurs aux Etats-Unis que n'importe où ailleurs, en tout cas dans les pays développés. « Florida under attack », hurlait, l'autre jour, sur CNN, un journaliste échevelé, livide, en direct de je ne sais quelle ville côtière de ce paradis pour retraités balayé par la tempête. Attaque de quoi, me suis-je demandé? De qui? De quel Ben Laden ou émule de Saddam Hussein? Mais non. C'était juste Jeanne. C'était le nouveau typhon Jeanne en provenance des Bahamas et en train d'approcher à grande vitesse des côtes américaines. Alors, on peut ironiser. On peut voir dans l'énervement de ce journaliste un signe supplémentaire du goût américain pour le spectacle et l'emphase kitsch. Mais on rira peut-être moins si l'on fait l'effort d'imaginer, derrière Jeanne comme, dans les mois juste écoulés, derrière les sympathiques prénoms d'Alex, Frances Ivan, Charley, Karl, Lisa, Bonnie, tout comme, l'année précédente, Kate, Larry, Isabel, Erika, Ana, Claudette, les coulées de boue, les pluies diluviennes, les murailles d'eau furieuse s'abattant sur les plages, les maisons aux toits arrachés, les pluies de grenouilles et de lézards, les arbres déracinés, les paysages de désolation dont nous n'avons, en France, pas idée et qui, à Punta Gorda par exemple, se sont soldés, il y a trois semaines, par la bagatelle de seize morts... Les Etats-Unis n'ont pas besoin d'imaginer, ils savent. Et ce savoir n'est d'ailleurs pas pour rien dans leur hypersensibilité, chaque fois observée, et chaque fois déroutante, à ce type de cataclysme quand il prend la forme d'un tsunami et qu'il frappe un pays démuni.

Et puis le plus frappant enfin, le plus incompréhensible pour un Européen, c'est, face à cette situation, face à cette récurrence implacable de catastrophes naturelles dont certaines – le typhon Andrew...

les crues du Mississippi de 1927... – sont entrées
dans la « grande » histoire et ont participé de la
construction du paysage américain, la relative
passivité des acteurs politiques et citoyens. Oh! je
sais bien que CNN ne parle que de ça. Je sais que la
Floride a les stations de prévision météorologique les
plus efficaces du monde. Et j'ai vu, à New Orleans,
l'ingéniosité déployée pour, malgré l'incurie fédérale,
éviter la répétition du scénario de 1927. Mais je
prends Homestead par exemple. Je prends, sur la
route des Everglades, dans un paysage de faux arbres
peints, pour faire gai, en jaune, orange, bleu et
rouge, l'exemple de cette ville dévastée, il y a douze
ans, par l'ouragan Andrew et que la plupart des
ouragans suivants ont plus ou moins touchée. Ce
qui surprend, à Homestead, c'est la vulnérabilité des
maisons. Ce qui sidère, c'est que l'on a tout recons-
truit à l'identique, avec les mêmes préfabriqués,
parfois les mêmes roulottes, qui semblent posées en
plein champ, bricolées, un peu branlantes, et dont
on se demande ce qui les retiendra de s'envoler, de la
même façon, avec les mêmes dégâts, si survient un
nouveau Lili, Isidore ou Allison. L'Amérique a les
moyens de mettre Homestead à l'abri. L'Amérique
de la guerre des étoiles dispose des systèmes d'alerte
et, dans une certaine mesure, de prévention des
catastrophes les plus performants du monde. Or,
bizarrement, elle n'en fait pas usage. Or, bizarrement, elle n'utilise pas le dixième de son pouvoir
pour mettre les habitants de Homestead hors de
danger. De même que je n'ai jamais vu, en cas de
tempête de neige par exemple, un aéroport européen

aussi tragiquement paralysé que les grands aéroports américains, de même je n'imagine pas, en France, principe de précaution si mal appliqué qu'ici, à Homestead. Pourquoi?

Il y a la culture du risque, plus forte que la culture sécuritaire et que le goût de se prémunir.

Il y a les vestiges d'un esprit pionnier qui s'est accommodé, pendant des décennies, presque des siècles, d'un habitat provisoire, posé sur le bord des routes, progressant avec la frontière et, par définition, précaire.

Mais sans doute y a-t-il aussi, ancrée dans la mentalité du pays, une relation magique, quasi superstitieuse, à ce que les Américains, même laïques, appellent volontiers la « Mère nature ». Comme si leur toute-puissance devait trouver là sa limite. Comme si la volonté prométhéenne d'avoir raison de toutes choses s'était imposée ici, dans ce rapport aux éléments, une borne de principe et de sagesse. Pas de pitié pour nos ennemis, semble dire l'Américain du XXIe siècle; pas de quartier ni pour les terroristes ni même pour les adversaires de la suprématie économique du pays; mais on laisse une chance... à la nature!

Mon fantôme à Savannah

Voilà. J'ai changé d'avis. Si j'avais à élire une ville dans ce pays, s'il me fallait choisir un lieu, et un seul, pour y vivre, ce n'est plus Seattle, mais Savannah, que je choisirais. Le charme de Savannah. La beauté désuète, sudiste, de Savannah. Les maisons aux façades pastel, gris d'eau, mauve pâle, algue marine, sépia, de Savannah. Le mélange d'architectures italianisante et hellénique, victorienne et dorique, Second empire, Regency, témoins des temps lointains où les riches armateurs de Londres, s'installant à Savannah, rivalisaient d'imagination et de faste. Les stucs couleur d'écume imitant la pierre de taille. Les marbres rares, les colonnades, qui donnent à la ville un air de grâce triomphante. Les larges avenues bordées d'arbres moussus, de magnolias géants, de sycomores, de buissons d'azalées, de myrtes, où l'on s'attend, là, pour le coup, à voir surgir, à tout instant, ces personnages de *Autant en emporte le vent* dont je me languissais à Atlanta. Les squares arborés – vingt-deux – autour desquels la ville s'est construite. Ce côté ville voulue, pensée, programmée (l'idée de James Edward Oglethorpe, son fondateur, n'était-elle pas de créer une cité modèle débarrassée de ces péchés qu'étaient le crime, l'alcool, la prostitution et, plus exceptionnel au Sud, l'esclavage?). Et l'absence, pourtant, de ce modernisme hystérique,

293

égalisateur, avaleur de passé et de nuances, qui va presque toujours avec le systématisme des grands développements urbanistiques américains (voilà une ville aussi méthodiquement quadrillée, aussi parfaitement géométrique, que les cités-campements de l'Ouest et qui préserve son passé, le cultive, l'encense, avec le même soin jaloux que Venise, Amsterdam ou n'importe quelle autre ville-musée européenne!). Ce cimetière, là, par exemple. Ce cimetière aux tombeaux rares, épars entre les herbes folles, qui, tous, ou quasiment tous, datent de la guerre d'Indépendance. Cette nécropole en pleine ville qui, justement, n'est pas un musée puisque chacun peut y flâner, sans but ni parcours, sans ticket ni visite guidée. Ces stèles et cryptes désalignées, ces lits et encorbellements de plâtre craquelés ou doucement éventrés, ces monuments, ces dalles inégales qui, ailleurs, seraient, soit détruits, soit muséifiés comme le géant de Cardiff ou les dents de dinosaures du Sud Dakota et qui, là, à Savannah, font juste partie du paysage, objets d'une piété discrète mais ardente. C'est ici que, d'ailleurs, je prends véritablement conscience de l'importance qu'a le souvenir de leurs guerres dans l'imaginaire des hommes et femmes du Sud américain. Pas tellement les guerres mondiales, non. Les autres guerres. Celles auxquelles nous ne pensons, nous, Européens, pas tellement mais dont ils n'en finissent pas, eux, dans la douleur ou la nostalgie, la honte ou la gloire, l'amertume ou, carrément, l'exaltation, de commémorer les épisodes. Les guerres indiennes, évidemment. La guerre de Sécession que l'on appelle ici la Guerre civile et dont je me rends également compte, très vite, qu'elle reste une plaie ouverte au flanc de ce Savannah raffiné, infusé de valeurs aristocratiques et où l'on reste convaincu que c'est cette aristocratie même, cet art de vivre et ce goût de l'art dans la vie, qui, plus encore que l'esclavage, inspirèrent le ressentiment nordiste. Et puis la guerre d'Indépendance enfin, la toute première guerre américaine, étonnamment présente, elle aussi, dans ce très vieux cimetière, à l'ombre compliquée de ses arbres deux ou trois fois centenaires : ces plaques à demi effacées où l'on déchiffre encore les noms d'anciens jeunes gens, venus d'Angleterre, de France et de Pologne, et pris dans d'obscures histoires de duels, d'honneur bafoué et lavé ; tous ces héros obscurs, ces pionniers et combattants oubliés, qui n'ont plus que cette humble inscription dans les livres de pierre de Savannah pour se rappeler à la mémoire des vivants... Bref, j'aime Savannah. J'aime que les habitants de Savannah aiment eux-mêmes leur Savannah. J'aime le geste de ces officiers qui, en 1864, préférèrent se rendre au général Sherman plutôt que voir ses troupes mettre la ville à sac. Et j'aime l'histoire, un siècle plus tard, de ces citoyens montant la garde devant la Davenport House que l'on s'apprêtait à démolir et fondant ainsi la Historic Savannah Foundation qui veille, jusqu'à aujourd'hui, sur la mémoire et l'intégrité de la ville. J'ai vu tant de villes désaimées en Amérique. J'ai dans l'œil, depuis le début de ce voyage, tant d'images de villes à demi-détruites, ou simplement défigurées, par le vandalisme et l'indifférence de leurs habitants. Buffalo...

Detroit et Cleveland... Lackawana... Les grandes
cités catastrophées du Nord américain et, aussi, du
Nord dans le Sud.... Alors Savannah l'antimodèle.
Savannah ou un cas rare, mais d'autant plus précieux, d'urbiphilie en Amérique. L'amour, à Savannah, de cette part d'intelligence et de beauté qui
meurent quand meurent les villes. Le temps long de
Savannah. L'espace si spécial, presque clos, de
Savannah. Ce sentiment que l'on a – quand on
arrive, comme moi, de Miami – de déambuler dans
une serre, une bulle, un minuscule et fragile îlot
protégé des invasions barbares. Et puis les sortilèges
de Savannah. Et puis le sentiment, en même temps,
que cette ville austère n'en est pas moins subtilement
vénéneuse. Et puis ce Savannah nocturne, bien plus
trouble qu'il n'y paraît, baigné d'une lumière double
et exhalant les deux parfums, habituellement contraires, du rigorisme affiché et d'une secrète liberté,
du puritanisme le plus extrême et de la licence
éventuellement criminelle : envoûtements, sortilèges,
jardins du Bien et du Mal – n'est-ce pas John
Berendt ? n'est-ce pas Clint Eastwood ? Pour toutes
ces raisons mon siège est fait. Pour ces raisons, et
quelques autres, c'est Savannah que je choisis.
D'autant que... Une toute dernière chose. Je suis
chez John Duncan, East Taylor Street, face au
square Monterey et à la célèbre Mercer House qui
est le centre, s'il en est un, du fait divers réel qui
servit de fil à la fiction de Berendt et Eastwood. Je
visite, à l'entresol, son magasin de « Antique maps
and prints ». Puis, dans les étages, ses appartements
privés dont les boiseries, les miroirs précieux, les

livres rares disposés sur des tablettes aux marquete-
ries nacrées, offrent un concentré de tout le raffinement de Savannah. Et il m'apprend, malicieux, que
Savannah m'a elle-même, d'une certaine façon, déjà
choisi. « Savez-vous qui est le premier propriétaire
connu de cette maison ? » Il se reprend : « savez-vous
à qui nous devons ses restaurations les plus décisives ? » Eh bien un Français... Un Alsacien exactement... Il tenait boutique ici, tout près, sur Bryan
Street, puis sur Jefferson, puis, à la fin, sur Congress
et West Broughton... Et il s'appelait, cet Alsacien...
Devinez comment s'appelait l'homme, le Français
alsacien, dont le spectre hante cette demeure...
B.-H. Lévy. Il avait un frère, son associé, qui
s'appelait Henry Lévy. Mais lui s'appelait Benjamin-
Hirsch Lévy. Donc B.-H. Lévy. Déjà B.-H.L., vous
voyez.

Tombeau pour Scott Fitzgerald

Il faut imaginer Scott Fitzgerald à Asheville.

Il faut imaginer Zelda, d'abord. Il faut l'imaginer
dans son asile – le Highland Hospital – dont j'ai
fini, en tâtonnant, par retrouver l'emplacement.
Highland, vous dites ? Zelda ? Asheville a des excuses
vu que l'asile a brûlé et elle, Zelda, avec l'asile dans
la nuit du 10 au 11 mars 1948 et qu'il n'en est rien
resté. Mais je n'en aurais eu, moi, aucune si je ne
m'étais, ce matin, lancé à la recherche de ce rien, ce
reste, ces cendres, peut-être un musée, au moins une

plaque – l'Amérique fait musée de tout, pourquoi n'aurait-elle pas fait un musée de Zelda à Asheville? J'ai cherché, donc. Et j'ai fini par trouver, après avoir longtemps tourné entre Elizabeth, Magnolia et Cumberland Street. Mais pas de plaque. Pas un mot. Pas l'ombre d'un souvenir, ni chez les passants, ni chez les voisins. Et, pour que l'oubli soit total, et l'effacement totalement consommé, une autre clinique, la Fine Psychiatric Clinic reconstruite, mais sans le dire, sur l'exact emplacement du mouroir incendié de Zelda – crime parfait.

Il faut imaginer Zelda donc, ici, cinquième étage, matin brumeux comme aujourd'hui, feuillages jaunes derrière la fenêtre grillagée, cris des déments, convulsions, et elle avec ses tableaux, ses dessins exaspérés, son autoportrait durci, le croquis de Scott jeune où il ressemble à Baudelaire vieux, les lettres où elle lui reproche de l'avoir pillée, stérilisée, tuée à petit feu, fait enfermer : c'était commode, n'est-ce pas! c'était facile d'avoir une vraie folle pour inspirer tes folles de roman! jamais elle ne perd conscience; jamais elle ne lâche prise; on est en 1936, mais elle n'a pas rendu les armes... Et il faut l'imaginer lui, Scott, bon garçon finalement, bon mari, à moins qu'elle n'ait raison et qu'il ne puisse écrire, en effet, que près d'elle, pillant ses abîmes, puisant dans ses journaux intimes et son courrier – il faut l'imaginer s'installant ici, au contact de sa muse dépouillée, quelques centaines de mètres, Macon Avenue, dans cet affreux Grove Park Inn, moitié hôtel, moitié relais de chasse, qui, lui, existe encore et où la mémoire, pour le coup, redouble de zèle et de passion... Scott ? Mais oui, me dit un type à la réception. Tout est là. Rien n'a bougé. Les fausses boiseries des salons. Les têtes de buffle empaillées. La terrasse immense, et donnant sur le vide. Et puis, à l'entrée de la chambre 441-443, la plaque dorée indiquant que là fut « a place of solace », un lieu de « consolation », pour le Scott ruiné des années 1936 à 1938. Et puis l'acharnement avec lequel on me serine, au Grove Park et ailleurs, qu'il ne faut surtout pas croire non plus que l'auteur de *Gatsby* ne serait venu là *que* pour veiller sa folle ; en 1935 déjà... oui, en 1935, un an avant Zelda, il y fait un premier séjour, seul, pour soigner ses problèmes de poumons et écrire – Asheville est une jolie ville ; Asheville est une ville radieuse ; il est venu de Baltimore à Asheville parce qu'Asheville est une ville qui, mine de rien, fait du bien aux écrivains.

Que fait-il au Grove Park Inn ?

Les docteurs Philps et Slocum lui ayant raconté qu'il n'était bon ni pour lui ni pour elle qu'il voie trop souvent Zelda, à quoi peut-il bien occuper ces longues journées de l'été 36, puis de l'hiver, puis de l'autre été ?

Il voit la jeune Pauline Brownell dont les biographes ne parlent pas mais qui s'occupe de son épaule luxée après un stupide accident de plongée en juin.

Il pygmalionise Dorothy Richardson, l'autre infirmière, dont l'hôtel a exigé la présence après son dernier chantage au suicide et qui a pour mission principale de l'empêcher de boire.

Il flirte avec Laura Guthrie, sa dactylo, à qui il dicte les premiers essais de scripts que lui ont commandés ses nouveaux négriers d'Hollywood et dont il espère une resucée de gloire.

Il passe de longues après-midi enfermé, dans l'une de leurs deux chambres, avec Beatrice Dance, la riche Texane – avec elle, dit la rumeur ashevillienne, il est probable qu'il couchait.

Il lit des manuels de psychiatrie.

Il va chez Tony Buttita, le meilleur libraire de la ville, son ami, et lui commande tous les livres de psychiatrie possibles – schizophrène? maniaco-dépressive? est-ce du fer qu'il lui faudrait? du sel? est-ce un hasard si ses rémissions ont toujours coïncidé avec ses crises d'asthme? depuis le temps qu'il cherche à comprendre...

Et puis il va la voir.

Et puis, quoi qu'aient dit les médecins, il ne peut s'empêcher de faire les deux cents mètres et d'y aller – je suis Francis Scott Fitzgerald, l'ex-écrivain célèbre, je viens rendre visite à ma femme.

Je l'imagine alors, comme sur la photo de Carl Van Vechten, cravate en tricot un peu courte, veste à larges revers qui plongent trop bas, pochette de dandy vieilli, regard triste, les cheveux toujours bien lissés, mais la raie est sur le côté, le charme s'est éventé.

Je l'imagine, dans la chambre de Zelda : disputes sans fin; souvenir amer des temps heureux; Antibes; Murphy; charades dans des serviettes pliées; accordez-moi cette valse; le jour où, pour lui plaire, il a mangé une orchidée; la nuit où, à Saint-Paul-de-Vence, Isadora Duncan lui a donné, en catimini, l'adresse de son hôtel et où elle, pour le punir, s'est jetée depuis le parapet de la terrasse de La Colombe d'or.

Et puis je l'imagine aussi, à la sortie de la ville, rôdant comme un enfant autour de Biltmore Estate, la Mansion des Vanderbilt, qui passait déjà, à l'époque, pour la plus belle demeure d'Amérique. Il a tellement aimé les riches! Il y a des écrivains qui écrivent pour séduire les femmes, lui a toujours écrit pour approcher les riches et vivre un peu comme eux! Alors ces riches-là! Ce mélange, en un lieu, de châteaux de la Loire et de Villa Borghèse! Ce croisement, en une seule généalogie, du côté de chez Hearst et du côté de chez Gatsby! Je visite la Mansion. J'observe le portrait, dans le salon du rez-de-chaussée, de Cornelius Vanderbilt, premier du nom. Je ne peux pas imaginer qu'il n'ait été attiré, irrésistiblement, par ce mélange de faste et de chic, d'argent facile et d'austérité puritaine. Je ne peux pas imaginer que vivant ici, à Asheville, il n'ait pas tout fait, vraiment tout, pour, comme en ses belles heures, réussir à se faire inviter. Et je sais en même temps, pour l'avoir appris de lui, qu'il n'y a jamais de deuxième chance pour les héros américains. Et je sais que le plus vraisemblable est qu'on l'ait donc ignoré ou même carrément éconduit : qui? Scott Fitzgerald? ah... l'écrivain déchu... l'ancien nabab... le mari de la folle... le pestiféré... du balai!

Pardon, Asheville. Pardon à vous qui, à Asheville, m'avez si chaleureusement accueilli. Ces journées auront durablement, pour moi, ce parfum de mauvais passé. Cette ville restera associée à l'image de cet écrivain détruit, rendu à l'obscurité, désavoué. Pauvre Belgique, disait le dernier Baudelaire. Pauvre Caroline du Nord, pourrait dire le Scott Fitzgerald de la fin. Pour lui, en son nom et au nom, aussi, de tant d'écrivains que l'Amérique a humiliés ou rendus fous, je le dis.

Home with the wind

Il est un des rois de New York.

Il évolue parmi les stars, les tycoons, les intellectuels des think tanks, l'ex et le futur Président, les qui ont failli être Présidents et qui le seront peut-être un jour, qui sait?

Il est capable d'être, un matin, à Bagdad pour voir le Premier ministre irakien. Le soir à Téhéran pour interviewer un dissident. Le lendemain à Washington pour rencontrer un banquier, un cinéaste, un haut fonctionnaire. Ou, deux jours plus tard, pour dîner avec un ami publicitaire, à Paris, sa ville de cœur, sa patrie rêvée (beaucoup, je m'en aperçois, pensent cela; de Bobby Shriver à Los Angeles à Adam Gopnik et Felix Rohatyn à New York, je ne cesse de croiser des Américains qui me disent : « Paris... ah! Paris... y a-t-il une ville au monde plus désirable et civilisée que Paris ? »).

Il est le prototype du citadin moderne et informé, il est l'incarnation de ces mutants, parfaitement déracinés, la planète est ma maison, je suis chez moi partout – où habitez-vous? Air France, siège 1A.

Or ce que peu de gens savent, ce que les téléspectateurs auxquels son visage est familier sont à mille lieues d'imaginer, ce dont je ne suis même pas certain que ses propres amis soient conscients, c'est qu'il y a un autre Charlie Rose, secret, étranger au premier, et qui se révèle ici, dans son village natal de Henderson, Caroline du Nord, comté de Vance, près de Raleigh.

Typique paysage de bourgade sudiste, ruinée par la chute des industries du coton et du tabac, moulins désaffectés, torpeur, City Hall, caserne de pompiers, clock tower.

Même spectacle, paradoxal dans un pays qui est, encore une fois, celui de la science triomphante, de ces maisons sommaires, presque frustes, qui semblent posées à même le sol, fragiles, provisoires, comme des roulottes, un campement.

Eternelle image oui, mais dont je ne me lasse pas tant elle est surprenante pour quelqu'un qui a l'habitude des pays où la plus humble des demeures se veut bâtie dans la pierre, pour durer, de génération en génération, à travers siècles et époques – troublante et éternelle image (qui émeuvait déjà Sartre dans ses textes américains de l'immédiat après-guerre) de ces maisons légères, en suspens, en sursis, dont on a l'impression qu'elles n'attendent que d'être démontées ou qu'elles sont déjà en route vers leur destin de Ghost Town.

C'est là, au 1644 Oakdale Street, qu'est la maison d'enfance de Rose.

C'est là, dans cette école de briques rouges, un étage, qu'il a usé ses fonds de culotte avec les fils de paysans des environs.

C'est là, dans cette toute petite église, sur ce banc,

qu'il a reçu la communion – il se rappelle encore le psaume, « En avant soldat chrétien ! ».

Et ici, l'épicerie familiale, Rose Gin and Supply Co. Et ici, 903 Hargrovest Street, la deuxième maison de ses parents, plus tard, après qu'il les a quittés pour le Collège, plus prospère, plus confortable, le père a fait la bataille de la Bulge, dans les Ardennes, il méritait bien ça. Et là, derrière Main Street, le Roses Discount Store, un autre Rose insiste-t-il, rien à voir avec sa famille, mais le dernier magasin à avoir échappé à l'offensive des grandes surfaces... Et là encore... Et ici...

Hi, Mr Rose !

Heureux de vous voir de retour, Mr Rose !

Quel honneur, Mr Rose ! Quelle joie et quel honneur !

Ils sont contents, les habitants de Henderson...

Ils sont fiers de l'enfant du pays qui est devenu quelqu'un et qui revient quand même.

Mais le plus content, le plus fier, le plus visiblement ému, c'est encore lui, Mr Rose, dans ce rôle de fils prodigue, pèlerin de sa propre mémoire.

Rose devant la toute dernière maison de ses parents, même rue, mais en face, plus belle encore, plus blanche, jolie véranda, c'est là qu'ils ont voulu finir leur vie.

Rose devant la poste, identique elle aussi, figée, telle qu'en elle-même – il lui suffit de fermer les yeux pour revoir son père trottinant pour aller chercher son courrier.

Rose à Norlina, vingt miles plus loin, berceau de la famille paternelle, un autre monde, une autre

304

culture; et Rose, trois miles plus loin, Warren Plains, famille de sa mère, autre histoire, autre humble saga, le dépôt de chemin de fer désaffecté que la Raleigh and Gaston Railway a fini par vendre à la famille quand la ligne a été supprimée, le bâtiment de bois, très western, où il a passé de si longues heures, enfant à sa fenêtre, se projetant dans les lointains – Raleigh, Richmond, peut-être un jour Baltimore, New York, la grande vie.

Et puis, à l'extérieur de la ville, sur une hauteur, dans les bois, cette dernière maison; c'était la plus belle de la ville; elle appartenait à Jack Watkins; sa femme s'appelait Nora; elle s'arrêtait parfois, à l'épicerie, acheter du Coca-Cola; et lui, le petit Rose, a passé son enfance à rêver de cette demeure qui lui semblait le comble de l'élégance en même temps que la matérialisation de la « shining house upon the hill » : il n'a eu de cesse, depuis cinquante ans, de réaliser son rêve de gosse; et voilà; elle est à lui; il est en train de la restaurer; c'est son ancrage en ce monde; c'est son site; il est si heureux de me la faire visiter; si joyeux de monter et descendre les escaliers de bois vernis, comme ça, pour rien, en faisant le plus de bruit possible, comme s'il voulait les réhabituer au son de la présence humaine, sa longue silhouette se reflétant dans les verrières qui, elles-mêmes, reflètent le blanc neigeux du jardin.

Rose n'est pas le premier citadin à restaurer une résidence secondaire ni à y prendre un peu racine.

Il n'est pas le premier non plus, loin s'en faut, à avoir la larme à l'œil quand il se retrouve au contact

des personnages et des lieux de sa mémoire fondamentale.

Si son cas, pourtant, m'intrigue c'est qu'il dément
le scénario convenu de l'Américain sans terroir ni
racines allant de ville en ville, sa maison sur le dos
ou dans la tête, au fil d'une inlassable conquête de la
nouvelle frontière de sa vie.

Ou plutôt non. Il ne le dément pas, il le complique. Et il nous dit quelque chose de beaucoup plus
subtil quant au rapport des Américains à leur espace
et, donc, à leur histoire. Ce que dit le cas Rose c'est
que l'Amérique est le lieu de la déterritorialisation la
plus extrême *et* de la territorialisation la plus achar-
née ; que c'est le pays au monde où l'on bouge, se
déplace, change de domicile le plus souvent *et* celui
où, en même temps, l'on reste le plus attaché à son
point d'origine et d'enfance ; ce que m'apprennent
ces quelques heures en Caroline du Nord et que
m'avaient, du reste, déjà suggéré les philanthropes de
Cleveland revenant sauver leur ville alors qu'ils
avaient fait leur vie ailleurs, c'est le lien, dialectique
mais impossible à trancher, entre cosmopolitisme et
nostalgie.

Mars versus Vénus, et vice versa

Cap sur la Virginie.

Et, de là, sur Norfolk qui est, si je ne m'abuse,
l'une des villes les plus anciennes d'un Etat qui fut

lui-même l'un des treize Etats fondateurs de l'Union.

C'est la ville étape où, à mi-chemin de la Floride et de New York, après qu'il a décidé, faute de temps, de sauter l'étape de Charleston, Tocqueville arrive le 10 janvier et embarque sur un bateau qui remontera vers Washington.

C'est aujourd'hui, avec San Diego sur la côte Pacifique, la grande base navale du pays ; c'est le siège du United States Joint Forces Command d'où s'opère la coordination des forces américaines dans le monde ; et c'est, presque plus important, le cœur du nouveau Allied Command Transformation, cette structure stratégique en charge, depuis le sommet de Prague de 2002, de la réflexion et de la recherche en vue de la transformation de l'Alliance atlantique.

Quand on pense armée américaine, on pense GI's et armée de terre.

Quand on pense puissance américaine, empire, etc., on pense aux bataillons humains, trop humains, du corps expéditionnaire en Irak ou, si l'on est européen, à ces bases portugaises, italiennes, belges, de l'Otan qui ne font, il faut bien le dire, plus peur à grand-monde.

Eh bien non.

Elle est là, cette puissance.

Elle est dans ce centre de recherches de Norfolk, ultra-pointu, pour une part immatériel, où s'élaborent les concepts stratégiques du futur.

Elle est dans ce port de science-fiction, plaqué sur la vieille ville aux maisons sudistes traditionnelles, où mouillent croiseurs, cuirassés, porte-avions colossaux, sous-marins d'attaque SSN, sous-marins stratégiques SSBN.

Et elle est dans ce sous-marin en particulier, le *USS Scranton* (SSN 756), cent dix mètres, sept mille tonnes, l'un des plus modernes de la flotte, où j'ai la chance de pouvoir passer une demi-journée – escorté d'une jeune enseigne de vaisseau, blonde, cheveux mi-longs, si étonnamment coquette que, n'eût été son calot militaire savamment incliné sur l'oreille, rien n'aurait signalé en elle la soldate en mission.

C'est une puissance fragile, bien entendu.

Je ne peux m'empêcher, tandis que l'enseigne de vaisseau me fait découvrir ce concentré d'intelligence qu'est l'intérieur du bâtiment, de songer qu'il s'en faudrait de peu (cf. le *Koursk*, mais aussi le *Tresher* et le *Scorpio* qui étaient, eux, américains...) pour que cette admirable capsule flottante se transforme en cercueil.

Je ne peux m'empêcher aussi, en visitant ces cabines microscopiques où l'on est parvenu à caser jusqu'à douze lits superposés, en voyant les centaines de boîtes de conserve qui, faute de place, ont été rangées à même le sol, là où les hommes se tiennent et au point, par endroits, d'obliger les plus grands à marcher courbés, je ne peux m'empêcher, en imaginant ce monde clos, parfaitement silencieux et où n'entrera plus, bientôt, aucune lumière du jour, de me dire que, de toutes les prisons que j'ai visitées, celle-là n'est pas la moins anxiogène.

Mais enfin puissance, oui, tout de même.

Prodige de haute technologie, de précision, de force.

Ces turbines et réacteurs à propulsion...

Ce compartiment machines, à l'arrière, qui ressemble au premier étage d'une fusée...

Ces barres de plongée arrière et avant, au fonctionnement incroyablement complexe, qui permettent de régler tantôt l'assiette tantôt l'immersion du sous-marin...

Ces ballasts qui, selon qu'ils se remplissent d'air ou d'eau de mer, permettent à l'appareil de plonger ou de rester en surface...

Ces contraintes thermiques infernales qui font que les parois du navire ont tendance, selon les points, à se dilater, se rétracter et, au total, se disloquer...

Ces circuits de réfrigération et de réchauffement...

Ces radars et ces sonars...

Ces antennes passives (captation du moindre bruit, de la moindre vibration, venus de l'extérieur) ou actives (émission d'une impulsion permettant, par la mesure du temps nécessaire au retour de l'écho, de calculer la distance à laquelle on se trouve d'une cible ou d'un relief marin)...

Ces sondeurs de glace ou de profondeur d'eau marchant à l'ultrason...

Ces pupitres et consoles dont je ne comprends pas très bien s'ils servent à contrôler les réacteurs, ou les tirs, ou les deux...

Ces tubes lance-missiles et ces systèmes de brouillage capables, à l'inverse, de leurrer la torpille adverse et de la faire exploser au large – tout en lui faisant croire, bien sûr, qu'elle est à proximité de la cible...

Et puis les missiles eux-mêmes... Ces engins de mort dont certains – les « Trident II » – sont équipés de douze têtes nucléaires et confèrent à un seul de

ces sous-marins une puissance de feu équivalente à
1 000 Hiroshima... Ces torpilles à capteurs magné-
tiques qui – sommet de l'art de détruire – explosent,
non pas au contact, mais en dessous du navire cible
et dégagent, ce faisant, une énergie, un effet de
souffle, il faudrait dire un raz-de-marée, dont le
résultat est que la coque, quelle que soit la solidité de
l'acier dans lequel elle est trempée, est immanquablement coupée en deux.

Extrême raffinement de tout cela.

Vertige stratégique, technique, logique.

Crainte et admiration mêlées, comme devant
toutes les manifestations de la force américaine –
alors celle-là !

Je quitte Norfolk en me demandant si une visite
pareille aurait été possible dans mon pays.

Et, comme je crois que non, comme je vois mal
une base de sous-marins nucléaires français offrir à
un visiteur étranger une opération vérité de cette
nature, je m'interroge sur les raisons de mes interlocuteurs.

La démocratie américaine, une fois de plus ?

Ce goût de la transparence dont Tocqueville
notait, avant bien d'autres, qu'il est constitutif de
son ethos ?

Un rapport différent au secret ?

Un côté société ouverte qui se maintiendrait jusque dans ces zones qui, partout ailleurs, tendent à se
fermer ?

Ou bien cette autre hypothèse qui me traverse
l'esprit à un moment où, dans l'œil de l'enseigne de
vaisseau me répondant sur la force de frappe cumu-

lée des torpilles MK-48, missiles Tomahawk et mines MK-67 et MK-60 stockés dans le bâtiment, je crois déceler une fugitive lueur d'ironie : et si cette opération portes ouvertes était une démonstration de force ? et si ce type de visite guidée faisait partie du programme de la première armée du monde lorsqu'elle a affaire au représentant, qui plus est français, d'un pays en principe allié ? et s'il s'agissait juste, pour Mars, de parader devant Vénus en venant lui signifier, mine de rien, sur le ton de bonne et saine franchise qui sied aux relations entre amis, « voilà qui nous sommes et de quoi nous sommes capables – prendre la mesure de la force de son allié avant de se prétendre son rival ou même son partenaire dans le monde enchanté d'un multilatéralisme incantatoire, voilà, chers Français, qui serait de bonne politique... » ?

Tout cela est sans doute vrai *à la fois*.

Une conversation avec Richard Perle

Meubles de prix.

Un portrait d'Arthur Rimbaud au mur.

Une grande cuisine rustique qui semble être l'une des pièces où il se tient le plus volontiers – peut-être un discret hommage à Albert Wohlstetter, son maître, dont l'art culinaire fut, dit-on, à côté des mathématiques et des questions de stratégie, l'une des passions les plus têtues.

Beaucoup de livres, beaucoup d'objets et bibelots,

certains rapportés du Sud de la France, à Gordes, où ce faucon réputé pour sa francophobie, cet homme qui, au plus haut de la tension entre les Présidents Bush et Chirac, déclarait que les Français étaient un peuple d'« envieux » et qu'il fallait « cesser de les gâter », a, non seulement sa patrie de rêve, mais une vraie deuxième maison.

Nous avons commencé, pendant qu'il préparait le café, par parler d'un autre Gordois célèbre, le philosophe marxiste Louis Althusser dont il connaît apparemment le travail.

Je lui ai demandé s'il était exact que sa première vocation fût celle de la littérature et que son rêve, dans sa jeunesse, fût de diriger un séminaire, non de stratégie internationale, mais sur Joyce et la genèse de *Finnegans Wake* – il a haussé les épaules, légèrement mélancolique, mais sans répondre.

Nous avons parlé de Tocqueville dont il m'a fait observer, agacé, qu'il ne faut pas non plus exagérer... que mon compatriote n'a pas tout prévu non plus de ce qui arrive, depuis un siècle, aux Etats-Unis... et qu'il est notamment passé à côté de cet exceptionnalisme, de cette croyance quasi religieuse en une mission de l'Amérique, dont les Pères fondateurs sont apparus bien après lui.

Et nous voici maintenant face à face dans le jardin, recouvert de feuilles mortes et baigné de soleil, de la jolie maison virginienne où il passe le plus clair de son temps depuis qu'un soupçon de conflit d'intérêts l'a contraint à démissionner du Defence Policy Board – voici, assis sur un banc de bois tout simple, le teint bistre et fatigué, les yeux cernés, revêtu de l'une de ces chemises grises à col blanc, probablement amovible, que je lui ai vues sur la plupart de ses photos mais qu'il porte désormais sans cravate, voici le grand architecte, désœuvré, de la politique américaine en Irak.

Où en est-il ?

Que dit-il, deux ans après, de cette guerre qu'il a, avec son ami Wolfowitz, contribué à penser et qui suscite, dans le monde entier, la réprobation ou le débat ?

Richard Perle, à ma vive surprise, commence par émettre des réserves sur la façon dont les choses sont menées.

Il nie, au demeurant, avoir été l'architecte que je dis ; il insiste sur le fait qu'il n'a jamais été, hélas, en position de décider quoi que ce soit ; et il commence par me dire tout ce qui, pour parodier « notre ami Althusser » *(sic)*, « ne peut plus durer », non dans le parti communiste, mais dans le parti américain de la guerre.

Il regrette, par exemple, que l'on n'ait pas mis plus d'hommes sur le terrain.

Il maintient sa confiance à Chalabi qui a été, comme lui, le disciple de Wohlstetter et qu'il se refuse à transformer, ainsi que tout le monde le fait, maintenant, à Washington, en un politicien manipulateur, sans scrupules, vénal.

Pire, gronde-t-il en jouant avec le col de sa chemise comme si cette seule idée le faisait suffoquer, pire, il estime aujourd'hui que l'administration a commis une erreur majeure et que cette erreur est de n'avoir pas pris soin, comme en Afghanistan, de s'appuyer, dès le début, sur des forces armées locales – « il nous aura manqué des "scouts", martèle-t-il, des "Iraqi scouts", des éclaireurs locaux, comme dans les westerns, et c'est la raison pour laquelle, de libérateurs que nous étions, nous sommes en train de devenir des occupants ».

Sur le fond pourtant, sur le bien-fondé de la guerre elle-même, sur la justesse du choix qui consista, au lendemain du 11 septembre, à cibler Saddam Hussein et à l'abattre, sur le projet politique qui entendait et entend installer à sa place, dans ce pays martyr et abandonné par l'Occident, sur cette terre de souffrances et de charniers méthodiquement ignorés, un embryon de démocratie, il n'a pas varié d'un iota et j'ai même le sentiment que sa liberté de parole retrouvée ne lui donne que plus d'éloquence pour marteler sa conviction qu'il n'y a pas, en ce monde, pire source de désordre et d'insécurité que l'existence des dictatures et notre indulgence à leur endroit.

Quant à moi, cette conversation aura eu pour effet de raviver mes anciennes interrogations, non pas sur la guerre elle-même que j'ai désapprouvée dès le premier jour et sur laquelle mon analyse n'a pas non plus varié, mais sur ces personnages que nous nous obstinons, en France, soit à diaboliser (« princes des ténèbres ») soit à ridiculiser (les « néocons ») – et dont le cas n'est pourtant pas si simple qu'il y paraît.

Tantôt, en écoutant ce bushiste qui a, entre autres particularités, celle d'être resté un « Démocrate » et de s'en vanter, je me dis : mais oui ; il a raison ; comment pouvait-on être hostile au renversement d'un pareil tyran ? comment peut-on, comme moi, avoir passé sa vie à déplorer l'inaction des pays riches, leur pusillanimité, leur munichisme récurrent face à des adversaires acharnés à les perdre et prêts à tout pour se donner les moyens d'y parvenir – et comment peut-on ne pas se réjouir quand apparaît enfin, dans la plus grande et plus puissante démocratie du monde, une génération d'intellectuels qui, pensant la même chose que moi, approchent des leviers du pouvoir et œuvrent, concrètement, pour qu'entre dans les faits cette commune pensée ?

Et puis tantôt, au contraire, c'est un mot, une intonation, une phrase un peu désinvolte sur le fait que la présence réelle, ou non, d'armes de destruction massive à Bagdad n'a pas tant d'importance que cela ; une autre sur les gens qui, comme moi, reculent devant l'idée de guerre préventive et dont l'attitude est aussi inconséquente, à ses yeux, que celle du Monsieur qui « attend d'être malade pour souscrire une assurance » ; une autre encore que j'interprète comme une condamnation de ce plan de Genève que j'ai si ardemment soutenu et qui prônait un partage de la terre entre Israéliens et Palestiniens ; c'est une nuance de populisme ; une frilosité soudaine ; c'est une réaction de vieux conservateur outré quand il me demande si Althusser a bien payé pour son crime et que je lui réponds que non, un petit complot de Normaliens a pu le protéger et lui éviter d'aller en prison ; c'est un propos injuste sur Kerry ou sur sa femme – et voilà, je sursaute, je me cabre, je me dis que nous n'appartenons, cet homme et moi, décidément pas à la même famille.

J'en suis là...

Ce qui me sépare, radicalement, de Bill Kristol

Je tenais beaucoup à cette rencontre-ci.

Le patronyme d'abord, associé, dans mon esprit, à tout un paysage légendaire où se mêlent la saga de l'extrême gauche américaine, les secrets de l'Alcove One du City College de New York, le souvenir des joutes idéologiques d'Irving Kristol, son père, avec Daniel Bell, Irving Howe, Nathan Glazer ou Gertrude Himmelfarb, sa future femme.

L'idée, ensuite, qu'un si petit journal, le *Weekly Standard*, doté d'un tirage qui, même à l'échelle française ou européenne, paraîtrait assez ridicule, sans presque de publicité, gris, imprimé sur du mauvais papier, ne reculant jamais devant un texte long, austère, parfois indigeste, puisse avoir une si grande influence, y compris, me dit-on, sur la Maison-Blanche et le Département d'Etat.

Et puis, bien sûr, l'idéologie néoconservatrice elle-même, l'idéologie néoconservatrice toujours, le mystère de ces gens dont le parcours intellectuel me passionne de plus en plus et dont je me dis que, de par son statut de journaliste et l'autonomie de pensée qu'il lui confère, de par ses origines familiales et même s'il ne vient pas lui-même de l'extrême gauche, il est, davantage encore que Perle, un archétype – ralliés, vraiment ? bushistes, comment ? nature de la rencontre ? portée ? que penser de l'analyse de

David Brooks m'expliquant, l'autre matin, que les médias exagèrent l'importance et l'impact de ce courant ? que penser de son idée selon laquelle cette affaire d'intellectuels prenant d'assaut, au lendemain du 11 septembre, le cerveau du Président des Etats-Unis est une invention de l'extrême droite en général, de Pat Buchanan en particulier, et que l'on n'est pas très loin, là, de la thématique du complot juif ?

D'une certaine façon, je serai déçu : avec son costume de grand patron, ses cheveux impeccablement peignés, ses manières affables et publicitaires, ses yeux bleus rieurs, son teint fleuri, l'homme que j'ai en face de moi ressemble plus à un dirigeant de l'American Enterprise Institute (logé, ce n'est pas un hasard, dans le même immeuble, à l'étage au-dessus) qu'à l'idée que l'on se fait, en Europe, d'un intellectuel.

Mais, d'un autre côté, je serai servi au-delà de mes espérances : car la conversation sera longue et, au fil de la conversation, dans ce bureau moderne et fonctionnel qui me fait plus penser, lui aussi, à la salle de réunion d'une banque d'affaires qu'au bureau d'un éditorialiste ou d'un homme d'idées, j'aurai, sinon la réponse, du moins une part de la réponse à la question de savoir ce qui me rapproche et me sépare de cet homme, de ceux qui lui ressemblent et du combat qu'ils mènent depuis vingt ou trente ans.

Ce qui nous rapproche : l'histoire ; la généalogie ; un certain nombre d'expériences fondatrices dont la plus ancienne, et sans doute la plus essentielle, semble être la révolte contre la façon qu'eut l'Occident de consentir à la servitude des pays de l'Europe centrale et orientale ; quand j'entends Kristol raconter comment sa jeunesse a été formée par les maîtres de la pensée antitotalitaire du XXe siècle, quand je le vois s'emporter contre le relativisme culturel et l'historicisme qui furent l'alibi des plus effroyables dictatures, quand je l'imagine faisant, au début des années 90, le siège des décideurs de la politique étrangère américaine pour les convaincre d'intervenir en Bosnie puis au Kosovo, quand je l'imagine, enfin, plaidant contre les Talibans et contre notre assentiment muet à l'ordre de fer qu'ils faisaient régner en Afghanistan, c'est ma propre histoire que je retrouve, ce sont les dates de ma biographie intellectuelle que je vois défiler en accéléré – j'ai envie de dire que, si les positions divergent, les axiomes, eux, sont partagés.

Ce qui nous sépare, alors : les positions, oui ; les conséquences que, sur l'affaire irakienne, nous tirons de prémisses communes ; mais aussi d'autres sujets ; des considérations, au fil de la conversation, sur des thèmes qui n'ont rien à voir ; la peine de mort, par exemple ; je m'aperçois, à ma vive surprise, que Kristol est favorable à la peine de mort ; je m'aperçois qu'il n'est pas loin non plus, sur la question de l'avortement, sur celle du mariage homosexuel, ou sur la place de la religion dans la vie politique américaine, des thèses les plus radicales des ténors de l'administration Bush ; et puis il y a ce numéro du *Weekly Standard* que j'ai trouvé dans la salle d'attente et que j'ai eu le temps de feuilleter avant notre rencontre ; c'est le tout dernier numéro ; c'est celui où il est notamment question de l'inauguration de la Bibliothèque Clinton à Little Rock ; et je m'aperçois que le *Weekly Standard* est un journal où l'on peut lire, sous la signature de Matt Labash, un texte bourré des plus abominables ragots sur la vie privée de l'ancien Président – Paula, Jennifer, Monica, Connie, Sally, Dolly, Susan, elles sont toutes là, les « WOCS », les « Women of the Clinton Scandals », les ex-Miss Arkansas, les salopes et les violées, les putes vaguement blanchies, les ex-cover-girls reconverties en femmes mariées, elles sont toutes couchées sur le papier, épinglées, dénoncées, dans ce tombereau d'ordure et de délation qui se présente comme un article.

Je sens que Kristol est gêné quand je lui en parle.

Je sens qu'il sent qu'un Européen ne peut pas être d'accord avec cette manière de mêler au débat politique des cochonneries pareilles et, donc, il minimise.

N'allez pas croire que j'y crois, semble-t-il dire.

C'est juste le deal, vous comprenez – cette adhésion à la croisade pour les valeurs morales est juste le prix à payer pour une politique étrangère que, dans l'ensemble, nous défendons.

Soit.

Admettons que cette gêne ne soit pas feinte.

Toute la question, dans ce cas, est là et c'est, dans mon esprit, presque pire.

Faut-il, quand on soutient une politique par un bout, la soutenir par tous les bouts ?

Faut-il, parce qu'on est d'accord sur l'Irak, se forcer à être d'accord sur la peine de mort, le créationnisme et, là, l'ordre moral et ses pratiques pestilentielles ?

Dois-je, quand je dîne avec quelqu'un, commander tout le menu ?

N'est-ce pas le privilège, au contraire, de ce que l'on appelle un intellectuel, n'est-ce pas son honneur et, au fond, sa vraie force ainsi que son devoir, de continuer de défendre ses couleurs, voire les nuances de ses couleurs, même et surtout lorsque, sur un point précis, il apporte son soutien au pouvoir ?

Bill Kristol m'écoute.

Mais je sens que je ne le convaincs pas.

Et je sens bien, surtout, que je tiens là, provisoirement au moins, le nœud de ce qui nous sépare.

Un néoconservateur ? Un platonicien sans les Idées. Un conseiller des princes sans recul ni réserve. Un antitotalitaire qui, au fond, et quoi qu'il en dise, n'a pas assez lu Strauss, Arendt, Julien Benda — et qui se prive, de ce fait, de cette liberté nécessaire qu'implique, en Europe, le statut de l'intellectuel.

La Fin de l'Histoire n'est pas un dîner de gala

Washington, toujours.

Visite à Francis Fukuyama.

Nous nous sommes connus à Paris, il y a un peu plus de dix ans, à l'époque de son texte sur « La Fin de l'Histoire et le dernier homme ».

J'avais, alors, fermement pris position contre sa thèse.

Mais je me souviens avoir pensé — et dit — que

c'était, d'accord ou pas, l'une des thèses fortes du moment.

Il est, lui, pour le coup, le prototype de l'intellectuel américain.

Il est, plus exactement, ce qui me semble se rapprocher le plus du mode de fonctionnement de ce que nous appelons, en Europe, un intellectuel et dont Kristol me semble si loin.

Et j'avoue que je suis heureux de le revoir ici, dans son petit bureau, plein de livres et de dossiers empilés, de la John Hopkins School of Advanced International Studies – lucide et narquois, aussi à l'aise dans la haute voltige conceptuelle que dans les considérations géostratégiques, aussi visiblement passionné par les fresques historico-mondiales que par l'analyse politique plus terre à terre (une chose qui me frappe chez ces grands intellectuels américains proches du pouvoir et de ses think tanks : leur capacité à mener de front, non pas exactement deux carrières, mais deux cultures hétérogènes – Wohlstetter, mathématicien hors pair ; Harvey Mansfield traducteur de Machiavel et Tocqueville ; Donald Kagan, Gary Schmitt et Victor David Hanson spécialistes de la Grèce ancienne ; sans parler de Wolfowitz, éminent néostraussien et non moins éminent hébraïsant...)

Nous reparlons, avec Fukuyama, de ce fameux premier texte de la fin des années 80.

Je lui dis – et cela le fait rire – qu'il est, comme Byron, devenu célèbre en une nuit par la grâce d'une conversation.

Il me dit – et cela ne me convainc pas – qu'il a lu

certains de mes propres textes sur l'islamisme radical mais qu'il pense, lui, que non, l'islamisme ne fait pas le poids, qu'il ne saurait être ce troisième totalitarisme remettant en mouvement la grande machinerie de l'Histoire.

Et puis, très vite, nous parlons de la guerre en Irak qu'il a, contrairement à toute attente et à l'inverse de la plupart des autres néoconservateurs, fini par condamner ; nous parlons d'un autre de ses textes, « The neoconservative moment » qui fut écrit en réaction à une conférence de Charles Krauthammer à l'American Enterprise Institute et qui, publié, à l'été 2004, dans le numéro d'été de la revue néoconservatrice *The National Interest*, a déclenché l'un de ces vifs débats dont il a décidément le secret – une dizaine de pages à peine, le même ton provocateur et froid, mais la même façon, finalement très zen, de tout casser sans y toucher.

Pourquoi, alors, cette condamnation ?

Quelle objection, au juste, contre la guerre de George Bush et de ses ex-amis de la Rand Corporation ?

Pas d'objection morale (l'argument, pour un hégélien, n'aurait pas de sens).

Pas d'objection stratégique (l'apôtre de la fin de l'Histoire, l'homme qui nous annonce l'alignement des provinces de l'empire sur l'ordre victorieux ne saurait être en désaccord avec le projet de démocratiser l'Irak).

Certainement pas non plus l'idée paléoconservatrice que certaines cultures seraient plus faites que d'autres pour la liberté (entre ses deux

grands mentors Irving Kristol et Samuel Huntington, entre l'ex-homme de gauche resté fidèle à l'idéal
universaliste de sa jeunesse et l'apôtre d'une guerre
des civilisations qui a bien du mal à conjurer l'écueil
relativiste, je sens que le cœur de Fukuyama ne
balance guère et que c'est du premier qu'il se sent, à
tout prendre, le plus proche).

Non, son grand thème, son principal et, en fait,
unique désaccord tiennent à la relation au temps,
donc à l'opportunité et à la tactique politiques, qu'il
croit deviner chez la plupart de ses amis partisans
inconditionnels de cette guerre (il y a bien, aussi,
l'argument de la trop grande proximité à la politique
israélienne – mais s'il en est question dans l'article
du *National Interest*, si cette façon de « likoudiser »
l'adversaire a pu lui être reprochée au moment de sa
polémique avec Krauthammer, il n'en a pas été
question dans notre conversation).

Ces gens sont curieux, m'explique-t-il en substance.

Ils ont passé leur existence à plaider contre le fait
de donner des pouvoirs exorbitants à l'Etat.

Ils nous ont mis en garde contre la naïveté des
spécialistes du « social engineering » prétendant
éradiquer, d'un coup de baguette politique, la misère
américaine.

Et voilà qu'ils perdent toute mesure dès lors qu'il
est question d'aller extirper cette misère, ainsi que les
racines du despotisme, à six mille kilomètres de chez
eux.

Et voilà qu'ils font confiance à la seule décision
politique dès lors qu'il est question, en construisant

une nation et un Etat, de gagner, non plus seulement la guerre, mais la paix

Et voilà qu'ils renouent avec le ton messianique qu'ils ont si souvent reproché à leurs adversaires progressistes dès lors qu'il s'agit de construire, ex nihilo, dans un pays qui n'en a jamais eu le concept, une démocratie à l'occidentale !

Etrange, cet hégélien condamnant le messianisme des autres.

Surprenant, cet historiciste qui nous disait naguère que l'Esprit absolu était sur le point d'advenir à soi et qui se met à faire l'éloge des lenteurs et des douleurs de la post-histoire.

Paradoxal, oui, le spectacle de ce disciple de Kojève, nourri à *La Phénoménologie de l'esprit* et à sa prosopopée de l'Idée, qui vient reprocher aux autres leur idéalisme excessif.

Mais, en même temps, intéressant.

De plus en plus intéressant et, pour le « reportage d'idées » à quoi tourne cette enquête, de plus en plus compliqué.

D'abord parce que c'est un autre signe, à l'intérieur d'une même famille cette fois, de cette intensité, de cette vigueur, de cette qualité du débat idéologique qui échappent le plus souvent aux Européens mais qui m'avaient tellement frappé au moment des deux Conventions : Hegel plus Leo Strauss... le providentialisme hégélien refroidi, et comme réduit, par le scepticisme « grec » de l'auteur de *La Cité et l'homme*... telle est l'équation de Fukuyama... telles sont les coordonnées métaphysiques, donc politiques, de cet universaliste athée, de ce progressiste pessimiste – et c'est plus qu'une variante, c'est une vraie nouvelle posture sur l'échiquier américain.

Mais, surtout, j'ai l'impression de tenir ici la première objection sérieuse, c'est-à-dire théoriquement articulée, à un parti de la guerre dont j'ai moi-même, à l'époque, avant le déclenchement des opérations, écrit que, parce qu'il se trompait de cible, parce qu'il visait l'Irak au lieu de se soucier, par exemple, du Pakistan, il était moralement juste mais politiquement erroné : ces gens, me dit Fukuyama, très bas, presque chuchotant, et avec ce sourire si spécial dont j'avais déjà noté, à Paris, que la discrétion ostentatoire n'exclut pas une certaine emphase, ces gens sont à moi, théoricien de l'inévitable triomphe de l'ordre démocratique, ce que Lénine était à Marx – et c'est, comme d'habitude, en pressant le pas, en se conduisant comme si tous les délais étaient expirés, donc en faisant les anges, qu'ils se condamnent à faire la Bête.

Le problème des néoconservateurs ce n'est pas, comme croient les Européens, leur immoralisme et leur cynisme. C'est l'excès, au contraire, de la morale. C'est la victoire de la mystique sur la politique. Ce sont des belles âmes qui ne font pas assez de vraie politique.

Deux droites (au moins)

Flash-back.

La scène se passe à Pittsburgh, il y a trois mois, à la fin d'une belle journée d'automne.

C'est Christopher Hitchens qui m'a convaincu de venir.

Nous nous sommes opposés, à New York, sous l'égide de *Vanity Fair* qui inaugurait là une série de grands débats, dans une discussion sur la guerre en Irak dont il est, comme Kristol et Perle, un ardent partisan et il m'a juste glissé, entre deux portes, avec sa façon très « british » de marmonner les choses importantes : « conférence de Kissinger à Pittsburgh ; contre conférence de moi, une heure plus tard et quelques blocs plus loin, après projection du film que j'ai fait avec Eugene Jarecki, *Le Procès de Henry Kissinger* ; devrais venir ; peut t'amuser... »

Je vais, dès mon arrivée, au Gypsy Café, un bar branché du Cultural District où l'enfant terrible de l'intelligentsia américaine, entouré d'une fine équipe de conjurés (le conservateur du musée Warhol, le directeur du journal underground local à l'origine de sa contre-conférence, un producteur de documentaires alternatifs, un professeur), met au point les ultimes détails de ce qui s'annonce comme une opération de commando.

Je vais, de là, au Heinz Hall où, devant un parterre de fauteuils de velours grenat qui font penser à un bordel de Maupassant autant qu'à une salle de conférences, l'ancien secrétaire d'Etat de Nixon et Ford débite, de sa voix de stentor grognon, un tissu de banalités satisfaites (« la poussée de la Chine et de l'Inde »... la nécessité d'« identifier les gros problèmes et de les réduire au rang de petits problèmes »... oui à la guerre, mais du bout des lèvres, pas pour trop longtemps, et sans oublier la perspective de la « paix perpétuelle annoncée par Emmanuel Kant »...).

Arrive soudain Hitchens qui a visiblement injecté une variante dans le scénario de son opération et qui, en prenant le ticket d'un journaliste, a pu s'introduire, sans se faire repérer, dans les derniers rangs d'orchestre – arrive, demi-saoul, titubant, le comploteur devenu provocateur et invectivant les spectateurs qui l'entourent (« crapauds... vous êtes des crapauds qui êtes venus écouter un crapaud... ») avant de se faire vider par les gros bras de la sécurité qui, me voyant avec lui, me vident par la même occasion et m'obligent à effacer de ma caméra, sous leurs yeux, la partie de la conférence que j'ai filmée.

Et nous voilà repartis, bras dessus bras dessous, dans la nuit, escale obligée dans chacun des bars encore ouverts de Penn et Liberty Avenue, maigre escorte de reporters ravis de l'incident et de l'animation qu'il provoque dans leur ville endormie : sus aux crapauds! le royaume des crapauds contre une bouteille! en route pour le Harris Theater où doit être en train de s'achever la projection du film qui servira de prélude au débat...

Ce film est son cauchemar, répète Hitchens, ravi.

Partout où ce salaud va, mon film le précède ou le suit.

Partout où il prend la parole, il se trouve quelqu'un pour, au moment des questions, l'interpeller sur ses crimes de guerre au Chili, en Indochine, au Timor.

Sais-tu qu'il ne peut plus, à cause du film, se déplacer tout à fait librement ?

Sais-tu qu'il s'est trouvé un juge, à Paris, pour venir le chercher jusque dans sa suite de l'hôtel Ritz ?

Ah ! le fils de pute... A nous deux, l'ignoble crapaud... Tu vas voir...

Nous sommes, tout en marchant, arrivés au Harris.

C'est l'un de ces cinémas d'art et d'essai, vieillots et militants, comme il en existe encore, parfois, dans les villes moyennes américaines.

Affiches noir et blanc de *La Grande Illusion* et de *Citizen Kane*.

Publicités pour les ateliers, festivals et autres rétrospectives qu'organise, ici, le Pittsburgh Filmmakers.

Tracts, devant la caisse, sur le thème : « Kerry ou Bush, peu importe, il faut quitter l'Irak » – ce qui est très exactement, bien sûr, l'inverse de sa position à lui.

Et un public à l'avenant, composé de vieux gauchistes à queue de cheval poivre et sel, tatouages politiques sur les avant-bras, piercings aux oreilles – je vois, au premier coup d'œil, qu'ils sont dans la situation paradoxale d'être venus applaudir un film culte (ce procès de Kissinger, cette charge très ultra-gauche contre l'ex-secrétaire d'Etat de Richard Nixon, c'est évidemment tout ce qu'ils aiment) tout en disant à son auteur leur incompréhension face à ce qu'il est devenu (comment le même homme peut-il, sans se renier, rejoindre, à propos de l'Irak, les Bush, Rumsfeld, Cheney et autres Condoleezza Rice qui sont, à leurs yeux, l'incarnation nouvelle de la même droite américaine ?).

J'observe Hitchens, sur la scène, derrière son pupitre.

Je le regarde, subitement requinqué, plus saoul du tout, répondant pied à pied, bataillant, moquant ses contradicteurs, plaidant, insultant, expliquant que, justement, il est contre Saddam comme il a été contre Pinochet, c'est le même combat qui continue, le même antitotalitarisme qui se rejoue, la révolution démocratique est un bloc, le jihad est un autre fascisme, quel dommage que vous n'entendiez pas, vous êtes l'aile gauche du parti des crapauds...

La scène a de l'allure.

Il y a toujours un certain courage à prendre ainsi le risque de décevoir ou désespérer les siens – et il en faut, en l'occurrence, pour tenir sur les deux fronts et venir dire à ces deux cents gauchistes dont il a été le héros et qui ne demanderaient pas mieux que de continuer de le célébrer : « je suis et ne suis pas des vôtres ; il y a Hitchens n° 1 qui signe en effet ce film auquel il n'y a, dix ans après, à retirer ni un mot ni une image ; mais il y a Hitchens n° 2 qui continue le combat en soutenant la guerre en Irak et qui, hélas, le fait sans vous. »

L'essentiel, cependant, n'est pas là.

L'essentiel c'est qu'en le voyant se mouvoir sur les deux théâtres à la fois et ne baisser la garde sur aucun des deux, en le voyant, contrairement à

Kristol, ne pas céder sur le Vietnam sous prétexte de l'Irak et prendre ainsi le risque, forcément, de perdre sur chacun des deux tableaux, en l'écoutant faire, au fond, deux fois le procès de Henry Kissinger puisqu'il lui reproche son rôle dans l'Indochine des années 60 mais aussi, comme à tous les realpoliticiens, son engagement beaucoup trop mou dans la guerre contre l'islamisme, je me dis qu'il y a là, entre les deux branches de ce qui peut apparaître, vu de loin, comme « le » parti conservateur américain, un débat et même un fossé dont nous n'avons, en Europe, que très faiblement l'idée.

Il faudra creuser, bien sûr.

Il faudra mieux comprendre cette opposition, au sein de la droite américaine, entre mous et radicaux, réalistes et idéalistes.

Il faudra aller, dans la lointaine histoire et dans le débat, par exemple, des wilsoniens et des jacksoniens, chercher les clefs enfouies de cette querelle entre ceux qui, comme Kissinger, font la guerre pour conforter les dictatures et ceux qui, comme Hitchens, la conçoivent comme un vecteur de la démocratie dans le monde.

Pour l'heure c'est un nouveau signe de la recomposition de l'espace politique que je sens venir depuis des mois et qui fait que les vrais clivages opposent moins les camps officiels que, dans chacun des deux, d'autres sensibilités, d'autres partis et partis pris – encore innommés.

7

LES HEUREUX ET LES DAMNÉS

(WASHINGTON, ET RETOUR À CAPE COD)

Les Démocrates comme un trou noir

La grande surprise, de l'autre côté, c'est qu'il ne s'y passe rien.

Non pas que je prétende avoir, sur ce côté comme sur l'autre, tout vu en si peu de temps.

Mais j'ai rencontré des anciens des équipes Clinton, Gore et Kerry.

J'ai assisté, au siège de l'AFL-CIO, à une « joint conference » de trois organisations supposées tirer les leçons de la défaite et préparer les batailles de demain.

J'ai vu des syndicalistes et des intellectuels ; des élus et des stratèges ; des vieux ; des jeunes ; j'ai fait, trois jours durant, la chasse au nouveau Démocrate, cette race en principe naissante dont on m'avait dit que je trouverais, à Washington, tous les spécimens que je voudrais.

Et le résultat n'a été à la hauteur, il faut bien le dire, ni de mes espérances ni – et c'est plus grave – de ce que l'on serait en droit d'attendre compte tenu de la qualité, de l'intensité, de la robustesse du débat d'idées qu'ont su, dans le camp de droite, lancer les néoconservateurs.

J'ai trouvé, au fil de mon enquête :

1. des jeunes Démocrates de 60 ans dont les thèses datent, sinon des années Kennedy, du moins de la vague centriste qui fit l'élection de Bill Clinton : ainsi Al From (du Democratic Leadership Council) et Will Marshall (du Progressive Policy Institute) passant deux heures à me vendre les mérites d'une « troisième voie » dont ils m'auraient, j'en suis convaincu, parlé dans les mêmes termes il y a vingt ans ;

2. des progressistes assez spéciaux dont l'unique souci semblait être de persuader le visiteur et donc, j'imagine, l'électeur qu'ils n'ont de leçons de patriotisme, de religion, de morale, à recevoir de personne et, en tout cas, pas de leurs adversaires : « l'Amérique profonde, c'est nous », m'a dit en substance John Podesta, ancien secrétaire général de la Maison-Blanche et patron, maintenant, du Center for American Progress ! la Bible, la foi, la croisade pour les valeurs et la famille, c'est encore et toujours nous et il est hors de question d'en laisser aux autres le monopole ! et, quand est venue sur le tapis l'affaire Lewinsky et le rôle qu'elle a joué, selon moi, dans le

virage à droite de l'Amérique, quand j'ai raconté les fondateurs de MoveOn partageant, sur la question, le préjugé de leurs ennemis et condamnant l'ancien Président, l'extraordinaire spectacle du grand conseiller rougissant comme un bébé, riant nerveusement comme un puceau et me répondant que peut-être, en effet, Clinton a fait « une bêtise » ;

3. des hommes de gauche plus radicaux, des gens qui, comme Michael Moore, ont compris que les Démocrates ne s'en sortiraient qu'en reprenant l'initiative, en construisant un discours alternatif à celui des Républicains et en cessant de pleurnicher qu'ils sont, eux aussi, des bons garçons, que c'est dans les Etats bleus que l'on compte le plus faible taux de naissances hors mariage, de divorces, etc. : le problème, là, est dans le caractère incantatoire ou, pire, populiste d'une radicalité beaucoup trop abstraite – et le problème c'est aussi, quand on aborde la question de l'Irak et, au-delà de l'Irak, du rôle de l'Amérique dans le monde, un pacifisme au parfum d'isolationnisme dont on peine à saisir ce qui le distingue de celui d'un Buchanan ;

4. des gens qui, tous, sont censés se battre pour des idées ; des militants qui nous expliquent qu'ils n'ont qu'un objectif et que cet objectif est de régénérer le corpus idéologique de leur parti ; des responsables de think tanks qui, vrais ou faux progressistes, nostalgiques de l'ordre moral ou tenants de la rupture, se présentent comme des idéologues et assurent que leur propos est de vaincre la droite et, notamment, les néoconservateurs sur le terrain décisif de la doctrine ; sauf que, lorsqu'on les pousse

un peu, lorsqu'on les prie de préciser leurs pistes et leurs thèmes et lorsqu'on leur demande, enfin, quel est leur calendrier et, dans ce calendrier, leur priorité tactique ou stratégique, ils ont pour point commun de ne parler que... d'argent !

J'avais, pendant la campagne, déjà observé ce phénomène.

J'avais noté l'extravagance des communiqués où l'on nous donnait, jour après jour, comme autant de bulletins de victoire, l'état des finances du parti.

J'avais vu comment, à l'inverse de la France où il est ce sur quoi il faut impérativement faire silence, l'argent était, ici, le signe même de l'excellence.

Mais, là, ce n'est plus la campagne.

C'est le temps, je le répète, de la reconstruction.

Or je prends le cas de la Joint Conference à l'AFL-CIO.

Je prends ces trois heures de débat où l'on était censé s'interroger sur les raisons profondes du basculement politique dont la réélection de Bush venait d'être la nouvelle preuve.

Force est de constater que les deux tiers, voire les trois quarts, des interventions y auront été consacrés à parler, non pas ligne politique, même pas communication ou propagande, mais marketing, fund-raising, mérites comparés des pompes à finances républicaines et démocrates, rôle d'internet – force est de constater que ces brillants pionniers censés poser les pierres d'angle de la maison commune de demain n'avaient qu'une idée, une hantise et, au fond, un mot d'ordre : comment, en quatre ans, battre les Républicains sur ce terrain décisif de la collecte de l'argent...

Je n'ai rien contre le fait de se soucier de collecter de l'argent.

Et une part de moi, d'ailleurs, ne déteste pas la façon décomplexée qu'ont les Américains d'aborder le sujet.

Mais on avait envie, ce jour-là, d'entendre aussi autre chose.

On attendait d'autres discours s'interrogeant sur le pourquoi de cet argent collecté.

On rêvait d'une voix, une seule, s'élevant pour énoncer les trois ou quatre grandes propositions qui, compte tenu de l'état du rapport de forces et du débat, pourraient constituer l'armature d'un programme politique.

La défense des Lumières contre l'offensive créationniste...

La réaffirmation d'une ligne tocquevillienne prônant, non, bien sûr, l'athéisme, mais cette forme de laïcité, voire de séparation des Eglises et de l'Etat, qui a toujours été constitutive de l'ethos américain...

Un nouveau « new deal » pour les plus pauvres...

Une défense intraitable du Droit et le refus de l'état d'exception d'Abu Ghraib et Guantanamo...

Mais non.

Argent, et encore argent.

L'argent, index et critère de toutes choses.

L'hypothèse, l'axiome, selon lequel, pour gagner la bataille des idées, il faudra d'abord gagner la bataille de l'argent.

Et, pour l'observateur, pour quelqu'un qui, comme moi, a été frappé par la vigueur du réveil néoconservateur et s'attendait à voir, en face, au moins l'équivalent, le sentiment d'un piège en train de se refermer.

Longtemps le parti républicain a été le parti de l'argent.

Longtemps les Démocrates ont dit : « nous avons les idées mais vous avez, vous, l'argent et c'est pour cela que vous gagnez. »

Aujourd'hui, retournement ou, mieux, ruse de l'Histoire — et les deux camps qui, tout à coup, luttent à fronts renversés : une droite d'argent mais aussi d'idées qui a renouvelé, en vingt ans, ses stocks idéologiques ; une gauche qui, à force de vouloir rivaliser sur le terrain miné de l'argent, est en train de perdre pied sur celui des idées et, ce faisant, de perdre tout court.

La gauche selon *Warren Beatty*

Je l'ai vu une première fois, hier, lors de la cérémonie de remise des Kennedy Awards où il ne m'a, franchement, pas beaucoup impressionné — smoking, œil enjôleur, voix trop ronde, enfants et femme trop ostensiblement présents, air de vieux crooner entré trop avant dans sa légende pour avoir grand-chose d'intéressant à dire sur le futur de son pays.

Je l'ai vu dans cette grande salle, caricaturalement hollywoodienne, où Jack Nicholson devisait avec Annette Bening, le sénateur Ted Kennedy avec Faye Dunaway et où John Kerry errait de table en table, tel un spectre désavoué, murmurant à qui voulait l'écouter (ah! la cruauté de ce pays à l'endroit de ses losers) : « si vous entendez parler de 50 000 voix dans l'Ohio, s'il vous plaît, faites-moi signe »; je l'ai vu, oui, parmi ces « rich and beautiful » qui, comme toujours, en Amérique, quand on les surprend dans la vraie vie, formaient un ballet de morts-vivants, liftés et momifiés, féroces, un peu mutants, inhumains, finalement décevants – et ce n'était pas la circonstance idéale, vraiment, pour discuter.

Seulement voilà.

Je le revois ce matin.

Je le retrouve, à ma grande surprise, dans la salle de réunion de l'AFL-CIO où il n'est plus, soudain, avec son pantalon de velours et sa veste à chevrons toute simple, qu'un militant parmi d'autres, assis au milieu des autres, sans importance particulière, sans traitement de faveur ni aura, juste écoutant, juste notant, pas un mot, pas un geste, modeste.

Et quand, après la réunion, nous partons nous isoler dans la pièce adjacente, quand je lui demande ce qu'il pense de ces interminables raisonnements qui ne décollent jamais de la case finances et quand il entreprend donc, en tête à tête, de décoder ce que nous venons d'entendre et qui m'a sidéré, c'est un autre homme encore que je découvre, c'est un autre autre Warren Beatty que j'ai en face de moi – disert cette fois, intelligent et précis, redoutablement informé et, malgré la fatigue d'une soirée qui a dû se terminer tard, mille fois plus en forme que la veille.

Kerry. Nous commençons par parler de Kerry dont j'ai reconnu la voix, tout à l'heure, quand, en pleine réunion, son portable a sonné. Un type bien, Kerry, me dit-il. Un type vraiment très bien. Son seul problème c'est le surmoi. La statue intérieure envahissante. Et puis, aussi, trop de mots. Trop d'intelligence et trop de mots. Vous avez envie, si vous me demandez l'heure, que je vous réponde en vous expliquant le fonctionnement de ma montre et comment on la fabrique ? C'est comme ça qu'est Kerry. C'est l'une des raisons qui l'ont perdu.

La gauche. L'état de cette gauche américaine sur laquelle je comprends que nous avons, peu ou prou, le même diagnostic. Une gauche peureuse, dit-il. Une gauche effrayée d'elle-même et de ses propres idées et valeurs. La gauche Clinton. La gauche d'Al Gore qui a attendu d'avoir perdu pour expliquer à quel point il était de gauche. Obama ? Bon, d'accord, Obama. Nouveau visage. Nouvel orateur. Mais qu'est-ce qu'il pense, vraiment ? Et qu'a-t-il fait dans l'Illinois ? Personne n'en a idée. La seule chose que l'on sache c'est qu'il va devoir maintenant, comme les autres, courir après les voix et commencer, par conséquent, de se commettre et de filer doux.

Car tel est le secret, poursuit-il en retrouvant brusquement le regard de gamin espiègle et tourmenté qu'il avait dans *Bugsy*. Tout le problème est dans la dictature de ce nouveau maître qu'est l'Opinion et qui dicte leurs choix aux hommes politiques. On croit que les leaders sont les leaders. On en est resté au vieux modèle panoptique où ce sont les dominants qui surveillent les dominés et les tiennent sous leur regard. Eh bien c'est le contraire.

Le panoptique s'est inversé. Ce sont les dominés qui, désormais, tiennent les dominants sous leur regard, les surveillent, leur dictent leurs analyses et leur assignent, autrement dit, choix, projets et même désirs.

La gauche encore. La gauche, non telle qu'elle est, mais telle qu'elle devrait être si le système n'était pas celui qu'il dit et si des politiques, des vrais, osaient surgir et innover. Accord, à nouveau. Parfaite communauté de vues avec cet Américain humaniste, nourri de culture, pour qui les valeurs de Laïcité, de Rationalité, de Droit, ne sont pas un credo mais vont de soi. L'Irak? Il est contre la guerre en Irak, bien sûr, et a d'ailleurs tout de suite dit que le Vietnam, en comparaison, allait vite apparaître comme une promenade de santé. Mais il n'était pas contre la guerre en Afghanistan. Ni contre l'intervention en Bosnie, il y a dix ans. Ce qui veut dire – et cette nuance, aussi, me plaît – qu'il est pour la paix mais pas à n'importe quel prix et que, contrairement au politiquement correct hollywoodien, contrairement au bêlement moralisateur qui tient lieu de politique et de religion aux belles âmes du star system, il n'est pas pacifiste.

Lui, alors? Lui, Beatty, dans ce champ de ruines que devient le camp démocrate? Il hésite. Bafouille. Explique qu'il aime trop le cinéma pour prendre le risque de ce voyage sans retour qu'est une entrée en politique. Evoque ses enfants, qui sont devenus le cœur de sa vie et pour lesquels il veut garder tout son temps. Invoque sa femme, Annette Bening, qu'il aime à la folie et qui était enceinte quand il a failli, en 2000, face à Al Gore, se présenter à l'investiture des Démocrates – quelle leçon! Mais je sens bien qu'il ne dit pas tout. Je sens à la fois que cela le démange et qu'il y a une raison très profonde, plus profonde, qui l'empêche de franchir le pas. Et, soudain, je comprends. Oui, je crois que je comprends. Le nouveau panoptique, bien sûr. L'œil des esclaves sur leurs maîtres, de ceux d'en bas sur ceux d'en haut. Sa vie privée qui, en un mot, deviendrait la proie des tabloïds...

Je sais que je vais énerver mes amis américains.

Je sais qu'ils vont se dire : ces Français sont impossibles; il n'y a qu'eux pour, ayant eu accès à ce que le parti du mouvement produit de plus sérieux, ayant pu voir et interviewer le grand Al From, le génial Will Marshall, l'admirable Podesta, ainsi que les jeunes espoirs du parti démocrate en voie de reconstruction, il n'y a qu'eux pour, à l'arrivée, tomber bêtement en extase devant l'une de ces vieilles vedettes qui sont très exactement ce dont le pays profond ne veut plus.

Mais bon.

C'est ainsi.

Je quitte Warren Beatty avec le regret, en effet, qu'il ne veuille pas être un autre Schwarzenegger – un anti-Schwarzenegger.

Pire : arrivant au bout de ce voyage et tentant de déterminer qui, parmi les hommes et femmes que j'ai croisés depuis un an, surnage dans mon souvenir et n'est pas trop loin de l'idée que je me fais d'une gauche éclairée, antitotalitaire, moderne, je vois quelques visages, une poignée de personnalités isolées, inorganisées et qui ne représentent, hélas, qu'elles-mêmes – je vois un journaliste ici ; un syndicaliste là ; tel militant, à New Orleans, d'un mouvement pour les droits civiques qui ne se résout pas à désarmer ; un cinéaste, Robert Greenwald, croisé à Los Angeles, qui a réalisé le si efficace *Outfox* ; une mère de soldat mort en Irak ; des rescapés de l'ère Clinton comme – pêle-mêle – Richard Holbrooke, Felix Rohatyn ou Sydney Blumenthal ; un philosophe sur le cas de qui je reviendrai ; un trio de jeunes femmes prétendant empêcher, à Englewood, en Californie, l'installation d'un magasin Wal-Mart ; l'« attorney general » de l'Etat de New York, terreur des capitalistes indélicats, Eliot Spitzer ; et, ce matin donc, je vois aussi Warren Beatty.

Pour en finir avec la « junk politic »

On a toujours un peu honte, disait Baudelaire, de citer des noms qui, dans cinquante ans, ne diront rien à personne.

Dans le cas de David Brock, la honte est redoublée.

D'abord parce que l'on n'aura pas besoin de cinquante ans, ni de vingt, ni même de dix, pour voir ce patronyme-là s'effacer de la mémoire politique américaine.

Mais aussi parce que le personnage est, à bien des égards, ce que j'aurai rencontré de plus objectivement infâme depuis dix mois, maintenant, que je voyage dans ce pays.

Il a 30 ans.

Une apparence de bellâtre brun à fines lunettes cerclées de métal.

Une mâchoire nette, bien carrée, de joueur de tennis professionnel.

Mais il a, dans la commissure des lèvres, dans l'amertume autosatisfaite du sourire, dans le regard maussade et fuyant, dans l'étrange complaisance, enfin, qu'il met à ne m'épargner aucun détail de sa ténébreuse aventure, quelque chose qui met mal à l'aise.

L'histoire, telle qu'il me la raconte, est la suivante.

Il est le type que les officines républicaines liées au procureur Kenneth Starr viennent voir en 1994 pour lui offrir, clefs en main, les prétendues confidences des gardes du corps de Bill Clinton.

Il est le journaliste qui, à partir de là, sur la foi de ces informations montées de toutes pièces, donne à l'*American Spectator*, sous le titre « Son cœur trompeur », l'article qui lance l'affaire Lewinsky.

Sauf qu'une fois sa besogne faite, une fois le Président crucifié et sa vie privée étalée sur les networks d'Amérique et du monde, une fois lancée la bombe à retardement qui va empoisonner la vie politique du pays pendant au moins dix ans, il regrette ce qu'il a provoqué et se fait une nouvelle spécialité de dire sur toutes les ondes, dans les colonnes de tous les journaux, dans des *Mémoires* interminables et complaisants qui deviennent aussitôt des best-sellers, dans une tonitruante lettre d'excuses à Clinton lui-même, publiée par *Esquire*, et où il lui demande pardon d'avoir voulu, *sic*, « l'atteindre entre les deux yeux », il se fait une spécialité, donc, de dire sa honte, sa très grande honte, ainsi que son ralliement à ce parti démocrate auquel il a fait tant de mal mais qu'il veut désormais, promis juré, servir de toutes les forces qui lui restent – ici encore, dans ce bureau de Washington où il me reçoit et où il a, depuis sa conversion, logé Media Matters of America, l'agence de lutte contre la désinformation républicaine qu'il a créée avec l'aide d'une poignée de sponsors démocrates, cette façon trop théâtrale de se couvrir la tête de cendres : « je suis un faussaire... un bidonneur... je suis un abominable salaud et un être sans honneur... j'ai fait, dans cette affaire, comme dans mon livre, deux ans plus tôt, sur la pauvre Anita Hill... j'ai inventé des faits... truqué des informations... mon souci, ce n'étaient pas les règles du métier mais la gloire... ce n'était même pas la gloire mais l'argent... juste l'argent... l'appât du gain... je regrette, maintenant... oh! je regrette tellement... je n'aurai pas assez de ma vie pour me racheter, me faire pardonner, ramper aux pieds de mes nouveaux amis en espérant qu'ils finiront, à force, par me pardonner... »

Pour les bonzes démocrates qui m'ont recommandé de le voir, le ralliement d'un pareil personnage est évidemment perçu comme une aubaine : pensez! un apostat! un transfuge! quelqu'un qui nous arrive avec, dans sa besace, les trucs, les secrets, la liste des coups tordus du camp adverse! l'espion politique rêvé! le plus précieux des agents retournés! il a été au cœur de la machine, au contact rapproché de la Bête, et il vient tout balancer – qui dit mieux?

Pour moi, cet homme est d'abord l'incarnation d'une façon de faire, non seulement du journalisme, mais de la politique dont nul ne peut ignorer qu'elle a, depuis, fait école et qu'elle est entrée dans les mœurs du pays : au commencement, donc, Clinton ; puis les racontars sur la santé mentale de Gore ; puis les rumeurs crapoteuses faisant de Tom Daschle un agent de Saddam Hussein ; puis, plus récemment, les spots publicitaires de cette association « 527 », dite des Swift Boat Veterans, s'employant à salir le passé militaire de Kerry ; j'en passe, évidemment ; je passe sur les cas, car il y en eut, où ce sont les démocrates qui se sont essayés à ce jeu ignoble en montant leurs propres « 527 » (ces petites associations ad hoc, créées sur un thème et pour un objectif précis, et qui, dans la mesure où elles sont officiellement indépendantes des partis, leur permettent de contourner les règles de plafonnement des dépenses en période d'élections) ; mais enfin le modèle est là ; c'est, chaque fois, le même mélange, savamment dosé, d'insinuation, de gros mensonge et de matraquage médiatique ; c'est, chaque fois, l'attaque personnelle et la chasse à l'homme en lieu et place de l'échange ou du choc des idées ; et c'est, de proche en proche, un abaissement du débat public dont je ne connais d'équivalent dans aucune autre démocratie et qui finit par être inquiétant.

Modeste suggestion, alors, d'un lecteur de Tocqueville qui ne peut ni ne veut oublier que c'est la même Amérique qui a inventé la démocratie moderne.

Humble proposition aux journaux que je vois engagés dans un formidable travail autocritique mais que j'aimerais pouvoir convaincre que ce cas de David Brock mérite un traitement au moins aussi sévère que celui de Jayson Blair, Stephen Glass ou Mike Barnicle (les faussaires, respectivement, du *New York Times*, de *New Republic* et du *Boston Globe*).

Ils ne sont bien entendu pas, ces journaux, seuls en cause dans cette affaire.

Il n'est même pas certain qu'ils aient, à l'heure d'internet et des « blogs », le contrôle de la situation.

Et il ne saurait être question, par ailleurs, de leur demander de faire, à la place des politiques, le travail d'autopsie de la calomnie, puis d'assainissement de l'espace public, sans quoi une démocratie dépérit.

Mais enfin...

Imaginons les principaux médias se mettant d'accord sur une charte déontologique minimale.

Imaginons-les s'entendant sur la nécessité absolue du respect de la vie privée pour les responsables politiques.

Imaginons-les proclamant le caractère imprescriptible de ce nouveau droit de l'homme que serait, non pas, comme le proposait Baudelaire, le droit de se contredire et celui de s'en aller, mais bien le droit au secret.

Supposons une déclaration solennelle au terme de laquelle ils s'interdiraient de se faire désormais l'écho – quels que soient la forme, la prudence retorse, voire le caractère soi-disant hypothétique de cet écho – d'une attaque ad hominem qui n'aurait pas subi l'épreuve de ces fameuses techniques de « fact checking » dans lesquelles ils sont experts.

Supposons encore qu'un journaliste ayant publiquement avoué qu'il a fabriqué des informations dans le seul but d'atteindre un Président « entre les deux yeux » ou ayant véhiculé sans l'avoir vérifiée, contre un candidat à la Présidence, l'accusation terrible d'avoir inventé, exagéré ou simulé ses blessures de guerre, supposons que ce journaliste, cet incendiaire des esprits, se voie mis au ban de la profession avec la même énergie qu'un plagiaire ou un bidonneur d'interviews.

C'est tout le nouveau paradigme qui en prendrait un coup.

C'est la junk politic tout entière qui deviendrait moins rentable.

Et ce serait, pour la démocratie américaine, la manière la plus éclatante de renouer avec l'héritage de Thoreau, Emerson et, bien sûr, Tocqueville.

Quand la sécurité rend fou

C'est une anecdote personnelle, mais qui en dit si long sur la névrose sécuritaire régnant dans ce pays que je ne résiste pas à la tentation de la consigner dans ce journal.

Je reçois un appel m'informant que ma fille vient d'accoucher.

Je décide, tout naturellement, de faire un saut à Paris pour embrasser et la maman et l'enfant.

Sauf que, coincé entre, ce soir-là, un dernier rendez-vous à Washington et, le lendemain, à Baltimore, un dîner difficile à annuler, je m'aperçois que je n'ai le temps que de faire, au sens propre, l'aller et retour : décollage de Dulles Airport par le dernier avion du soir, à 23 heures ; atterrissage Charles-de-Gaulle, à l'heure du déjeuner, le lendemain ; une moto qui me conduira jusqu'à la clinique, m'attendra et me ramènera juste à temps pour, deux heures plus tard, m'étant pour ainsi dire ajusté au délai réglementaire du nettoyage, de la vérification technique et du plein de carburant de l'appareil, reprendre le même avion et être à Washington pour le dîner.

C'est juste, mais jouable.

Un peu absurde, mais important.

Et me voilà donc, ce soir-là, à l'heure dite, au milieu de la file des passagers en attente d'enregistrement pour Paris.

Devant moi, un couple de jeunes gens en train de se disputer, à voix basse, sur la nature de leur relation : un « date » ou plus qu'un « date » ? si « date », degré de sérieux ? le fait, par exemple, que le garçon n'ait pas invité la fille à fêter Thanksgiving chez ses parents n'est-il pas signe de résistance sur le chemin de la « relationship » pleine et entière ? mystère, car intraduisibilité, de ces notions si américaines de « date » et de « relationship »... façon, si peu française, de faire du « date » même, de la relation en tant que telle, un personnage à part entière, vivant de sa vie propre, aux côtés des amoureux... manie qu'ils ont aussi, les amoureux, de verbaliser, évaluer, codifier et, au bout du compte, ritualiser tout ce qui est susceptible d'arriver dans le cadre de la relation...

347

et puis perte enfin, au profit d'une collection de gestes qui ne sont plus soudain que des gestes, de ce parfum d'imprévu que conserve, en Europe, le commerce amoureux, sentimental, libertin... j'observe tout cela avec un peu de stupeur et beaucoup de curiosité.

Derrière, une femme qui a lu le premier numéro d'*Atlantic* et qui m'interpelle, mais doucement, avec cette extrême gentillesse dont je me demande toujours si elle est sincère ou feinte et qui est l'exact contraire, en tout cas, de la franche engueulade à laquelle j'aurais eu droit, en pareille circonstance, à Paris – une lectrice, donc, souriante, bienveillante, qui me reproche mon parti pris dans l'analyse du phénomène des Megachurches et, en particulier, de Willow Creek : pourquoi ridiculiser ces nouvelles Eglises ? pourquoi ne pas être attentif à ce qu'elles peuvent apporter de bon aux hommes et femmes de ce temps ? les liens de solidarité qu'elles instaurent ? la générosité dont elles témoignent ? le fait que Bono, par exemple, se soit appuyé sur leur réseau pour lancer sa campagne de sensibilisation à l'épidémie de sida en Afrique ?

Partout, en fait, l'une de ces interminables files, typiques de l'après-11 septembre, qui se forment, désormais, dès qu'il y a un guichet quelque part et où j'ai peine, une fois de plus, à retrouver les clichés sur l'impatience, la fébrilité, l'effervescence, voire la brutalité, des foules américaines : calme, au contraire ; discipline ; mélange de docilité et de courtoisie, de soumission grégaire et de civilisation ; le contraire de la foule râleuse, resquilleuse, à la française ; le contraire du vilain troupeau piaffant, que l'on sent près de s'entre-déchirer ; et, quand se croisent les regards, quand, à la faveur d'un commencement de bousculade, se heurtent, tant soit peu, les corps, le ballet des « it's ok », des « you're welcome » ou des « enjoy your trip », les protestations d'amitié vides et les signes extérieurs de chaleur, les sourires surtout, oui, ces sourires qui ne veulent rien dire, ces sourires sans affect ni émotion, ces sourires qui semblent juste là pour signifier la pure volonté de sourire et, en souriant, de désamorcer le conflit qui menace – tout cela, de nouveau, si typiquement américain...

Et puis, quand arrive enfin mon tour, le plus cocasse des scenarii car le seul auquel, très franchement, je n'aurais jamais pensé : découvrant que le passager Lévy part à Paris pour y passer deux heures, découvrant que le ok qu'on lui demande en appelle un autre, le même jour, mais dans le sens inverse, l'ordinateur de la compagnie s'affole, bloque le dossier et refuse d'émettre ma carte d'embarquement.

Branle-bas de combat dans les services.

Embarras des responsables, d'abord de la compagnie, puis de la sécurité de l'aéroport, face à cette situation et cet itinéraire sans doute inédits.

Qu'est-ce que c'est que ces façons de passer, exprès, la journée dans un avion ?

Que faut-il avoir dans la tête pour faire sept heures de vol aller, puis sept heures de vol retour, avec, entre les deux, quelques minutes sur le sol français ?

Grand-père ? Prouvez-le...

Ecrivain ? Veut rien dire...

Tocqueville ? Rien à voir, vraiment rien, avec le côté louche de la situation...

Me revient – parce qu'elle me donne espoir d'un dénouement rapide et heureux – l'histoire de mon flic tocquevillien du début du voyage, sur l'autoroute.

Me reviennent – plus inquiétantes – l'histoire de Cat Stevens refoulé vers l'Angleterre et celle de Ted Kennedy empêché, à cinq reprises, de monter dans un avion car on le confondait avec un homonyme inscrit sur la « liste de surveillance » des aéroports.

Je comprends la parano américaine.

Je comprends qu'une nation en guerre contre un ennemi dont l'une des particularités est de s'être rendu indétectable doive se doter de systèmes d'alerte et de repérage sophistiqués.

Mais au risque de l'absurde ?

Chaque passager doit-il devenir un suspect ?

Chaque voyage, un moment d'exception ?

Pourquoi ce cirque quand on sait que ce sont des centaines d'immigrants illégaux qui entrent tous les jours, par la route, en provenance du Mexique et du Canada ?

Et n'y a-t-il pas moyen, franchement, d'éviter ces mises en scène ?

Les choses, en la circonstance, ont bien tourné et j'ai pu, finalement, prendre mon avion et passer mes deux heures à Paris.

Mais qu'il y ait, là, l'indice d'un malaise, que ces nouveaux systèmes de surveillance posent autant de problèmes qu'ils en résolvent, que le nouveau

Department of Homeland Security soit loin des « smart borders » promises à l'Amérique, voilà qui n'est pas douteux et dont il faudra bien que s'avisent les responsables du pays.

Le voyage en Amérique

A Baltimore, je voulais voir, dans le quartier noir le plus déshérité de la ville, dans son paysage de terrains vagues et d'immeubles à moitié rasés, la maison de briques rouges qui est l'une des seules à avoir été restaurées et où une plaque rappelle – ô ironie – que vécut et mourut Edgar Allan Poe.

Je voulais visiter l'Université John Hopkins (tiens, Hopkins : le nom de jeune fille d'Elisabeth, la mère de Poe ; est-ce un hasard ?) qui fut le lieu d'enseignement de mon maître Jacques Derrida et où se trouve aujourd'hui, en séminaire, une compagnie de sartriens d'un niveau et d'une qualité tels que seule une grande université américaine, avec ses moyens, son énergie, sa volonté de savoir et sa foi dans les vertus de la recherche et de l'étude, était en mesure de la réunir.

Mais je voulais aller aussi, sur le port, jusqu'à la jetée, devenue une rade immense, où, un beau matin de 1791, en pleine Révolution française, accosta un autre grand écrivain, François-René de Chateaubriand, en provenance, lui, de Saint-Malo et qui, passé par les Açores, puis par Saint-Pierre, invente, quarante ans avant Tocqueville, le voyage littéraire en Amérique.

Curieux, cette affaire de voyage en Amérique.

Enigmatique, quand on y pense, cette passion qu'eurent les écrivains, non seulement français mais européens, pour ce voyage-ci en particulier.

Ils ont toujours voyagé, c'est entendu. Contrairement au mot fameux, trop fameux, de Lévi-Strauss en son envoi de *Tristes Tropiques*, ils n'ont cessé d'aimer les voyages et les voyageurs. Mais je ne suis pas sûr, d'abord, qu'il y ait un lieu au monde qui, de l'auteur du *Génie du christianisme* à celui de *Oliver Twist*, de Céline à Georges Duhamel, de Soldati à Beauvoir, Sartre, Morand et tant d'autres, les ait, pour le pire et le meilleur, sur le registre de la haine ou sur celui de l'adoration subjuguée, plus continûment, intensément, irrésistiblement aimantés. Et, surtout, je vois bien ce qu'ils voulaient quand ils faisaient le voyage d'Orient (l'« exote » cher à Segalen mais aussi à Claudel et Malraux), de Rome ou de Florence (la beauté des choses, les métamorphoses de l'Art et de ses formes), de Jérusalem, Persépolis, Lhassa (mirage des origines et des sources, berceau des civilisations) ; mais je sens moins ce qui pouvait, et peut encore, battre au cœur de ce désir d'Amérique qui n'est, en tout cas, réductible à aucun de ces motifs canoniques.

Les sources ? Absurde puisqu'il s'agit d'un nouveau monde qui a ses sources, au contraire, en Europe.

La beauté ? L'harmonie ? A de notables réserves près, à l'exception d'une poignée de libres esprits qui surent aussitôt voir la beauté des gratte-ciel et des nouveaux paysages urbains de ces grandes villes artificielles et folles, la plupart ont déploré la disgrâce, l'inculture, la laideur américaines.

L'exote? L'altérité? Le regard éloigné de l'ethnologue, attentif aux coutumes d'une civilisation étrangère? Pas possible, là non plus; pas raccord, derechef, avec l'ancrage européen de l'Amérique; et contradictoire, de surcroît, avec cette extase moderne qui, n'en finissant pas, depuis trois siècles, de hanter, modeler et tirer au-devant d'elle-même la patrie de Jefferson et Kennedy, est le plus sûr des antidotes à ce qu'il peut y avoir d'amour du folklore ou du pittoresque dans la classique fascination pour l'exote.

Non. Il ne colle, ce voyage en Amérique, avec rien de tout cela. Il n'obéit à aucun de ces motifs répertoriés. Et je me demande même s'il n'en prend pas, point par point, méthodiquement, le contre-pied.

Premier contre-pied : non l'exote, mais le proche; non l'autre, mais le même; ou alors l'autre, oui; bien sûr que l'Amérique est autre; mais tellement moins que l'autre orientaliste, africain ou amérindien! un autre qui nous parle de nous; un autre qui nous renseigne sur notre part la plus ordinaire, commune et partagée; un autre qui a toujours, ou presque, l'obscure familiarité (ou, ce qui revient au même, l'inquiétante étrangeté) des caricatures ou des miroirs; un type de déplacement où l'on ferait une très longue route pour aller à la rencontre, non pas vraiment d'autrui, mais encore et à nouveau de soi – voyez comme le voyage en Amérique a toujours, chez les Modernes, la structure d'une odyssée...

Second contre-pied : le futur; ce type de miroir, d'habitude, reflète le passé; il nous dit : « voilà ce

que vous fûtes, d'où vous venez, qui vous a fait » ;
ici, non ; le contraire ; un miroir qui, pour reprendre
un titre célèbre, nous renvoie l'image, non de notre
histoire échue, mais des scènes de la vie future telles
que l'anticipation américaine permet de se les
figurer ; « voilà ce que vous serez », nous dit-il ;
« voilà où vous allez et de quel monde vous accou-
chez » ; si le voyage en Amérique est, comme tous les
voyages, un voyage dans le temps autant que dans
l'espace, ce temps est celui, non de notre mémoire
rêvée, nostalgique ou réinventée, mais d'un avenir
qui, au choix, selon le tempérament de chacun, nous
menace ou nous est promis – une machine, non à
remonter, mais à descendre les chutes du temps.

Et puis contre-pied du contre-pied enfin – troisième piste qui, sans la contredire, complique et
précise la précédente : l'Amérique c'est le gratte-ciel
mais c'est quand même, aussi, les grands espaces et
le désert ; ce sont les scènes de la vie future mais ce
sont également (je l'ai assez vu, dit et écrit !) des
paysages de matin du monde qui ne sont certes pas
(cf. point précédent) « notre » matin d'Européens
mais qui, d'Audubon à Baudrillard (en passant par
les westerns), en sont une sorte de réminiscence ou
de rappel ; alors voilà ; peut-être ce voyage a-t-il la
particularité, en somme, de nous donner le goût des
deux ; peut-être est-ce l'une des très rares expériences
capables d'offrir, dans un même paquet de sensa-
tions, le parfum de l'ultramoderne et celui de
l'extrême archaïque ; peut-être l'amour que nous en
avons vient-il de l'obscure conviction que c'est là, et
là seulement, qu'est donnée à un humain la possi-

bilité de voir pour ainsi dire concentrée la matérialisation de ces deux songes, pré- et post-historiques,
aussi puissants l'un que l'autre, mais que nous ne
savons penser, d'habitude, que séparés par des
milliers de kilomètres et, plus encore, des millénaires – le voyage américain ou, dans un espace unique
(un pays), dans un temps court (à peine trois siècles), dans les trois petits siècles, par exemple, qui
suffirent aux premiers pionniers arrivés aux abords
de la Vallée de la Mort et du Grand Canyon pour
inventer le hideux Las Vegas (et passer, de la sorte,
du prébiblique au postmoderne), le voyage américain, donc, ou le passage incessant de l'Eden à la
Géhenne, le court-circuit permanent de la Bible et
de la science-fiction, la traversée des âges d'or et de
plomb de l'humanité...

Un aveuglement de Tocqueville ?

Philadelphie. Le Eastern State Penitentiary de
Philadelphie. Sans doute ma dernière prison. Mais
l'une des premières, avec celle d'Auburn, dans l'Etat
de New York, qu'aient étudiées Tocqueville et
Beaumont. Tout est resté en l'état, me dit Sean
Kelly, le responsable du bureau qui, depuis la fermeture de l'établissement, il y a trente ans, a pour
mission d'entretenir, faire visiter et, chaque année,
pour Halloween, louer le site à des groupes d'enfants
en mal d'émotions fortes et de fantômes. Tout est
exactement en l'état où l'ont trouvé les deux mis-

sionnaires en ce jour d'octobre 1831 où ils sont
accueillis par James J. Barclay, George Washington
Smith et Robert Vaux, les éminences de la Philadel-
phia Society for Alleviating the Miseries of the
Public Prisons, cette association de quakers, amis du
genre humain, défenseurs des Indiens cherokee et
adversaires de l'esclavage, qui ont conçu et, depuis
1829, géré ce pénitencier d'un *nouveau* genre censé,
non pas exactement punir ni réparer le dommage
causé par le crime à la société, ni même, comme
Alcatraz, Angola ou, plus tard, Rikers Island, mettre
le criminel en quarantaine, l'éliminer comme un
déchet, le bannir, mais l'aider, par le silence et la
solitude, à se racheter, se repentir et, dans la pure
tradition quaker, élever son âme égarée par le démon. Les mêmes hauts murs. Les mêmes tours
crénelées flanquées de faux mâchicoulis. Les mêmes
douves, ponts-levis, donjons, meurtrières en trompe-
l'œil. La même architecture de faux château fort
piranésien que le prisonnier, arrivant cagoulé,
n'avait pas la possibilité de voir mais dont la seule
idée, le seul récit qu'on lui en faisait, en un mot
« l'imagination », suffisaient, dit Tocqueville, à lui
inspirer un début de terreur sacrée et d'horreur de
son forfait. Et puis, à l'intérieur enfin, dans ce décor
désolé, inondé par les pluies de la nuit et qui rappelle, plus que jamais, celui d'un château hanté, le
même complexe carcéral composé d'une tour centrale à partir de laquelle rayonnent, en une géomé-
trie parfaite, sept galeries de cellules individuelles,
dotées chacune d'un minuscule jardin et qui se
trouvent toutes, donc, dans l'axe du regard des

gardiens. Tocqueville, quand il pénètre ici, a-t-il lu l'opus de Jeremy Bentham paru, quarante ans plus tôt, au plus fort du débat sur les prisons lancé par Beccaria et les révolutionnaires français ? Sait-il, quand il s'émerveille de ce dispositif où l'on a, comme il dit, « traduit dans la pierre l'intelligence de la discipline », qu'il se trouve dans le premier centre de détention au monde appliquant le fameux schéma « panoptique » dont le XIXᵉ siècle va faire, au-delà des prisons, le principe d'organisation de ses écoles, hôpitaux, casernes, usines et dont nous évoquions, l'autre jour, avec Beatty, les avatars ultimes et surprenants ? Impossible à dire. Car il ne cite, à ma connaissance, ni le livre ni l'auteur. Mais ce qui est sûr c'est qu'il perçoit le coup de génie du dispositif. Il comprend que, parce qu'il donne aux gardiens le pouvoir de voir sans être vu, parce qu'il instaure une surveillance à la fois ininterrompue, invisible et virtuelle, parce qu'aucun détenu ne sait jamais, autrement dit, si l'œil du pouvoir est, à un instant donné, effectivement braqué sur lui, il a le don de jeter dans les âmes « une terreur plus profonde que les chaînes et les coups ». Et, surtout, surtout, il apprécie cette autre particularité du système qui est, elle, directement liée à l'idéologie de ses promoteurs quakers : pour être bien certains de mettre les prisonniers face à leur vilenie, pour les inciter à la belle et bonne pénitence qui est le but de leur enfermement, pour hâter la réforme intellectuelle et morale dont la prison, selon eux, doit être l'occasion, ils ont tout organisé pour les isoler, pour couper toute espèce de contact, non seulement avec les codétenus, mais avec le monde extérieur et même les gardiens, pour interdire les visites, punir la moindre tentative de parole, proscrire toute autre lecture que celle des Saintes Écritures et les mettre, ce faisant, de jour comme de nuit, en situation de ne se soucier que de Dieu... Dickens, dix ans plus tard, criera son horreur d'une organisation censée convertir les délinquants au Bien mais ne parvenant, selon lui, qu'à les pousser à la folie. Apprenant que tout, depuis les repas jusqu'aux services religieux et à la douche bimensuelle, est réglé de manière à ce que personne ne croise jamais personne, il dénoncera dans « cette façon de jouer, lentement, quotidiennement, avec les mystères du cerveau » une forme de torture « infiniment plus dommageable que les tortures du corps ». D'autres, beaucoup d'autres visiteurs, tout au long du siècle, dénonceront la démence d'un monde où la phobie du bruit est si totale que l'on va jusqu'à envelopper de linges les essieux des chariots qui, au moment des repas, s'arrêtent à la porte des cellules ; où la dernière ruse qui reste aux détenus pour, au fond de leur solitude, garder le souvenir du son de la présence humaine est, à l'heure des latrines, de taper doucement sur la fonte des tuyaux d'égout et de s'adresser ainsi des messages secrets ; et où, quand on a affaire à une forte tête qui ne peut se guérir de parler, on lui introduit dans la bouche une pièce de fonte reliée à un mécanisme qui, à chaque mouvement de la langue et de la glotte, l'enfonce un peu plus profond dans la gorge et finit par l'étouffer. Lui, Tocqueville, non. Il n'a pas d'objection fondamentale à cette vision quaker d'une rédemption par la méditation, la prière, le travail. Il visite ces petites pièces où la seule ouverture est un œil-de-bœuf creusé dans le plafond et censé regarder vers le ciel. Il voit les détenus et, obtenant le droit de les interroger et de leur faire briser donc, à titre exceptionnel, leur obligation de silence, il leur arrache de vraies confidences sur leur régime de détention. Or il ne trouve guère à redire au système. Il ne semble pas plus ému que cela par cette idée d'une parole porteuse de toutes les contagions et des maléfices les plus extrêmes. Son compagnon, Beaumont, parle même de « palais » à propos de ces cellules qui, dit-il, ont dû coûter « un prix fou » et, en un temps où le Président des Etats-Unis lui-même doit se contenter d'un poêle à charbon et de brocs d'eau, ont le chauffage central et l'eau courante. Arrivant d'Auburn où les détenus ne sont isolés que la nuit et se consacrent, dans la journée, à des travaux collectifs forcés, trouvant que l'hygiène, la nourriture, les conditions de vie sont, ici, matériellement meilleures, observant que les geôles sentent moins mauvais et qu'elles sont propres, constatant aussi que les châtiments corporels n'y sont, pour le moment, pas de mise, les deux amis trouvent assez de mérites au modèle pour le recommander à leur gouvernement. Limite ou situation de Tocqueville ? Aveuglement d'époque ou ultime nuance au portrait si constamment flatteur auquel invite, depuis un an, la lecture parallèle de son chef-d'œuvre et du grand livre ouvert de l'Amérique vivante d'aujourd'hui ? Je ne sais.

Portrait du cinéaste en musicien

Ne dites pas à Woody Allen qu'il est cinéaste, il se croit musicien. C'est ce qu'ont dû penser la centaine d'aficionados qui l'ont vu paraître, ce soir, en plein dîner, dans ce « Café » de l'hôtel Carlyle, angle de Madison et de la 76ᵉ Rue, où il venait, comme chaque lundi, accompagné de son New Orleans Funeral and Ragtime Orchestra, jouer de la clarinette. Il y avait là, oui, l'un des plus grands cinéastes américains vivants. Il y avait là l'auteur génial de *Annie Hall* et de *La Rose pourpre du Caire*. Et il était à portée de main, assis sur un vague tabouret, sans mise en scène particulière, au milieu de dîneurs qui n'avaient même pas l'élémentaire politesse de s'arrêter de boire et de manger pour l'écouter – il était là, vêtu d'un pantalon de velours et d'une chemise bleue légère : concentré ; yeux mi-clos ou carrément fermés ; geste précis ; souffle sûr ; les doigts posés à plat sur les trous de la clarinette ; les muscles de la bouche bien serrés, mais sans gonfler les joues, autour du bec de l'instrument ; la lèvre supérieure, enfin, étonnamment mobile qui, tantôt, semblait vouloir aspirer, avaler, le haut de l'anche et, tantôt, se retroussait comme pour dire qu'elle choisissait maintenant de bouder, de désavouer le vilain instrument et, pleine d'une autorité soudaine et souveraine, de lui couper le sifflet... Au début, on se dit :

360

ce n'est pas lui. On se persuade, premièrement, que le vrai Woody Allen ne se commettrait pas ainsi, dans ce bar ; mais surtout, et deuxièmement, que le célèbre petit homme, le schlemiel au physique d'éternel loser, l'héritier de Keaton, Chaplin et Harold Lloyd, le maladroit définitif que l'on n'a jamais vu faire un pas, franchir une porte, s'emparer d'un outil quelconque – alors, à plus forte raison, un instrument de musique ! – sans se prendre les pieds dans le tapis et se tromper, ne peut pas être ce virtuose à la technique si sûre, à la si impeccable prestance et, quand il s'arrête de jouer et chante, à la voix si juste et bien timbrée. Et puis, au bout d'un moment, on s'y fait. Petit à petit, on le reconnaît. Dans les moments où il ne joue plus, quand il laisse la vedette à Cynthia Sawyer, sa pianiste, ou à Rob Garcia, son batteur, ou encore au gros homme à chemise à carreaux ouverte sur un cou de bison, Eddy Davis, qui, sur sa gauche, l'accompagne au banjo, quand il se met à dodeliner de la tête au rythme du trombone ou à regarder le bout de ses souliers d'un air d'enfant puni attendant que son copain joueur de hautbois ait terminé son solo, on retrouve le visage de gargouille triste, le masque creusé, le long nez en équerre et le côté « nutty professor » éberlué de l'acteur de *Prends l'oseille et tire-toi*. Et puis le virtuose, à nouveau, reprend le dessus. Et puis le fou de musique se relance dans une interprétation endiablée d'un air de Glenn Miller ou de Benny Goodman. Et il n'est plus, alors, l'auteur de *Meurtre mystérieux à Manhattan* mais ce disciple de Gene « Honey Bear » Sedric qu'il fallut, il y a vingt-cinq ans, la nuit des quatre Oscars de *Annie Hall*, aller chercher au Michael's Pub où il se produisait devant un public sans doute semblable à celui-ci – il n'est plus la superstar mondiale qui, à Paris, provoque un début d'émeute quand il sort de son hôtel, mais le petit Allen Stewart Konigsberg qui a choisi son pseudonyme en hommage à Woody Herman, qui a appelé sa dernière fille Bechet en hommage au grand Sidney et qui a cent fois dit que les deux destins les plus enviables en ce monde lui ont toujours paru être celui de basketteur (auquel il a dû, hélas, renoncer presque tout de suite) et celui-ci, clarinettiste (auquel il continue, au Carlyle, de sacrifier un peu de son temps, de sa gloire, de son désir) – ah! la joie intense sur son visage, sa physionomie de vieil adolescent poitrinaire métamorphosé en athlète, son air de triomphe absolu, lorsqu'il arrive au bout de l'un de ces solos dont on ne saurait dire, tout à coup, si le souffle époustouflant vient de la bouche, des mouvements du corps, de la force de l'âme, ou des trois... L'histoire de l'art est coutumière de ces situations de malentendu où l'on voit un grand artiste vivre ou se conduire comme s'il avait la conviction de s'être trompé de genre. On connaît le cas de Balzac croyant que c'est à son théâtre qu'il devrait l'immortalité. Celui de Chateaubriand persuadé que son chef-d'œuvre était, non les *Mémoires d'outre-tombe*, mais *Les Natchez*. J'ai vu moi-même Paul Bowles expliquant, jusqu'à son dernier souffle, que son grand œuvre, ce par quoi il resterait et dont il faudrait prendre soin après sa mort, ce n'était ni *Un thé au Sahara* ni *Après toi le*

362

déluge, mais les adorables musiques qu'il composait, chaque printemps, pour la fête de fin d'année de l'American School of Tangiers et son directeur Joe McPhilips. Mais ce cas-ci, le cas du cinéaste génial venant, tous les lundis, se produire comme un débutant devant une salle de philistins pas plus étonnés que cela de se retrouver nez à nez avec une légende vivante, le cas de l'inventeur de formes dont on sent qu'il donnerait le plus beau plan de *La Rose pourpre* pour une mesure bien cadencée, sachant monter avec succès du registre clairon au registre chalumeau, dépasse tout ce que l'on a pu connaître de plus improbable dans le genre. Je verrai l'autre Allen. Je reverrai, le lendemain, à son bureau, sur Park Avenue, le cinéaste et intellectuel, si typiquement new-yorkais, qui me dira de fortes choses, non seulement sur ses films, mais sur la médiocrité de Kerry, la nullité de Bush, l'état de décomposition politique du pays, le néo-puritanisme qui gagne les classes moyennes et dont je lui demande si son affaire avec sa fille (« ce n'est pas ma fille », sursautera-t-il !) n'aura pas été, autant que l'affaire Lewinsky, le signe avant-coureur – ou bien encore sur sa conviction (comble de l'orgueil !) qu'un type comme lui, Allen, n'a pas le droit, vous m'entendez, *pas le droit* de s'engager politiquement car il est si impopulaire, il incarne si parfaitement tout ce qu'exècre cette Amérique puritaine et suici-daire qui fait les élections, et il est, en même temps, si incroyablement célèbre, que chaque mot sorti de sa bouche sera retenu, non pas pour, mais contre, son champion et ne fera que l'affaiblir et contribuer à sa défaite... Mais le grand moment, le vrai Woody, l'heure d'émotion et de vérité, celle qui m'aura, en tout cas, le plus fortement impressionné car j'ai senti qu'on était, là, au contact de sa plus intime et secrète identité, c'est sa prestation de jazzman euphorique et manqué.

Trois tycoons

C'est sa dureté qui frappe en premier. Son air de férocité circonspecte et glacée. Ce sont ces yeux de loup, étrangement écartés, très verts, très perçants, mais qui ne prennent pas la peine de vous considérer. C'est cette manière, au fond, de ne s'excuser de rien, de ne se justifier en rien – c'est cette insistance à dire : « je suis Henry Kravis, maître du monde ; je suis le président de Kohlberg Kravis Roberts and Co, le meilleur fonds de « private equities » de la planète ; je suis le fils de Ray Kravis, petit pétrolier de l'Oklahoma, et j'ai construit ce business énorme, cet empire, où la pratique même de l'OPA devient, mieux qu'un art, une industrie à part entière ; on m'en veut ? je le sais ; on me voit comme un prédateur, un suppôt de Bush, un salaud ? je m'en moque ! vous-même venez renifler, chez moi, le mauvais parfum de l'argent fou, sans morale ? tant pis ! je ne vous ferai pas le cadeau de vous raconter l'histoire du New York City Investment Fund que nous avons, il y a sept ans, fondé avec des amis – je ne m'abaisserai pas à vous dire les dizaines de milliers d'emplois que nous créons, avec nos dollars, dans les quartiers que l'Etat abandonne ; sa morale et la nôtre ; vos principes et les miens qui sont ceux d'un big business dont je n'ai jamais douté qu'il soit bon, non seulement pour moi, mais pour l'Amérique et le monde... » Au bout d'un moment, pourtant, quelque chose d'autre transparaît. Une fêlure sous le masque. Une fissure. Peut-être une maladresse ancienne. Peut-être, aussi, une peur. Oui, j'en jurerais, Henry Kravis a peur. De quoi ? De qui ? Des autres, ses semblables, et de la guerre de tous contre tous qui règne dans la jungle du grand capital américain ? De sa propre violence, qu'il ne connaît que trop ? Vit-il, comme *Gatsby*, dans la hantise de voir ses crimes fondateurs revenir à la surface et s'inscrire sur ce visage qu'il s'est, depuis tant d'années, appliqué à rendre aussi lisse que les boiseries d'acajou laqué de la bibliothèque où il me reçoit ? Tout cela, sans doute. Plus cette image, au-dessus de nos têtes, que je n'avais pas vraiment remarquée. Plus ce tableau hyperréaliste, probablement peint d'après photo, qui représente un adolescent charmant, blazer, chemise blanche ouverte sur un torse glabre, college boy, petit prince – son fils, mort à 20 ans, et dont il est inconsolé.

Henry Kravis, donc, peut parler pendant deux heures sans dire un mot de ses philanthropies new-yorkaises. Barry Diller, lui, fait mieux. Il a demandé à Frank Gehry, l'architecte des musées Guggenheim, de concevoir, à Chelsea, le futur QG de son empire. Il a imaginé, pour cela, le premier bâtiment de tous les temps complètement construit en verre, sans l'ombre d'une armature d'acier ou de béton, grand paquebot de cristal, mirage intelligible, qui flottera sur l'Hudson. Il met sa marque, autrement dit, sur la ville. Il y imprime sa signature. Il s'inscrit, à bon droit, dans la glorieuse lignée des Stuyvesant, Rockefeller, Reynolds, Singer, Woolworth. Or il passe, lui, sinon les deux heures, du moins une partie de notre entretien à tenter de me convaincre que, compte tenu des loyers absurdes qu'il paie ici, dans ces anciens bureaux, compte tenu des prix de l'immobilier downtown et de leur potentiel d'appréciation, compte tenu, encore, de l'éclat qu'aura le bâtiment, de la publicité qu'il générera et de l'énergie que sa seule promesse donne déjà à ses équipes, ce projet pharaonique, cet événement architectural, ce chef-d'œuvre, ne coûteront rien à sa compagnie et lui rapporteront au contraire beaucoup. Arrogance encore, ou forme suprême d'élégance ? Honnêteté de l'homme qui ne veut pas entrer dans le jeu convenu (et si européen !) du milliardaire honteux qui montre patte blanche et expie – ou summum de l'auto-punition, de la modestie ? J'observe Barry Diller. Je le regarde, avec son crâne puissant et vulnérable qui le fait ressembler à Picasso, avec son sourire habituellement mélancolique mais qui, maintenant que je ne l'embête plus avec ses souvenirs de la Paramount, ses bras de fer avec Murdoch ou sa conversion au téléachat, est redevenu curieusement enfantin. Je l'écoute commenter avec passion, posée entre nos deux fauteuils, la maquette de ce qui sera le grand œuvre de sa vie mais dont il me supplie de ne lui reconnaître, surtout, surtout, aucun mérite. Il y a de la folie, aussi, en cet homme-là. Un mélange de don gratuit, de potlatch, d'excentricité magnifique et, soudain, quand il m'explique qu'il se moque de la postérité et que seuls comptent les siens, c'est-à-dire ses amis proches, sa femme, Diane von Furstenberg, ou son jeune frère héroïnomane mort seul, à 36 ans, comme un chien, dans un motel, d'insolence, de violence sourdement enragée, d'amoralité trop affichée pour être complètement sincère et ne pas trahir, encore, je ne sais quelle blessure enfouie.

Et puis Soros. L'implacable George Soros, le spéculateur impénitent, le virtuose des « hedge funds », le « trader » sans scrupules qui, il y a vingt ans, manqua, sur un coup de Bourse, jeter bas la livre sterling et, au-delà, le système monétaire international. Lui non plus ne regrette rien. Lui non plus ne critique pas le logiciel de base du « tycoon » américain c'est-à-dire l'idée selon laquelle l'argent est né bon et, partout, se trouve dans les fers. A une réserve près, quand même, qui fait de son cas une variante intéressante. Son style. Son allure. Ce côté hirsute, qui rappelle Elias Canetti. Ce léger débraillé du costume, qui fait prof d'université. L'accent. Ce terrible accent hongrois qui est comme le signe, en lui, d'une résistance à l'américanité. Et puis cette façon, pendant le déjeuner que nous prenons dans une salle à manger plutôt modeste, attenante à son bureau, de ne parler que prisons, fascisme qui vient, investissements civiques, démocratie, société ouverte, Karl Popper – cette façon de citer ses propres livres poppériens comme si tout le monde les avait lus et sa déception quand il comprend que, si je suis là, c'est moins pour le philosophe du dimanche que

367

pour le milliardaire flamboyant et paradoxal. D'un côté l'hyper-tycoon qui, lorsque je lui demande s'il n'a pas mauvaise conscience, parfois, de ces fortunes si curieusement gagnées, n'est pas loin de me répondre qu'attaquer une monnaie, affoler les establishments bancaires, les obliger à réagir et à inventer, n'est pas un crime mais un service qu'on rend à la société, un geste révolutionnaire, un devoir. Mais, de l'autre, et sans que ceci semble, dans son esprit, le moins du monde contradictoire avec cela, la nostalgie des valeurs, des soucis, européens — et une nostalgie qui le conduit, dans un même et unique mouvement, à rapporter en Europe (notamment orientale) l'argent gagné en Amérique et à importer en Amérique (notamment démocrate) ce qui lui est resté de mémoire européenne. Car son problème, lui, c'est l'Europe. Il est en deuil, non d'un fils ou d'un frère, mais de l'Europe. Et, s'il y a une chose dont il est inconsolable, c'est d'être juste George Soros et non l'un de ces philosophes tchèques ou viennois qu'il admire depuis sa jeunesse et dont une part de lui rêverait d'être l'épigone. Humain trop humain. Une autre incarnation d'un système qui, pour une moitié de la planète, est une figure de l'inhumain et cette part, touchante, pathétique, d'humanité. Le plus singulier des trois ? Le plus romanesque ? Ou le plus fêlé ?

Trois jours à Guantanamo

Eh bien non. Il en restait une. La dernière. La vraie dernière. Et, pour le voyageur en quête de signes du grand vertige américain, sûrement pas la moins éloquente. Je m'étais, pour être franc, résigné à ne plus y aller. J'avais, sachant que c'était la plus fermée de toutes, formulé ma demande dès le début du voyage ; mais, ne voyant rien venir, je m'étais fait à l'idée d'achever mon enquête sans avoir pu accéder à ce qui, dans le monde entier, est devenu la prison américaine par excellence, la première à laquelle on pense, le synonyme du système en ce qu'il a de plus détestable – une sorte de troisième modèle, au même titre qu'Auburn ou Philadelphie, dont il ne me restait qu'à supposer ou déduire ce qu'un Tocqueville aurait pu dire... Quelle surprise, alors, quand arrive enfin la réponse. Quelle surprise, et quelle bonne nouvelle, quand, à quelques jours de boucler, alors que j'en suis à récapituler mes conclusions sur ce pays magnifique et fou, laboratoire du meilleur et du pire, impérial et modeste, ivre de matérialisme en même temps que de religiosité, puritain et gavé, tendu vers le futur et obsédé par sa part de mémoire – quelle heureuse nouvelle, oui, quand m'arrive cet e-mail de l'officier de presse John Adams m'informant qu'il m'attend, ces 25, 26 et 27 avril, sur la base américaine de... Guantanamo ! Avion pour Fort Lauder-

369

dale, en Floride. Petit avion, officiellement civil, pour Inagua et, de là, Guantanamo. A Guantanamo, chaleur. Tropiques. Quelque chose dans l'air, le bleu du ciel et de la mer, les visages du personnel de la base, les passagers du ferry qui traverse la baie, les façades des maisons entrevues par la vitre de la jeep, qui rappelle que l'on est à Cuba, vraiment à Cuba : hallucinante situation qu'il faut voir pour y croire et que j'irai d'ailleurs, le lendemain, voir de plus près encore, sur la ligne de démarcation, au poste frontière d'opérette où, chaque année, à la même date, en un rituel réglé depuis cent un ans, le général commandant américain de la place apporte à son homologue cubain qui, après consultation téléphonique avec le Lider Maximo lui-même, le refuse tout aussi rituellement et le lui rend, un chèque de 4 000 dollars (correspondant au montant annuel du loyer fixé en 1903 mais qui, vu que le principe même de la location n'a jamais été accepté par la partie cubaine, n'a jamais été révisé) – extraordinaire situation, mi-*Désert des Tartares* mi-*Rivage des Syrtes*, de cette pointe avancée de « l'Empire » fichée au cœur de la dernière colonie de l'autre Empire défunt... La base, donc. La structure classique – mais, ici, surréaliste – de toutes les bases américaines avec villas pour les officiers, écoles pour leurs enfants, Starbucks entre deux check-points, McDonald's, clubs de plongée et de fitness, boîtes de nuit, Malls, terrain de golf à proximité des barbelés. Et puis, enfin, les camps, regroupés dans la partie sud de l'île, au bord des plages, et où se trouvent actuellement détenus, sans procès, sans protection juridique ni statut, un peu plus de 500 « ennemis combattants », pour la plupart ex-Talibans. X Ray, qui fut historiquement le premier, véritable poulailler humain dont les cages métalliques, chauffées à blanc par le soleil, sont maintenant livrées aux herbes folles et aux rats. Iguana, au sommet d'une falaise, créé pour les « terroristes » de moins de 18 ans mais, depuis peu, ouvert à tous. Camp Delta, plus moderne, avec ses miradors de bois et (peint en grandes lettres blanches sur la première des six palissades de métal grillagé, surmontées de barbelés haute tension, qui ceinturent le complexe) un « Honour bound to defend freedom » aux échos bien douteux. La possibilité d'assister à l'une de ces ARB, Administration Review Board, qui se tiennent en principe à huis clos et où c'est un « combattant ennemi » unijambiste mais, néanmoins, menotté et enchaîné par son unique pied à un anneau dans le ciment du sol, qui comparaît, sans avocat, assisté de deux militaires, devant une troïka d'officiers supposés déterminer s'il représente toujours ou non un « danger » pour les Etats-Unis. Delta encore, mais le Camp 4, réservé aux détenus « coopératifs » qui ont le droit de jouer au volley et de lire des romans policiers. John Edmondson, le capitaine médecin, qui m'apprend qu'un détenu sur six est traité pour troubles psychiques. La femme flic qui, le soir de mon départ, effacera de ma caméra les images de détenus que j'avais réussi à voler. Tous ces visages, à la fois pathétiques et terribles, qui ne resteront gravés que dans ma mémoire. Tous ces hommes dont Bush et Rumsfeld disent qu'ils sont tantôt des

terroristes (pourquoi, dans ce cas, pas de procès?)
tantôt des prisonniers de guerre (mais pourquoi,
alors, pas la Convention de Genève?). Je reviendrai
sur tout cela. Je reviendrai sur le fond des choses et
m'interrogerai notamment sur ce que signifie, dans
une démocratie, l'existence d'une pareille zone
d'exception. Pour l'heure, une observation. Une
seule et modeste observation. Pour qui a eu
l'occasion, comme moi, de visiter d'*autres* prisons
américaines, pour le voyageur post-tocquevillien qui
s'est penché, même sommairement, sur le système
pénitentiaire américain, il y a, dans cette prison-ci,
des traits forcément familiers. Sa violence, qui
rappelle aussitôt Rikers. Son régime d'insularité et
de bannissement semblable à celui d'Alcatraz. Une
indifférence au droit et à la loi qui n'était peut-être
pensable que dans un pays qui, au Nevada et ailleurs,
a inventé la monstruosité juridique et morale qu'est
l'idée de prison privée. Cette absence de perspective
et d'horizon, cet état d'incertitude méthodique
quant au sort qui vous est réservé où l'on place les
détenus, cette détention à la lettre illimitée, qui me
font immanquablement songer au désespoir programmé des prisonniers d'Angola. Et dans la façon,
enfin, dont on me recommande de ne pas porter de
chemise à manches courtes pour ne pas offenser
leur pudeur, dans l'insistance du sergent Mendez à
m'expliquer que chaque nouvel arrivant se voit
offrir un Coran qui sera rangé là, dans cette pochette de gaze blanche accrochée au grillage de sa
cellule et pareille à un masque chirurgical, dans le
discours de cet autre sergent, pas gêné d'avouer

qu'il faut parfois se résoudre à tabasser un détenu qui vous crache dessus ou badigeonne son mur d'excréments mais se récriant qu'il y a des procédures, en revanche, qui interdisent de manipuler le Livre sans l'envelopper dans un linge spécialement prévu à cet effet – dans cette comédie culturaliste, dans cette affectation de prendre soin des « besoins spirituels » d'autrui lors même qu'on le traite comme une bête enragée, quelque chose qui ne peut pas ne pas rappeler la tartufferie des éleveurs d'âmes quakers du « Penitentiary » de Philadelphie. On peut, à partir de là, se demander si ces bons chrétiens ont ou non enfreint les procédures et profané le Livre sacré (d'instinct, j'ai tendance à croire que les témoignages l'attestant ont été plutôt gonflés). On peut débattre de la pertinence, pour qualifier cet enfer off shore, de l'emploi du mot Goulag (je le crois, là aussi, inapproprié). On peut discuter s'il faut ou non, comme le réclame, entre autres, Jimmy Carter, fermer Guantanamo (je pense, là, que oui, sans hésiter, car il y va de l'honneur et de la santé de la démocratie américaine). Ce que l'on n'a pas le droit de dire c'est que Guantanamo est un ovni, chu d'on ne sait quel désastre obscur. Ce qu'il faut commencer par dire c'est qu'il est un résumé, un condensé, du système pénitentiaire américain tout entier. A partir de quoi pourra débuter l'analyse.

Retour à la case (presque) départ

Boston. Un an après. Enfin presque. Et, dans cette boucle qui se ferme, dans ce parfum mêlé de fin de partie et de commencement, le très curieux sentiment de se trouver dans une ville que je connais à peine et où j'aurais pourtant, déjà, des souvenirs.

Je reviens à l'Oyster House où l'*Atlantic*, pendant la Convention démocrate, organisait ses petits déjeuners. Je retourne sur Copley Square où le peuple démocrate, le soir de l'élection, attendit, plusieurs heures durant, en vain, l'apparition de son champion vaincu. Je rôde dans les couloirs désormais vides du Fairmont, où officiaient les commentateurs. Je m'attarde dans les salles de lecture de la Public Library visitées en coup de vent, un matin, entre deux rendez-vous avec des conseillers d'Obama et de Kerry. Je n'avais pas vu, à l'époque, à quel point cette ville était belle. Je ne m'étais pas assez avisé, dans le tourbillon du moment, de ce charme cossu et lettré, aristocratique et européen, qui a tant impressionné Tocqueville et l'a retenu là trois semaines, l'étape la plus longue de son voyage, la seule ville américaine à l'avoir si durablement envoûté...

Alors, je prends le temps, cette fois. Je cherche, sur Washington Street, l'emplacement du Marlboro Hotel où il se rendit dès son arrivée. Je vais dîner à l'Omni Parker House où planent, outre le sien, les fantômes d'Emerson, Hawthorne, Thoreau, Longfellow. Je me laisse même entraîner dans un « Tour » informel organisé par un ami et qui, sans être le tour officiel de l'American Civil Liberties Union of Massachusetts, me mène d'un lieu à l'autre de la grande mémoire libérale de la ville – la maison natale de Robert Williams, apôtre de la libre pensée et de la séparation des Eglises et de l'Etat naissant ; la première église de Nouvelle-Angleterre où fut prêchée l'émancipation des esclaves ; le buste en marbre de Robert Gould Shaw, colonel du premier régiment de l'Etat composé de seuls soldats noirs ; la rue où, au plus haut de son combat pour l'égalité des races et les droits civiques pour les femmes, la foule manqua lyncher William Lloyd Garrison ; l'hôtel où John Kennedy annonça sa candidature ; et même – ultime manifestation de ce devenir mémoire et musée de toutes choses qui m'aura décidément, et jusqu'au dernier jour, accompagné ! – la maison des Kerry, sur les hauteurs de Beacon Hill, déjà intégrée au stock d'attractions proposées... Cette ville me plaît, décidément. Il y a dans son puritanisme souriant, dans sa lenteur orgueilleuse et provinciale, dans ses cèdres centenaires, ses maisons qui sentent bon le bois ciré, les parquets d'époque, les portraits d'ancêtres aux murs, les meubles chic et usés, il y a dans ses aubes lentes et ses nuits qui tardent à finir, il y a dans le spectacle de ses ruelles étroites, aux pavés trop bien rangés et aux réverbères du siècle dernier, la source d'un ennui léger mais aussi d'un irrésistible charme qui la fait entrer, sans conteste, dans le peloton de tête (Seattle, New Orleans,

Savannah...) des villes où je pourrais, moi aussi, passer trois semaines et davantage.

A deux réserves près.

Oui, il y aura eu, dans ces jours délicieux, deux moments difficiles.

Les quartiers sud de la ville – Dorchester, Mattapan – qui sont aussi ses quartiers pauvres et où l'on a le sentiment d'entrer, soudain, sans crier gare, à une rue ou un pont près, dans un monde complètement différent. Celui de la violence et de la drogue. Celui des immeubles abandonnés, squattés par les gangs, aux murs couverts de fresques immenses, multicolores et naïves. Celui de cette jeune Haïtienne sans-logis qui pensait que l'hôpital c'était pour les autres et qui, dix minutes avant mon arrivée, a accouché ici, à même le sol d'un supermarché, avec l'aide d'un policier anti-émeutes qui passait là et dont l'exploit lui vaudra d'être cité à l'ordre du mérite de sa compagnie. Celui encore, un peu plus loin, d'Adèle, cette très vieille dame, sosie de Priscilla Ford, la condamnée du couloir de la mort de la prison de Las Vegas, qui habite, elle, un taudis de Blue Hill Avenue et que sont en train d'emmener les ambulanciers du service des urgences de l'hôpital... En fait non, d'ailleurs. Pas si vieille. Je découvre, en parlant avec l'une des voisines qui se sont attroupées autour de l'ambulance, qu'elle n'a que 45 ans et qu'elle est juste très pauvre, chômeuse depuis dix ans, et à bout. « Faites gaffe, lance la voisine à l'un des brancardiers en recoiffant, du bout des doigts, la chevelure clairsemée de son amie; faites gaffe, elle prend des médicaments contre la tension et de la

376

cortisone. » Et elle, Adèle, lèvres blanches, sueur aux tempes, yeux vitreux, déjà partie : « est-ce que c'est le bon Dieu qui m'embauche ? »

Et puis difficile aussi, décevante, quoique pour des raisons d'un autre ordre, ma rencontre avec l'hyper-Bostonien Huntington. Je savais qu'il y avait un problème avec son dernier livre. J'avais, comme nombre de ses lecteurs, été troublé par sa thèse sur les immigrés hispanophones dont le flux incontrôlé transformerait le pays protestant et blanc des premiers pionniers en un Etat biculturel. Mais, là, dans cet élégant restaurant de Beacon Hill où la chère était trop bonne et le vin trop capiteux, le voilà qui, à ma grande surprise, renonce à toute prudence et lâche, en quelques phrases, ce que ses adversaires le soupçonnent de penser tout bas sans oser, d'habitude, l'avouer trop haut. Ah ! l'affreuse violence qui sourd de son œil bleu quand il me lance que « le grand problème avec les Hispaniques c'est qu'ils n'ont pas envie d'éducation » ! La haine de petit Blanc qui défigure le visage savant de Monsieur le Professeur quand, pressé de me dire ce qui, après tout, le gêne tant dans cette montée en puissance d'une minorité mexicaine travailleuse et patriote, il m'explique que ces gens, parce qu'ils auront l'avantage de la double langue, obtiendront une « préférence à l'embauche », qu'ils pourront donc « prendre leur travail » à la « vaste majorité » que sont les autres Américains et que, lorsque ceux-ci le comprendront, lorsqu'ils réaliseront que ce sont, eux, les Blancs, porteurs, en principe, du vieux « Credo » fondateur de la Nation, qui font désormais l'objet d'une « discrimination », ils réagiront par un mixte terrible de « ressentiment » et de racisme « nativiste ». Et puis Israël, enfin... Sa très étrange colère quand, à la fin de l'entretien, j'avance l'idée qu'Israël est, avec la France et l'Amérique, l'un des rares pays fondés sur ce qu'il appelle un « Credo ». Ah non, s'exclame-t-il ! Ceci n'est pas un « Credo » ! Je vous interdis de mêler le beau mot de « Credo » à un pays basé sur « l'ethnicité » et où Arabes et juifs jouissent de droits différents ! Je réponds. Je proteste. Je plaide que parler d'« ethnicité » à propos d'un peuple dont la définition même est d'être fait de tous les peuples et de ne se résoudre à aucun n'a pas beaucoup de sens. Et lui, au moment de se quitter, sur le trottoir, ombre d'un doute dans le regard, nuance d'inquiétude dans la voix : « ai-je dit des choses que je n'aurais pas dû dire ? » A lui de juger. Et au lecteur.

Sous l'œil de l'éternité

Cape Cod. Fin des terres. Finistère. Ou bien – mais c'est pareil – naissance, commencement, lieu même où, il y a quatre siècles, accostèrent les 102 pèlerins, chiens compris, du *Mayflower*. Et aujourd'hui, à deux heures de voiture de Boston, ces maisons de poupée, ces galeries d'art bon marché, ces magasins d'articles de pêche aux façades de planches peintes mangées par le sel et la neige, bref, cette station balnéaire typiquement petite-bourgeoise dont l'autre particularité est d'être, avec le temps, devenue une ville... gay! Que diable Norman Mailer fait-il là? Comment l'enfant de Brooklyn, le New-Yorkais de cœur et de volonté, le surmâle aux six mariages, l'homme dont la féministe Kate Millet a dit qu'il était la quintessence du « cochon hétéro-sexuel et machiste », comment cet homme-là a-t-il pu élire domicile dans cette bourgade de quatre mille âmes, majoritairement homo, dont la contri-bution à la culture du pays tient, si j'en crois le serveur du faux restaurant de pêcheurs où j'attends l'heure du rendez-vous, en un festival des plus beaux corps, une semaine des adeptes du cuir et un collo-que sur les problèmes posés par l'adoption dans les couples de garçons? Je pose la question, bien sûr. C'est même l'une des premières choses que je lui demande lorsque je le vois surgir, dans le salon baigné de lumière de sa maison de Commercial Road, petit, trapu, tout en cou et en torse, très rond dans son chandail sans manches, la crinière blanche intacte, l'œil bleu qui me scrute et n'a rien perdu de son ironie. Mais il ne répond pas. Ou, plutôt, si. Mais à côté. Il est avec la belle Norris, sa femme, et ils me répondent, tous deux, que c'est comme ça. Un hasard. Elle pour ses tableaux, lui pour ses romans, ils cherchaient un endroit tranquille pour pouvoir travailler à leur rythme. Alors voilà. Cape Cod. Et, à Cape Cod, Provincetown. N'allez pas chercher plus loin. Il n'y a pas de raison plus spéciale que celle-là... Bon. Possible, après tout. Possible qu'il faille oublier le *Mayflower* et l'invention de l'Amérique. Possible qu'il ne faille pas donner trop de sens non plus à ce bizarre livre de 1984, *Tough*

Guys don't Dance, en français « Les vrais durs ne dansent pas », qui se passait à Provincetown et dont le héros était homo. Et possible qu'il soit juste là, en effet, parce que cette maison belle et claire, dans les dunes, face à la mer, était l'endroit idéal pour faire provision de solitude et de silence. Car quel est, me dit-il, le problème numéro 1 des écrivains en général et de ceux, en particulier, qui savent que le temps presse? S'isoler. S'exiler dans leur pays. Parfois, comme Philip Roth, se cacher dans leur propre ville. Faire un saut hors du rang des crétins, des amnésiques, des faiseurs de bruit, des haïsseurs de culture, de tous ceux qui ne sont là que pour réduire en cendres le désir des écrivains d'écrire. Et, dans cette bulle enfin, dans cette réserve ardente, cette chapelle, écrire des livres sans pitié et que l'époque n'attendait plus... Norman Mailer a 82 ans. D'une certaine manière, il ne les fait pas. Non, malgré l'alcool, les drogues, les excès de ses vies successives, malgré la surdité qui gagne, malgré ses jambes qui peinent à le porter et lui donnent cette démarche appliquée de petit Golem bien incarné, malgré son air de vieux boxeur sorti du ring ou d'ancien marin qui aurait définitivement touché terre, il a une juvénilité d'allure assez troublante. La seule chose, c'est l'impression qu'il donne de n'être plus tout à fait de ce monde. Le vrai, le seul, stigmate visible de l'âge c'est, sur le visage de ce grand vivant hemingwayen, l'air d'absence qui s'imprime dès que l'on tente de lui parler, non seulement de ses livres, mais de ses hauts faits de jadis. La guerre dans le Pacifique? Le Vietnam? Les années Nixon et Kennedy? La rencontre avec Castro? La candidature à la mairie de New York? Les nus? Les morts? Les batailles pour les droits civiques et contre la culture de la guerre? Le vieux marin répond, bien sûr. Mais, à nouveau, du bout des lèvres. Sans flamme. Sans éloquence. Comme si son énergie était ailleurs, ici, tendue vers le livre en cours, ramassée sur le peu d'années qui restent pour l'écrire, économe, calculante, une autre intelligence du temps, une autre qualité de présence, une sorte de présent colossal qui, à l'inverse des maladies classiques de la mémoire, écraserait ce qui a été vécu et braquerait les projecteurs sur ce qui, seul, est en train d'advenir. Oh! il ne regrette rien. Il n'est pas triste. Pas inquiet. Il serait même du genre, comme le Ravelstein de son ami-ennemi Bellow, à dire à son visiteur qu'il « adore l'existence » et n'est « pas pressé de mourir ». Mais il compte, voilà tout. Il n'en finit pas de compter. Le nombre des jours qui lui restent. Le nombre d'heures que lui vole un entretien. Les livres qu'il ne lira plus. Ses yeux, maintenant si fragiles, et qu'il faut économiser pour l'écriture de ses propres livres. Les heures, presque les minutes, où il est, chaque jour, vraiment maître de son art et dont il faut profiter. Sa main, qu'il règle sur ce temps. Son souffle, qu'il doit retenir pour ne rien perdre et pour créer. Non pas, comme un autre de ses anciens ennemis, écrire pour ne pas mourir – mais ne pas mourir pour finir d'écrire. Non pas la postérité, cette immortalité des âmes faibles – mais, à la façon de ce personnage du chef-d'œuvre de Jean-Luc Godard, *À bout de souffle*, être immortel, tout de suite immortel, et puis mourir.

381

Alors, parfois, la nuit venue, reviennent les spectres de Gilmore, Marilyn, Oswald, Mohamed Ali, ces héros d'une Amérique qui semblait n'exister que pour aboutir à de beaux livres. Parfois la porte s'entrebâille et surgit l'image d'une soirée chez les Kennedy, à Hyannis Port, où il s'était rendu en voisin ; le souvenir de ce cocktail où il avait provoqué à la boxe McGeorge Bundy, le ridicule conseiller diplomatique de son ennemi personnel, Lyndon Johnson ; ou encore, plus récemment, un dîner avec Madame Bush Mère qui l'a écouté, bouche bée, lui décrire les accointances avec le Diable de son Président de fils. Mais, dans l'ensemble, tout cela s'estompe. Sa vie, lorsque je le pousse à l'évoquer, n'est qu'une suite d'ombres pâles, longs ennuis, provocations stériles, malentendus. Le plus séculier des romanciers américains, l'inventeur du nouveau journalisme, l'écrivain engagé par excellence, l'homme qui courait les Conventions républicaines et démocrates pour en faire des Prix Pulitzer, finit comme Proust ou Kafka, les yeux fixés sur l'éternité — ce monde n'est plus le mien, mon dernier rêve n'est pas pour vous, je fais face mais à autre chose, mon roman le plus osé, attendez, vous verrez : Cape Cod.

Épilogue

1
Qu'est-ce qu'un Américain?

La première question qui se pose au terme de ce parcours est celle, évidemment, de l'identité américaine.

C'était la question posée par Samuel Huntington dans le livre dont nous parlions à Boston et dont je m'aperçois, avec le recul, qu'il reprend, presque mot pour mot, les poncifs du début du XXe siècle sur la « plèbe amorphe et bigarrée » de « Slavo-Latins » et de « Juifs d'Orient » qui venaient corrompre « la personnalité politique et morale des Etats-Unis » who are we? qui sommes-nous? que reste-t-il du credo britannique et puritain qui a fait notre belle et bonne nation? sommes-nous un peuple blanc ou métis? mono- ou multi-ethnique? comment résistera-t-il, ce peuple, aux hordes de nouveaux immigrés mexicains dont il sait, lui, Huntington, primo, qu'ils sont inassimilables, secundo, qu'ils ne rêvent que de reprendre de vive force, à la faveur d'une nouvelle

383

guerre civile, les territoires perdus dans les années 1840 ?

C'est la question posée par toute une série d'autres livres, moins fameux, moins habiles, mais moins douteux aussi, et présentant l'avantage de n'être pas marqués par ce vieux nativisme, mâtiné de néodarwinisme et, il faut bien le dire, de franc racisme qui forment la part maudite de « l'idéologie américaine » – toute une série d'autres livres que j'ai vus, au fil des mois, de ville en ville, se succéder sur les tables des Barnes and Noble et dont j'ai parfois l'impression, en les reconsidérant en pensée, qu'ils ont contribué au rythme de ce voyage : l'Amérique et ses élections ; l'Amérique et ses fondations ; l'Amérique et ses Indiens, ses Noirs, ses associations ; l'Amérique et la guerre ; l'Amérique et ses mythes ; les rouges et les bleus en Amérique ; les Hispaniques et les Allemands dans l'histoire américaine ; le mythe de la frontière depuis qu'il n'y a plus de frontière ; Lewis and Clarke ; Tocqueville ; what went wrong with Ohio ? what happens with Kansas ? qui sommes-nous, de nouveau ? que diable nous arrive-t-il ? qu'en est-il, en ces temps irakiens, de notre « destinée manifeste » ? de notre « exceptionnalisme » ? du message des Pères pèlerins ? de la mission des Pères fondateurs ? qu'en est-il de notre innocence ? de notre pureté perdue ? que de livres ! que de livres ! rarement pays se sera si anxieusement interrogé sur sa crise et son destin ; rares sont les nations en proie à un tel tournis, une telle ivresse, identitaires...

Et puis c'est une question qui, enfin, saute aux yeux du voyageur, indépendamment même de tel ou tel livre, ou de leur avalanche; c'est une question qui, à chaque pas ou presque, à chaque étape du voyage dans l'Amérique savante et profonde, dans le Sud qui ne sait plus que faire de son héritage et dans le Nord sinistré par la crise, dans les grandes et les petites villes, les beaux quartiers et les ghettos, chez les harpies du néo-ordre moral comme dans les familles de mineurs du Wisconsin, à Savannah comme à Lackawana, chez les marchands d'armes de Fort Worth non moins que chez les gauchistes de Pittsburgh, chez les Indiens de Lower Brule autant que chez Microsoft, où que l'on aille en fait, à quelque distance que l'on se place des choses et des êtres, c'est une question qui, donc, se lit entre les mots, dans les yeux, dans les systèmes de convivialité, les façons de travailler et de s'aimer, de ces Américains que l'on s'obstine à voir, eux aussi, comme un peuple fier, sûr de lui, dominateur, alors qu'il n'y a pas, aujourd'hui, nation plus incertaine de ce qu'elle est, mal assurée de ce qu'elle devient, indéterminée quant à la valeur des valeurs, c'est-à-dire des mythes, qui l'ont fondée; c'est un trouble; c'est un malaise; c'est un vacillement des repères et des certitudes, une fois de plus *un vertige*, qui ne s'emparent de l'observateur que parce qu'ils affectent l'observé et dont, si j'essaie de résumer, je vois au moins quatre séries de signes.

Un signe: le dérèglement des mécanismes de mémorialisation dont j'ai vu tant d'exemples depuis le Hall of Fame de Cooperstown jusqu'aux musées de Henry Ford et de Randolph Hearst en passant par le Dinosaur Park de Rapid City, le musée de pierres pétrifiées des Badlands, le tombeau du pliosaure de Deadwood ou l'assiette de fromages de Kerry instantanément muséifiée à Des Moines. On connaît la distinction nietzschéenne, dans les *Considérations inactuelles*, entre les trois grandes figures de la mémoire – monumentale, critique, et antiquaire. La première, disait Nietzsche, sert à rassurer les peuples en leur présentant l'image embellie et, on l'espère, inaltérable de leur grandeur passée. La deuxième les fortifie en soumettant cette image au rude mais juste tribunal de l'histoire scientifique. La troisième, en revanche, la mémoire qu'il appelle « antiquaire » et qui s'attache à « ce qui est petit, restreint, vieilli, près de tomber en poussière », la mémoire qui procède de l'« aveugle soif de collection » et de l'« accumulation infatigable de tous les vestiges d'autrefois », est une mémoire inutile qui, au lieu de le renforcer, « nuit à l'être vivant » et, « qu'il s'agisse d'un homme, d'un peuple, ou d'une civilisation », finit toujours par « l'anéantir ». Eh bien c'est dans ce troisième cas de figure que semblent se reconnaître les Etats-Unis du Hall of Fame généralisé. Ces musées qui gardent tout, ces lieux qui mélangent tout et ne font plus la distinction entre ce qui est digne d'être mémorisé et ce qui ne l'est pas, ces bourgs et ces comtés ruraux où l'on semble avoir oublié les bienfaits libérateurs de l'oubli et où l'on croule sous les reliques d'à peu près n'importe quoi, tout cela est comme la caricature gigantesque de cette « insomnie », de cette « rumination », Nietzsche dit aussi de ce « ressentiment » ou de cet « esprit de vengeance », qui sont la marque de l'« histoire antiquaire ». Cette mémoire absurde et pathologique, cette mémoire à la fois anxieuse et paresseuse, fébrile et sans travail, cette mémoire si peu « américaine », dans le fond, puisqu'elle est en train, par un singulier renversement des rôles, de faire de la grande Amérique des Lumières, de cette Amérique dont Goethe écrivait qu'elle s'est libérée à la fois du passé de l'Europe et de l'obsession européenne du passé, un pays plus asservi encore au passé que le plus passéiste des pays européens, cette mémoire, donc, est une mémoire qui, si Nietzsche a raison, est en train de devenir, non la ressource, mais la perte de la grande nation américaine. Ou alors une source, oui, peut-être, mais toxique, corrompue et annonciatrice, à court ou moyen terme, de perturbations identitaires non moins périlleuses que celles, en réalité symétriques, relevant de la non-mémoire absolue et de l'installation dans ce « présent végétatif » dont parlaient aussi les *Considérations* et où elles voyaient, pour les peuples, le plus puissant des hypnotiques... Comment le même pays peut-il être à la fois le lieu d'un Mémorial de la Shoah aussi exceptionnel et celui, sur le bord d'une autoroute du Sud Dakota, d'une exposition permanente de fossiles censée révoquer en doute les hypothèses du darwinisme ? Comment la juste repentance à l'endroit des Indiens, le devoir de mémoire concernant le génocide puis la ségrégation, la volonté d'extermination morale et culturelle, qui les ont poursuivis jusqu'à une date finalement récente, peuvent-ils prendre la forme, à Washington, de l'admirable Smithsonian National Museum of the Native American en même temps que, dans les Etats du désert, de tous ces lieux de mémoire, plus kitsch les uns que les autres, que sont, ici, une fausse tombe lakota, là un village oglala reconstitué, là encore une exposition de plumes du XVIIIe et, là, un Palais du maïs, un Musée de la pharmacie, un Conservatoire d'arbres fossiles datant d'il y a trente millions d'années ou une Maison de retraite pour authentiques chevaux sauvages dont l'Oklahoma subventionne la préservation et que la piété antiquaire met, somme toute, sur le même plan que ces fossiles vivants que sont les Sioux ou les Cheyennes ? Fétiches et reliques. Maladie et perte du temps. Et une société qui, du coup, prend le risque bien réel de se déconnecter de la grande Histoire.

Un autre signe : l'obésité. Oh ! pas celle des corps, bien sûr. Pas cette fameuse obésité dont se régale l'anti-américanisme et dont j'ai noté, en Californie, qu'elle n'est ni plus spectaculaire ni plus préoccupante ici qu'ailleurs. Mais une autre obésité. Une obésité moins connue et dont l'extension supposée des corps n'est que la métaphore en même temps que le rideau de chair et de fumée. Une obésité sociale. Une obésité économique, financière, politique. Une obésité universelle dont il m'est arrivé de me demander si elle ne gagnait pas tous les corps constitutifs du pays. Obésité des villes. Obésité des Malls, comme à Minneapolis. Obésité des Eglises, comme à Willow Creek. Obésité des parkings qui, dans les Malls et les églises, deviennent parfois si énormes qu'ils génèrent toute une microsociété, toute une vie, avec rythmes, espaces, aires de repos, buvettes, navettes, voire — et c'est le comble —

transports en commun spécialement organisés pour, une fois le véhicule parqué, embarquer le consommateur ou le fidèle dans un autre véhicule qui lui évitera la peine de marcher. Obésité des aéroports, trop gros pour les villes qu'ils sont censés desservir. Obésité des budgets de campagne des élections, trop pléthoriques pour être complètement dépensés. Obésité des devis de cinéma que l'on dirait attachés, chaque fois, à battre le record précédent et, sur le record battu, à indexer la qualité du film nouveau. Obésité des grands mémoriaux qui, tel celui de Crazy Horse, à Rapid City, font de la monumentalité le premier critère de la statuaire. Obésité des entreprises soumises à la loi de la croissance forcée ou à celle (mais cela revient au même) que formulait, il y a vingt ans, par la bouche du Michael Douglas de *Wall Street*, le fameux Gordon Gekko : « Greed is good ; greed is right ; greed works ; greed clarifies ; greed will save the United States » – « l'avidité est bonne ; l'avidité est juste ; l'avidité marche ; l'avidité simplifie tout ; l'avidité est le salut des Etats-Unis d'Amérique ! » Obésité enfin des déficits publics dont, l'exemple venant d'en haut, la progression exponentielle devient un véritable signal lancé à la société. Plus c'est gros, plus c'est bon, dit l'Amérique d'aujourd'hui. Obèse is beautiful, répète-t-elle en une sorte de renversement extatique du slogan des années 60. Une obésité globale et totale. Une obésité qui n'épargne aucun domaine de la vie publique ni privée. Une obésité radicale, devenue le régime fou mais normal d'un pays qui paraît avoir trouvé là un substitut hystérique à la nouvelle frontière d'antan.

Bref, une société entière qui, de haut en bas, d'un bout à l'autre, semble en proie à ce dérèglement obscur qui fait qu'un organisme enfle, déborde, explose et se décompose. Une nation qui, à la façon de ce groupe de femmes « de 18 à 60 ans » dont je lisais, l'autre jour, dans un journal de Rochester, qu'elles se réunissent à l'église de leur paroisse pour pratiquer le fameux « First place Diet » (ce régime miracle qui, à condition de mettre le Seigneur à la première Place, verra les débordements du corps rentrer dans l'ordre), une nation qui, à l'image de leurs pauvres corps dont le journal disait qu'ils avaient « perdu le contrôle » de leur « situation alimentaire », aurait perdu le contrôle de sa propre situation, non seulement alimentaire, mais mentale, culturelle, métaphysique – une nation dont on a le sentiment qu'elle a égaré ou détraqué cette formule secrète, ce code, qui font qu'un corps demeure à l'intérieur de ses limites et survit. Les Grecs avaient un concept pour cela. Ils avaient un mot, et même deux, pour dire les corps qui n'ont plus – ou pas encore – de demeure et de limite. L'« hubris », bien sûr. Cette démesure, cet excès, cette puissance d'emphase et de déraison dont Sophocle disait qu'elle est punie de mort par les dieux et dont Hobbes, vingt siècles plus tard, confirmera qu'en réduisant « la félicité » à une « continuelle marche en avant du désir d'un objet à un autre », en mettant « au premier rang » des « inclinations » de l'humanité le « désir perpétuel et sans trêve d'acquérir pouvoir après pouvoir », elle débouche, derechef, sur « la mort ». Et puis, surtout, l'« apeiron », cette propre figure de l'illimité qui était, chez les Présocratiques, le principe de toutes choses, leur origine inengendrée, le chaos initial qui rend potentiellement monstrueux (c'est-à-dire, à la lettre, insuffisamment dotés de forme) ceux qu'il porte à l'existence – et qui devient, chez Platon, l'autre nom, soit de l'indéterminé, du réceptacle, de l'innommable, de la matérialité pure et sans mobile, soit de l'insatiabilité tyrannique du désir et donc, encore, de la mort. L'Amérique en est-elle là ? Est-elle au bord de cette ténèbre ? Autre symptôme. Autre signe. Autre mauvais présage, pour l'identité américaine contemporaine.

Un troisième signe, alors, indirectement lié à ce qui précède mais avec des effets, cette fois, sur les institutions mêmes du pays : le morcellement de l'espace social et politique américain, sa différenciation grandissante, d'aucuns disent sa désintégration, sa balkanisation, sa tribalisation – la transformation de l'Amérique en une nation plurielle, une mosaïque de communautés, une rhapsodie d'ethnies et de groupes qui rendent, ou semblent rendre, de plus en plus problématique la réalisation du vieux programme, repris d'un grand écrivain, non plus grec, mais latin et inscrit dans la devise du pays : « e pluribus unum ». La chose, je le sais bien, ne date pas d'hier. C'est dès l'origine – dès l'arrivée de la myriade de sectes rivales et condamnées à vivre ensemble qui débarquent dans les colonies britanniques du New Jersey, de l'Etat de New York et de Pennsylvanie – que, comme l'ont très bien vu des auteurs aussi différents que Denis Lacorne, Gordon

Wood et Elise Marienstras, s'est posé le problème de cette difficile dialectique du « pluribus » et de l'« unum », c'est-à-dire de l'autre et du même, du divers et du semblable, du démocrate et du républicain. Et il suffit de songer à la vivacité des débats qui précédèrent l'adoption de la Constitution, il suffit de se rappeler la virulence de la contestation antifédéraliste de l'époque, les harangues de Jefferson et de tous ceux qui, comme lui, craignaient de voir la tyrannie d'un gouvernement central prendre la relève du joug anglais dont la guerre d'Indépendance venait d'affranchir la jeune Amérique, il suffit de se souvenir de la grande bataille idéologique lancée par les hérauts du premier populisme américain contre l'appropriation « républicaine » des thèses de Montesquieu, pour mesurer l'ancienneté du problème. La nouveauté, toutefois, c'est que ce qui était un courant est devenu, deux siècles plus tard, un consensus. Ce que le trio Hamilton-Madison-Jay qualifiait de « mal des factions » et dont nul ne doutait alors que le temps aurait raison, a eu finalement raison du temps et fait figure, désormais, de figure dominante de la parole et de la pratique institutionnelles américaines. La nouveauté, et la vérité, c'est qu'un certain nombre d'événements (un, surtout – massif, colossal, révolution culturelle dont on a peine, encore, à mesurer les effets) se sont produits depuis trente ans et ont donné une nouvelle dignité à ce qui ne fut, longtemps, qu'une tentation parmi d'autres, mal assurée d'elle-même, parfois honteuse. Cet événement c'est la poussée des minorités. C'est, pour parler comme Chateaubriand, la « vengeance » de ceux des peuples américains auxquels une trop longue humiliation a donné le désir de suraffirmer leur identité. C'est la revendication des Indiens. Celle des Noirs. C'est cet autre grand réveil, non religieux mais civil, affectant des communautés qui, non sans raison, estiment que la terre américaine est une terre hantée, peuplée de leurs fantômes martyrisés, gorgée d'un sang, leur sang, qui crie justice. Ou plutôt non. C'est ce réveil quasi religieux – plus religieux, en tout cas, que bien des réveils clairement et officiellement religieux – qui frappe des groupes entiers d'hommes et de femmes annonçant urbi et orbi, en un geste qui semble à l'unisson, tout à coup, des grandes eschatologies américaines, que ce monde ne sera habitable pour les vivants que lorsqu'il le sera redevenu pour leurs morts. C'est le mouvement de l'« affirmative action ». C'est la « political correctness » et son parfum de revanche historique. C'est l'insurrection, dans ce sillage, par mimétisme ou contagion, en vertu de ce mécanisme bien connu qu'est le mécanisme de la rivalité victimaire, de minorités non réellement ethniques qui, mettant en avant le tort, réel ou imaginaire, qui leur fut également fait, exigent aussi réparation. Mieux, ce sont des minorités qui, comme les Hispaniques, n'ont aucun tort métaphysique à déplorer, aucun outrage trans-historique à faire expier, mais qui suivent le mouvement et, au nom de leur patrimoine culturel, au nom de leur langue, de leur pratique religieuse ou de leur foi, au nom, enfin, d'un droit à l'égalité dont ils se jugent privés, réclament, comme les autres, une part du gâteau identitaire. Bref, c'est un vaste mouvement dont la thématique convenue du « droit à la différence » ne rend que très imparfaitement compte puisqu'il s'agit, en l'espèce, autant de *concurrence* que de *différence*; c'est une problématique dont, à l'inverse, le modèle de la concurrence mimétique ne dit pas non plus la vérité puisqu'il y est quand même question, *aussi,* de différences qui ne sont pas concurrentielles et qui ont pour résultat la même revendication de droits sans limites et, donc, la dissolution du lien social; et c'est, à l'arrivée, au bout d'un processus qui trouve là son accomplissement contre nature mais logique, ces villes artificielles, ces réserves pour riches et pour vieux, ces espaces privés et fortifiés, ces « gated communities », dont j'ai vu un prototype, à Sun City, en Arizona, et dont il n'est pas exclu qu'elles soient la préfiguration d'un avenir possible pour ce pays; c'est cette tentation de l'apartheid qui, si rien ne s'y oppose, fera se regrouper, non plus seulement les obsédés de la sécurité ou de la bonne climature, mais les juifs, les gays, les lesbiennes, les nains, les aveugles, j'en passe – mettant à terre, définitivement, tout l'édifice institutionnel bâti par les délégués de la Convention de Philadelphie...

Et puis ce dernier signe enfin que je rappelle brièvement tant j'ai eu d'occasions, au fil du voyage, de l'évoquer : l'extension, partout, de cette zone grise, de ce no man's land social et citoyen, qu'est le domaine de la grande pauvreté. Je sais, bien entendu, que la notion n'a pas le même sens aux Etats-Unis et en Europe. Je n'ignore pas que l'on est pauvre, aux Etats-Unis, sous le seuil d'un revenu annuel – 19 300 dollars – qui, dans un pays comme la France, correspondrait plutôt à celui d'un salarié modeste. Et j'ai lu les statistiques qui disent que la moitié – si ce n'est les deux tiers – des 37 millions de « pauvres » américains sont destinés à ne pas le rester et sont propriétaires, pour l'heure, de leur voiture ou de leur logement. Restent, néanmoins, les autres. Restent le dernier tiers, ou la seconde moitié, dont je me demande où la statistique a bien pu les fourrer mais dont je peux témoigner qu'ils vivent dans un univers où l'idée même d'avoir un toit ou de retrouver, un jour, un travail n'a plus que la consistance des mirages. Restent ces êtres exsangues, ces épaves, restent ces laissés-pour-compte définitifs qui vivent dans les poubelles des quartiers non « gentrifiés » de Harlem, Boston ou Washington – restent ces humains quasi déréalisés que je n'ai cessé de croiser dès que je sortais du périmètre balisé de Vegas, Los Angeles, San Francisco et qui semblent avoir, eux, définitivement largué les amarres qui les rattachaient à l'American way of life et à ses rites. Et restent surtout, de Rikers Island au pénitencier pour femmes du Nevada, ces terribles prisons américaines dont je me rends compte, avec le recul, que l'effroi qu'elles m'ont inspiré venait moins de leur régime de détention (pas tellement pire que celui qui sévit dans la plupart des pays d'Europe et, en tout cas, dans le mien) que du type de population qu'elles paraissent désormais recruter (beaucoup de tout petits délinquants ; beaucoup d'inculpés non encore jugés ; beaucoup de jeunes Blacks ou de jeunes Hispaniques, chômeurs de longue durée, drogués ou dealers minables, immigrés en situation plus ou moins régulière et sans droits, dont je ne suis pas sûr, là, en revanche, que la place, en Europe, serait en prison). Est-ce à dire, comme le fait l'extrême gauche, que l'Amérique ait opté pour un traitement répressif de la pauvreté ? Et faut-il, comme tel émule français de Pierre Bourdieu, Loïc Wacquant, conclure qu'elle a choisi d'opposer l'Etat pénal à l'Etat social, le modèle de l'Etat-pénitence à celui de l'Etat-providence, le filet des contrôles policiers puis carcéraux à celui du revenu minimal et des soins médicaux garantis ? Non, sans doute. Je n'irai pas, certainement pas, jusqu'à dire cela. Mais que l'Amérique soit, juste derrière la Russie, le champion du monde de l'enfermement, c'est un fait. Qu'elle ne compte pourtant pas un si grand nombre de grands criminels, irrécupérables pour la société, c'est un autre fait. Et que ses prisons participent ainsi d'un système global de production et occultation, de fabrication puis de renvoi dans l'invisibilité, d'une population de pauvres absolus, exclus de l'espace de la Polis, qui deviennent comme les zombies, les troglodytes – un physicien dirait le « corps noir » – d'une société trouvant là l'insurmontable défaut de sa cuirasse et de son modèle, c'est un troisième fait qui n'est pas, celui-là, le moindre des résultats de mon enquête.

Alors ?

Alors je ne crois pas qu'il y ait lieu, pour autant, de désespérer.

J'ai beau voir se multiplier les dérèglements, dysfonctionnements, dérives, le danger de sécession ou de guerre de civilisations intérieure me semble curieusement moins menaçant qu'on ne le dit.

J'ai beau constater cette fragmentation de l'espace politique et social, cette hypertrophie nihiliste de la petite mémoire antiquaire, cette hyperobésité, de moins en moins métaphorique, des grands corps qui font l'édifice invisible du pays, cette terrible misère des ghettos, j'ai beau avoir en tête tous ces mauvais présages qui, n'importe où au monde, seraient les signes avant-coureurs d'un relâchement, d'un délitement et, à terme, d'une implosion de l'identité nationale et des formes politiques dans lesquelles elle s'incarnait, je n'arrive pas à me convaincre de la faillite annoncée du modèle.

Et cela, derechef, pour une série de raisons qui tiennent tant à l'histoire qu'à d'autres impressions glanées au fil du voyage et qu'il est temps de récapituler.

La première chose qui frappe quand, comme Lacorne et d'autres, l'on entreprend de méditer sur cette question de l'« identité nationale » américaine c'est qu'il n'y a jamais eu, de toute façon, d'Etat-nation en Amérique au sens où nous en avons connu dans les grands pays européens et, notamment, en France ; c'est que les nostalgiques du fédéralisme pur, les gens qui nous chantent leur regret d'une République une, indivisible et mise à mal par les tribus, les partisans d'un « melting-pot » à l'ancienne capable de fabriquer ce que l'on appelait, il y a un siècle, des « Américains à cent pour cent », pleurent un modèle qui n'a jamais réellement existé et n'est tout bonnement pas concevable dans un pays marqué jusqu'à la hantise par la crainte du monarchisme, de la tyrannie et de l'abus de pouvoir ; c'est que les Etats-Unis, comme l'avait bien noté Hegel, n'ont jamais été, ni voulu être, l'un de ces Etats unis dont le paradigme est cela même qu'ils déconstruisent en séparant, tout de suite, les deux concepts d'« Etat » (toujours local) et de « gouvernement » (ce que, en Europe, nous appelons proprement « Etat ») ; la première chose à ne pas oublier c'est que l'identité même du pays, son socle, son nom, sa façon, plus exactement, de n'avoir pas de nom propre et d'avoir adopté un nom qui, au départ, ne veut rien dire (Amerigo Vespucci, le nom d'un navigateur florentin immortalisé par un cartographe !) puis, le temps passant, s'est mis à désigner un continent allant, en principe, de la Terre de feu au détroit de Béring (imagine-t-on les Français ou les Allemands s'auto-baptiser « les Européens » avec la même désinvolture que les colons de Nouvelle-Angleterre « les Américains » ?), c'est que ce geste même, cette désinvolture signifiante originaire, cette indifférence à un acte de nomination qui, pour tous les pays du monde, a toujours eu une importance extrême, ce mauvais baptême, affectent d'une fragilité native et, pour ainsi dire, consubstantielle la réalité même qui se voit ainsi désignée ; sans compter l'autre erreur de perspective, historique toujours, qui ferait oublier la longue période de son histoire où l'américanité a été encore plus problématique, instable, incertaine, vulnérable, qu'aujourd'hui (Renan, dans la fameuse Conférence de 1899 qui continue d'offrir la définition la moins absurde de ce qu'est une nation, ne tient-il pas pour acquis que, contrairement à « la Suisse » qui parle « quatre langues » mais forme « une nation », les Etats-Unis parlent « la même langue » mais, au même titre que « les Amériques espagnoles », ne forment pourtant pas « une seule nation » ?) – sans compter l'interminable temps où ce que nous appelons les « minorités » ne pouvaient mettre en péril le pacte démocratique pour la bonne et simple raison qu'elles en participaient à peine (ces siècles puis, après la guerre de Sécession, ces décennies où les Noirs étaient américains mais ne votaient pas ; ces sombres temps où les juifs, fuyant les ghettos d'Europe centrale, trouvaient, à leur arrivée, une autre forme d'antisémitisme qui, pour n'avoir rien de comparable avec la violence pré-exterminatrice de leurs pays d'origine, n'en était pas moins suffisamment décomplexée pour qu'un Henry Ford, à Dearborn, popularise à travers son journal *Les Protocoles des Sages de Sion* ; et puis encore ce moment, pendant et après la Première Guerre mondiale, où parler allemand devint un crime et où le bilinguisme pratiqué par les minorités « teutonnes » du Colorado, de l'Iowa, du Kansas, de l'Indiana, de l'Illinois était officiellement perçu comme une atteinte à la sécurité de l'Etat – débats d'un autre temps, à nouveau bien oubliés, mais dont la terrible violence fait, par comparaison, sembler bien anodines nos discussions actuelles autour du bilinguisme introduit dans les Etats du Sud et de l'Ouest par les communautés hispaniques...).

J'ajoute à ces considérations générales le fait que

j'ai moi-même, tout au long de ce voyage, été frappé, *aussi*, par la vigueur, l'intensité, la ferveur, du sentiment patriotique.

J'ajoute que, de l'Etat de New York à la Californie, puis des quartiers d'immigrés cubains de Miami aux Eglises baptistes des Etats du Sud, j'ai plus vu de « God Bless America », de « United we Stand », de références à la « destinée manifeste » du pays, de « serments citoyens » et de « rallies around the flag », de « messes œcuméniques », de veillées de soutien à « nos soldats » et, puisque nous étions en période d'élections, de désirs de s'inscrire sur les listes électorales et de voter, bref, de témoignages d'adhésion au « Credo », que d'aveux d'éloignement ou de déchirement.

J'ajoute le cas de ces Indiens du Sud Dakota qui, tous, à un moment ou un autre de la conversation, trouvaient le moyen de rappeler que c'est leur communauté qui a fourni, en proportion, le plus fort contingent de braves aux guerres américaines modernes. Celui des Blacks de Memphis et de leur double « pride », de leur « fierté » au carré, black et américaine, américaine et black, ceci indissociable de cela – comme il me semble loin, le temps de mes premiers voyages en Amérique, quand les peacenicks internationalistes et anti-guerre du Vietnam tenaient le haut du pavé politique et que les « fils d'esclaves » étaient idéologiquement dominés par les thèses ultra-différentialistes de Malcolm X et des Black Panthers ! J'ajoute le cas des Iraniens de Los Angeles, des Coréens de New York ou, encore une fois, de ces fameux Hispaniques dont les enquêtes les plus sérieuses indiquent qu'ils parlent un anglais impeccable à la seconde génération et oublient l'espagnol à la troisième. J'ajoute que, chez tous ceux-là, chez tous ces peuples dissemblables et qui ne sont pas prêts, en effet, à renoncer à cette dissemblance, l'on observe le même paradoxe d'un désir d'américanité voire, comme dirait Richard Rorty, d'un désir de « faire quelque chose » de leur américanité et de leur pays qui, loin de leur sembler incompatible avec l'exercice de leur « option ethnique », semble décuplé par le sentiment de lui apporter, ce faisant, un patrimoine et des traits qui, à la fin des fins, travaillent à sa très grande gloire.

Et puis encore ceci. On s'est fait un monde, en Europe, de cette fameuse « political correctness » qui, prise à la lettre, peut apparaître en effet comme le point culminant de la crise, le comble de l'absurdité différentialiste et le signe, surtout, d'une désintégration définitive, non pas exactement de l'Amérique, mais de ses représentations, de ses schèmes intellectuels et de sa langue. En réalité, qu'en était-il ? N'y avait-il pas quelque chose de beau, d'abord, dans cette décision, dont on s'est tant gaussé, de braquer le projecteur sur les minorités et les victimes ? N'y avait-il pas une forme de générosité, et même de noblesse, dans la volonté de ne plus rien laisser passer, jamais, des automatismes de langage où s'est pétrifiée l'histoire de l'humiliation ? N'y avait-il pas une profonde vérité dans l'idée que le malheur des hommes finit toujours, en effet, par s'inscrire dans l'histoire de leurs mots et qu'il faut aller jusque-là, jusqu'au creux de la langue, jusque dans ses étymologies les plus secrètes ou les mieux dissimulées, traquer les sédiments de l'infamie? Peut-on, comme nous le faisons, à juste titre, en Europe, inviter à la pénitence généralisée et ne voir que ridicule, tout à coup, dans un examen de conscience qui, chez les Américains, va chercher dans les soubassements du discours, donc de l'être, l'empreinte et le témoignage des crimes originaires qui, comme la plupart des nations, les constituent? Mieux – et je pense là, entre autres, au martyre des populations indiennes – quand il s'agit de morts sans visage, sans nom et presque sans nombre, quand il s'agit d'ossuaires ensevelis et, au sens propre, de crimes parfaits car sans traces, n'est-il pas non seulement juste, mais urgent, d'aller chercher la seule trace qu'ils aient laissée et qui s'est déposée dans la langue? Et enfin, quant au reste, quant aux excès manifestes auxquels l'entreprise a donné lieu, quant aux aspects les plus délirants de ce victimisme généralisé et, parfois, de cette mascarade des Intouchables à quoi ce courant, dans sa frange la plus extrême, a parfois semblé se résoudre, fallait-il leur accorder cette importance? Fallait-il monter en épingle la provocation de tel groupuscule proposant de réécrire la *Blanche-Neige* de Grimm de façon à y effacer toute marque d'offense à l'encontre des « sept nains »? Devait-on, sous prétexte qu'un quarteron de lesbiennes archivistes avait décidé de dire, non plus « history », mais « herstory » et que tel professeur, pardon : professeure, avait, selon une rumeur au demeurant jamais vérifiée, exigé le décrochage de la reproduction d'un nu de Goya auquel elle reprochait

de la harceler sexuellement, conclure à la transformation des universités en « campus de concentration » et
à leur invasion par de « nouveaux gardes rouges » ?
Quand une maison d'édition a publié une traduction de la Bible où l'on avait remplacé « Dieu le
Père » par « Dieu le Père-Mère » et où, pour ne pas
injurier les gauchers, on avait traduit « la main
droite » par « la main puissante » du Seigneur,
quand un professeur californien fut conspué dans un
amphithéâtre pour avoir crûment nommé l'invali-
dité d'un de ses élèves au lieu de la transformer en
« compétence alternative », devait-on tomber dans le
panneau en annonçant le triomphe du fondamentalisme linguistique et la destruction de la culture
occidentale ? Bref ne fallait-il pas traiter toute cette
affaire avec la part d'humour, de distance, voire de
sens du second degré, qui animaient, bien souvent,
les activistes mêmes du mouvement ? Après cette
année passée aux Etats-Unis, j'ai la conviction que
oui. J'ai la conviction que les disciples européens et
américains d'Allan Bloom ont surinterprété des
phénomènes qui n'ont pas eu plus de sens ni de
portée que les déclarations des intellectuels français
nous expliquant au même moment, au nom du
même radicalisme linguistique, que la langue était
fasciste et qu'une révolution digne de ce nom se
devait de commencer, comme venaient de le prouver
Pol Pot et les Cambodgiens, par une mise à feu des
dictionnaires. Plus exactement encore, j'ai le double
sentiment qu'il y avait, dans cette affaire, un indéniable et beau désir de réparation et de justice mais
aussi, non moins importante, une part de provoca-

403

tion, d'outrance et presque de farce qui ne pouvait que faire long feu et contre laquelle il n'était pas utile de remettre en batterie, à fronts renversés, les grandes orgues d'un anti-maccarthysme qui n'aurait changé que de couleur. Le résultat, en tout cas, est là. Outre que, dans les habitudes de langage des communautés noires par exemple, j'ai eu le net sentiment d'un retour en force du bon vieux « Black » au détriment des appellations politiquement correctes et contrôlées des années 70 et 80, j'avoue, à ma courte honte, n'avoir rencontré personne qui, vingt ans après, dise « optically challenged » au lieu d'aveugle, « capillairement désavantagé » au lieu de chauve, « doté d'une sobriété à temps partiel » au lieu d'alcoolique et, au lieu de l'absente de tout bouquet, le « compagnon végétal » qui a fait couler tant d'encre...

Peut-être est-ce question de conjoncture et de circonstance.

Peut-être est-ce lié au fait que je sois arrivé après le 11 septembre et l'extraordinaire mouvement de solidarité nationale auquel a donné lieu l'événement.

Peut-être ai-je été trop impressionné, aussi, par ce déferlement de bannières étoilées qui furent, voici juste un an, à Newport, ma première impression américaine.

Mais ma conclusion est bien celle-là. Si je devais faire un pronostic, ce serait celui d'une crise plutôt que d'une extinction du modèle. Si je devais risquer une hypothèse, ce serait celle d'une dialectique nouvelle entre le pluribus et l'unum, entre les deux idéaux, ethnique et civique, démocratique et républicain, continuant de former, autrement certes, selon un compromis différemment négocié, ce plébiscite de chaque jour qui s'appelle encore l'Amérique. Si j'avais, en dépit de tout et en dépit, notamment, des signes accumulés du grand vertige américain, à prendre un pari sur l'avenir, ce serait celui d'une recomposition à nouveaux frais, autour de paramètres anciens mais agencés dans un ordre neuf, de ce modèle national, finalement unique au monde, où un subtil et antique équilibre de dons et de contredons, de dévouements et de prédations ou, pour le dire en termes religieux, de fidélités et d'hérésies, permet à l'affirmation de soi d'enrichir la communauté de ce qu'elle a permis qu'on lui arrache et qui, in fine, lui revient quand même. Si je devais prendre un pari ce serait celui d'une pérennité de cette double affirmation, de cet échange symbolique sans la mort – et d'une machinerie identitaire qui n'a pas dit, donc, son dernier mot.

Bien sûr, ce ne fut et ce ne sera jamais un modèle du type de ce que nous connaissons en Europe et dont ont pu rêver, en Amérique même, les courants nativistes de la fin du XIXe et du début du XXe siècle.

Elle n'a jamais été, cette Amérique, et elle ne sera jamais, fondée ni sur la pérennité d'une race (cela va de soi) ni sur la solidité d'un sol, fondateur d'une autochtonie (nul peuple n'est plus mobile que le peuple américain, nul n'est moins indigène) ni même sur une histoire totalement partagée, une mémoire une fois pour toutes mise en commun (cet ultime attribut des nations qu'est la mémoire, ce reste quand il ne reste rien, ce « legs de souvenirs », ce « long passé d'efforts, de sacrifices et de dévouements » dont Renan disait qu'il est le dernier rempart de l'être-là national lorsque a été écarté le rôle de la race, de la langue, des affinités religieuses, de la proximité géographique, de la complémentarité des intérêts, n'est-ce pas, très exactement, ce que la renaissance des minorités conteste et complexifie lorsqu'elle va, pour chaque groupe, chercher une autre mémoire occultée, d'autres racines, d'autres mythes, d'autres héros, bref, un autre roman des origines constituant une sorte de micro-récit venant, non certes remplacer, mais enrichir et, qu'on le veuille ou non, brouiller le grand récit national ?)

Elle sera abstraite, en réalité.

Elle a toujours été abstraite. Elle a toujours été cet artefact, forgé par des hommes d'origines diverses et qui n'avaient de commun que le partage, non d'une mémoire, mais d'un désir et d'une Idée. Eh bien elle le sera de plus en plus. Elle sera, plus que jamais, cette nation sans fondement ni substrat, à la lettre sans hypothèse, tenant par la seule force de l'Idée c'est-à-dire d'une Loi fondamentale. Elle sera, elle est déjà, cette nation énigmatique, déjouant les théorèmes nationaux classiques, et dont on ne peut même plus vraiment dire qu'elle relève d'un « contrat » (rien de commun entre cette fédération d'étrangetés, cette juxtaposition d'idiotismes et de communautés se reconnaissant dans une américanité sans cesse remise sur le métier, et l'entrée en relation, selon Rousseau, de sujets atomisés qui se constituent comme peuple dans le seul instant de grâce de la décision contractuelle) ; dont il n'est même pas certain qu'elle se laisse encore appliquer le paradigme de la « volonté générale » tel que l'établit la philosophie du droit naturel (rien, dans la relation des communautés entre elles et avec l'Etat fédéral, rien dans la série discontinue mais incessante de compromis noués au gré des rapports de forces matériels et symboliques, qui se laisse résoudre à l'abdication des volontés qu'implique ce schème de la volonté générale) ; et qui, pourtant, j'en témoigne, continue d'obéir au principe d'« endurance perpétuelle » cher à Thomas Paine et où celui-ci voyait le cœur même du nationalisme américain (prodige de ce patriotisme qui n'est pas seulement « constitutionnel » au sens d'Habermas et des Européens, mais concrètement, presque charnellement vécu ! miracle de cette allégeance, de ce lien, qui, à San Diego, le long de la frontière mexicaine, permettait au brigadier Santa Ana de faire, sans états d'âme, et sans avoir le sentiment de trahir, la chasse à des clandestins qui ressemblaient à s'y méprendre à ses parents et aïeux !).

Un lien solide, mais minimal.

Un attachement d'une grande force, mais peu déterminé.

Un lieu à haute, très haute, tension symbolique, mais neutre, presque vide.

Une nation vide, oui, au sens où Kant dit de l'Idée qu'elle est, contre Rousseau, un concept vide d'intuition et d'objet.

Une nation kantienne, en ce sens-ci.

Pas le Kant, bien sûr, qui, dans *Qu'est-ce que les Lumières,* faisait de la nation un agrégat d'individus autonomisés et arrachés à leurs déterminations.

Mais l'autre Kant, celui de la *Critique de la faculté de juger,* disant de l'Idée qu'elle est ce concept élargi, cet idéal de la raison pratique et de l'action, cette projection dans l'Absolu et l'Inconditionné à quoi ne correspond, pourtant, aucun objet ni intuition.

Une nation sans substance.

Une nation sans essence ni étance.

Cette nation « en perpétuelle construction » dont Habermas note, dans un texte sur Rorty, qu'elle n'a jamais été ce « cadeau de la nature » que croient les lecteurs pressés des textes fondateurs de l'exceptionnalisme américain.

Une nation agnostique, en un mot.

Une nation qui, inversant, pour le coup, le geste kantien, entreprend de limiter la foi pour laisser place à la raison.

Une nation qui, si les mots ont un sens et si l'on veut bien prendre à la lettre la déflation qu'elle fait subir à tous les signifiants maîtres du nationalisme matriciel, naturel, idolâtre, traditionnel, est infiniment plus incrédule qu'on ne le croit généralement.

Un pays qui, en ce sens, et si étonnant que cela semble aux yeux des étourdis qui, sous prétexte que ce peuple est un peuple religieux, voire pieux et même dévot, sous prétexte qu'il croit — je vais y venir — à sa destinée manifeste et à sa mission civilisatrice, vont partout répétant qu'il serait guetté par le mauvais génie du chauvinisme et que son patriotisme n'aurait rien à envier à celui de ses adversaires fondamentalistes – un pays, donc, qui a inventé et continue d'inventer l'une des plus authentiques nations athées de l'âge moderne.

Une Amérique qui, somme toute, est une paradoxale et presque indéfinissable entité autonyme dont le lien ne consiste plus que dans la répétition infinie mais sonore de son nom quasi commun ou, encore, dans la prophétie sèche, vaine, mais autoréalisée, que le Président Bill Clinton avait en tête lorsqu'il déclarait, lors de son discours inaugural du 20 janvier 1993, qu'il appartient à « chaque génération d'Américains » de « dire ce qu'est l'Amérique » : une Amérique dont j'ai envie de dire, moi-même, paraphrasant Clinton, qu'elle n'est rien, tout compte fait, qu'une prodigieuse mais triviale machine à produire des Américains – un leurre magnifique, une Idée encore ou, pour revenir une dernière fois au Nietzsche des *Considérations inactuelles*, l'une de ces « erreurs utiles », de ces « histoires à dormir debout », qui permettent à un être, quel qu'il soit, de se représenter ce qu'il est et qu'il doit, pour survivre, devenir.

C'est peu ?

Oui, c'est peu.

Mais quel repos, en même temps.

Quelle paix, quand on songe aux tambours, cymbales, grands orchestres tonitruants de notre religion nationale et jacobine.

Quelle chance, quelle performance, quand on pense à la lutte à mort à laquelle se sont livrés et se livrent, en France, ces deux principes homonymes que sont les nationalismes du ciel et de la terre, de l'Idée et du Sol (la clef, pour ne prendre que cet exemple, de l'affrontement entre *gaullistes* pour qui la France était une Chimère que l'on emportait avec soi jusqu'à Londres et *vichystes* qui, la tenant pour indissociable de sa sainte terre occupée, ne concevaient pas de la défendre autrement qu'en restant sur le sol national et, donc, en collaborant...) quelle chance, oui, de disposer d'une identité spontanément et, si j'ose dire, naturellement républicaine dont l'assise est dans les nuées, c'est-à-dire dans les têtes, les textes et les lois.

Bref, quel soulagement, quand on compare la neutralité inorganique de cette volonté d'être américain et des représentations qui en découlent, avec le gros animal européen, la vilaine bête sans poils, gorgée de sens, de sang et d'arrogance dont le Sartre des *Séquestrés d'Altona* faisait le symbole de la mauvaise nation.

Non que, bien entendu, il n'y ait pas d'arrogance en Amérique.

Mais il faut s'entendre, là aussi.

Il faut se mettre d'accord sur les mots et savoir de quoi ils parlent.

Elle est communautaire, cette arrogance américaine. Tribale. Différentialiste. Eventuellement individuelle. Elle n'est pas tellement nationale.

Il y a une suffisance des minorités en Amérique. Une morgue. On dit, ici, une « pride ». Mais je ne suis pas convaincu, à la réflexion, que l'on puisse parler de « double pride », de « fierté au carré » et que cette fierté-ci (glorifiant l'appartenance à un groupe ethnique, religieux, sexuel...) soit de même nature que l'autre (plus pauvre, plus ténue et, du coup, plus légère – la fierté d'être américain...).

Mieux : sans doute y a-t-il, liée aux appartenances communautaires qui composent depuis toujours mais, ces temps-ci, plus que jamais la pastorale nationale, une forme de pression exercée sur les sujets ; peut-être cette pression, dans certains cas cette intimidation, forment-elles une prison pour des individus sommés de se définir en relation à leur identité par exemple ethnique ; mais l'américanité n'est pas, ou n'est plus, ou est dans une moindre mesure, cette forme de prison.

Ou, mieux encore, et pour le dire dans les mots de Tocqueville, peut-être y a-t-il, aujourd'hui, un risque de dictature des minorités. Peut-être ce que lui, Tocqueville, disait de la dictature de la majorité devrait-il se renverser, se transposer et se dire, désormais, de l'omniprésence des minorités. Peut-être est-ce là, d'ailleurs, le « noyau rationnel » de l'assez mauvais procès instruit contre les minorités quand on le limitait à la mise en cause de l'« affirmative action » et du « politiquement correct » : peut-être est-ce là le vrai danger du communautarisme ; peut-être est-ce de là, de ces minorités sacralisées et mises au pinacle, que, la grande révolution démocratique étant parvenue au terme de sa course et ayant achevé de déployer sa force « irrésistible » et « inconnue », pourraient venir, ou viennent déjà, ces mauvais esprits du conformisme, ce poids de la norme, cette répugnance à la singularité, cette méfiance à l'endroit de la liberté de pensée et d'expression, que *De la démocratie en Amérique* attribuait au poids de la majorité ; peut-être l'émiettement du tissu social américain, la constitution de ces bulles dont j'ai observé la juxtaposition d'un bout à l'autre du pays, l'effet ghetto doré des villes comme Sun City, témoignent-ils d'un manque de respect vis-à-vis, non du Tout, mais de tous et peut-être la vraie injure est-elle faite, non à la Société (qui se tire plutôt bien de sa « balkanisation »), mais aux Américains ordinaires (qui se voient ainsi réduits à une appartenance simple, univoque, d'autant plus étouffante qu'elle se prétend naturelle et opérant mieux qu'aucune autre, du coup, le renversement panoptique dont me parlait, à Washington, un grand acteur américain). Ce qui est sûr c'est que le péril ne vient pas, ou vient moins, de l'américanité comme telle. Ce qui est sûr c'est que, loin d'être cette aliénation que fustigent, depuis un siècle, les pourfendeurs du Yankee way of life, la volonté têtue, parfois dévote et quasi religieuse de devenir américain aurait plutôt tendance à jouer, dans ce contexte, comme un levier de désaliénation, d'affranchissement, de délivrance. Ce que j'ai observé et qui, sauf à confondre ce que toute la tradition juive et chrétienne nous prescrit de distinguer, sauf à mettre dans le même sac d'une « religiosité » vague et mal construite ces deux notions *contraires* que sont la *sacralité* d'une origine ou d'une source et l'éventuelle *sainteté* d'un Texte constitutionnel ou d'une charte de droits fondamentaux, ce qui, donc, après enquête, m'apparaît indéniable et ne me semble pouvoir échapper qu'aux anti-américains monomaniaques et furieux, c'est ceci : dans cette dialectique, dans l'échange symbolique vital et complexe qui ne cesse de s'opérer entre la sainteté de l'Idée et la pesante sacralité des communautés, l'Idée est en train de redevenir, lentement mais sûrement, le principe émancipateur qu'elle était pour les Pères fondateurs.

On peut tourner le problème dans le sens que l'on voudra. On peut, de ce principe, avoir une vision critique ou enchantée, républicaine ou démocrate, historique ou prospective. On peut, comme je l'ai fait, ne rien dissimuler de l'envers du décor et de son inévitable part d'ombre. On peut n'oublier ni les ghettos de la misère de Los Angeles, ni les mères de soldats morts en Irak, ni la stupidité bovine des militants – au nom du Second Amendement – de la vente libre d'armes de guerre à la foire de Fort Worth, ni, enfin, la honteuse impuissance de l'Etat face à la montée de la très grande pauvreté. Reste ce détail qui n'a, d'ailleurs, pas échappé aux derniers en date des pourfendeurs du Yankee way of life (je pense à cette internationale terroriste dont chacun sait que les ghettos de la misère de Los Angeles ne sont pas la préoccupation la plus constante – je pense à ces djihadistes dont on ne répétera jamais trop qu'ils en ont moins à ce que les Etats-Unis ont de pire qu'à ce qu'ils ont de meilleur, la liberté de parole et de pensée, l'égalité des droits, le sort des femmes, la démocratie...) – reste donc ce détail élémentaire mais décisif : il y a dans le fait d'être ou, en tout cas, de se dire et se vouloir américain une douceur, une légèreté, un élément d'évasion et, en un mot, de civilisation, qui font de ce pays l'un de ceux où, malgré tout, l'on continue de respirer le mieux.

L'Amérique est une idée qui libère.

2
L'idéologie américaine et la question du terrorisme (état des lieux)

La question du terrorisme.

C'est devenu, avec les années, l'une des questions fondamentales qui se posent à ce pays et je m'aperçois qu'hormis des remarques éparses sur les réactions à la guerre en Irak, hormis mes pages sur Guantanamo, sur le sang-froid des Arabes de Dearborn, sur le souci d'Israël chez les Juifs hassidiques de Brooklyn, ou encore sur l'obsession de l'attentat et de la sécurité dans les aéroports de la côte Est, je ne l'ai, tout compte fait, guère abordée.

Note, donc, sur le terrorisme.

Remarques sur la façon dont les Etats-Unis vivent leur vulnérabilité nouvelle et sur leur manière de la penser.

Ultime éclaircissement, en fait, sur cette histoire de « guerre contre la terreur » dont je n'ai cessé, tout au long de ce voyage, d'entendre les échos.

J'achève ce périple avec le sentiment que les Américains disposent, pour dire et penser cela, de trois lexiques distincts – je crois que, pour rendre compte de cette sorte nouvelle de guerre ainsi que du type très particulier d'« ébranlement moral » dont Netchaïev disait qu'il est le premier but des terrorismes, ils ont trois grands discours disponibles, eux-mêmes indexés sur trois grands noms de la scène intellectuelle.

La leçon de Fukuyama, d'abord.

Non que Fukuyama, bien sûr, soit un théoricien du terrorisme.

Mais on se souvient, n'est-ce pas, de l'article, puis du livre, où, au lendemain de la chute du Mur de Berlin, il annonçait la « Fin de l'Histoire » ?

C'était la thèse de Hegel voyant dans la victoire de Napoléon, à Iéna, en 1806, celle des idéaux révolutionnaires français et le début de leur universalisation.

C'était celle de Marx évoquant l'imminence d'une société sans classes dont il notait, au passage, que c'est la « nouvelle Amérique » qui, avec sa façon de permettre « le plus grand développement possible des aptitudes du travailleur », offrait la préfiguration la plus précise.

C'était celle d'Alexandre Kojève estimant, en 1938, dans ces fameuses leçons sur *La Phénoménologie de l'esprit* auxquelles assistèrent, de Sartre à Bataille, et de Lacan à Leiris ou Merleau-Ponty, tant de futurs ténors de l'intelligentsia française, que tout ce qui s'est produit depuis 1806 n'a été « qu'une extension » de la « puissance révolutionnaire » contenue dans le double nom de « Robespierre » et de « Napoléon » ; que « les deux guerres mondiales », avec leur « cortège de petites et grandes révolutions », n'ont servi qu'à aligner « les civilisations retardataires des provinces périphériques » sur les « positions historiques européennes les plus avancées » ; et que nul ne sait plus, de nos jours, qui, des « Américains » (ces « Sino-Soviétiques enrichis »), ou des « Russes » et des « Chinois » (ces « Américains encore pauvres »), incarne le moins mal la « société sans classes » en train de se réaliser.

Eh bien c'est la sienne, aussi, Fukuyama ; la chute du Mur remplaçant la victoire de Napoléon, la revanche du prolétariat ou l'unification du monde sous la houlette de Joseph Staline, c'est la thèse que reprend ce grand intellectuel hégélien quand il explique que les événements prodigieux auxquels l'humanité est en train d'assister ne marquent ni « la fin de la guerre froide », ni le terme d'une « phase particulière » de la chronique de l'après-1945, mais le point ultime et culminant de « l'évolution idéologique de l'humanité » telle que l'a conceptualisée l'auteur de *La Raison dans l'Histoire* ; et cette thèse, prise au sérieux (et Dieu sait si l'Amérique l'a prise au sérieux !), va avoir, sur la question du terrorisme, une conséquence immédiate et capitale.

Si, en effet, Fukuyama a raison, si la démocratie libérale a triomphé, avec le communisme, non seulement du plus têtu, mais du dernier de ses adversaires, si le système politique et économique qui s'est installé à Prague, Berlin, Budapest, Sofia, Varsovie, Bucarest, Moscou, n'est pas un système parmi d'autres mais la « forme finale du gouvernement humain », si le monde, autrement dit, est bien entré dans ce grand âge, cette vieillesse définitive, cette semaine des sept dimanches prophétisée par ses maîtres vénérés mais qu'il est le premier, lui, à voir en pleine lumière, alors cela veut dire que l'Histoire a épuisé ses figures et idéaux ; qu'aucun type de lien social n'est plus, ni ne sera plus, en mesure de modifier, enrichir, supplanter, son état présent ; et qu'il n'y a plus place, en ce monde, pour la moindre contestation, remise en cause politique ou idéologique, à la limite le moindre événement, susceptibles de défier l'ordre capitaliste et libéral qui est en train de s'imposer.

Il y aura bien, encore, des événements.

Les hommes continueront de s'agiter et il y aura des événements.

Mais ce seront des événements dont le trait principal sera d'être sans surprise et sans promesse. Ce seront des simulacres d'événement, des ersatz, des leurres. Ce seront les dernières pirouettes d'une Histoire qui, à l'inverse du Diable dont la dernière ruse était de nous faire croire qu'il n'existait pas, fera de terribles efforts pour nous convaincre qu'elle existe. Et le terrorisme sera l'un de ces efforts. Il sera l'un de ces leurres sans consistance, de ces événements sans enjeu. Il sera le symptôme de cet acharnement de l'histoire des hommes à nous laisser penser qu'elle continue alors qu'elle est tombée, en réalité, dans cet état d'évanescence propre aux théâtres d'ombres. Un épiphénomène. Un frémissement sanglant mais sans gravité. Un combat d'arrière-garde. Une dernière parade. Une convulsion. Un lapsus. Pas de quoi fouetter un chat ni un tigre de papier. Rien qui autorise à sonner le tocsin d'on ne sait quel retour de l'Histoire. Et sûrement

pas la source, en tout cas, d'une de ces « guerres »
que l'Occident, du temps qu'il y avait de l'Histoire,
livrait contre ses précédents adversaires.

L'auteur de *La Fin de l'Histoire et le dernier
homme* ne dit pas cela en propres termes.

Et je ne connais d'ailleurs pas de texte de lui évoquant, autrement que de façon circonstancielle, cette
question du terrorisme et la façon d'y réagir.

Mais sa position revient à cela.

C'est la seule position qui, plus exactement, soit
compatible avec sa thèse de la Fin de l'Histoire et
c'est une position qui, à l'inverse, n'est formulable
qu'à partir de cette thèse.

On a sous-estimé l'importance et la centralité de
cette pensée-Fukuyama dans l'idéologie américaine
contemporaine : tous ceux qui, ici ou là, répugnent
à prendre l'affaire terroriste au tragique, tous ceux à
qui l'idée même de guerre contre le fondamentalisme semble une incongruité conceptuelle et
pratique, tous ceux qui ont trouvé absurde ou
ridicule l'image de la plus puissante armée du
monde lancée, dans les montagnes d'Afghanistan, à
la poursuite d'une ONG du crime et de son
« Grand Forestier » jüngérien et saoudien, tous
ceux qui pensent ou feignent de penser que la seule
juste riposte à Al Qaïda serait une riposte policière
et judiciaire, tous ceux-là, à quelque famille politique qu'ils appartiennent, sont les tenants d'un
« fukuyamisme » plus ou moins sauvage – ils
croient en un « Etat universel homogène » dont l'un
des premiers gestes, lorsqu'il s'installe, est le remplacement de l'ancienne caste des guerriers par un

corps de policiers assurant le maintien de l'ordre planétaire.

La solution Huntington.

Non pas le Huntington de *Qui sommes-nous*, ce livre xénophobe dont on a vu comment il renvoie dans les ténèbres extérieures d'une barbarie qui ne dit pas son nom trente millions d'Hispaniques, notamment mexicains.

Mais l'autre. L'ancien expert, au temps de l'administration Carter, auprès du Conseil national de sécurité. Et celui qui, aussitôt après Fukuyama, dans un article de *Foreign Affairs* puis dans un livre fleuve paru peu d'années plus tard, en un double geste dont il est difficile de ne pas voir la dimension de répétition mimétique par rapport à celui de son ancien élève, porte la contradiction à celui-ci.

L'Histoire n'est pas finie, objecte-t-il.

Ces quelques années sans guerre qui vous ont permis de lancer votre évangile néo-hégélien n'ont été qu'une « holiday from history », une « vacance historiale ».

Ce monde qu'il nous revient, vous comme moi, de théoriser, reste et restera longtemps un monde profondément pluriel, mûr pour de grandes crises, de grandes secousses, de grandes guerres.

Et le principe de cette pluralité, l'origine de cette différenciation interminable et brutale, le premier et le dernier moteur qui fait que, depuis qu'il y a des hommes et tant qu'il y en aura, l'Histoire avancera et produira du différend, c'est l'affrontement, non des consciences comme chez Hegel, non des classes comme chez Marx, non même des nations comme chez les théoriciens du conservatisme européen, mais de ces ensembles « supérieurs » que j'appelle les « civilisations » et qui sont « le plus haut niveau d'identité culturelle dont les humains ont besoin pour se distinguer des autres espèces ».

C'était, comme l'a bien montré Marc Crépon dans son *Imposture du choc des civilisations*, la thèse, peu ou prou, d'Arnold Toynbee dans sa *Study of History*.

C'était celle de Spengler dans *Le Déclin de l'Occident* puis, une dizaine d'années plus tard, dans un livre moins connu, *Les Années décisives*, où il imaginait un XXe siècle « rythmé » par « la pluralité concurrentielle des civilisations » et, en particulier, par l'assaut de « la masse des peuples de couleur » contre « tous les Blancs en général ».

C'était celle, enfin, de Carl Schmitt que Huntington ne cite guère mais qui, dans l'Allemagne des années 20, en prélude aux projets de conquête, par le Reich, de l'espace euro-méditerranéen, et en même temps qu'il élaborait sa vision d'une politique définie comme art de la distinction entre « amis » et « ennemis », développa la même idée d'une division du monde en unités supranationales correspondant à une même tradition historique.

Eh bien c'est la sienne, donc, Huntington ; c'est le principe de cette fresque où il oppose, comme autant d'entités fermées, fatales et engagées dans une guerre, soit déclarée, soit larvée, ces huit « civilisations » que sont la civilisation « occidentale » (distinguée de la « slavo-orthodoxe »), « japonaise » (à ne

420

pas confondre avec la « confucéenne »), « indienne »
(il dit aussi « hindouiste »), « africaine » (ainsi que
« latino-américaine ») et, enfin, « musulmane » (éventuellement alliée à la « confucéenne » en un « axe »
dont la concrétisation est le danger majeur guettant
aujourd'hui l'Occident) ; et c'est une théorie qui, elle
aussi, quoique en sens inverse, a un effet direct sur la
perception qu'a l'Amérique du nouvel âge farouche
où elle entre.

Si Huntington, en effet, est dans le vrai, si l'unité
de base du genre humain est bien l'« ensemble
civilisationnel » au sens où il l'entend, si le monde
est le théâtre de ce ballet de civilisations s'affrontant
soit pour le contrôle de leur espace vital, soit pour la
promotion de leur propre version ou conception de
l'Universel et si enfin, de toutes les civilisations en
lice, l'islamique est celle qui diffère le plus de la
nôtre et lui est la plus opposée, alors cela veut dire
que les jeux ne sont pas faits ; que le monde n'en a
pas fini, et n'en finira jamais, de tester d'autres
solutions et de tenter de les imposer ; que l'islam en
est une ; que le terrorisme n'est, de ce test, que
l'indicateur visible et avancé ; et que la guerre contre
le terrorisme, à l'inverse, se doit d'être une guerre
totale, de longue durée, contre l'islam.

Je ne dis pas, là non plus, que Huntington
s'exprime exactement ainsi.

Et je ne connais pas, de lui non plus, de texte ca-
nonique sur le sujet.

Mais que tel soit le cadre, voilà qui est sûr.

Et sûr aussi qu'il offre une matrice théorique à
tous ceux des acteurs ou observateurs américains qui

croient à la fois : primo, que le traitement du terrorisme n'est pas une affaire de police mais de guerre ; secundo, que, si la cible de cette guerre est bien Al Qaïda, la perspective dans laquelle elle s'inscrit est celle d'un affrontement plus large, sans merci ni réserve, avec un ensemble civilisationnel islamique réputé hostile tant à l'Amérique qu'à l'Europe et à leurs valeurs.

L'influence de Huntington ?

Colossale encore.

Car je laisse de côté – il est bien plus prudent que cela – les disciples trop zélés qui en appellent à la croisade.

J'oublie – encore qu'ils puissent s'autoriser de déclarations ambiguës du maître sur les « frontières sanglantes » de l'islam ou sur ses « doutes » quant à la sincérité du « patriotisme » des Arabes américains dont j'ai vu un échantillon à Dearborn – les ultra-fanatiques qui verraient bien les millions de citoyens jugés douteux mis au ban de la nation.

Mais il était le maître à penser, en revanche, de Charles Krauthammer quand il expliquait à Fukuyama la place que, selon lui, et malgré l'absence de lien concret entre Ben Laden et Saddam Hussein, la guerre en Irak occupait dans la lutte contre le terrorisme.

Il était celui de Norman Podhoretz quand, dans un article de septembre 2004, il expliquait que le monde et, notamment, l'Amérique sont entrés dans une quatrième guerre mondiale et que, face à cette guerre, ni les ripostes trop ciblées ni les stratégies judiciaires limitées n'ont de sens.

Il est l'inspirateur, en fait, de toute la partie du

courant néoconservateur (mais cette partie seulement, car on verra que le cas du néoconservatisme en général est encore plus complexe, plus délicat à démêler !) qui a fait de l'affrontement planétaire avec l'islam la question centrale du nouveau siècle.

Il est le père, pas toujours reconnu, de cet autre quartier de l'idéologie américaine où, à l'idée trop courte d'une politique antiterroriste réduite à des opérations de simple police, on oppose celle – du coup trop large – d'une guerre totale, globale, aux dimensions de la planète, avec le monde arabo-musulman pris comme un bloc.

Court intermède politique.

On fera à Huntington – comme le fait Marc Crépon dans l'essai déjà cité – quatre sortes d'objections.

La fragilité théorique de cette notion de « bloc civilisationnel » structuré tantôt par la « culture », tantôt par la « philosophie », tantôt par la « religion », mais sans que ces différents termes se voient spécifiés et sans qu'un choix soit clairement fait, surtout, entre les trois.

La naïveté qui consiste, quel que soit le terme choisi, à n'insister que sur l'étanchéité, l'incompatibilité, l'essentielle et ontologique étrangeté de ces ensembles civilisationnels qui n'ont plus ensuite, en effet, qu'à se jeter les uns contre les autres ou s'ignorer : que fait-on, dans cette hypothèse, des connexions et passerelles entre les cultures ? les civilisations, les vraies, ne sont-elles pas aussi des mixtes jouant le double jeu de l'identité et du métissage? que deviennent, enfin, ces invariants et universaux dont le premier disciple venu de Lévi-Strauss, même différentialiste, sait qu'ils sont un socle commun à toutes les civilisations du monde?

La façon, alors, dont cette ethnopolitique renoue avec le pire relativisme : si les civilisations sont ce qu'en dit le père du clash des civilisations, si elles sont à ce point fermées et intraduisibles les unes dans les autres, comment ne pas conclure que certaines sont aptes à la démocratie et d'autres pas? comment ne pas réserver les droits de l'homme aux civilisations dans lesquelles ils sont apparus et auxquelles ils seraient structuralement liés? et n'est-on pas en droit de s'inquiéter de la régression que cela implique par rapport aux maigres progrès accomplis, depuis vingt ou trente ans, en direction d'un droit cosmopolitique kantien plus ou moins réalisé – sans tomber dans les niaiseries new age sur la citoyenneté mondiale et la fraternité universelle, n'est-on pas fondé à redouter l'avènement d'un monde où l'idée même d'une ingérence dans une catastrophe humanitaire ou un génocide apparaîtrait, dit Huntington, comme définitivement « immorale »?

Et puis, s'agissant enfin de l'islam lui-même, s'agissant de cette civilisation supposée naturellement inapte à la démocratie, reste l'objection empirique, mais décisive, de ce que Mahmoud Hussein appelle le « versant sud de la liberté » : l'existence, en terre d'islam, de courants modérés et modernistes résistant de l'intérieur aux formations idéologiques du fondamentalisme; la réalité, contraire à cette vision fixiste, de la grande et ancienne fracture séparant l'islam des Lumières de son faux jumeau salafiste ou wahhabite ; l'absurdité, autrement dit, consistant à fondre dans le moule d'un même concept et d'un même mot Massoud et les Talibans, les femmes algériennes éventrées et leurs bourreaux du GIA ou encore Sayyed Qotb, inspirateur de l'intégrisme contemporain, et ce grand Egyptien qui rentre, en 1826, d'un voyage de quatre ans à Paris avec la conviction qu'il faut acculturer dans son pays les idées et les valeurs qui ont fait la prospérité de la France...

Second intermède politique et théorique.

Je fais à Fukuyama quatre autres sortes d'objections.

L'objection Kierkegaard : le système est une chose ; la subjectivité en est une autre ; et jamais la clôture du premier, sa totalisation ou, pour parler comme Hegel, la capacité de l'Etat universel à calculer, prévoir et intégrer par avance ses différends, n'auront raison de l'irréductible, irruptive, toujours neuve, singularité de la seconde – fût-elle celle, atroce, du kamikaze.

L'objection Tocqueville : l'égalisation des conditions, bien sûr ; la société sans classes, mettons ; supposons même que Kojève ait vu juste en annonçant le règne d'une humanité réduite à ses besoins et rendue, pour la première fois, à cette « animalité » dont j'ai senti le souffle, moi aussi, dans les mégalopoles de la côte Ouest ou dans l'enfer doré de Las Vegas ; qui dit que, pour autant, s'arrête la lutte pour la reconnaissance ? d'où tient-on, et de façon si certaine, que ressemblance et petite différence soient sources de proximité et de paix ? l'une des leçons de *De la démocratie* n'est-elle pas, justement, que ce sont les haines entre semblables qui sont les plus implacables ? et n'est-ce pas, au demeurant, ce que vient nous rappeler l'actualité quand, de New York à Madrid, et de Londres à Lahore et Karachi, elle nous présente ces visages de terroristes formatés, occidentalisés, intégrés dans le monde qu'ils veulent voir mourir avec eux et qui nous considèrent, somme toute, avec l'inquiétante étrangeté des miroirs ?

L'objection par Hegel, ensuite. Car l'auteur de *La Phénoménologie* a-t-il réellement dit, après tout, ce qu'on essaie de lui faire dire ? Où, d'ailleurs ? Dans quels textes ? Dans quels termes, exactement ? Ne serait-ce pas plutôt Kojève, son évangéliste, mixte de Cagliostro et de provocateur, philosophe et farceur, méta- et pataphysicien, qui, convaincu que le texte maître était un texte crypté, l'aurait lu entre les lignes ou, peut-être, rêvé ? Lui-même d'ailleurs, Kojève, a-t-il toujours pensé ainsi ? N'a-t-il pas fini par avouer, dans une note ajoutée à la seconde édition de son *Introduction*, qu'il avait cru, oui, que l'Histoire avait tout dit mais qu'à la suite d'un « récent voyage au Japon » il avait « radicalement changé d'avis » ? Et d'où vient, alors, que cet Américain d'origine japonaise que se trouve être, précisément, Fukuyama n'ait pas pris acte du remords et n'en ait pas tiré les conséquences ? D'où, c'est-à-dire de quelle obscure dénégation, peut bien venir le fait qu'il ait tenu si peu compte (quelques lignes, à peine, à la fin du chapitre 29 de *La Fin de l'Histoire et le dernier homme*) de la page, cocasse et belle, où, méditant sur ces signes de civilisation extrême que sont le théâtre nô, l'art des bouquets de fleurs, la cérémonie du thé, bref, ces « sommets nulle part égalés du snobisme japonais » qu'il venait d'observer à Tokyo, Kojève concluait à la continuation, dans le pays post-historique par excellence, dans la seule société connue « à avoir fait l'expérience presque trois fois séculaire de vie en période de fin de l'Histoire », de ce travail sur le donné, de cette dialectique du sujet et de l'objet, voire de cette opposition à soi, qui étaient, selon Hegel, le moteur même de l'Histoire ? Le changement d'avis est décisif. Car si la fin de l'Histoire s'écroule, alors l'événement relève la tête. Si la fin des temps n'a pas de sens, alors l'altérité retrouve le sien. Et si l'altérité – et l'événement – reviennent, alors c'est le terrorisme qui redevient ce pari possible, cette force noire, cette négativité intense et mortelle, ce défi.

Et puis un argument enfin, non pas exactement hégélien, mais post- ou hyper-hégélien. Car supposons, après tout, que Hegel ait dit cela. Supposons qu'advienne, en effet, ce temps de l'Esprit absolu dont le principal trait sera que s'y trouve enrayée la prodigieuse machine à faire du deux, puis de l'un, qui s'appelle la dialectique. Des moments qui adviendront alors, de ces événements dont Fukuyama pensait qu'ils seront sans promesse ni enjeux et que, pour cette raison, ils se couleront doucement dans l'ordre policé du monde, ne faut-il pas prévoir, au contraire, que c'est le fait même qu'aucune dialectique ne soit plus là pour les recueillir dans sa matrice et en extraire, comme le bon grain de l'ivraie, la belle et heureuse positivité, qui les rendra plus nets, plus purs, impossibles à amortir, plus durs? L'entrée dans la fin de l'Histoire signifiant l'entrée, non dans la fin des temps, mais dans une nouvelle manière d'être au temps et la première caractéristique de cette nouvelle manière étant que les choses n'y sont plus systématiquement embrassées, transformées et finalement réduites, ne doit-on pas s'attendre à des irruptions plus obscures mais aussi, du coup, plus noires, sans solution ni mesure, et qui, précisément parce que l'Histoire est finie, auront une radicalité et un tranchant inouïs? N'est-ce pas tout le paradoxe de l'hégélianisme d'annoncer une post-Histoire promettant des post-événements dotés d'une quantité d'énergie, d'une violence fissile, d'une force, jamais vues auparavant et que l'on ne saurait mieux définir qu'en qualifiant de « tragique » le sombre ultimatum qu'ils lancent au monde où ils s'apprêtent à se produire – l'exacte teneur, tant physique que métaphysique, de ce méga-événement que fut l'attaque, par exemple, contre les Tours et le Pentagone?

Car revenons à la question du terrorisme.

Supposons que l'on croise, en ayant cette affaire terroriste en tête, ces deux suites d'arguments politiques et théoriques.

Supposons que l'on oppose à ces deux systèmes rivaux et, d'une certaine façon jumeaux, que sont les systèmes Fukuyama et Huntington leurs aveuglements symétriques et, sur cette question précise, complémentaires.

Supposons que l'on décide, autrement dit, de sortir à la fois – et fût-ce l'une par l'autre, et l'autre travaillant l'une – de ces deux philosophies de l'événement, d'inégal niveau encore une fois, mais qui ont conjointement aimanté, depuis vingt ans, le champ de l'idéologie américaine et dont la force d'attraction n'est peut-être pas étrangère aux erreurs de perception, d'analyse et de stratégie commises depuis le 11 septembre.

De cette double série d'objections et de leur combinaison méthodique, de cette idée que la fin de l'Histoire est une blague, une chimère, une illusion de la raison, le songe d'une nuit d'hiver philosophique, une duperie et que la guerre des civilisations est une autre blague, une autre chimère inverse, le Temps qui se venge de sa mort impossible, une idée trop commode, une fantaisie, la nouvelle version, plus faible encore, de ce «capharnaüm d'hypothèses» que dénonçait déjà Wittgenstein à propos de Spengler – de cette double discussion se déduit très exactement ceci.

L'Histoire, contrairement à ce que pense l'un, a plus d'imagination que les hommes et n'en finit jamais de produire ses figures et ses guerres; ces guerres, contrairement à ce que prétend l'autre, ne sont pas des guerres de civilisations du type de celle qu'il voit se profiler entre l'islam et l'Occident.

Ou encore : oui, si l'on veut, à la moitié de la thèse huntingtonienne évoquant une Histoire qui repart et qui le fait d'autant mieux qu'elle ne s'était, en fait, jamais arrêtée ; d'accord, à la rigueur, avec le schème dont on pourrait juger, après tout, qu'il fut, avant Spengler et Carl Schmitt, celui de Hobbes puis de Nietzsche, de la guerre philosophique voyant s'affronter, non des intérêts nus, mais des visions du monde et des idées ; mais à condition d'ajouter que la seule guerre d'idées qui tienne, le seul affrontement de cultures ou de visions du monde qui ait, aujourd'hui, un sens, n'est pas le clash de l'Amérique et de l'islam, moins encore de l'Ouest et de son Reste, mais, au sein de ce Reste, à l'intérieur des frontières de cet islam, le choc des deux islams qu'incarnent les noms de Massoud et des Talibans.

Cette opposition est politique.

Cette position est la seule qui, parce qu'elle desserre l'étau idéologique et logique où ces deux « gros » discours tendaient à pétrifier l'idéologie américaine contemporaine, permette de saisir un peu de la complexité du réel.

C'est la seule qui, par exemple, rende compte du fait que la première victime du 11 septembre fut, après tout, le commandant Massoud lui-même ou que ce sont des musulmans et, en particulier, des musulmanes qui, d'Alger à Karachi et de Dacca à Kaboul, sont les premières cibles de la guerre sans merci que la nouvelle secte des assassins a déclarée à la démocratie.

C'est celle que j'ai, pour ma part, depuis dix ans et plus, à partir de mes propres enquêtes de terrain au Pakistan, en Afghanistan ou dans les trous noirs des guerres oubliées d'Afrique, tenté d'articuler.

Mais c'est surtout, ici, celle d'une troisième famille d'intellectuels, venus de la gauche et qui, pour la plupart, y sont toujours – c'est la position, politique donc, d'une génération d'intellectuels américains dont l'itinéraire me passionne et que je désigne, par commodité en même temps que, peut-être, par ignorance, du nom de Michael Walzer.

J'ai connu Walzer à travers son livre fameux sur les guerres justes et injustes.

Il m'avait accompagné, ce livre, à l'époque de la guerre d'Afghanistan, la première, la mauvaise, celle qui, au début des années 80, lança contre les paysans désarmés du Panchir et de Kaboul une Armée rouge dont je ne parviens toujours pas, fût-ce avec le recul et en sachant tout ce que nous savons de la postérité de certains de ceux que nous appelions alors les moudjahiddins, à douter de la profonde barbarie.

Et je l'ai retrouvé, dix ans plus tard, au cœur de la tragédie bosniaque, quand, face à un monde « irrémédiablement divisé » (c'est lui, Walzer, qui parle) entre « ceux qui lancent les bombes et ceux qui les reçoivent », puis face à l'insupportable « honte de Srebrenica » (la formule est toujours de lui, et elle était impeccable), il fallut trouver du renfort pour penser cet oxymore qu'était l'idée d'une guerre moralement nécessaire et sortir du faux débat entre un bellicisme de principe qui aurait déjà pu être d'Huntington et un pacifisme à tous crins qu'aurait pu signer Fukuyama.

Aujourd'hui, Walzer est surtout, pour moi, l'auteur de quelques textes sur la situation internationale en général et le terrorisme en particulier que j'ai vus s'égrener, au fil des mois, dans des publications opposées à la guerre en Irak, hostiles à l'administration de George W. Bush et, pour peu que le mot ait un sens, globalement orientées à gauche.

Ou plutôt il est, ou me semble être, au centre d'une galaxie intellectuelle dont je ne me risquerai certes pas à tracer trop précisément le contour, dont je ne sais même pas, d'ailleurs, si et jusqu'à quel point elle se perçoit elle-même comme une galaxie – mais dont je vois bien, en revanche, comment elle est en train, sur des points essentiels, de produire les concepts qui fissurent le bloc Huntington-Fukuyama.

Rupture, premièrement, avec cette culture de l'indulgence, de l'excuse et de l'euphémisme qui, aux Etats-Unis comme en Europe, banalise le crime de masse contre les civils. Le terrorisme, ne cesse de marteler Walzer, n'est ni l'arme des pauvres ni la revanche des opprimés (les peuples les plus misérables, les faibles ne produisent pas de terroristes). Le terrorisme, insiste-t-il, n'est pas le dernier recours de qui a épuisé, avant cela, les autres moyens de se faire entendre et de faire avancer une juste cause (le 11 septembre advient au moment précis où, sur la question palestinienne, la stratégie du compromis était en train de porter ses fruits – Camp David, Taba). Et quant à l'argument selon lequel les Américains n'auraient pas volé ce qui leur arrive, quant à la fine analyse qui veut qu'ils soient, du fait de leurs propres crimes, à l'origine du crime qui les frappe en retour, c'est ajouter l'outrance à l'ignorance, l'ignominie à la sottise (pourquoi, tant que l'on y est, ne pas rejeter sur les Noirs la faute du racisme? sur les juifs celle de l'antisémitisme? pourquoi ne pas aller jusqu'au bout de cette réversibilité en annonçant que les victimes sont toujours, partout, responsables de leurs bourreaux?).

Il règle son compte, deuxièmement, à cet autre cliché, paradoxalement lié la déconstruction du précédent puisque c'est le refus de la banalisation, la répugnance à l'indulgence et à l'excuse, la décision de n'entrer, donc, ni dans l'ordre des pourquoi ni dans les voies du Malin, qui ont, en général, pour effet de le générer – il règle son compte à l'idée d'un terrorisme météorique, sans rationalité ni logique, sans cause du tout, et se réduisant, finalement, à des successions d'actes simples, fous, désespérés, et échappant, de ce fait, à toutes les lois connues de l'attraction clausewitzienne : rien n'est moins certain, objecte-t-il, que cette idée, partout répétée, d'un terrorisme « post-clausewitzien »; car peut-être le terroriste n'a-t-il pas de « Ziel », de « but », au sens que Clausewitz donne à ce mot; sans doute est-ce le principe même de l'attentat aveugle de frapper indistinctement, dans la nuit des cibles et des « Ziel »; mais il y a un autre mot, chez Clausewitz, pour dire la cible et le but; on peut, selon lui, Clausewitz, n'avoir pas de « Ziel » mais avoir quand même un « Zweck » qui est l'autre nom de cet autre type d'objectif qu'est un objectif « stratégique »; or n'est-ce pas le cas, justement, des fous de Dieu? n'ont-ils pas un « Zweck », ou même un double « Zweck », qui consiste, d'un côté, à peser de tout leur poids sur la guerre interne au monde de l'islam et, de l'autre, à rendre la vie moins vivable, moins respirable, dans les libres Cités qu'ils exècrent? Il faut imaginer Ben Laden stratège, explique sans relâche Michael Walzer. Il faut l'imaginer dans sa cache, à cet instant (« difficile à reconstruire » mais dont il est « sûr qu'il a vraiment eu lieu ») où, avec son groupe de conjurés, il se retrouve « autour d'une table » à « discuter de ce qu'il faut faire » pour, entre maintes options possibles, choisir froidement celle du meurtre de masse. Il faut s'habituer à la dimension stratégique, hyper-clausewitzienne, du terrorisme.

Et puis, loin, toujours, de déshistoriciser le phénomène, loin de le réduire à je ne sais quelle foudre qui, comme le disait Bush, au soir du 11 septembre, aurait « soudainement frappé dans le ciel de nos villes », Walzer et ses amis – je pense tout particulièrement aux textes et travaux de Paul Berman – ont l'immense et dernier mérite de le remettre dans son contexte. Mais attention! Son vrai contexte. Son grand contexte. Ce contexte non régional dont les amateurs de littérature ont toujours su qu'il est le seul moyen de donner leur place réelle aux œuvres et dont je suis convaincu qu'il est, pour les phénomènes historiques aussi, le seul cadre qui les remette à leur taille. L'islam? Oui, bien sûr, l'islam, dit Berman. Mais aussi le fascisme mussolinien où le chrétien Michel Aflaq, fondateur du Baas irakien, plonge une part de ses racines. Mais aussi l'eugénisme d'Alexis Carrel, ce Prix Nobel français dont Sayyed Qotb, l'inspirateur des Frères musulmans, se dit explicitement le disciple. Mais aussi les Chemises brunes nazies à l'endroit de qui Hassan Al Banna, le fondateur du mouvement, n'a jamais déguisé sa « considérable admiration ». Mais encore le racisme, l'antisémitisme, le culte de la violence, l'amour de la mort, l'idée que l'histoire des hommes doit s'écrire en lettres de sang, tout ce funeste opéra de l'horreur qui a précipité l'Europe à sa ruine et dont les gens de Ben Laden s'enivrent à leur tour. On comprend, en lisant Berman, que le phénomène est à la fois étrange et familier. On sent des gens à la fois très loin et très près de nous – des monstres certes, des barbares, mais qui nous ressemblent, qui sont nos doubles, qui puisent dans ce que nous avons de pire en même temps que de plus honteusement intime. On se dit, en d'autres termes, que l'on a affaire à la nouvelle étape d'une ancienne révolution, commencée avec Lénine, continuée avec Hitler et Mussolini et qui trouve là, avec les escadrons de la mort benladénistes, le dernier de ses avatars. Et puis on songe enfin – et ce n'est pas le moindre mérite de ces textes – que la tradition politique n'est pas, dans ce face-à-face, si parfaitement démunie que veulent le croire ceux qui, ramenant le terrorisme à son seul petit contexte, en font un phénomène opaque, inintelligible et, par conséquent, intraitable – nous ne sommes pas si démunis, non, car, des étapes antérieures, de notre lutte si coûteuse mais finalement victorieuse contre les précédentes incarnations de la Bête, nous avons quand même hérité d'un bel et bon arsenal qui ne demande qu'à resservir et qui s'appelle l'antitotalitarisme...

Peut-être ces auteurs ont-ils moins en commun que je n'ai tendance à l'imaginer.

Peut-être ce qui les sépare – sur ce terrain, sur d'autres – pèse-t-il plus lourd que ce qui les rapproche.

Peut-être devrais-je accorder plus d'attention, également, à cette fameuse *Lettre d'Amérique* intitulée *Les Raisons d'un combat* et signée, juste après la guerre d'Afghanistan, par une soixantaine d'intellectuels américains dont Fukuyama, Huntington... et Walzer !

Peut-être devrais-je mettre en regard de leurs textes les textes d'une autre « autre gauche » incarnée par des gens comme Chomsky, Vidal, Boyle ou Sontag et qui s'exprima notamment, deux semaines plus tard, dans une seconde « Lettre » intitulée, elle, *Lettre de citoyens des Etats-Unis à leurs amis d'Europe* et tentant d'invalider la notion de guerre juste contrer le terrorisme.

Bref, peut-être le paysage intellectuel américain est-il encore plus complexe, stratifié, contradictoire, que je n'en ai le sentiment au terme de ce provisoire et très imparfait état des lieux – et peut-être suis-je en train de construire de toutes pièces, de *rêver*, ce « troisième système » doté du pouvoir magique de relever l'opposition complice d'Huntington et Fukuyama...

N'empêche.

Il y a, dans cette série de gestes, quelque chose de fort et de singulier.

Il y a, dans cette série de textes, une vraie tentative théorique de relever le défi que lance à la pensée l'avènement du fascislamisme.

Il y a là, dans cette région de la lettre et de l'esprit

qui va de *Dissent* à *New Republic* et, sans doute, très au-delà, une fièvre, une ébullition, une inventivité intellectuelles dont nous n'avons pas idée en Europe et qui auront été l'une des vraies surprises de cette enquête.

Ce que j'en conclus, alors, c'est ceci : peut-être parce qu'ils ont eu le malheur, cette fois, de se trouver en première ligne, peut-être parce qu'ils ont eu le redoutable privilège d'être, une fois n'est pas coutume, plus marqués dans leur chair que leurs alliés européens, peut-être aussi parce qu'ils héritent d'une tradition idéologique moins grevée que la nôtre par le poids du consentement aux précédents totalitarismes, peut-être parce qu'ils cachent, en ce domaine, moins de cadavres dans leurs placards et n'ont pas à conjurer notre long passé d'indulgence à l'endroit des fascismes rouge et brun, ce sont eux, les intellectuels américains, qui sont les mieux placés, aujourd'hui, pour penser et nous donner à penser ce fascisme de troisième génération.

A une réserve près, peut-être.

Oui, on me permettra d'opposer quand même, pour finir, une nuance à ce tableau.

Il me semble qu'aller au bout de ce geste, s'acquitter de ce travail de pensée, pousser jusqu'à ses conséquences ultimes cette lecture antifasciste de l'événement terroriste, impose de réfléchir aussi à ses effets collatéraux sur le pays.

Il me semble, pour être précis, qu'il n'y a pas de vraie réflexion sur le nouvel âge de crime et de terreur où le XXIe siècle est entré (ni, bien entendu, sur les moyens que nous aurons, un jour, peut-être, de nous en extraire) qui puisse esquiver l'analyse de trois événements récents, majeurs, et dont il y a tout lieu de craindre qu'ils ne nous y enfoncent davantage encore : Guantanamo, Abu Ghraib et la torture.

Or c'est là que le bât blesse.

Sans vouloir (de quel droit ?) donner de leçons à qui que ce soit, j'ai l'impression, pénible mais insistante, que ce sont les trois terrains sur lesquels ces mêmes intellectuels, ces porte-parole, pour aller vite, de la gauche antitotalitaire américaine, sont, pour l'heure, le moins convaincants.

D'Abu Ghraib, des sévices exercés par des paramilitaires sur des détenus irakiens sans défense ni recours, Michael Walzer a certes dit qu'ils violaient un « principe essentiel de la théorie de la guerre juste et des Conventions de Genève ». Et si l'on devait, par-delà son cas, faire, une fois de plus, la comparaison avec la France, si l'on consentait à rouvrir, par exemple, le dossier de notre guerre d'Algérie et des crimes d'Etat dont elle fut l'occasion, l'exercice tournerait, très probablement, à l'avantage américain : d'un côté, la censure, les journaux saisis, nos journalistes inquiétés ou carrément mis en prison, un bœuf sur la langue de la France officielle depuis maintenant plus de quarante ans ; de l'autre, l'information tout de suite, l'article de Seymour Hersh relayé par les networks, toutes les images sur internet, tous les hauts responsables de l'Etat reconnaissant sans tarder les faits, un grand moment de transparence, une leçon de démocratie. L'Amérique, cela dit, en est-elle quitte, pour autant, avec la

gravité de ce qui s'est produit là ? A-t-elle fait
l'examen de conscience nécessaire à l'intelligence de
ces scènes atroces ? A-t-elle pris acte de l'ignominie
sans excuse de ces hommes et femmes hilares,
équipés d'appareils photo et se filmant les uns les
autres, en train d'humilier et avilir, comme dans un
camp de vacances ou un safari ? A-t-elle réfléchi à ce
qu'il a fallu, avant Abu Ghraib, en amont de ces
images, dans les profondeurs, autrement dit, de la
société américaine, de son rapport à sa propre
violence ou de sa culture de l'ennemi, pour que des
jeunes Américains deviennent ainsi, en toute innocence, des tortionnaires ? Pourquoi, en un mot, n'a-
t-on pas eu, dans cette mouvance antitotalitaire
toujours, dans cette famille d'esprits que son hostilité à l'administration républicaine n'a pas empêché,
loin s'en faut, de se hisser à la hauteur des enjeux
fixés par l'offensive djihadiste, chez Walzer donc, ou
chez Berman, l'équivalent du texte de Susan Sontag
paru, dans le *New York Times Magazine*, tout de
suite après les faits, mais dont les déclarations
antérieures de l'auteur sur le « courage » des kamikazes, réduisaient, hélas, la portée ?

Guantanamo. Bien sûr, la gauche antitotalitaire
américaine réprouve Guantanamo. Bien sûr celles et
ceux que j'ai rencontrés m'ont tous dit leur hostilité
globale à l'existence, à la lisière du pays, de cette
prison hors normes qu'est la prison de Guantanamo.
Mais il y a manière et manière de dire ces choses. Et,
si j'ai entendu nombre de mes interlocuteurs me dire
que Guantanamo ne servait à rien, si j'ai lu des
dizaines d'articles faisant état du fait que l'on n'a

enfermé, à Guantanamo, que du menu fretin tandis que les tueurs vraiment sérieux étaient, soit interrogés sur des bases européennes secrètes, soit isolés dans les prisons, bien plus terribles, de tel Etat voyou allié des Etats-Unis, si le thème, en d'autres termes, de l'opportunité et de l'efficacité a fait visiblement recette, j'ai moins entendu soulever l'autre question, la question de pur principe, que pose l'existence même d'une zone de non-droit, ni dehors ni dedans, entre enfer et monde réel, où l'on lutte contre les ennemis de la démocratie avec des moyens non démocratiques. Car, de nouveau, de deux choses l'une. Ou bien l'on pense que l'Amérique est en guerre – et alors ces gens doivent bénéficier du statut de prisonniers de guerre et des dispositions relevant des Conventions de Genève. Ou bien l'on tient pour la Fin de l'Histoire et pour le traitement policier de la politique du crime – et il faut leur reconnaître les droits normalement dévolus aux prisonniers de droit commun. Mais cet état intermédiaire, cette monstruosité statutaire qui fait que, n'ayant ni ces droits-ci ni ces droits-là, ils n'ont finalement pas de droits du tout, ces détentions sans limites et sans charges, ces infractions systématiques à tous les principes de ce grand Etat de droit qu'est l'Etat fédéral américain, voilà un scandale qui n'a rien à voir avec des considérations d'opportunité et que je n'ai pas entendu suffisamment dénoncer. Combien sont-ils, aux Etats-Unis, à avoir dit haut et fort qu'on ne prend pas, même au nom de l'efficacité, de libertés avec la liberté ? Qui, parmi ces consciences qui ont eu le courage, et il en fallait, d'accepter l'idée de juste guerre contre les tenants du fascisme djihadiste, est-il vraiment conscient du fait qu'accepter Guantanamo, tolérer l'état d'urgence sous prétexte d'état de guerre, laisser entamer, même aux marges, la rigueur de règles juridiques dont toute la valeur réside dans l'imprescriptibilité formelle absolue, est comme mettre le ver dans le fruit, le virus dans le programme – que c'est, pour n'importe quelle démocratie, prendre le risque d'une mise en crise dont nul n'a jamais su prévoir jusqu'où elle pourrait aller ?

Et quant à la torture enfin c'est presque pire. De nouveau, nous avons connu la chose en France. De nouveau, nous avons eu, en France, pendant la même guerre d'Algérie, toute une bataille autour, notamment, de *La Question* d'Henri Alleg. Sauf que la différence, cette fois, est que la plupart des intellectuels, chez nous, se sont retrouvés d'accord pour jeter sur cette pratique un opprobre total, définitif. Alors que l'on a vu, aux Etats-Unis, se développer une discussion étrange, pour ne pas dire surréaliste, sur les « circonstances » qui peuvent rendre admissibles des méthodes qui, sur le plan des « principes », restent parfaitement intolérables. Bien sûr, il s'est élevé des voix pour dire que la torture n'est jamais, en aucune circonstance, la solution. Mais elles furent rares. Isolées. Venues, du reste, le plus souvent de la classe politique en général et républicaine en particulier. Et le fait est que les autres, les intellectuels libéraux, les consciences, se sont épuisés, pendant ce temps, en arguties médiocres. Ici c'est un grand juriste, Richard Posner, mobilisant les ressources de l'utilitarisme benthamien et de sa balance des peines et des plaisirs pour définir les cas où ce mal qu'est la torture peut éviter le mal plus grand qu'est un massacre d'innocents. Là, c'en est un autre, juriste de Harvard, défenseur de O.J. Simpson et avocat des électeurs d'Al Gore, qui déploie toutes les ressources du bon sens en même temps que de la sophistique pour nous guider dans l'aporie du poseur de la « ticking bomb », la « bombe à retardement », qui, si on ne le force pas à dire où il l'a cachée, va exploser dans une heure. Là, c'est un néolibertarien, Robert Nozik, dont on ressort un texte, vieux de vingt ans, montrant que la torture est acceptable quand elle s'inscrit dans un plan plus large qui consiste à sauver, encore, des innocents. Et c'est Walzer enfin qui réédite, lui aussi, dans un recueil de Stanford Levinson, un texte des années 70 censé poser en termes nouveaux l'éternel problème des « mains sales » de Sartre, Camus et Machiavel *(sic)*; c'est Walzer lui-même qui déclare, dans une interview à *Inprints*, qu'il rêve de dirigeants qui, tout en « acceptant les règles », soient « assez intelligents pour savoir quand il est nécessaire de les violer » et se sentent, du coup, « assez coupables » pour que nous ayons la « garantie » qu'ils « ne les violeront pas trop souvent »; et c'est toujours Walzer qui ouvre *Dissent*, son journal, à un débat oiseux entre adversaires (pas toujours intransigeants) et partisans (toujours cauteleux) de ce concept de torture de dernière extrémité...

Car ce débat n'est pas digne, non.

C'est sans doute même *le* point aveugle d'une

intelligentsia tétanisée – et, bien sûr, on la comprend ! – par le choc du 11 septembre.

Et c'est le point où, pour ma part, je me dissocierais d'une famille d'esprits dont les grands choix sont, par ailleurs, si proches des miens.

Ou bien elle s'y enferre ; elle s'enfonce dans cette casuistique et cette autre culture de l'excuse ; elle condamne sans les condamner tout en les condamnant ces zones et procédures d'exception auxquelles une démocratie en guerre a toujours tort de consentir – et, alors, elle reste en chemin et ne tient qu'à demi les promesses de son antifascisme.

Ou bien elle en sort ; elle va au bout de son courage intellectuel et moral ; elle tire toutes les conséquences, absolument toutes, de la décision historique de renouer le pacte antitotalitaire qu'exigent les nouvelles menaces ; elle mène de front, autrement dit, la guerre implacable contre le terrorisme en même temps que la défense sans répit des règles de l'Etat de droit – et alors, oui, une fois de plus, l'Amérique montrera la voie en nous donnant, à travers ses intellectuels, une leçon d'audace et de lucidité démocratiques.

3
L'Amérique a-t-elle la rage ?

Reste le procès de l'Amérique en tant que telle.

Reste le paquet de clichés que le voyageur européen a toujours, forcément, dans la tête quand i¹ entreprend cette traversée de l'Amérique.

443

Et restent en particulier, attestant de la nature totalement, profondément, criminelle de ce pays, les accusations de fondamentalisme, néoconservatisme, impérialisme, eux-mêmes assimilés à ce qu'il y a de pire en ce monde.

Là non plus, ce n'est pas l'image que je garde de ce voyage.

Et, là aussi, puisque nous sommes au terme et que les pièces du dossier sont toutes, pour ainsi dire, sur la table, je dois à mon lecteur – et, peut-être, à moi-même – des éclaircissements ultimes.

Fondamentalisme.

C'est *le* mot qui revient le plus souvent dans la plupart des commentaires, même modérément hostiles, qu'inspire l'Amérique contemporaine.

Et il y a, dans ce récit, nombre de scènes – le prêche de Willow Creek, le pilote d'hélicoptère créationniste de Las Vegas convaincu qu'il y avait « deux théories » de la formation du Grand Canyon, mes notations sur l'offensive des valeurs morales dans les âmes de l'Amérique profonde – qui vont incontestablement dans ce sens et donnent de ces Eglises évangéliques, si importantes dans la vie de la nouvelle Amérique, une image quelque peu inquiétante.

Cela dit, soyons sérieux.

Et recommençons, de nouveau, par le commencement.

Toutes les nations démocratiques ont leur laboratoire, n'est-ce pas ? Toutes ont leur creuset, le vivier des valeurs qui les fondent, les lieux symboliques et réels où elles sont nées et se sont façonnées ? Eh bien·

dans le cas de l'Amérique, et n'en déplaise aux boniments de l'anticléricalisme militant, ces lieux sont, bien souvent, les grandes Eglises protestantes. C'est ce que disent les Pères pèlerins quand ils annoncent leur projet de créer, inspirée des Ecritures, une Cité sur la colline. C'est ce que répètent les Pères fondateurs quand, à la façon de George Washington dans son discours d'inauguration, ils soulignent que « chaque pas » que l'on a fait « pour obtenir une nation indépendante » semble « avoir été honoré d'un signe de l'activité providentielle ». C'est ce que confirment ses disciples et fidèles quand ils font de lui, Washington, au lendemain de sa mort, le « Aaron », le « Moïse », de la nouvelle sortie d'Egypte qui a produit le pays. Et c'est ce que l'on découvre lorsque, comme Huntington dans la moins mauvaise partie de son livre et comme Tocqueville, surtout, à chaque page, ou presque, de *De la démocratie en Amérique,* l'on s'efforce de retracer la généalogie concrète des valeurs constitutives de l'ethos démocratique américain. L'individualisme? Directement inspiré du face-à-face, typiquement protestant, entre le fidèle et son Seigneur. La liberté de conscience? Liée à la pratique de la lecture, sans prêtre, armé des seules lumières de la raison et du bon sens, du texte des Ecritures. Le goût du libre débat? Sa pratique? La pluralité, justement, des lectures; l'impossibilité, théologique, de trancher dans cette pluralité et de choisir entre bonnes et mauvaises interprétations. L'idéologie du mérite? L'indifférence, très tôt affirmée, et si caractéristique de ce pays, aux hiérarchies de naissance et de nature ? Version laïque de la responsabilité du fidèle sommé de répondre, seul devant Dieu et devant Dieu seul, de son échec et de son succès sur cette terre. L'organisation même de l'Etat ? Ce tissu d'associations où Tocqueville voyait le signe de l'éclatante vitalité du système ? Le modèle des Eglises, toujours ; l'importation, dans la vie citoyenne, d'un type de communauté d'abord éprouvé dans le recueillement des maisons de prière de Nouvelle-Angleterre. La tolérance enfin ? Ce principe de tolérance théorisé par John Locke dans sa *Lettre* de 1686 puis, un siècle plus tard, par Thomas Paine dans son *Age of Reason* ? C'était déjà, un demi-siècle avant Locke et un siècle et demi avant Paine, l'obsession des passagers du *Mayflower* ; et c'est une obsession directement issue, quoi qu'on en dise, de cette omniprésence des chapelles – on disait à l'époque des « sectes » – que leur diversité même, leur nombre, obligent à composer et à s'accommoder les unes des autres (« si vous avez deux religions chez vous, elles se couperont la gorge », résumera Voltaire dans l'article « Tolérance » du *Dictionnaire philosophique* ; mais si, comme en Amérique, « vous en avez trente », alors, oui, elles « vivront en paix »...). Dommage pour les amateurs d'idées simples : la religion en Amérique ne fut pas le tombeau de la démocratie, mais son berceau ; sans doute la démocratie y sera-t-elle aussi, plus tard, fille des Lumières – mais elle fut incontestablement, d'abord, fille de l'évangélisme protestant.

2. Contrairement au lieu commun, contrairement à ce que radotent les anti-américains pavlovisés, cette

religion, si on la considère dans la durée, n'est pas synonyme d'extrémisme. Elle l'est, bien sûr, dans certains cas. Elle a pu, notamment dans le Sud, commettre l'erreur ter ible de s'identifier au pire, c'est-à-dire aux lois Jim Crow et au racisme. Et il est indéniable que, chez les militants anti-avortement, chez les hyper-puritains qui attendent que le feu du Ciel s'abatte sur la tête des couples homosexuels, dans la mouvance de ceux qui pensent que l'Etat-providence est une mauvaise chose car il contrevient aux desseins de Dieu et à sa souveraine distribution des prospérités et des destins, le sentiment d'être fidèle aux enseignements de l'Ecriture joue un rôle souvent décisif. Non moins indéniable, pourtant, fut le rôle des Eglises et, souvent, *des mêmes Eglises* dans le mouvement des droits civiques des années 60 et 70. Non moins indéniable le fait que, lorsque Martin Luther King annonce qu'il a « fait un rêve », son rêve – il le précise aussitôt – est « profondément ancré dans le rêve américain » et son propos est de « sanctifier » la « gloire du Seigneur », de révéler cette gloire « à tous les êtres faits de chair », de permettre aux « juifs » et aux « gentils », aux « catholiques » et aux « protestants », à tous « les enfants du Bon Dieu », de « se tenir par la main » et, le jour où « la cloche de la liberté » carillonnera « dans chaque village et chaque hameau », de rendre grâce au « Dieu tout-puissant ». Et non moins indéniable encore, plus tard, le fait que c'est en baptiste convaincu, que dis-je ? en « born again » aussi fervent que son successeur George W. Bush, que raisonnera le Président Jimmy Carter quand, au nom de sa propre vision d'une réconciliation des fils d'Abraham, il parrainera les accords historiques de Camp David – ou bien le fait encore que, dans le Nord, c'est autour des grandes Eglises « non confessionnelles » que s'organisent souvent les bons réseaux de solidarité tant entre les fidèles qu'entre eux et, par exemple, les grandes organisations de lutte contre la faim dans le monde ou le sida. C'est ce que me disait la dame de l'aéroport de Washington lorsqu'elle me reprochait l'image caricaturale que je donnais de Willow Creek et qu'elle m'invitait à m'interroger sur le renfort qu'y ont trouvé Bono et le groupe U2 dans leur grande campagne « africaine » ? En un sens oui. Et, en ce sens, elle n'avait pas tort. Non que je retire quoi que ce soit à l'expression de mon malaise d'alors. Mais je le précise. Ce que je reproche à ces Eglises c'est, je l'ai dit, leur prosaïsme. C'est leur propension à faire de Dieu une sorte de « good guy », amical et rassurant, sans histoires, veillant sur un univers aseptisé, sans discorde ni négativité. C'est cette idée d'un Dieu fade, sans mystère, dont les desseins, jadis impénétrables, deviendraient aussi familiers que ceux d'un proche voisin ou d'un ami. Ce que je leur reproche c'est encore (toujours lié, l'histoire des religions nous l'enseigne, à la crise et au défaut de la transcendance) leur puritanisme méthodique et obsessionnel – ce sont les bûchers des vices et vanités qu'elles rêvent de dresser à tous les carrefours d'une Amérique où la traque à la déviance sexuelle, l'obsession de la transparence et de l'aveu, la volonté de faire rendre gorge à tel gouverneur accusé d'avoir abusé de son conseiller, tel candidat aux sénatoriales dont la femme est soupçonnée de s'être rendue seule dans un « sex club » ou tel directeur d'une revue catholique acculé à la démission après que l'on a révélé qu'il a eu, vingt ans plus tôt, au collège, des relations « inappropriées » avec des jeunes filles, semblent en passe de devenir un nouveau sport national. Mais enfin puritanisme n'est pas fascisme. Ce n'est même pas toujours fondamentalisme. Et jamais je n'accepterai de dire que, dans un pays où plus de neuf habitants sur dix déclarent croire en Dieu et, pour nombre d'entre eux, au diable, dans une Amérique où Kerry semblait aussi bon chrétien que Bush et où adversaires et partisans de la peine de mort, militants antiségrégationnistes et nostalgiques de l'ordre sudiste, pacifistes et faucons bellicistes, partagent la même foi et fréquentent les mêmes églises – jamais je ne dirai que, dans ce pays, un chrétien fervent, un néo-évangéliste, un baptiste, un anabaptiste, un catholique tendance Rod Dreher, un juif de chez Rabbi Yaakov Perlow, Rebbe de Novominsk, un Mormon, est, par définition, un danger pour la démocratie et les libertés.

3. Rapide encore, trop rapide, le raisonnement de ceux qui, sous prétexte que les Présidents américains jurent sur la Bible, sous prétexte qu'ils concluent leur discours d'investiture par la formule, impensable en France, « So help me God », sous prétexte encore que les billets de banque portent la maxime « in God we trust » qui, par parenthèse, et contrairement à ce que l'on dit toujours, *n'est pas* la devise du pays (celle-ci reste, comme il y a deux siècles, le

« e pluribus unum » républicain et virgilien) et sous prétexte enfin qu'une grande majorité d'électeurs se déterminent, plus que jamais, en fonction de leur foi et de celle du candidat, viennent nous raconter que ce pays ne connaît pas la belle et bonne laïcité dont nous aurions, nous, Français, le brevet. Car qu'est-ce, à la fin, que la laïcité ? Ce n'est pas, que l'on sache, l'agnosticisme. Ni, encore moins, l'athéisme. Ni, évidemment, la séparation des âmes et des Eglises. C'est la séparation, qui n'a rien à voir, des Eglises et de institutions civiles. C'est l'interdiction, faite aux Etats, de favoriser une confession au détriment d'une autre. C'est à la rigueur, et symétriquement, l'injonction faite aux sujets de croire autant qu'ils le voudront mais de faire de leur foi une affaire de conscience, tolérante de la conscience des autres. Mais ce n'est ni de près ni de loin l'hostilité de principe aux religions. Et ce l'est d'ailleurs d'autant moins qu'il y a – tous les historiens le savent – une généalogie chrétienne de la laïcité qui remonte à la doctrine des deux glaives promulguée, il y a quinze siècles, par le pape Gelase Ier. Or cette double obligation de n'avoir pas de religion officielle et de garantir l'équivalence et la liberté des cultes, est très exactement ce qui ressort tant de la Constitution que de la Déclaration des droits américaines (où il n'est fait nulle part référence, pour fonder le lien social nouveau, ni à la Providence ni à Dieu). C'est ce que disent tant l'Article 6 (« aucune profession de foi religieuse ne sera exigée comme condition d'aptitude aux fonctions ou charges publiques ») que le Premier Amendement (« le Congrès ne pourra faire aucune loi concernant l'établissement d'une religion ou interdisant son libre exercice »). Et c'est ce que confirmera, de manière ô combien solennelle, Thomas Jefferson quand, dans sa lettre de 1802 aux baptistes de Danbury, il réaffirmera tranquillement, fermement, l'étanchéité des deux ordres (l'Article Premier du Bill of Rights doit être compris, dira-t-il, comme « construisant un mur de séparation entre l'Eglise et l'Etat »). L'Amérique est un pays laïc. L'Amérique, contrairement à la légende, est, au sens strict, et depuis ses origines, fidèle à la double doctrine des deux glaives et de la neutralité de l'Etat dans les affaires de confessions. La France s'est battue pour la laïcité. Elle l'a conquise, sa laïcité, sur des siècles de confusion et de guerres de religion. Sa séparation de l'Etat et des Eglises fut, vraiment, une séparation, une scission, avec tout ce que le mot suppose de brutalité, de guerre politique, voire – la Saint-Barthélemy – de massacres. Les Américains n'ont pas eu à séparer quoi que ce soit. Le mur de séparation, pour parler comme Jefferson, fut dressé dès le début. Ils sont nés laïcs alors que nous, Français, le sommes devenus.

4. Soit, dira-t-on. Mais aujourd'hui ? Qu'en est-il de cette laïcité, aujourd'hui, aube du XXIe siècle, à l'époque de Mel Gibson et de ceux des nouveaux chrétiens, issus du pentecôtisme, qui pensent que tous les délais sont expirés et qu'approche l'heure d'Armageddon, la bataille de la fin des temps ? Qu'en est-il du « Mur » de Jefferson, à l'heure de ces « born again » qui ont tendance à penser que le monde est, comme eux, à la veille de la renaissance

et qu'il n'y a plus une seconde à perdre pour préparer la maison de Dieu à l'événement? Là, bien sûr, il faut être prudent. Là, c'est évident, il y a des tentations. Et sans doute faut-il commencer de s'inquiéter quand on voit l'administration républicaine verser des centaines de millions de dollars à des associations de soutien aux démunis clairement imprégnées d'idéologie religieuse; ou quand il revient au plus puissant des born again christian du moment de nommer à la Cour suprême un nouveau juge, puis un autre, qui pourraient être tentés, comme y invite une large frange de l'opinion, de faire basculer la majorité dans le sens d'une restriction d'un droit à l'avortement conquis d'extrême justesse, il y a trente ans, par un arrêt établissant que « le fœtus n'est pas une personne »; ou encore quand les huntingtoniens les plus fanatiques entretiennent l'idée que c'est avec l'islam lui-même que la chrétienté ressuscitée entre en conflit. Mais bon. Outre que ces chrétiens ne sont, je le répète, pas des fascistes, la situation est loin d'être aussi critique que nous l'affirment les Cassandre. Les associations subventionnées ont beau être d'inspiration chrétienne elles ne sont, pour le moment, pas des institutions proprement religieuses. John Roberts, le juge de 50 ans choisi pour remplacer Sandra O'Connor à la Cour suprême est un conservateur bon teint, modéré, visiblement intègre, et dont la minorité démocrate du Sénat a eu, jusqu'au dernier moment, la possibilité de bloquer la nomination. Et quant à cet « islam » auquel les apôtres du choc des cultures voudraient déclarer une guerre totale, l'honnêteté oblige à dire que Bush lui-même n'omet jamais de dire le respect que, dans sa version modérée, il lui inspire – ni ne perd une occasion de rappeler la satisfaction qui fut la sienne le jour où Muzammil H. Siddiqi, l'imam du Washington Islamic Center, lui offrit un exemplaire du Coran... Tactique? Sans doute. Duplicité? Peut-être. Mais aussi, il serait fou de le nier, signe d'un rapport de forces idéologique moins favorable qu'on ne le dit aux adversaires de la laïcité (voir, pour s'en convaincre, la littérature des ultraconservateurs qui, comme David Limbaugh, hurlent à qui veut les entendre que les chrétiens sont les vrais persécutés de l'Amérique contemporaine). Preuve que le compromis négocié par les Pères fondateurs résiste, une fois de plus, assez bien aux assauts du temps (ne jamais oublier que le Dieu que l'on invoque dans les Conventions, les discours d'investiture, les séances du Congrès ou du Sénat, est un Dieu exprès abstrait, presque déiste et, au fond, consensuel dans lequel toutes les confessions américaines, chrétiennes et non chrétiennes, ont pris l'habitude de se reconnaître). Ou preuve, si l'on préfère encore, de la solidité d'une tradition qui, si elle était tentée de lâcher sur la non-intervention des religions dans les affaires de l'Etat (en gros, l'héritage des Lumières), ne céderait pas sur l'exigence symétrique, et symétriquement constitutive du principe de laïcité, de non-intervention de l'Etat dans les affaires des religions (en gros, le séparatisme protestant, d'inspiration notamment méthodiste et baptiste). Le résultat, en tout cas, ne fait pas de doute. Qu'il y ait là un autre type de laïcité, profondément différent du modèle français, c'est certain. Qu'il soit souhaitable de trouver un autre mot et, pour cette laïcité à l'américaine, s'inspirer, par exemple, de ce que l'anglais appelle « secularism », c'est possible. Mais que le système – c'est-à-dire, encore une fois, l'équivalence des révélations, convictions et confessions – soit fondateur d'une sorte de modèle laïque et que ce modèle tienne, c'est incontestable.

5. Le messianisme, enfin. Cette drôle de conviction selon laquelle le peuple américain serait un peuple élu, né sous le signe de l'Universel, et désigné par Dieu pour bâtir ici, sur cette terre à lui promise, une nation d'un nouveau type, délivrée des corruptions, miasmes, égarements de la vieille Europe. Et cette autre certitude, connexe, selon laquelle ce peuple magnifique, cette nation indispensable, cette nouvelle Jérusalem, cette troisième Rome, ce Canaan des temps modernes, aurait reçu mandat de montrer la voie au monde et de le guider ainsi sur les chemins de la liberté. C'est l'aspect le plus problématique de cette religiosité américaine. C'est celui qui, personnellement, me met le plus mal à l'aise. Et je me méfie, moi aussi, de l'idée qu'il puisse y avoir sur cette terre une communauté, quelle qu'elle soit, dont les dirigeants se croient dotés d'une ligne directe avec le Tout-Puissant et assurés, quand ils agissent, de le faire dans le sens du Vrai et du Bien : je m'en méfiais quand c'était la sainte Russie qui, prolétarienne ou non, se sentait investie de ce rôle de conduire le monde à son salut ; je m'en méfiais quand c'étaient les petites nations d'Europe centrale, christiques et crucifiées, qui usaient, après 1989, de

ce grand récit douloureux pour légitimer leurs revendications identitaires; je m'en méfie, en France, quand l'idée prend le visage de l'universalisme colonial et je ne l'aime pas davantage – est-il nécessaire de le préciser? – quand, au Proche-Orient, elle désarme les intelligences et nourrit les jusqu'au-boutismes; je m'en méfie toujours, et elle me terrifie, quand elle s'incarne dans des fous de Dieu prétendant, à coups de bombes humaines, imposer la Charia aux nations « juives » et « croisées »; eh bien je n'ai pas de raison non plus d'applaudir quand c'est à trois cents millions d'Américains que l'on vient raconter qu'ils sont investis par la Providence et que tout ce qu'ils entreprennent est marqué au sceau de l'excellence et de l'exception. Mais enfin... Là encore, deux objections. Deux séries de questions et, donc, d'objections. Faut-il, pour commencer, faire semblant de découvrir ce que l'on sait depuis la naissance de l'Amérique? peut-on ignorer que cet exceptionnalisme, ce thème de la naissance bénie et du mandat céleste, est un thème constant, et très fort, qui traverse toutes les couches de la philosophie nationale? peut-on effacer, ou prétendre effacer, le fait que ce providentialisme, ce grand récit légendaire, cet avatar moderne des mythes fondateurs des cités antiques, se retrouve, dans les mêmes termes, avec la même étrange ferveur, chez la plupart des intellectuels qui ont formé la colonne vertébrale idéologique et morale du pays (Walt Whitman, Reinhold Niebuhr, Thomas Paine et même le Melville de *Clarel*)? le néoconservateur David Brooks n'avait-il pas entièrement raison, en un mot, lorsqu'il me faisait observer, à New York, non sans malignité, que c'est un thème récurrent chez tous les Présidents américains, jusques et y compris ceux que nous tenons, en Europe, pour les plus insoupçonnables (Wilson et ses déclarations sur la mission universelle de l'Amérique ; Roosevelt ; Kennedy ; Carter ; Clinton célébrant, en 1999, dans son Discours sur l'état de l'Union, la « responsabilité historique » de l'Amérique, j'en passe...) ? Et puis, deuxièmement, est-il légitime d'utiliser le même concept, et le même mot-valise de « fondamentalisme », pour désigner ces messianismes divers et variés ? a-t-on le droit, si détestable que semble telle politique américaine, de renvoyer dos à dos le péché d'orgueil d'une nation qui se voit comme la réincarnation des anciens Hébreux traversant cette autre mer Rouge qu'est l'Atlantique et, en face, le délire purificateur de ces fous de Dieu et, parfois, sans Dieu qui veulent soit convertir le monde soit le faire sauter ? est-il acceptable, et tout simplement sérieux, de négliger le fossé, non seulement politique mais métaphysique, qui sépare les religions prenant encore en compte l'hypothèse du péché originel, du Mal radical et de la limite naturelle qu'ils opposent à tous les projets, fussent-ils démocratiques, de remodelage des sociétés (c'est le cas, malgré tout, des Eglises américaines) et celles qui font commerce de la négation du Mal, de l'occultation méthodique de la part maudite de l'espèce et, donc, d'une volonté de pureté toute-puissante et sans limite (en gros, les différentes variantes de l'islam radical) ? bref, mettre un signe égal entre un red neck aux idées courtes qui se pense investi de la responsabilité de répandre la bonne parole démocratique à travers le monde et un commando de kamikazes communiant dans la fraternité-terreur du meurtre de masse islamiste, n'est-il point le premier pas dans cette culture de l'excuse, de l'euphémisme et de la banalisation dont il est si urgent de se déprendre? La réponse, pour moi, ne fait pas de doute. Et pose, à son tour, toute la question des néoconservateurs.

Néoconservatisme.

L'espèce n'est pas nouvelle.

Elle date, si l'on en croit les bons paléontologues, de l'époque déjà lointaine où un certain nombre de consciences de gauche et même d'extrême gauche commencèrent de s'interroger sur les impasses de la pensée progressiste.

Mais les experts français n'en étaient pas à une bévue près (je parle, toujours, de ces experts en anti-américanisme pour qui l'existence même d'une gauche et d'une extrême gauche américaines, qui plus est se posant des questions, était une contradiction dans les termes) et c'est tout naturellement qu'ils ont attendu le déclenchement de la guerre en Irak, c'est-à-dire vingt ou trente ans après, pour s'aviser du phénomène.

Espèce, d'ailleurs, n'est pas le mot.

Il faudrait, pour évoquer la haine européenne et française de ces « néocons », dire clique, race ou engeance.

Il faudrait trouver les mots (les pires mots!) pour

désigner ces assassins, ces cloportes, ces ennemis du genre humain, ces massacreurs d'enfants du Sahel, ces docteurs Folamour, cette école des cadavres, cette académie du crime.

Il faudrait trouver le juste ton (celui des grandes manifestations altermondialistes où l'on pleurait, à juste titre, les morts de la guerre américaine en Irak sans jamais mentionner les deux millions d'autres civils gazés, enterrés vivants, tués à coups de pioche et de pelle, morts sous la torture, de la dictature de Saddam Hussein) pour décrire ce néoconservatisme en train de devenir, comme jadis le sionisme, l'injure suprême, le Mal incarné, le synonyme de ce qu'il y a de plus abject en ce monde – y compris, d'ailleurs, le sionisme lui-même qui ne cède sa place sur le podium que parce que ces néocons, ces psychopathes décomplexés et féroces, se trouvent être aussi, comme par hasard, les alliés inconditionnels d'Israël...

Alors, là encore, qu'en est-il ?

Qui sont, au juste, ces apprentis sorciers, ces princes des ténèbres, ces mercenaires de l'immonde, ces superfaucons, ces vampires (je prends exprès, encore une fois, les qualificatifs dont sont couramment gratifiés les Wolfowitz, Perle et autres Kristol) ?

La première chose qui frappe lorsque, comme mes compatriotes Daniel Vernet et Alain Frachon, dans leur essai *L'Amérique messianique*, l'on prend la peine de les lire ou, comme je l'ai moi-même fait, d'aller à leur rencontre, c'est que ce sont des gens qui font, ou qui prétendent faire, de la politique avec des idées. On peut être en désaccord avec ces idées. On peut les trouver absurdes, naïves, dangereuses. On peut estimer – c'est mon cas – que l'idée d'aller faire la guerre en Irak pour répliquer aux attaques d'Al Qaïda sur Manhattan et le Pentagone était une grave erreur. Mais enfin le fait est là. C'est le seul cas, me semble-t-il, d'un grand pays moderne ajoutant aux paramètres de sa diplomatie des considérations tirées de Thucydide ou Leo Strauss. C'est la première fois depuis longtemps que ce pays réputé matérialiste, pragmatique, aura eu, pour parler comme Valéry, la politique de sa pensée et la pensée de sa politique. Et je trouve qu'entendre le numéro deux du Département d'Etat citer Platon et Aristote, le voir entrer en guerre avec, dans son paquetage, une théorie, même vague, du droit naturel et de l'Histoire, nous change de ces générations de « wise men » qui pensaient que la politique n'a que faire des idées puisqu'elle se fait avec des intérêts.

Le second trait frappant et, là encore, incontestable, c'est que les guerres que font ces gens, les trois ou quatre opérations militaires qu'ils ont menées, inspirées ou simplement approuvées (la Bosnie et le Kosovo, l'Afghanistan, l'Irak) ont la commune particularité d'avoir débouché, chaque fois, sur la chute d'une dictature. Là aussi, on peut discuter. On peut trouver que les bombes « intelligentes » chères à Albert Wohlstetter, leur maître, ont eu la main lourde à Kaboul et Belgrade. On peut se demander, dans le cas de l'Irak à nouveau, s'il n'y avait pas d'autre moyen que ce chaos de renverser le dictateur. Mais ce qui est clair c'est que le résultat fut celui-là. Ce qui n'est pas niable c'est qu'un néoconservateur est quelqu'un dont les ennemis s'appellent Saddam

Hussein, Mollah Omar, Milosevic. Préférait-on le temps où la diplomatie américaine faisait ami, guerre froide oblige, et pour peu qu'ils se rangent de son côté dans le bras de fer avec l'Union soviétique, avec tous les tyrans de la planète? Et, dans le cas particulier de l'Irak – étant entendu, je le répète, que la guerre était une faute politique, qu'elle ne réduisait nullement la pression du terrorisme, qu'elle visait la mauvaise cible et qu'elle le faisait au mauvais moment – dans le cas de l'Irak, donc, s'il fallait absolument trancher et, entre deux maux, choisir le moindre, où dirait-on qu'était, moralement, le moins mauvais parti : Bush 1 invitant les Kurdes et les chiites à se soulever mais ne bougeant pas le petit doigt le jour où, l'ayant entendu, ils se font massacrer – ou Bush 2 s'employant, sous l'influence de ces néoconservateurs, à mettre hors d'état de nuire, puis à capturer, Ali Hassan al-Majid, alias Ali le Chimique, responsable, entre autres hauts faits sur lesquels la communauté internationale de l'époque avait pudiquement fermé les yeux, du bombardement aux gaz chimiques de la ville kurde de Halabja?

D'autant que ces gens ont une troisième manie qui, elle aussi, tranche avec les usages du passé. Peut-être ont-ils les mêmes arrière-pensées realpolitiques que la droite traditionnelle. Peut-être n'avaient-ils, en Irak, et au fond d'eux-mêmes, d'autre souci que de permettre à l'Amérique de faire une belle démonstration de force et de sécuriser au passage – ce qui, par parenthèse, n'eût pas été un crime – les approvisionnements pétroliers de leur pays. Mais au moins prennent-ils la peine de parler, aussi, de démocratie. Au moins affirment-ils qu'elle n'est, cette démocratie, pas réservée aux peuples blancs, chrétiens, occidentaux. Et, non contents de le dire, non contents de clamer, en bons disciples de Leo Strauss, qu'ils ont le relativisme en horreur et ne voient pas au nom de quoi les Irakiens seraient inaptes à l'exercice du suffrage universel et de la démocratie représentative et parlementaire, le fait est qu'ils ont mis leurs actes en accord avec leurs discours - le fait est qu'une fois Saddam renversé et les puits de pétrole sous contrôle, une fois leurs premiers buts de guerre atteints et leurs adversaires rendus témoins de leur détermination et de leur puissance, ils ont fait le choix stratégique de rester dans le pays pour y accompagner, au moins un temps, le processus de reconstruction nationale et républicaine. Là encore, question simple. Eût-il mieux valu une armée américaine adepte du « hit and run » et se lavant les mains du sort des peuples libérés ? La guerre ayant eu lieu et ayant été gagnée, eût-on préféré des racistes et des cyniques pensant que l'autre cause, celle de la démocratie, est, par principe, désespérée vu que la validité des droits de l'homme s'arrête aux marches de l'Occident ?

On peut – c'est, à nouveau, mon cas – faire à ces gens mille reproches.

On peut les accuser d'être de mauvais politiques, des anges faisant la bête, des stratèges sans tactique, incapables de se donner les moyens de leurs idées.

On peut les trouver candides quand ils rêvent d'une Charte des droits de l'homme parachutée comme des paquets de vivres ou de médicaments dans des pays dont ils ne savent rien.

On peut estimer que cette volonté d'exporter la démocratie à la pointe des baïonnettes n'est que la forme inversée de la révolution permanente de leur jeunesse et qu'ils ne sont pas vraiment sortis de leur trotskisme d'origine.

On peut demander : à quoi bon avoir rompu avec le marxisme et, au-delà du marxisme, avec l'historicisme qui en était le chiffre secret si c'est pour le retrouver sous le visage, certes plus humain, moins barbare, mais pas nécessairement plus raisonnable, du messianisme démocratique ?

On peut, songeant au bobard planétaire des prétendues armes de destruction massive que l'on ne retrouva jamais dans les palais de Saddam Hussein, se demander si leur fréquentation des grands textes ne leur aurait pas aussi donné le goût du « mensonge nécessaire » théorisé, m'a ingénument expliqué l'un d'entre eux, par rien moins que Machiavel, Benjamin Constant et le Platon du Livre III de *La République*.

On peut regretter, à l'inverse, qu'ils ne soient pas, tant qu'à faire, réellement radicaux et que, lorsque le tyran s'appelle Poutine menaçant de « buter jusqu'au dernier Tchétchène », lorsque l'Etat tortionnaire s'appelle la Chine et que la question à poser serait celle de l'occupation du Tibet, lorsqu'ils ont affaire, autrement dit, à un adversaire plus sérieux que l'Etat ruiné des Talibans ou l'armée en faillite des baasistes, ils remisent prudemment leurs grands principes au vestiaire des idéologies et des rêves.

On peut leur reprocher enfin – et c'était encore, à Washington, ma position lors de ma conversation avec Bill Kristol – de se croire obligés, dès lors qu'ils apportent leur soutien à la politique étrangère d'un Président, d'endosser ses choix de politique intérieure et, au mépris des règles de la liberté d'esprit que leur ont inculquées leurs maîtres, de sacrifier les nuances de leur pensée à la simplicité d'une ligne que rien ne les contraint à épouser ; on peut leur reprocher d'avoir déserté l'autre front qui est celui de la lutte, en Amérique et hors d'Amérique, contre la pauvreté, l'exclusion et les discriminations de toutes sortes.

Ce qui n'est pas possible c'est d'en faire les parangons de l'immoralité et du vice.

Ce qui est à la fois injuste et absurde c'est d'ignorer le progrès – mais oui, le progrès – que représente l'apparition d'une génération de responsables aux yeux de qui la question de ce que les Anciens appelaient la « nature » des régimes mérite de devenir l'un des paramètres d'une action internationale bien conduite.

Si j'avais été américain, sans doute aurais-je été de ceux qui, pendant ce voyage et dans les semaines, notamment, de la campagne présidentielle, plaidaient pour le *vrai* progrès qu'eût été l'arrivée, à la tête du Département d'Etat, d'un authentique libéral, fidèle à l'esprit des Lumières et aux valeurs de la vieille Europe, adepte du multilatéralisme et de la culture du compromis, révolté par les pratiques des kapos d'Abu Ghraib et par l'existence même des centres de détention de Guantanamo : les choses étant ce qu'elles sont et le débat politique, là comme ailleurs, consistant à choisir, non entre le Bien et le Mal, mais entre un Mal et un moindre Mal, l'honnêteté intellectuelle m'a contraint à distinguer aussi ce qui, à Pittsburgh, dans le dialogue sans paroles entre un Henry Kissinger et un Christopher Hitchens, séparait non moins irréductiblement, au sein de ce que le progressisme mondial confond dans la catégorie fourre-tout de « droite américaine », un realpoliticien sans principes d'un antifasciste conséquent.

Car il y a, en vérité, des façons très diverses de penser la relation de l'Amérique au reste du monde.

Il y en a, au moins, quatre.

Ou, plus exactement, il y a, au sein de ce que notre paresse intellectuelle s'évertue à confondre sous cette étiquette de « droite américaine », deux partages distribuant eux-mêmes quatre postures et attitudes principales.

Il y a un premier partage séparant ceux qui, quand le Rwanda sombre, quand Sarajevo flambe, quand l'Europe vit sous la botte nazie ou communiste, déclarent, comme James Baker à propos de la Bosnie, que l'Amérique n'a « not a dog in this fight » et ne voit, par conséquent, aucune raison de s'en mêler (c'est la position isolationniste traditionnelle ; c'est celle que Walter Russel Mead, dans une typologie célèbre, appelle « jeffersonienne », du nom de Thomas Jefferson, troisième Président des Etats-Unis, et apôtre d'une politique étrangère prudente, frileuse, attachée, comme il le disait, à ne pas « se laisser lier par des alliances » et à « consolider » le modèle de la nation élue plutôt qu'à l'exporter) – et puis ceux qui, face à eux, répondent que non, ce n'est pas possible, une grande puissance a toujours un chien dans toutes les batailles du monde et l'Amérique, moins qu'aucune autre, ne peut se désintéresser de ce qui se passe sur la planète (c'est la position de principe des anti-isolationnistes ; c'est, de la droite à la gauche, chez les Républicains comme chez les Démocrates, l'école de ceux qui, quelles que soient leurs raisons, ne croient pas que les Etats-Unis doivent se comporter comme s'ils étaient une île immense, coupée du monde, affranchie du souci de l'autre ; c'est la grande famille de ceux que l'on appelle parfois – mais à tort, car le paradigme est plus général et remonte surtout beaucoup plus haut – les « wilsoniens »).

Et il y a alors, au sein de cette seconde famille, au sein de ceux qui pensent que l'Amérique ne peut échapper à son destin mondial, un second principe de partage opposant, à nouveau, trois sous-familles. Ceux (les hamiltoniens, du nom d'Alexander Hamilton, Père fondateur du pays, et premier secrétaire du Trésor) qui se veulent pragmatiques et pensent qu'elle ne doit intervenir qu'au nom, pour aller vite, de ses intérêts économiques et commerciaux. Ceux (les jacksoniens, comme l'énergique et populiste Andrew Jackson, président de 1829 à 1837 et contemporain, donc, du voyage de Tocqueville) qui précisent qu'elle n'est fondée à se mettre en mouvement que lorsqu'elle est attaquée dans ses intérêts vitaux mais qui ajoutent que le but du jeu est, alors, de frapper très fort et de s'en aller très vite, de bien montrer sa force et, mission accomplie, de rentrer à la maison. Et puis ceux enfin (les wilsoniens au sens étroit) qui pensent que frapper, montrer sa force, se venger, peut être nécessaire mais n'est jamais suffisant – il y a cette dernière école, wilsonienne stricte, qui objecte à chacune des trois autres qu'aucune n'est vraiment digne d'un grand pays démocratique : aux jacksoniens, elle oppose que la stratégie du shérif, le « In Guns we trust » du Far West étendu aux relations internationales, n'est pas à la hauteur du Credo ; aux hamiltoniens, que le commerce, si noble et respectable soit-il, ne saurait être le fin mot, ni de l'Histoire universelle, ni de la façon dont la nation élue est censée y intervenir ; et aux jeffersoniens enfin, qu'elle partage, bien entendu, leur hypothèse « exceptionnaliste », qu'elle n'adhère pas moins ardemment qu'eux à l'idée de la nation bénie dont il faut à toute force préserver les vertus mais que noblesse oblige et que tenir le sanctuaire, protéger la citadelle, sauver le laboratoire américain des risques d'invasion ou de corruption, confère l'obligation morale d'en faire aussi partager au monde quelques-unes des merveilles. De cette dernière école « les néoconservateurs » sont l'avatar le plus récent...

La question, à partir de là, est simple.

De toutes ces familles, aussi distinctes que peuvent l'être, en Europe, les grandes parentèles idéologiques, est-on bien certain que la dernière soit la moins respectable ?

De ces quatre partis, souvent innommés, mais dont le débat court à travers l'histoire politique du pays, traverse en profondeur toutes ses factions officielles et compte au moins autant que le clivage des Bleus et des Rouges, ou des Démocrates et des Républicains, est-on bien persuadé que le quatrième `celui des wilsoniens purs, tenants d'une nation kantienne, élue, universelle, dont le vrai but de guerre serait la diffusion tous azimuts des valeurs démocratiques – soit ce que l'Amérique a produit de plus indigne ?

Ou bien encore : de ces quatre grandes sensibilités qui, soit font alliance (les hamiltoniens Condoleezza Rice et Colin Powell rejoignant les jacksoniens Dick Cheney et Donald Rumsfeld), soit se livrent une guerre idéologique sans merci (le jeffersonien Pat Buchanan hurlant à la trahison d'un George W. Bush rallié, selon lui, au wilsonisme néoconservateur et à son bras armé sioniste), soit se succèdent ou même cohabitent à l'intérieur d'un même cerveau (George W. Bush, justement, entamant son premier mandat sur une ligne jeffersonienne, passant au jacksonisme au lendemain du 11 septembre et se convertissant, pendant la guerre en Irak, à un wilsonisme modéré qui lui fera préférer la stratégie du missionnaire à celle du shérif ; ou même Woodrow Wilson lui-même qui, au début de la Première Guerre mondiale, quand il déclare que les « Etats-Unis sont trop fiers pour se battre », n'est pas très éloigné des positions jeffersoniennes et qui, en 1917, se rallie, si l'on ose dire, au wilsonisme pur et multilatéraliste), de ces quatre pôles de discursivité et de pratique qui méritent d'être isolés aussi soigneusement que l'ont été, en France, au terme d'une classification célèbre, les droites légitimiste, orléaniste et bonapartiste ou même − car parler de « droites » s'agissant de croyances qui traversent, encore une fois, l'espace commun à la droite et à la gauche est infiniment trop réducteur − les traditions libérale, chrétienne, sociale-démocrate ou communiste, est-il normal de faire comme si seule la dernière méritait détestation et opprobre ?

Ma conclusion, on l'aura compris, est claire.

Et elle est fondée, non sur le parti pris, mais sur l'enquête, l'observation, l'écoute des acteurs.

Je ne suis pas des leurs.

Mes héros, mes amis, mes correspondants selon l'esprit, les personnages qui m'ont, dans ce périple, le plus fortement impressionné s'appellent Barak Obama, Hillary Clinton, Morris Dees, Jim Harrison, Norman Mailer.

Mais je crois néanmoins qu'il a fallu toute l'épaisse ignorance de l'anti-américanisme européen pour faire de cette quatrième famille, c'est-à-dire d'une famille qui, j'y insiste, a le double mérite de faire de la politique avec des idées et de revenir à des idées qui sont celles de l'internationalisation des principes démocratiques, l'équivalent de la droite la plus bête du monde en même temps que la plus inhumaine.

Impérialisme, enfin.

On connaît le procès, lassant à force d'être ressassé, d'une Amérique tentaculaire et goulue, vouée au culte du Veau d'Or, et ne songeant qu'à imposer ses sous-produits, sa sous-culture, sa loi.

On connaît, en Amérique même, dans une classe politique et intellectuelle obsédée, depuis trois siècles, et plus encore depuis Leo Strauss, par le mythe de la grandeur et de la décadence des Romains, l'insistance à se dépeindre sous les traits d'une triple Rome où l'empire des images et de la culture (Los Angeles) viendrait en renfort de l'empire militaire (Washington) qui serait lui-même au service de l'empire capitalistique et financier (New York).

Et on connaît, enfin, les dernières variations sur le même thème – on connaît, au-delà même de l'Amérique, les délires altermondialistes sur cet impérialisme monstrueux qui, non content d'inonder le monde de ses marchandises frelatées et criminelles, non content d'affamer les gens ou, pire, de les empoisonner, non content de n'avoir d'autre but que la captation, au profit de ses oligarchies, des sources de matières premières, notamment pétrolières, qui sont la propriété d'autrui, aurait encore le culot (et là serait toute l'ignominie, tant de ses « fondamentalistes », que du messianisme wilsonien de ses « néoconservateurs ») de maquiller ses conquêtes en « interventions humanitaires », de rebaptiser ses guerres « opérations de maintien de la paix » et de se servir du terrorisme comme d'une divine surprise permettant de remodeler l'ordre planétaire, de décourager préventivement toute velléité d'émergence d'un nouvel acteur politique capable de lui faire concurrence et de donner un visage à cet Ennemi qui lui manquait tant depuis l'effondrement de l'Union soviétique (hier l'Irak, aujourd'hui l'Iran, demain une Chine à la diabolisation de laquelle conspireraient déjà les deux courants conjoints du machiavélisme néo-straussien et de l'orientalisme universitaire...).

Le problème c'est que les faits sont là et que si la nation américaine, comme toutes les nations du monde, a pu être capable du pire comme du meilleur, si le pays de Truman, Nixon et, maintenant, George W. Bush a pu commettre des fautes et, dans certains cas, des crimes, s'il a, en Amérique latine, organisé la chute de Salvador Allende et, en Europe, soutenu les dictatures grecque, espagnole, portugaise, s'il a, en d'autres termes, été passablement infidèle au beau mandat messianique qu'il s'était octroyé après que Dieu lui-même était supposé le lui avoir donné, les faits, oui, sont là qui, comme l'a montré, entre autres, mon ami Alexandre Adler dans son *Odyssée américaine*, compliquent cette vision trop simple d'une Amérique grand méchant loup se nourrissant du sang des peuples.

Un fait : les Américains ont été, au cours de leur histoire, infiniment moins colonialistes que les Anglais, les Français, les Hollandais, les Espagnols ou, bien entendu, les Russes.

Un fait : la puissance de l'Amérique, cette fameuse et satanique hyperpuissance où nous avons, en Europe, tendance à voir l'effet d'un noir complot est, toujours ou presque toujours, le fruit de notre faillite, le prix de nos renoncements, de nos échecs.

Un fait : la plupart des interventions récentes des Etats-Unis, la plupart des opérations qui les ont vus briser l'isolationnisme de principe qui est, dans la

tradition jeffersonienne, la ligne de plus grande
pente de leur relation au reste du monde, procèdent
soit de la volonté jacksonienne de riposter à une
agression (on peut, je le redis une dernière fois, juger
contre-productif et stupide le fait de riposter à
Bagdad à l'agression sur Manhattan – qu'il y ait eu
agression n'est, hélas, pas niable), soit du besoin
hamiltonien de réguler, policer, le flux des échanges
commerciaux internationaux (mettons que ce fût là
l'origine de la première guerre du Golfe et de la
décision de voler au secours des émirs koweitiens et
de leur pétrole) soit encore du sentiment wilsonien
d'être comptables, non seulement de l'ordre mondial, mais d'un « droit de nature » que les organisations internationales n'étaient pas capables d'imposer
(n'est-ce pas tout le sens de la décision, après moult
atermoiements, de s'engager en Bosnie, puis au
Kosovo ?) ; jamais la volonté de conquête n'est au
poste de commandement ; jamais on ne débouche
sur une installation durable ; que les Saoudiens
demandent l'évacuation de la base aérienne de
Daran en 1954, le général de Gaulle celle, plus tard,
de la base aérienne de Châteauroux, le Sénat philip-
pin la fermeture, en 1991, de la Clark Air Base de
Subic Bay – et, chaque fois, l'empire s'exécute.

Un fait encore : ils ont (j'en ai eu un aperçu à
l'académie de Colorado Springs) une armée de l'air
hors pair ; ils ont (je l'ai vu à Norfolk) une flotte de
sous-marins qui eût transporté de joie Stephen B.
Luce, Alfred T. Mahan et les tenants des théories
stratégiques du Naval War College d'il y a un siècle ;
mais leur armée de terre, les forces qui devraient être

le fer de lance des guerres impériales d'aujourd'hui et de demain, les troupes supposées servir à la pacification des territoires conquis et, pour l'heure, de l'Irak, sont des troupes médiocres, peu professionnelles, sous-équipées, mal entraînées – le corps expéditionnaire irakien n'est-il pas composé, pour moitié, de non-Américains pour qui l'engagement sous les drapeaux est un moyen d'accélérer le processus de naturalisation ? les missions les plus sensibles, la protection, par exemple, des bâtiments gouvernementaux et de l'ambassade US, ne sont-elles pas confiées à des mercenaires recrutés par des compagnies de sécurité privées ? est-ce là, vraiment, l'armée impériale des temps modernes ? là, le fer de lance d'une longue marche dont Bagdad ne serait que la première étape ? Pour qui tiendrait absolument au rapprochement avec le monde antique, pour les obsédés de Mommsen, Gibbon et autres Fustel de Coulanges, force est de constater que l'on est moins près, là, de la grande Rome impériale que de l'Athènes déjà déclinante à qui Platon faisait reproche d'avoir privilégié la rame sur la lance et le bouclier – ou même de la commerçante Carthage qui, à la veille de la troisième guerre punique, était devenue incapable, raconte Flaubert dans *Salammbô*, d'entretenir à la fois une flotte et une armée de mercenaires...

Un autre encore ou, plutôt, un enchaînement d'autres faits dont il faut bien admettre qu'ils ne sont guère compatibles, eux non plus, avec l'idée que l'on se fait, d'habitude, d'un empire : l'étrange glissement de terrain, d'abord, dont j'ai vu une illustration au Mall de Minneapolis et dont le résultat est que l'essentiel des activités productives classiques a été délocalisé dans des pays tiers ; le fait que les banques, les Etats, le Trésor public, les entreprises et donc les caisses de retraite et de santé du pays en principe dominant, sont adossés, du coup, à un déficit extérieur colossal qui se trouve lui-même financé par les économies en principe dominées et, notamment, les capitaux indiens, russes, japonais, chinois ; l'extrême bizarrerie, alors, d'un modèle de puissance qui tient sa solidité de la conviction, chez les dominés, Chine et Inde comprises, que c'est là, dans les banques, le système financier et le dollar des Etats-Unis, que demeurent, pour leurs capitaux, les perspectives les plus prometteuses et sur l'autre conviction, connexe, que c'est encore et toujours là, dans les universités, les institutions scientifiques, les grandes entreprises de la nouvelle « nouvelle économie » américaines, que le reste du monde se doit, jusqu'à nouvel ordre, de continuer d'envoyer se former ses élites, ses chercheurs, ses futurs cadres dirigeants, ses entrepreneurs ; bref, ce système paradoxal, unique dans les annales et, en fait, extraordinairement fragile qui fait reposer toute la force de l'Amérique sur la force de la confiance qui lui est quotidiennement témoignée, c'est-à-dire, pour être précis, sur la force de la confiance qu'ont les Américains eux-mêmes dans la confiance que le monde leur témoigne, c'est-à-dire encore (et tant pis pour le cercle) sur cette pointe de la pointe qu'est la force de la confiance qu'a le reste du monde dans la pérennité de la confiance qu'ont et auront les Américains dans la confiance que le reste du monde continue, ils l'espèrent, de leur portêr – mais jusqu'à quand?

Sans compter enfin (et cela aussi, c'est un fait) que cette obsession de l'impérialisme, cette réduction de l'histoire universelle au duel de l'hydre américaine et des anges qui lui résistent, ce grand récit binaire et paranoïaque où tout conspire, où tout fait sens et où il n'est pas jusqu'aux singularités du prétendu empire, jusqu'à ses retenues, ses retraits, ses particularités carthaginoises, ses façons d'occuper sans occuper et de déployer des armées, non d'hoplites, mais d'ilotes qui, comme dans toutes les logiques paranoïaques, se retournent en leur contraire et accablent davantage encore une impérialité d'autant plus criminelle qu'elle se serait faite insidieuse et imperceptible – sans compter, donc, que cette fixation a un dernier effet qui, à mes yeux, n'est pas le moins pernicieux et qui consiste à occultec déconsidérer, jeter aux oubliettes du non-sens et du non-savoir, toute une autre scène de l'histoire contemporaine : celle où l'on ne combat pas plus l'Amérique que l'on ne s'y soumet; celle où l'on n'est ni spécialement pro- ni expressément anti-impérialiste; celle de ce bouillonnement de micro-récits massacreurs ou génocidaires qui, si fort qu'on les sollicite, n'entreront jamais dans le grand partage induit par le progressisme anti-impérialiste et qui, alors qu'ils sont à l'origine des guerres les plus terrifiantes, alors que l'on y compte, non en milliers, mais en centaines de milliers voire en millions de morts, n'intéressent tout à coup plus personne...

Alors je ne dis pas, bien entendu, qu'il n'y ait pas de tentation impériale aux Etats-Unis.

On sait trop comment le goût de l'extrême puissance vient aux déjà puissants pour écarter la possibilité de voir cette administration, ou une autre, saisie de cette hubris dont je parlais en commençant et dont Platon disait qu'elle est, plus encore que polemos, l'alternative à la paix.

Déjà, d'ailleurs, je n'aime pas cette façon de « punir » les tenants d'une position diplomatique autre que la sienne.

Je n'aime pas l'arrogance autiste des partisans d'un unilatéralisme dont les administrations précédentes, même républicaines, s'étaient gardées.

Détestable encore, et de mauvais augure, le cynisme avec lequel, au plus fort de la crise irakienne, on a tenté d'exploiter de vieux préjugés francophobes qui ne valaient guère mieux que l'anti-américanisme français.

Et puis, au-delà même de la circonstance, il y a tant de signes indiquant que l'Amérique du Président Wilson, celle qui inventa la SDN et parraina les Nations unies, en prend de plus en plus à son aise avec la loi internationale, ses institutions, ses cours pénales, ses codes, son Protocole de Kyoto – ils sont si nombreux, ces signes, et ils sont si concordants, que l'on ne peut évidemment pas exclure de voir la nouvelle Carthage finir tout de même, un jour, par vouloir ressembler, un peu, à Rome.

Reste que la tentation, pour l'heure, n'est qu'une tentation.

Et force est d'admettre que tout cela, mis bout à

bout, donne un mixte très spécial de puissance et de réticence, de souci du monde et d'indifférence au reste de la planète, mais aussi – et c'est le plus troublant – de force et de faiblesse, d'autorité et de précarité latente, de capacité pour le moment sans réplique à imposer sa loi et de pressentiment du jour, qui peut arriver à tout instant, où la multitude, les peuples ou, simplement, une puissance rivale s'aviseront que l'hégémonie du Maître ne tenait que par la force du désir, de l'intérêt, de la soumission consentie, de ses supposés vassaux ; force est d'admettre que tout cela donne un régime de domination dont ne rend plus tellement compte le modèle impérial qu'ont remis au goût du jour les deux vulgates adverses, mais circonstanciellement complices, issues tantôt du marxisme-léninisme (l'impérialisme, stade suprême...) tantôt de Leo Strauss (ce grand intellectuel juif, contemporain de Rosenzweig, qui, pour continuer de dire, contre lui, « Jérusalem *et* Athènes », avait besoin de croire, et de faire croire à ses disciples, que le lieu de l'Empire s'était juste déplacé d'Allemagne en Amérique).

Alors, je ne vois, pour penser ce mixte, que deux pistes possibles – venues, elles aussi, des deux bords.

Celle ouverte par le théoricien moderne de la pensée libérale, Raymond Aron, quand il reprit, dans *Paix et guerre entre les nations*, le mot fameux de Paul Morand sur l'Amérique « empire involontaire ».

Et celle, surtout, que fraie l'intellectuel italien Toni Negri, fondateur, à la fin des années 60, du groupe d'extrême gauche Potere operaio et auteur, depuis, de l'une des réflexions les plus stimulantes sur les mécanismes modernes de la domination : substituant à la distinction schmittienne entre « ami » et « ennemi » le thème foucaldien de la dispersion des biopouvoirs, renversant le schème traditionnel d'un Pouvoir ontologiquement premier auquel viendrait se soumettre, s'opposer ou répondre la force de la Multitude et posant donc, enfin, que c'est toujours la Multitude qui a, sinon le dernier, du moins le premier mot sur le Pouvoir, il avance, avec *Empire*, le livre qu'il coécrit avec Michael Hardt et que commente, entre autres, Yann Moulier-Boutang, une définition de l'Empire qui rend assez précisément compte de cette forme nouvelle, et si singulière, d'hégémonie.

Un empire qui, dit-il, est une réponse – et non l'inverse – à l'émergence de la multitude.

Un empire et une multitude qui, aux yeux de ce spinoziste impénitent, sont comme les deux attributs – légèrement dissymétriques, puisque la Multitude est au principe – d'une même et unique Substance qui est la propre substance du monde.

Et une définition de l'impérialité qui excède tous les schémas basés sur l'idée, à ses yeux dépassée, d'une nation principale qui, en se dilatant, produirait les termes du conflit central qu'il lui appartiendra, ensuite, d'arbitrer puis de dominer.

Pas de centre au nouvel empire.

Pas de cœur battant ni de tête pensante au sens de Rosa Luxemburg, Boukharine, Hilferding.

Ou bien oui, sans doute, des têtes. Des organes de commandement. Mais ce sont les banques et les mafias. Les forums mondiaux type G7 et G8. Les firmes multinationales qui, à l'image de Microsoft, sont traînées devant les tribunaux pour atteinte, précisément, à l'ancien pouvoir souverain de l'Etat impérial déchu. Les organisations terroristes dont l'empire sur le système financier et sur nos vies risque d'aller croissant. Les syndicats. Les opinions. Oui, les opinions publiques elles-mêmes participent, quand elles sont organisées et fortes, de cette impérialité diffuse. Ce n'est plus cette nation-ci qui règne. Ni cette autre. Ni aucune nation en particulier. Plus aucune nation, non, n'a ni n'aura plus le pouvoir, en enflant, de créer et sécréter son empire. Un empire délocalisé car contemporain d'un monde polycentrique, postnational et déterritorialisé.

Je songe une dernière fois à ce débat curieux, et curieusement récurrent, sur le déclin ou non de l'empire néo-latin américain.

Je songe à la thèse de Paul Kennedy renouant avec l'esprit du Montesquieu des *Considérations sur les causes de la grandeur des Romains et de leur décadence*; et je songe à la contre-thèse de ceux qui, observant qu'il s'est passé un très long temps entre les fulminations de Pétrone et Juvénal et le commencement de la fin de l'empire romain réel, ou entre les avertissements de Périclès et la défaite de la Ligue de Délos suivie de la destruction des Longs Murs, en concluent que l'empire américain a de beaux jours devant lui.

C'est tout le débat, en fait, qu'il faudrait pouvoir clore.

L'Amérique n'est ni la Rome à son zénith ni la Rome vaincue des derniers jours.

Ce n'est ni la Rome d'Auguste ni celle des nouveaux cultes et des assauts barbares.

Et cela pour la simple raison que c'est son moment romain comme tel qui est passé – c'est l'idée même de faire de Rome l'allégorie de la Cité moderne ou, à l'inverse, de décrire l'empire moderne, qu'il soit ou non américain, sur le modèle de la Cité impériale antique, dont il faut commencer de se défaire.

Entendons-nous.

De l'empire en ce sens nouveau, de cet empire à la fois sans noyau et sans limite qui, comme le monde selon Nicolas de Cues, a son centre partout et sa circonférence nulle part, les nations et, en particulier, l'Amérique sont, bien entendu, partie prenante.

Mieux : autant la culture US répugnait à la définition ancienne de l'empire, autant certains de ses thèmes – le mythe de la frontière... cette idée d'une frontière ouverte, flexible et toujours indéfiniment reculée qui fut, et demeure, si puissamment constitutive de l'esprit et de l'optimisme américain... – cadrent, en revanche, assez bien avec cette impérialité nouvelle dont l'une des caractéristiques est d'être, justement, sans frontières.

Et mieux encore : si l'on accepte de s'intéresser, non plus à la structure, mais à la phénoménologie de ce néo-empire, si l'on veut bien admettre que le propre d'un empire reste, de Marx à Negri, et quel qu'en soit le principe, d'unifier et mondialiser le monde en produisant des sujets aux désirs toujours plus semblables et si l'on veut bien, donc, s'intéresser au type très particulier d'humain produit par cette impérialité-ci et caractérisé par son asservissement à la Marchandise, à la Technique et au Spectacle, alors on admettra qu'il triomphe, cet humain, avec une netteté particulière dans nombre de scènes de la vie américaine que j'ai pu observer en Californie et au Texas, à la foire de Des Moines ou dans les bordels de Las Vegas.

Encore que...

Pas si sûr non plus...

Et c'est peut-être là que, justement, les choses se compliquent à nouveau.

Je me souviens de ce catholique texan, adepte du « home schooling », qui voulait soustraire les siens au rouleau compresseur de la pensée dominante. Je me souviens de ces Belles du Seigneur, admirables d'élégance et d'extravagance, de l'Eglise pentecôtiste noire de Memphis. Je pense à ces signes de différenciation et, donc, de singularisation, que j'ai observés presque partout. Je pense à tous ces autres irréguliers qui ne sont plus ceux de la génération des Minority Studies et que je n'ai, eux, en revanche, sans doute pas assez évoqués – je pense à ces jeunes et moins jeunes néo-urbains qui sauvent un immeuble en péril d'une ville fantôme de la région des Lacs ; je pense à ces amis de l'urbanité et de la civilisation que j'ai vus défendre le patrimoine architectural de Savannah ou enrichir celui de Chicago ; je pense à ces néo-pionniers qui quittent, au contraire, les villes pour réinventer, dans le Wyoming, le Colorado, l'Oregon, des modalités postmodernes d'habitation de la Prairie ; je pense à tous ceux, ici et là, qui se font une règle, un devoir moral, un principe dandy (mais paradoxe du paradoxe : des dandys en nombre, et même en très grand nombre!), de se tenir à l'écart des grand-messes communautaires c'est-à-dire des machines d'abrutissement programmé que sont, bien souvent, la télévision, les marques ou les manifestations de la religion civique sportive ; je pense à tous ces Américains que j'ai vus, dans toutes les classes de la société, faire un bond hors du rang, non, comme disait Kafka, des meurtriers, mais des bœufs ou, mieux, des moutons de l'ordre panurgiste estampillé American way of life ; et, pensant à eux, pensant à tous ces démentis vivants à l'image d'une société marchant comme un seul homme vers l'horizon d'un nihilisme qu'elle s'emploierait, ensuite, à imposer au reste du monde, je me dis que l'Amérique a, là aussi, une longueur d'avance sur sa propre caricature et qu'elle est en train de devenir déjà le siège, non de l'empire, mais de la réaction à l'empire – je me dis que c'est la contre-réforme anti-impériale qui commence peut-être aux Etats-Unis...

Une chose, en tout cas, me semble établie.

Nul paradigme n'est plus mal adapté à l'état réel de cette Amérique que le paradigme romain.

Nul modèle ne nous en dit moins sur sa situation concrète que ce modèle impérial et latin que Leo Strauss avait rapporté de son Allemagne natale mais qui, transplanté dans le Washington de ses disciples néoconservateurs, n'a tout à coup plus de sens.

Il avait un sens sous Charlemagne et Charles Quint, sous les Habsbourg, sous Guillaume II, sous Napoléon et Hitler, sous les Tsars de cette nouvelle Rome que voulait être la Sainte Russie – il n'en a plus dans cette modernité ultime dont l'Amérique, pour le pire et le meilleur, est le théâtre.

De ce pouvoir implacable et souvent invisible qu'est devenu l'empire moderne maintenant qu'il n'est plus le stade suprême de la puissance d'un Etat, de ce panoptique sans œil et sans origine qui ne nous fait plus le cadeau, chaque matin, de nous livrer sur un plateau d'argent le nom d'un suspect, la tête d'un coupable ou le plan d'une Bastille, de ce Maître, en un mot, dont un lacanien eût dit qu'il est pur signifiant et dont je disais moi-même, il y a trente ans, dans *La Barbarie à visage humain*, qu'il est l'autre nom, sinon du monde, du moins de tout ce qui, en ce monde, travaille à l'asservissement des hommes, l'Amérique n'est pas le démiurge ; elle n'en est plus, si elle le fut jamais, le cerveau ; on ne peut plus dire, ni qu'elle est le noyau malin de l'Empire, ni qu'elle est l'empire du Mal ; ou alors, oui, on peut le dire ; mais il faut se résigner, alors, à ne rien comprendre ni à l'Empire, ni au Mal, ni à l'Amérique.

4
Post-scriptum

On annonçait une dépression au-dessus du golfe du Mexique.

C'étaient, à un océan près, les premiers mots de *L'Homme sans qualités*, le grand roman de Robert Musil.

Et ce sera, sinon la dernière phrase, du moins la

dernière note de ce récit auquel je m'apprêtais à mettre un point final lorsqu'un ouragan au nom de danseuse russe a frappé et endeuillé les Etats-Unis.

Non que, bien entendu, l'Amérique d'aujourd'hui soit l'Autriche « royale et impériale » de 1913 vivant ses dernières heures.

Ni qu'un ouragan, fût-il de force 5 sur l'échelle de Saffir Simpson, puisse se comparer à cette « apocalypse joyeuse » qui devait, selon Musil, emporter la Cacanie.

D'autant que, joie pour joie, il y a d'ores et déjà quelque chose d'obscène dans la joie des ennemis de l'Amérique face aux effets de cet ouragan : l'hyperpuissance mise à genoux par « Mère nature » même ! le cœur de l'« Empire » ravalé au rang d'un vague pays du tiers-monde recevant des propositions d'aide du Sri Lanka quand ce n'est pas de Chavez ou de Castro – quelle jubilation ! quelle aubaine ! et, pour un amoureux de l'Amérique, quelle pitié !

Mais enfin qu'il se soit produit là, tout de même, un événement de grande importance, voilà qui n'est pas niable.

Qu'il y ait, dans le spectacle de ces cadavres d'Américains noyés dans les rues d'une ville inondée, un parfum, sinon d'apocalypse, du moins de cataclysme et d'horreur, voilà qui, même pour un « fou d'Amérique », n'est malheureusement pas douteux.

La destruction de New Orleans ne sera peut-être pas, pour la conscience universelle, l'équivalent de ce que fut, au siècle de Voltaire, le désastre de Lisbonne – mais qu'il y ait là un choc, un vrai, et que ce choc fût de nature à modifier, non seulement notre regard sur l'Amérique, mais le regard de l'Amérique elle-même sur son image et son destin, voilà qui, à l'instant où j'écris ces lignes, me semble s'imposer et exiger, avant de conclure, une toute dernière mise au point.

Je ne songe pas aux implications purement politiques, voire politiciennes, de l'événement.

Je ne pense pas – ou, en tout cas, pas uniquement – à l'insoutenable légèreté de ces têtes de l'exécutif hésitant, quatre jours durant, à écourter leurs chères vacances pour se porter au secours des sinistrés.

Je ne veux même pas parler de ce moment – plus navrant encore, mais ce n'est toujours pas l'essentiel – où celui des Présidents américains qui avait reçu, depuis des années, les rapports les plus circonstanciés sur l'inéluctabilité de la rupture des digues, eut le culot de déclarer que « personne n'aurait pu prévoir » ce qui venait de se produire.

Pas davantage ne m'attarderai-je sur le curieux débat aussitôt lancé par ceux de ses adversaires qui, s'étonnant de ne pas voir arriver plus vite les hélicoptères qui auraient pu sauver les plus exposés des milliers d'hommes et de femmes piégés sur les toits de leurs maisons, ont conclu que, si les secours n'étaient pas là, c'est qu'ils étaient ailleurs et en ont profité pour ajouter une énième pièce à leur procès de la guerre américaine en Irak.

Et si je ne m'y attarde pas c'est qu'il y a quelque chose d'assez fétide dans l'argumentaire de ces gens qui, comme Michael Moore dans sa « Lettre à

George Bush », voudraient obliger à choisir entre faire des digues chez soi et construire la démocratie chez les autres – il existait assez de raisons de s'opposer à cette guerre irakienne pour ne pas y ajouter celle, qui sent sa droite populiste, d'une incompatibilité de principe entre le côté de New Orleans et celui de Bagdad...

Non.

Je pense moins à tout cela qu'aux leçons méta-politiques de l'événement.

Je pense à ces grands enseignements que l'Amérique, par tradition, a toujours tirés de ses cataclysmes et qu'elle tirera, j'en suis sûr, de celui-ci.

La Nature, ce sociologue.

La Nature, ce politologue.

La Nature, ce grand livre où les Américains ont pris l'habitude d'apprendre autant que dans leurs bibliothèques.

Le grand incendie de Chicago et sa contribution au remodelage de l'urbanité américaine...

La crue monstre du Mississippi et la part qu'elle prit, dès 1927, dans la genèse puis la mise en œuvre du New Deal...

Les mythes et réalités du Big One – leur rôle dans la définition de l'espace-temps californien.

Et maintenant la Big Easy saccagée par Katrina – grand analyseur de la société US, révélateur de sa face cachée.

La question des pauvres, par exemple.

Je les ai vus, ces pauvres, tout au long de mon voyage.

De South Boston à Spanish Harlem, des quartiers déshérités de Washington à cette rue, voisine de Beverly Hills, où j'ai surpris la scène du policier à cheval cravachant un sans-logis, je n'ai pas visité une ville qui n'ait sa face d'ombre.

Mais j'ai vu aussi l'extraordinaire dénégation dont cette part d'ombre est l'objet dans ce pays de toutes les positivités qui est le seul au monde, on l'a dit, où la lumière ne s'éteint jamais.

J'ai vu, j'ai entendu, la façon dont le peuple américain persiste à se figurer, en dépit du démenti que lui inflige l'existence de ses millions – officiellement 37 millions – de laissés-pour-compte et d'exclus, comme une immense classe moyenne, vouée à la même American way of life.

Eh bien les voici, ces laissés-pour-compte, bloqués dans les ruines de la ville parce qu'ils n'avaient juste pas les moyens d'obéir aux ordres d'évacuation et de fuir.

Les voici, ces pauvres, « stuck inside New Orleans », coincés dans La Nouvelle-Orléans avec, comme disait Dylan, le Memphis blues de la mort dans la tête – les voici, surgis de nulle part, sautant au visage d'une Amérique qui pensait les avoir relégués aux confins de ses arrière-pensées en même temps qu'elle les rejetait de l'autre côté de ses « gated communities ».

On les croyait parqués dans le cœur déserté des villes – les voilà sur CNN.

On se disait : il n'y a que des esthètes de la vieille Europe pour s'émerveiller de l'esprit d'une New Orleans qui n'est, pour nous, qu'un cloaque, un ghetto, une ville maudite, à la rigueur un remords – voilà que le cloaque envahit les écrans du pays ; voilà que le remords monte à la une des journaux et fait honte à l'Amérique.

On les croyait réduits à une statistique – la statistique s'est animée.

On les croyait pétrifiés dans leur nombre, abstrait à force d'être répété – c'est la révolte du nombre ; c'est, au moment même où il se meurt, le nombre qui prend vie, s'incarne dans des corps et des visages.

Katrina ou l'apparition paradoxale des invisibles.

Katrina ou – le travail des médias aidant – le surgissement de cette Atlantide, antérieure à l'inondation car abîmée dans les consciences, qu'était le continent de la pauvreté.

La question raciale.

La question de ces mêmes pauvres qui sont aussi des Noirs et dont l'Amérique démocratique découvre, avec honte encore, que le délaissement n'est pas sans rapport avec la couleur de leur peau.

Je ne reviens pas sur tout ce que j'ai dit, dans mon journal d'Alabama, sur le chemin parcouru depuis vingt ans par le Sud profond.

Je ne retire rien à mon admiration pour cette société qui a su, en un temps si bref, gagner la bataille des droits civiques lancée par Rosa Parks, Martin Luther King et les autres.

Et je note, au demeurant, que si révoltants, si honteux, si *impardonnables* qu'aient été ces fameux quatre jours où l'on a laissé mourir des hommes, femmes et enfants dont le seul crime était d'être nés du mauvais côté de la barrière ethnique, ils ont été suivis d'un sursaut – ce qui, à tout prendre, vaut quand même mieux que la crue de 1927 où l'on inonda exprès, jusqu'au bout, les quartiers noirs afin de réduire la pression sur les quartiers blancs...

N'empêche.

Ces visages de pauvres gens apeurés étaient des visages noirs.

Ces cadavres flottant comme chiens crevés au fil de l'eau étaient des cadavres de Noirs.

Noirs encore, sur la route qui aurait dû les conduire à Baton Rouge, ces survivants mourant de faim, de soif et de fatigue tandis qu'ils attendaient des bus qui ne venaient pas.

La mort, le 11 septembre, avait frappé indistinctement.

Elle n'avait fait acception ni de personnes ni, à plus forte raison, de races.

Là, elle a fait des listes.

Elle a sélectionné ses clients.

Elle a renoué avec l'esprit, que l'on croyait éteint avec sa lettre, de la ségrégation.

Et c'est pourquoi il est juste de dire, à la fois, que l'ouragan du 28 août est un anti-11 septembre et que ce péché originel des Etats-Unis qu'est l'humiliation méthodique de la communauté afro-américaine est loin d'appartenir au passé (Jim Carrier, Morris Dees – loués soient ces grands hommes).

L'autre leçon de Katrina.

La violence.

Elle n'est pas non plus propre, cette violence, à l'Amérique contemporaine.

Et l'on sait, au moins depuis le *Malaise dans la civilisation* de Freud, que la paix civile n'est jamais, dans toutes les sociétés, qu'une mince pellicule, une écume, à la surface d'une sauvagerie.

Mais ce qui est (était ?) peut-être propre aux Etats-Unis c'est le refus, là encore, de l'évidence.

Ce qui m'a frappé, lors de ce voyage, c'est l'extraordinaire déploiement de langue et de règlements, de courtoisies rhétoriques et de disciplines, que l'on dirait destiné à corseter, domestiquer, conjurer et, au fond, repousser dans les limbes et nier cette sauvagerie originaire.

Eh bien, là aussi, le choc est brutal.

Là aussi, Katrina aura eu le double effet d'écailler le vernis et de dessiller les regards.

Violence du sauve-qui-peut des riches et des Blancs quittant la ville comme on abandonne une bête enragée.

Violence des laissés-pour-compte, pauvres et blacks, détruisant ce qui restait de leur quartier avec la même sorte de colère, étrangement désespérée, que j'ai connue dans les villes fantômes des guerres oubliées d'Afrique et d'Asie.

Violence des policiers, déployés pour secourir, et dont le premier réflexe fut souvent de mettre en joue et de tirer – et violence de ces Gardes nationaux que l'on vit, à bord de leurs Humvees, l'arme au poing, retrouver tout naturellement, dans le rapport à ces concitoyens qu'ils étaient censés venir protéger, les gestes de la guerre.

Violence enfin, dans les médias, de ces images de cadavres qui furent, on s'en souvient, le grand tabou indiscuté des lendemains du 11 septembre, puis des premiers mois de la guerre en Irak – mais, là aussi, les digues ont cédé ; là aussi les verrous ont sauté ; et c'est, là aussi, le retour brutal et dévastateur de l'un des refoulés les plus têtus la conscience américaine contemporaine.

Un Ground Zero moral et symbolique.

Pire : une sorte de Ground – 1 où c'est le lien social lui-même qui, avec ses rites, ses codes et ses pudeurs, aurait fini par se briser.

Hobbes contre Tocqueville.

Mad Max versus *Monsieur Smith au Sénat*.

Ce fameux état de nature qui n'est, en général, qu'une hypothèse, une fiction, et dont on crut qu'il était là, l'espace de quelques heures, telle une réalité désengloutie.

Ce n'était pas l'état de nature, évidemment.

C'était l'état, hélas social, d'une Amérique dont il m'était arrivé, à Fort Worth, dans la foire aux armes où m'avait envoyé la comptroller du Texas, de soupçonner le fond de férocité latente et jamais tout à fait dominée.

Mais voilà. C'était tout comme. Et, de même que le 11 septembre avait montré la vulnérabilité du pays aux attaques extérieures, de même l'anti-11 septembre aura exhumé cette autre vulnérabilité, venue du dedans, et dont la société américaine ne veut rien savoir non plus : une vulnérabilité d'autant plus périlleuse qu'elle prend, cette fois, le masque de la violence.

Les limites de la compassion, alors.

La fragilité, et les limites, de la réponse compassionnelle que les Etats-Unis ont toujours eu tendance à privilégier quand survient une catastrophe naturelle ou sociale.

Il a ses vertus, sans doute, ce protocole compassionnel.

Et l'on a bien vu, en la circonstance, qu'il a pour première vertu, déjà, d'enclencher des mécanismes de solidarité qui auraient dû sidérer le monde autant que le désastre auxquels ils répondaient : un retraité de la politique affrétant deux avions pour ravitailler le « Superdome »; des comédiens les pieds dans l'eau, ou sur des barques, pour apporter vivres et vêtements à des vieillards isolés; une animatrice de télévision mobilisant argent et amis pour suppléer aux carences des pouvoirs; les Eglises, à commencer par la puissante Second Baptist Church, relayant la grande collecte nationale lancée par deux ex-Présidents; une chaîne de magasins, symbole, en principe, de l'Amérique « anti-sociale », qui donne, à elle seule, autant que tout le pays, un an plus tôt, aux victimes du tsunami d'Asie; les habitants de Houston, Texas, ouvrant les bras aux centaines de milliers de réfugiés affluant dans leurs écoles, leurs hôpitaux, leurs maisons; cet élan de générosité, cette multiplication de gestes dont je ne connais d'exemple dans aucun autre pays au monde, ils sont l'illustration, oui, de ce que le système peut produire de plus noble et de meilleur.

Cela, pourtant, suffit-il ?

Peut-on, face à une tragédie de cette ampleur, s'en remettre à la seule bonté des gens ?

N'y a-t-il pas un seuil de détresse au-delà duquel l'on aimerait voir les autorités se souvenir que leur devoir est, elles aussi, de protéger les citoyens ?

Et, surtout, si la charité fait visiblement merveille *après* n'est-elle pas terriblement impuissante *avant* ? Si nul ne peut mieux faire que le plus populaire des anciens Présidents pour lever des fonds pour les victimes une fois la catastrophe advenue, n'était-ce pas le rôle du Président *en charge* de veiller aux digues, écluses, systèmes d'évacuation et de pompage qui, seuls, pouvaient éviter la débâcle ?

Bref, dans l'éternel dilemme de la charité et de la justice ou, si l'on préfère, de la loi du cœur et de la loi de la politique, les Etats-Unis ne sont-ils pas allés trop loin, beaucoup trop loin, dans le premier sens ? Et, face au néodarwinisme qui menace et qui sélectionne, non les espèces, mais les hommes, n'est-il pas temps, plus que temps, de faire un pas sur l'autre chemin : celui où il est dit que le souci d'autrui est aussi la tâche du corps social ?

Telles sont les autres questions – très simples – posées par Katrina.

Telles sont les tâches de pensée qui – au même titre que la réflexion sur le terrorisme – devraient dominer le débat des prochaines années en Amérique.

Et puis, enfin, l'Etat.

Cette insistante question de l'Etat que je n'ai cessé

de voir surgir, dans le discours des médecins de Rochester comme dans celui de la femme et sœur de mineurs de Grand Junction, devant le spectacle des villes ruinées du Nord comme face au scandale que constituent les concentrations de sans-logis et de sans-ressources de Vegas et Los Angeles – cette question ou, mieux, cette *réponse* qu'est l'affaiblissement méthodique de l'Etat voulu, depuis vingt ans, par les conservateurs mais qui va peut-être, après Katrina, subir son premier coup d'arrêt.

J'avais, peu avant mon séjour dans la ville cajun, et afin de mieux comprendre les ressorts des sociétés structurées par un grand fleuve, relu ce classique de ma jeunesse, *Le Despotisme oriental* de Karl August Wittfogel, qui établissait la corrélation entre la maîtrise des eaux et la naissance des grands empires despotiques.

Je survolais le Mississippi le jour; je voyais ce delta immense et menaçant; j'arpentais ces quartiers déjà naufragés dont je voyais bien, comme tous les observateurs de bonne foi et comme les journalistes, notamment, du *Times Picayine* chroniquant, depuis des années, la mort annoncée de leur ville, qu'une dernière crue, forcément, finirait par les submerger.

Et je méditais, ensuite, sur la lumineuse « hypothèse hydraulique » de ce géographe qui, dans son livre donc, puis dans la polémique qui, à la fin des années 50, l'opposa à Arnold Toynbee, faisait de la régulation des fleuves, du contrôle de leurs eaux instables et turbulentes, de l'endiguement, en un mot, de cet autre « sans-limite », de cette autre forme d'« hubris », qu'est le déchaînement toujours possible de la nature dans sa forme aquatique, la base, non seulement du despotisme, mais de la naissance des grands Etats et, plus généralement, du politique.

Cela signifie-t-il que les Etats-Unis n'avaient d'autre choix que le despotisme pour affronter, hier en Louisiane et, demain, en Floride et ailleurs les débordements d'une nature particulièrement sauvage et hostile ?

Evidemment non.

Et je me garde, au demeurant, d'oublier qu'ils sont, face à ce très ancien dilemme de l'anarchie et de la réglementation despotique, les inventeurs d'une troisième réponse, faite d'une addition de libertés et de courages, qui s'appelle l'esprit pionnier.

Mais cela signifie sûrement, en revanche, qu'ils sont dans l'obligation désormais, s'ils veulent se donner une chance supplémentaire de limiter l'illimité des catastrophes, de renforcer leurs systèmes d'alerte, prévention, endiguement.

Cela signifie que, les moins mauvaises des digues étant souvent les digues institutionnelles, c'est à un renforcement de leurs institutions et, qu'ils le veuillent ou non, de leurs appareils d'Etat qu'ils sont, là comme ailleurs, appelés.

Et l'Etat, enfin, se disant, chez eux, en plusieurs sens et ses divers sens étant, à New Orleans, entrés dans un conflit frontal et suicidaire, cela signifie que c'est tout l'équilibre des pouvoirs tel que l'a dosé l'idéologie américaine des vingt dernières années qui s'est rompu en même temps que les digues du lac Pontchartrain – et qu'il faut réarbitrer, d'urgence, en faveur de son instance fédérale.

Épilogue

Ce débat a l'âge des Etats-Unis.

Il date du partage entre fédéralistes et anti-fédéralistes, au temps des premières colonies de Nouvelle-Angleterre.

Il renvoie à l'opposition des hamiltoniens et des jeffersoniens (pour revenir une dernière fois au paradigme romain : Brutus et César, Caton et Cicéron...), telle que l'avait provisoirement constituée l'Assemblée de Philadelphie.

C'est dire qu'il y a, dans le patrimoine philosophique et politique de l'Amérique, tout le matériau – concepts, traditions, pratiques – requis pour relever le défi ; c'est dire que l'Amérique de Washington, Roosevelt, Kennedy, est parfaitement équipée pour être au rendez-vous de la grande réforme intellectuelle et morale qui lui permettra, sans renoncer à rien de ce qui fit son identité, d'entrer pour de bon dans le nouveau siècle et de raviver ses raisons de croire en elle-même...

TABLE

Achevé d'imprimer sur les presses de

BUSSIÈRE

GROUPE CPI

à Saint-Amand-Montrond (Cher)
en mars 2006

Nº d'Édition : 14332. Nº d'Impression : 061247/4.
Première édition : dépôt légal : février 2006.
Nouveau tirage : dépôt légal : mars 2006.

Imprimé en France

ISBN 2-246-68391-2